广视角·全方位·多品种

权威·前沿·原创

皮书系列为
"十二五"国家重点图书出版规划项目

文化蓝皮书

中国文化产业供需协调增长测评报告（2013）

ANNUAL EVALUATION REPORT ON THE COORDINATED SUPPLY-DEMAND GROWTH OF CHINA'S CULTURAL INDUSTRY (2013)

主　编／王亚南　高书生
联合主编／郝朴宁　张晓明　祁述裕
副 主 编／魏海燕　刘　婷

社会科学文献出版社
SOCIAL SCIENCES ACADEMIC PRESS (CHINA)

图书在版编目（CIP）数据

中国文化产业供需协调增长测评报告. 2013/王亚南，高书生主编.
—北京：社会科学文献出版社，2013.5
（文化蓝皮书）
ISBN 978-7-5097-4479-6

Ⅰ.①中… Ⅱ.①王… ②高… Ⅲ.①文化产业-供需平衡-协调发展-研究报告-中国-2013 Ⅳ.①G124

中国版本图书馆CIP数据核字（2013）第067839号

文化蓝皮书
中国文化产业供需协调增长测评报告（2013）

| 主　　编 / 王亚南　高书生
| 联合主编 / 郝朴宁　张晓明　祁述裕
| 副 主 编 / 魏海燕　刘　婷

| 出 版 人 / 谢寿光
| 出 版 者 / 社会科学文献出版社
| 地　　址 / 北京市西城区北三环中路甲29号院3号楼华龙大厦
| 邮政编码 / 100029

| 责任部门 / 皮书出版中心 (010) 59367127　　责任编辑 / 高　启　任文武
| 电子信箱 / pishubu@ssap.cn　　　　　　　　责任校对 / 丁立华　刘玉清
| 项目统筹 / 邓泳红　郭　峰　　　　　　　　　责任印制 / 岳　阳
| 经　　销 / 社会科学文献出版社市场营销中心 (010) 59367081　59367089
| 读者服务 / 读者服务中心 (010) 59367028

| 印　　装 / 北京季蜂印刷有限公司
| 开　　本 / 787mm×1092mm　1/16　　　　　 印　张 / 24.5
| 版　　次 / 2013年5月第1版　　　　　　　　字　数 / 397千字
| 印　　次 / 2013年5月第1次印刷
| 书　　号 / ISBN 978-7-5097-4479-6
| 定　　价 / 79.00元

本书如有破损、缺页、装订错误，请与本社读者服务中心联系更换
▲ 版权所有　翻印必究

本研究获得以下机构及其项目支持

中共云南省委宣传部"云南省哲学社会科学创新工程"
云南省社会科学院"中国文化发展研究与评价重点实验室"
云南师范大学"人文社会科学重点研究项目"

发 布 机 制	中国文化消费需求景气评价中心
合 作 单 位	云南省社会科学院文化开发研究中心
	云南师范大学公共文化服务与文化产业发展研究所
	中国社会科学院文化研究中心
	国家行政学院社会和文化教研部
	社会科学文献出版社
	光明日报文化产业研究中心
联 盟 单 位	上海交通大学国家文化产业创新与发展研究基地
	中国传媒大学文化产业研究院
	武汉大学国家文化创新研究中心
顾　　　问	王伟光　周文彰　欧阳坚　仇　和　张田欣
	赵　金
首席科学家	王亚南　张晓明　祁述裕
理　事　会	（以姓氏笔画为序）
	王亚南　邓泳红　尹　欣　尹　鸿　包霄林
	任　佳　向　勇　刘　巍　刘玉珠　齐勇锋
	祁述裕　花　建　李　涛　李康化　范　周
	杨　林　杨正权　杨福泉　宋建武　张晓明
	张瑞才　陈少峰　金元浦　郝朴宁　胡惠林
	高书生　殷国俊　黄大同　崔成泉　章建刚
	傅才武　童　怀　谢寿光　蒯大申　熊澄宇

主　　编　王亚南　高书生
联合主编　郝朴宁　张晓明　祁述裕
副 主 编　魏海燕　刘　婷
编　　委　(以姓氏笔画为序)
　　　　　方　彧（执行）　邓云斐（执行）　曲晓燕
　　　　　朱　岚　李　坚　肖　青　汪　洋（执行）
　　　　　沈宗涛（执行）　宋锡辉　邹建达　张丽丽
　　　　　张雍德　陆双梅　纳文汇　郑　海　郑晓云
　　　　　赵　娟（执行）　姚天祥　饶　远
　　　　　袁春生（执行）　高　启　郭　峰　黄　淳
　　　　　黄小军　董　棣　惠　鸣　温　源　谢青松
　　　　　意　娜　窦志萍

撰著者
　总报告和综合报告　王亚南　郝朴宁　魏海燕　刘　婷
　子　报　告（以文序排列）
　　　　　魏海燕　刘　婷　方　彧　汪　洋　赵　娟
　　　　　袁春生　沈宗涛　邓云斐　郝朴宁　饶　远
　　　　　李宇峰　肖　青　陆双梅　宋锡辉　李　淼
　　　　　王亚南

主要编撰者简介

王亚南 (1956~),男,汉族,云南昆明人,云南省社会科学院研究员,文化开发研究中心主任,云南师范大学公共文化服务与文化产业发展研究所所长。主要学术方向为民俗学、民族学及文化理论、文化战略和文化产业研究,得到国内相关学术界公认的主要学术贡献:(1)1985 年首次界定"口承文化"概念随后完成系统研究,提出口承文化传统为人类社会的文明渊薮;(2)1988 年解析人生仪礼中"亲长身份晋升仪式",指出中国传统"政亲合一"社会结构体制和"天赋亲权"社会权力观念;(3)1996 年开始从事文化战略和文化产业研究,提出"高文化含量"的"人文经济"论述,概括出文化产业发展的"云南模式";(4)1999 年提出"现代中华民族是 56 个国内民族平等组成的国民共同体"和"中国是国内多民族的统一国家"论点;(5)近几年研创出"全国文化消费需求景气评价体系",从 2011 年起主持撰著发布《中国文化消费需求景气评价报告》(系列)。

郝朴宁 (1957~),男,汉族,上海人,云南师范大学中国西南对外开放与边疆安全研究中心教授,公共文化服务与文化产业发展研究所副所长,硕士生导师,"云南舆情研究基地"首席专家召集人(排名第一),中国电视艺术家协会会员,中国影视学会理事,教育部中国高校影视教育学会理事,国家广播电影电视总局中国广播电视协会西部学术基地学术委员,云南省中国特色社会主义理论体系研究中心特聘研究员。主要学术方向为影视艺术、文化产业、新闻传播学研究。主持完成国家社科基金项目"民族文化原传介质研究",主持完成省院省校合作项目"云南民族文化遗存形态产业社会化与文化生态建设"。专著《民族文化传播理论描述》为国内第一部系统研究民族文化传播的理论成果。参与多部电视连续剧的拍摄,担任大型电视纪录片《跨越》(六集)的策划和总撰稿。

摘　要

基于1991~2011年增长，以扩大人民群众文化消费需求和促进城乡、区域共享为目标，检测2011年全国城乡文化消费需求总量"应有空间"：支柱性产业测算17765.24亿元，消除负相关测算26420.07亿元，最佳比例值测算31577.58亿元，最小城乡比测算41044.72亿元，弥合城乡比测算46179.92亿元，城乡无差距测算70956.19亿元，地区无差距测算96385.18亿元，而实际总量仅为10126.19亿元。正是文化消费需求增长不力导致了文化生产供给增长不足，中国文化产业的发展空间必须从增强"内生动力"中拓展出来。

基于2000~2011年增长，测算至2020年各省域增长目标的距离排行：历年均增值测评前5位是江苏、辽宁、内蒙古、青海、安徽；消除负相关测评前5位是江苏、内蒙古、黑龙江、广东、上海；最佳比例值测评前5位是上海、江苏、福建、黑龙江、辽宁；最小城乡比测评前5位是上海、江苏、北京、黑龙江、辽宁；弥合城乡比测评前5位是上海、江苏、黑龙江、北京、辽宁；城乡无差距测评前5位是上海、江苏、黑龙江、辽宁、北京；支柱性产业测评前5位是上海、江苏、辽宁、黑龙江、广东。文化产业成为支柱性产业本身并不是目的。

关键词：全国及省域　文化产业　供需协调　分析与测算

Abstract

Based upon the growth from 1991 to 2011, and aiming at the target of extended demotic cultural consumption demand and advanced sharing between urban and rural areas, and among different regions, measuring to the "due space" of the national total cultural consumption demand in urban-rural areas in 2011 are as follows: 17765.24 hundred million yuan in the valued pillar industry; 26420.07 hundred million yuan in the valued avoiding negative correlation; 31577.58 hundred million yuan in the valued optimal proportion; 41044.72 hundred million yuan in the valued lowest urban-rural ratio; 46179.92 hundred million yuan in the valued closed urban-rural ratio; 70956.19 hundred million yuan in the valued without urban-rural gap; 96385.18 hundred million yuan in the valued without regional gap. But the actual gross is only 10126.19 hundred million yuan. It was just the low increase of cultural consumption demand that resulted in the short growth of cultural production and supply. The development space of China's cultural industry must be exploited from boosting "endogenous motivity".

Based upon the growth from 2000 to 2011, ranking of the evaluated distance of growth targets among various provinces to 2020 is as follows: Jiangsu, Liaoning, Inner Mongolia, Qinghai, Anhui ranked the top five in the valued average added value over the years; Jiangsu, Inner Mongolia, Heilongjiang, Guangdong, Shanghai ranked the top five in the valued avoiding negative correlation; Shanghai, Jiangsu, Fujian, Heilongjiang, Liaoning ranked the top five in the valued optimal proportion; Shanghai, Jiangsu, Beijing, Heilongjiang, Liaoning ranked the top five in the valued lowest urban-rural ratio; Shanghai, Jiangsu, Heilongjiang, Beijing, Liaoning ranked the top five in the valued closed urban-rural ratio; Shanghai, Jiangsu, Heilongjiang, Liaoning, Beijing ranked the top five in the valued without urban-rural gap; Shanghai, Jiangsu, Liaoning, Heilongjiang, Guangdong ranked the top five in the valued pillar industry. The cultural industry becomes a pillar industry, which in itself is not the goal.

Key Words: Whole Country and Various Provinces; Cultural Industry; Supply-demand Coordination; Analysis and Forecast

目录

BⅠ 总报告

B.1 中国文化产业供需协调增长目标
　　——既往20年分析与未来10年测算 ………………………………… 001
　　一 中国城乡文化消费需求及其相关背景增长态势 ………………… 002
　　二 中国城乡民生基础系数的增长协调性检测 ……………………… 007
　　三 中国城乡民生消费系数的增长协调性检测 ……………………… 010
　　四 中国城乡文化需求系数的增长协调性检测 ……………………… 014
　　五 文化消费增长目标暨文化产业发展空间测算 …………………… 019

BⅡ 综合分析与评价

B.2 面向需求与共享的文化产业发展空间
　　——各省域2000~2011年协调增长差距测算 ……………………… 025

BⅢ 东北地区

B.3 黑龙江：协调增长相关测算目标尽占前4位 ……………………… 062
B.4 吉林：各项测算目标距离落后于实际增长 ………………………… 073
B.5 辽宁：6项测算增长目标距离进入前5位 ………………………… 083

B Ⅳ 东部地区

- B.6 北京：3项测算增长目标距离进入前5位 …… 093
- B.7 天津：实际增长和支柱产业目标稍显滞后 …… 104
- B.8 河北：实际增长及支柱产业测算相对靠后 …… 114
- B.9 山东：全部各项测算目标距离均显得较大 …… 124
- B.10 江苏：全部各项测算目标皆进入前2位 …… 134
- B.11 上海：5项测算增长目标距离占据首位 …… 144
- B.12 浙江：实际增长及消除负相关测算距离偏大 …… 154
- B.13 福建：最佳比例值测算增长距离进前3位 …… 164
- B.14 广东：2项测算增长目标距离进入前5位 …… 174
- B.15 海南：各项测算增长目标距离均明显落后 …… 184

B Ⅴ 中部地区

- B.16 山西：协调性测算距离明显大于实际增长 …… 194
- B.17 河南：城乡均衡测算增长目标距离稍大 …… 205
- B.18 安徽：城乡均衡增长相关测算距离稍大 …… 215
- B.19 湖北：实际增长和各项测算目标较为滞后 …… 225
- B.20 江西：城乡均衡增长测算目标明显滞后 …… 235
- B.21 湖南：实际增长和协调测算目标严重落后 …… 245

B Ⅵ 西部地区

- B.22 内蒙古：城乡均衡和支柱目标测算皆滞后 …… 255
- B.23 陕西：协调增长测算落后于实际增速位次 …… 265
- B.24 宁夏：协调增长测算略微滞后于实际增速 …… 275
- B.25 甘肃：实际增长及各项测算目标严重滞后 …… 285
- B.26 青海：协调增长测算距离远大于实际增长 …… 295

B.27 新疆：实际增长和多数测算目标严重滞后 …………………………… 305
B.28 重庆：协调增长相关测算目标距离皆较大 …………………………… 315
B.29 四川：全部各项测算增长目标距离均较大 …………………………… 325
B.30 贵州：城乡均衡相关测算目标明显滞后 ……………………………… 335
B.31 广西：协调增长各项测算目标皆严重滞后 …………………………… 345
B.32 云南：支柱产业测算领先于协调增长目标 …………………………… 355
B.33 西藏：多数增长目标测算距离均处于末位 …………………………… 365

皮书数据库阅读**使用指南**

CONTENTS

B I General Report

B.1 The Growth Target of Coordinated Supply-demand of China's
Cultural Industry / 001
—The Analysis of the Past 20 Years and the Estimation in the Next Decade
1. The Growth Situation of National Cultural Consumption Demand in
   Urban-Rural Areas and Interrelated Background / 002
2. Testing for the Increase Harmony about the Basal Coefficient of
   People's Livelihood in National Urban-Rural Areas / 007
3. Testing for the Increase Harmony about the Consumption Coefficient of
   People's Livelihood in National Urban-Rural Areas / 010
4. Testing for the Increase Harmony about the Coefficient of Cultural
   Demand in National Urban-Rural Areas / 014
5. Measuring to the Growth Target of Cultural Consumption and the
   Development Space of Cultural Industry / 019

B II Comprehensive Analysis and Evaluation

B.2 The Development Space of Cultural Industry in the Face of
Demand and Sharing
—The Estimation of Coordinated Growth Difference among Various
Provinces from 2000 to 2011 / 025

CONTENTS

B III The Northeast Regions

B.3　Heilongjiang: All Related Measure Targets of Coordinated
　　　Growth Accounts for the Top Four　　　　　　　　　　　　　／062

B.4　Jilin: The Measure Distance of All Targets Lag Behind the
　　　Actual Growth　　　　　　　　　　　　　　　　　　　　　／073

B.5　Liaoning: The Growth Target Distance of Six Measure Items
　　　Enters into Top Five　　　　　　　　　　　　　　　　　　／083

B IV The East Regions

B.6　Beijing: The Growth Target Distance of Three Measure Items
　　　Enters into Top Five　　　　　　　　　　　　　　　　　　／093

B.7　Tianjin: Little Lag on the Actual Growth and the Target of
　　　Pillar Industry　　　　　　　　　　　　　　　　　　　　／104

B.8　Hebei: The Actual Growth and The Pillar Industry are Estimated
　　　Relatively Rearward　　　　　　　　　　　　　　　　　　／114

B.9　Shandong: The Measure Distance of All Targets are Biggish　／124

B.10　Jiangsu: All of the Measure Targets Accounts for the Top Two　／134

B.11　Shanghai: The Growth Target Distance of Five Measure Items
　　　Ranks the Top One　　　　　　　　　　　　　　　　　　／144

B.12　Zhejiang: The Measure Distance of Actual Growth and Avoiding
　　　Negative Correlation are Biggish　　　　　　　　　　　　／154

B.13　Fujian: The Measure Growth Distance of Optimal Proportionment
　　　Enters into Top Three　　　　　　　　　　　　　　　　　／164

B.14　Guangdong: The Growth Target Distance of Two Measure Items
　　　Enters into Top Five　　　　　　　　　　　　　　　　　　／174

B.15　Hainan: All Measure Distance of Growth Targets had Lagged
　　　Obviously Behind　　　　　　　　　　　　　　　　　　　／184

005

ⅠB V   The Central Regions

ⅠB.16   Shanxi: The Measure Distance of Balanced Growth Obviously is
Bigger than Actual Growth / 194

ⅠB.17   Henan: The Measure Distance of Uniform Growth Targets in
Urban and Rural Areas is Ratherish Big / 205

ⅠB.18   Anhui: The Measure Distance of Uniform Growth in Urban and
Rural Areas is Appreciably Big / 215

ⅠB.19   Hubei: The Actual Growth and the Measure Targets are
Relative Lag Behind / 225

ⅠB.20   Jiangxi: The Measure Targets of Uniform Growth in Urban and
Rural Areas had Lagged Obviously Behind / 235

ⅠB.21   Hunan: the Measure Targets of Actual Growth and Balanced
Growth are Badly Laggard / 245

ⅠB Ⅵ   The West Regions

ⅠB.22   Inner Mongolia: Both Measure Targets of Uniform Growth in Urban and
Rural Areas and Pillar Industry are Laggard / 255

ⅠB.23   Shaanxi: The Measure Balanced Growth Trails the Actual Increase / 265

ⅠB.24   Ningxia: The Measure Balanced Growth Appreciably Lags
behind the Actual Increase / 275

ⅠB.25   Gansu: The Actual Growth and Various Measure Targets Lag
behind Seriously / 285

ⅠB.26   Qinghai: The Measure Distance of Coordinated Growth is Much
Bigger than the Actual Increase / 295

ⅠB.27   Xinjiang: The Actual Growth and Most of the Measure Targets Lag
behind Seriously / 305

CONTENTS

B.28 Chongqing: All Measure Distance of Coordinated Growth Targets are Biggish / 315

B.29 Sichuan: All of the Measure Distance of Growth Targets are Biggish / 325

B.30 Guizhou: The Measure Targets of Uniform Growth in Urban and Rural Areas is Evidently Lag behind / 335

B.31 Guangxi: All of the Measure Targets of Balanced Growth Badly Lag Behind / 345

B.32 Yunnan: The Measure of Pillar Industry Keeps ahead of the Coordinated Growth Targets / 355

B.33 Tibet: Majority of the Measure Distance of Growth Targets Locate Last / 365

总报告

General Report

中国文化产业供需协调增长目标

——既往20年分析与未来10年测算

摘　要：

　　基于1991～2011年增长，以扩大人民群众文化消费需求和促进城乡、区域共享为目标，检测2011年全国城乡文化消费需求总量"应有空间"：支柱性产业测算17765.24亿元，消除负相关测算26420.07亿元，最佳比例值测算31577.58亿元，最小城乡比测算41044.72亿元，弥合城乡比测算46179.92亿元，城乡无差距测算70956.19亿元，地区无差距测算96385.18亿元，而实际总量仅为10126.19亿元。全国城乡文化消费需求相关方面的增长差距一目了然：一方面在于经济增长与基本民生、文化民生增进的协调性差距，另一方面在于城乡之间、地区之间文化民生增进的均衡性差距。正是文化消费需求增长不力导致文化生产供给增长不足，中国文化产业的发展空间必须从增强"内生动力"中拓展出来。

关键词：

　　中国　文化产业　文化消费　需求与共享　增长目标

中共中央十七届六中全会提出，在今后十年推动文化产业成为国民经济支柱性产业，并强调文化建设以满足人民精神文化需求为出发点和落脚点，文化发展成果由人民共享。中共十八大报告进一步明确，文化产业成为国民经济支柱性产业，是全面建成小康社会和全面深化改革开放的目标之一；让人民享有健康丰富的精神文化生活，是全面建成小康社会的重要内容。

在社会主义市场经济条件下，所谓"需求"主要表现为消费需求，就连最基本的衣食温饱需求也是如此。满足人民精神文化需求，就应该从增进城乡居民文化消费需求开始。以往长时期的计划经济传统使我国文化生产活动习惯于按照计划安排生产，按照计划组织供给。继续深化文化体制改革的要义就在于，必须把文化生产活动完全纳入统一的社会主义市场经济体制，由计划定位转为市场定位，由生产取向转为消费取向，由供给目标转为需求目标。

"十二五"期间以至未来10年，文化建设发展路向应当以扩大人民群众文化消费需求和促进城乡、区域均衡共享为目标进行定位，落实在自身的"出发点和落脚点"之上。中国文化产业的发展空间有必要从增强"内生动力"、协调供需增长中拓展出来。

一 中国城乡文化消费需求及其相关背景增长态势

（一）1991~2011年城乡文化消费增长状况

1991~2011年全国城乡文化消费总量和人均值增长态势见图1。囿于制图篇幅限制，图中各五年期头年与末年直接对接。文中分析历年增长态势时，则运用测评数据库后台演算功能，筛测出的最高与最低年度值包含图中省略年度（后同）。

1991~2011年，全国城乡文化消费总量从668.21亿元增长至10126.19亿元，增加9457.98亿元，20年间总增长1415.42%，年均增长14.56%。最高增长年度为2002年，增长率31.89%；最低增长年度为2001年，增长率2.60%。其中，城乡总量在"九五"期间年均增长14.26%；在"十五"期间年均增长13.65%；在"十一五"期间年均增长11.36%。"十一五"期间年

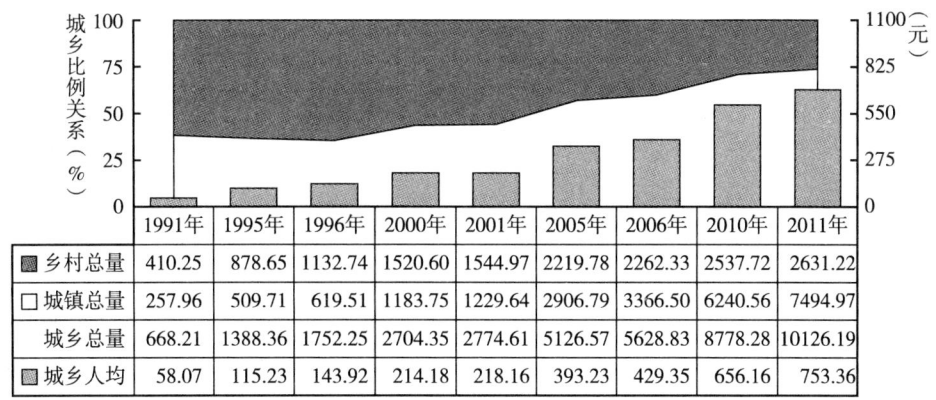

图 1　全国城乡文化消费总量和人均值增长态势

注：左轴为全国城乡文化消费总量（亿元转换为%），城乡间历年变动呈面积比例关系，二者之和为城乡总量；右轴为全国城乡人均文化消费（元）增长柱形。数据演算依据：国家统计局《中国统计年鉴》相应年卷，其中重庆在1997年前尚未作为省域统计，西藏缺1993年、1995年和1997~1998年城镇数据，相应年度总量未含（后图同）。

均增长幅度低于"十五"年均增幅2.29个百分点，低于"九五"年均增幅2.90个百分点。

同期，全国城镇文化消费总量从257.96亿元增长至7494.97亿元，增加7237.01亿元，20年间总增长2805.48%，年均增长18.35%。最高增长年度为2002年，增长率62.66%；最低增长年度为1992年，增长率2.92%。其中，城镇总量在"九五"期间年均增长18.36%；在"十五"期间年均增长19.68%；在"十一五"期间年均增长16.51%。"十一五"期间年均增长幅度低于"十五"年均增幅3.17个百分点，低于"九五"年均增幅1.85个百分点。

同期，全国乡村文化消费总量从410.25亿元增长至2631.22亿元，增加2220.97亿元，20年间总增长541.37%，年均增长9.74%。最高增长年度为1995年，增长率36.80%；最低增长年度为2007年，负增长1.04%。其中，乡村总量在"九五"期间年均增长11.59%；在"十五"期间年均增长7.86%；在"十一五"期间年均增长2.71%。"十一五"期间年均增长幅度低于"十五"年均增幅5.15个百分点，低于"九五"年均增幅8.88个百分点。

1991~2011年，全国城乡人均文化消费从58.07元增长至753.36元，增加695.29元，20年间总增长1197.33%，年均增长13.67%。最高增长年度为2002年，增长率31.01%；最低增长年度为2001年，增长率1.86%。其中，城乡人均值在"九五"期间年均增长13.20%；在"十五"期间年均增长12.92%；在"十一五"期间年均增长10.78%。"十一五"期间年均增长幅度低于"十五"年均增幅2.14个百分点，低于"九五"年均增幅2.42个百分点。

20年来，全国城乡文化消费需求增长显露出两个方面的不利态势：（1）全国城镇总量增长高达乡村总量增长的5.18倍，城镇人均值年均增长幅度高出乡村年均增幅2.67个百分点，城乡差距显著扩大；（2）"十一五"期间乡村和城乡综合年均增长幅度比"十五"期间有所下降，比"九五"期间更为下降，无论是总量值演算，还是人均值演算，情况都是如此。

在前后时间段之间、城镇与乡村之间进行增长对比只是一种表层比较，文化消费需求态势分析不能局限于自身范围内孤立进行，有必要放到经济增长、民生增进的社会背景当中展开相关各方面的系统考察。鉴于人均数值演算更为精确，以下采用人均值进行后续分析。

（二）1991~2011年经济和民生背景增长状况

本文后续各图表将逐步展示全国相关背景各方面历年增长数据，此处先把各项绝对值转换为年度增长百分指数，每个年度皆以上一年数值为100，起点年1991年自成基数。这样就得出1991年以来20年间全国人均产值、城乡人均收入、消费和积蓄增长态势（见图2）。图2中包含本项研究精心设置并从基础数据里专门析出的"非文消费"和"积蓄"数值，揭示其中动向所透露的特定规律性。

在图内各项年度增长指数数据链中，有3对数据项的特定关系值得注意，既可通过图示直观看到，又可透过数据精确得知，彼此对应的相关系数颇高。

第一对数据项：（1）柱形系全国人均产值历年增长指数，（2）带菱形曲线系城乡人均收入历年增长指数，二者1992~2011年相关系数为0.9490，亦即其间历年增长幅度在94.90%的程度上保持同步。这一对数据项及其相关系数揭示的是"国民总收入"与城乡居民收入的关系及其增长的同步程度。

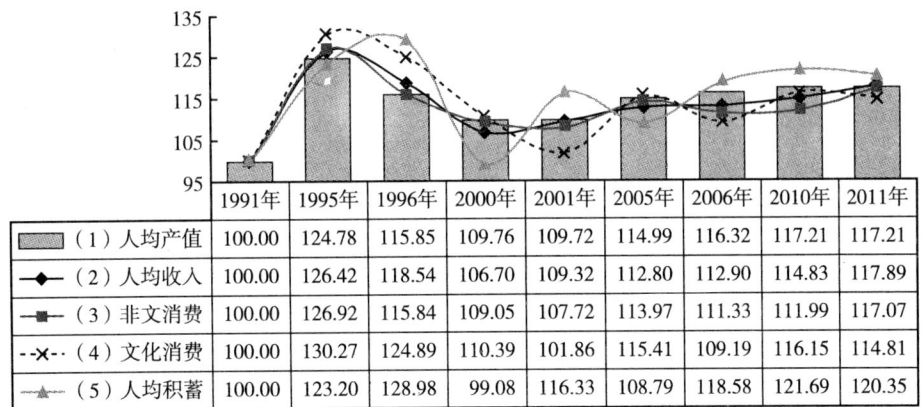

图 2　全国人均产值、城乡人均收入、消费和积蓄增长态势

注：左轴为年增指数（产值为柱形，其余为曲线），上年 = 100（小于 100 为负增长）。1992 ~ 2011 年逐年增长（1991 年为起点不计）相关系数：（1）与（2）0.9490；（2）与（3）0.9485；（4）与（5）0.0190，其间 2001 ~ 2005 年 - 0.9131，2002 ~ 2008 年 - 0.7123，2004 ~ 2008 年 - 0.6770，2005 ~ 2009 年 - 0.6682。

第二对数据项：（2）城乡人均收入历年增长指数，（3）带方形曲线系城乡人均非文消费历年增长指数，二者 1992 ~ 2011 年相关系数为 0.9485，亦即其间历年增长幅度在 94.85% 的程度上保持同步。这一对数据项及其相关系数揭示的是城乡居民收入与必需生活开支（设定全部非文消费为"必需消费"）的关系及其增长的同步程度。

第三对数据项：（4）带圆形曲线系文化消费历年增长指数，（5）带三角形曲线系积蓄历年增长指数，二者 1992 ~ 2011 年相关系数为 0.0190，似乎显得相关程度很低。然而，分时间段深入考察，可以看出其间存在极其明显的"负相关"关系，即日常所说的"成反比"：2001 ~ 2005 年为负值 0.9131，2002 ~ 2008 年为负值 0.7123，2004 ~ 2008 年为负值 0.6770，2005 ~ 2009 年为负值 0.6682。这意味着，全国城乡人均积蓄年度增长幅度每上升 1 个百分点，城乡人均文化消费年度增长幅度在 2001 ~ 2005 年下降 0.9131 个百分点，在 2002 ~ 2008 年下降 0.7123 个百分点，在 2004 ~ 2008 年下降 0.6770 个百分点，在 2005 ~ 2009 年下降 0.6682 个百分点，反之亦然。若在"正相关"关系中，这样的相关系数还不算高，但在"负相关"关系中，这样的相关系数已经很高。这一对数据项及其相关系数揭示的是城乡居民必需消费之外余钱与"非必需"的精神文化消费关系及其增长的同步程度。

图2中演算包括了省略年度,仅从图2中所列年度也可以大体看出,整个"十五"期间,全国城乡人均文化消费与积蓄增长曲线构成近乎"完美"的反向互动关系。进入"十一五",全国城乡人均文化消费年度增长呈现下滑,与之相对应的是全国城乡人均积蓄年度增长形成高峰。"十五"至"十一五"期间,在文化消费年度增长曲线与积蓄年度增长曲线之间,呈现出横向镜面对应或俗称"水中倒影"的负相关关系。这就是本项研究多年以前揭示出的一个"规律性"的重要发现——中国文化消费需求动向体现出"积蓄增长负相关效应",经不断补充后续年度数据演算一再加以证实。本书子报告首次对31个省域全面展开分析,同样在"十五"至"十一五"10年间,绝大部分省域同一负相关程度极高或很高,这一"规律"普遍明显成立;少部分省域同一负相关程度较高,这一"规律"基本成立;仅有内蒙古同一负相关程度较低,吉林则呈较弱正相关,这一"规律"对之不成立。

按照经济社会一般发展的内在逻辑联系和当今中国发展的现实状况,本项研究测评提取出3对数据组,构成一套简明而完整的数据关系链:全国及各地经济增长→居民收入增高→必需消费增加,但所占收入比重反而降低→必需生活开支之外余钱占收入比重提高,可任意支配的必需消费剩余增多→用于"自我保障"的"必需积蓄"增大→"非必需"的精神文化消费增进,但与产值、收入和总消费之比有可能反而下降,尤其是与积蓄之比反而显著下降。这是本项测评独创的一种分析思路和检测方法,可以揭示出层层累进推演的多重协调关系变动态势。

这三对数据组分别形成特定的比例关系:(1)人均收入与人均产值的比例,在本项测评里定义为"民生基础系数";(2)人均非文消费占人均收入的比重,在本项测评里定义为"民生消费系数";(3)人均文化消费与人均非文消费剩余的比例,在本项测评里定义为"文化需求系数"。特别是其中后两项比例关系的分析前所未见,为本项测评从"中国现实"出发的独到构思设计。在完全没有以往经验和现成数据可供参照的情况下,以国家统计局历年统计数据为"第一手"参考依据。以全国及各地既往年度3项比例的历年最佳值作为应然参考值,测算"消除负相关"、"最佳比例值"应然增长目标,寄期各自能够"回复"近期曾经达到的"目标",这样一种期待无疑更加切合实际。

"城乡比"倒数演算和"地区差"指标演算同样是本项研究别出心裁的独创方法,用以检测全国及各地民生基础层面、民生消费层面、文化需求层面城乡差距、地区差距的"发展缺陷"。本项测评同时检验既往年度这3个层面的城乡比、地区差变动态势,并提取3项城乡比、地区差历年最小值,作为城乡之间、地区之间相关增长均衡性分析的应然参考值,测算"最小城乡比"、"弥合城乡比"和"城乡无差距"应然增长目标。就此说明,全国31个省域之间差异极大,基于各省域数值的"地区差"指标演算极其复杂,本文最后将采用一种简便方式测算"地区无差距"应然增长目标。

二 中国城乡民生基础系数的增长协调性检测

本项研究测评以"民生基础系数"来定义"国民总收入"与居民收入的关系,直接反映"初次分配"状况,居民收入增加正构成民生增进的基础(就业不在本项研究范围之内)。由于"国民总收入"组成中"国外净要素收入"部分甚微,本项研究把"国内生产总值"视为"国民总收入"的近似替代数据。在本文里,该项系数体现为全国及各省域城乡居民人均收入与人均产值的比例关系,以数值大为佳。文中以此系数来检验经济增长带动城乡居民收入增高的变动态势,作为其间增长协调性分析的依据;并提取1991年以来历年最佳比例,作为面向未来年度测算增长目标的应然参考值。

1991~2011年全国城乡人均收入、产值绝对值、比例值变动态势见图3。

图3将收入、产值绝对值转换为图形面积比例,二者历年之比形成民生基础系数变动曲线。从中可见,1991~2011年,全国城乡居民人均收入年均增长14.71%,人均产值年均增长15.73%,比居民收入年均增幅高出1.03个百分点。其中,"九五"期间,全国城乡居民人均收入年均增长9.34%,人均产值年均增长9.26%,比居民收入年均增幅低0.08个百分点;"十五"期间,全国城乡居民人均收入年均增长11.41%,人均产值年均增长12.54%,比居民收入年均增幅高出1.13个百分点;"十一五"期间,全国城乡居民人均收入年均增长14.21%,人均产值年均增长16.17%,比居民收入年均增幅高出

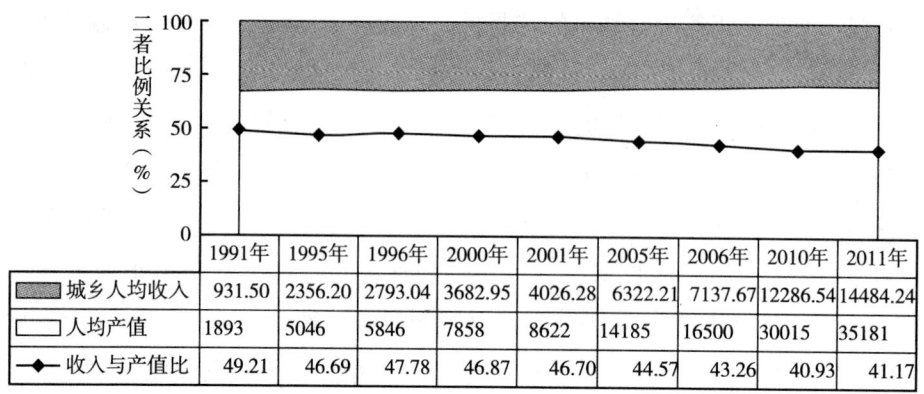

图3 全国城乡人均收入、产值绝对值、比例值变动态势

注：左轴为城乡人均收入、产值（元转换为%），二者变动呈面积比例；相互间历年之比形成民生基础系数（%）曲线。

1.96个百分点。3个五年期相比，"九五"期间城乡居民收入增长略高于"国民收入"增长，"十五"至"十一五"期间产值增长持续加大距离，城乡居民收入增长越来越赶不上"国民收入"增长。

考察图3中年度，除了1996年和2011年出现微小回升以外，全国城乡居民人均收入与人均产值的比例呈现逐步下降趋势，由1991年49.21%降低至2011年41.17%。20年间逐年考察，全国城乡民生基础系数比值的最高（最佳）值为1991年49.21%，最低值为2010年40.93%。民生基础系数大体上一直在减低，意味着在经济增长的同时"人民共享发展成果"程度逐渐降低。这一问题已经引起经济学界、社会学界和政府界高度重视。本项研究将民生基础系数作为前后关联的3项检测指标之首，通过其变动态势测算由此而来的"协调增长"应然差距。

1991~2011年全国乡村与城镇人均收入绝对值、城乡比和地区差变动态势见图4。

图4将乡村居民与城镇居民收入绝对值转换为图形面积比例，城乡间历年之比形成收入城乡比变动曲线，同时附有城乡收入地区差变动曲线。从中可见，1991~2011年，全国乡村居民人均收入年均增长12.12%，城镇居民人均收入年均增长14.16%，比乡村高出2.04个百分点。其中，"九五"期间，全

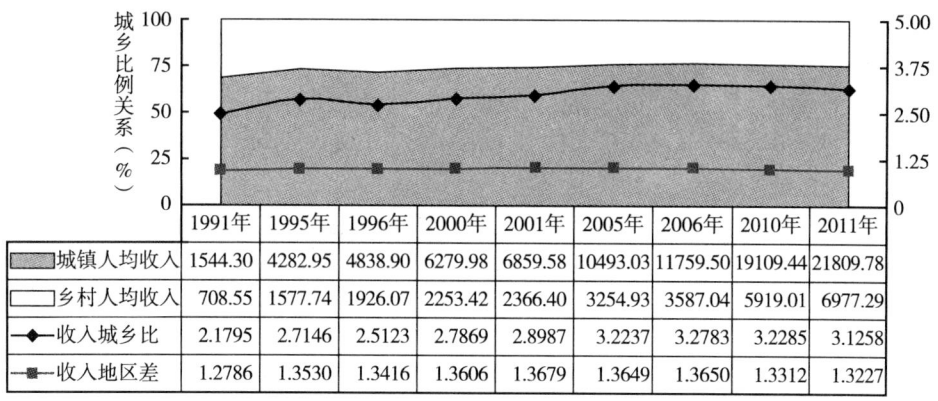

图 4　全国乡村与城镇人均收入绝对值、城乡比和地区差变动态势

注：左轴为城乡人均收入（元转换为%），城乡间历年变动呈面积比例关系；右轴为收入城乡比曲线（乡村=1）；城乡收入地区差曲线（无差距=1）。

国乡村居民人均收入年均增长 7.39%，城镇居民人均收入年均增长 7.96%，比乡村高出 0.57 个百分点；"十五"期间，全国乡村居民人均收入年均增长 7.63%，城镇居民人均收入年均增长 10.81%，比乡村高出 3.18 个百分点；"十一五"期间，全国乡村居民人均收入年均增长 12.70%，城镇居民人均收入年均增长 12.74%，比乡村高出 0.04 个百分点。3 个五年期相比，"十五"期间全国城乡之间收入增长的差距明显加大，"十一五"期间全国城乡之间收入增长的差距有所减小。

作为城乡差距的衡量指标，全国居民人均收入城乡比 20 年间最小（最佳）值为 1991 年的 2.1795，最大值为 2009 年的 3.3328。考察图中年度，除了 1996 年和 2010~2011 年出现收入城乡比缩减以外，全国城镇人均收入增长一直高于乡村人均收入增长。全国人均收入城乡比由 1991 年的 2.1795 扩大至 2011 年的 3.1258，总体上呈现明显扩增趋势，意味着民生基础层面城乡之间"共享发展成果"的程度有所降低。目前，这一问题还没有引起学术界和政府界的足够重视。本项研究将收入城乡比作为一项重要检测指标，通过其变动态势测算城乡之间民生基础层面"均衡发展"的应然差距。

同期，全国城乡人均收入地区差由 1991 年的 1.2786 扩大至 2011 年的 1.3227，20 年间最小（最佳）值为 1991 年的 1.2786，最大值为 2001 年的

1.3679，总体上呈现扩大态势。考察图中年度，在1996年、2005年和2010～2011年出现城乡人均收入地区差缩减之势，尤其是进入"十一五"以来逐步缩小，民生基础层面各地之间"共享发展成果"的程度近几年来有所提高。本项研究将城乡收入地区差同样作为一项重要检测指标，通过其变动态势测算各地城乡之间民生基础层面"均衡发展"的应然差距。鉴于地区差最后测算将采用简便方式，此处不再展开分析。

据此做出以下假定作为测算预设：（1）如果全国城乡民生基础系数能够保持1991年最佳水平，那么2011年全国城乡人均收入应达到17311.74元；（2）如果全国民生基础层面的城乡差距能够保持1991年最小程度，那么2011年全国城乡人均收入应达到15980.41元，在民生基础层面保持最佳比例基础上同时保持最小城乡比，则全国城乡人均收入应达到19099.98元；（3）如果全国民生基础层面的城乡差距能够弥合而实现无差距理想状态，那么全国城乡人均收入应达到21809.78元（即2011年城镇人均值），在民生基础层面保持最佳比例基础上同时实现弥合城乡比，则全国城乡人均收入应达到26067.30元；（4）如果全国城乡民生基础层面的地区差距得以消减至无差距理想状态，那么全国城乡综合演算的人均收入数值就会有更大的提升，随后逐步推演的一切数值都会发生显著变化。

在全国今后10年"协调增长"、"均衡发展"的预期目标测算中，将取全国城乡民生基础系数的历年最佳值，全国民生基础层面城乡差距的历年最小值，乃至民生基础层面城乡之间、地区之间的无差距理想值，分别推演后面的各项数值，最终测算得出全国城乡文化消费需求应然增长目标。

三 中国城乡民生消费系数的增长协调性检测

本项研究测评以"民生消费系数"来定义居民收入与必需生活开支的关系，类比于极至放大的"恩格尔定律"关系，市场经济条件下的必需消费正涵盖整个基本民生范畴。在本文里，该项系数值体现为全国及各省域城乡居民人均非文消费（界定为必需消费）占人均收入的比重关系，以数值小为佳，反转过来即以非文消费剩余比重增大为佳。文中以此系数来检验经济增长、城乡居民收入增高带来必需生活开支之外余钱增多的变动态势，作为其间增长协调性分析的依据；并提取1991年以来历年最佳比例，作为面向未来年度测算增长目标的应然参考值。

1991～2011年全国城乡人均非文消费、收入绝对值、比重值变动态势见图5。

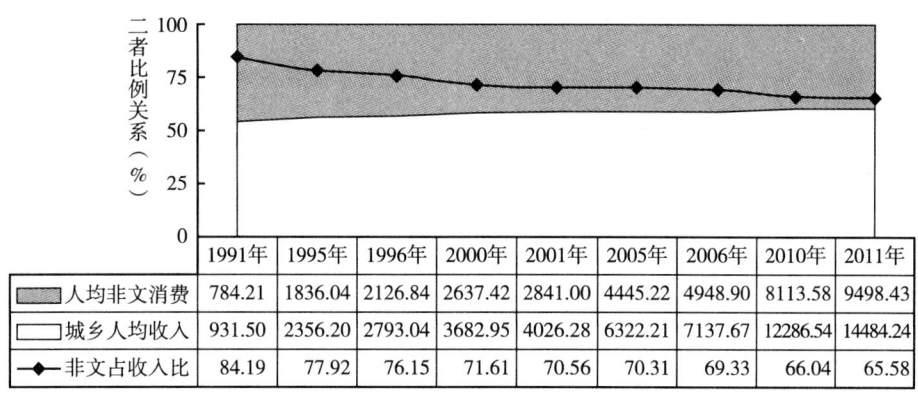

图5　全国城乡人均非文消费、收入绝对值、比重值变动态势

注：左轴为城乡人均非文消费、收入（元转换为%），二者变动呈面积比例；相互间历年之比形成民生消费系数（%）曲线。

图5也将非文消费、收入绝对值转换为图形面积比例，二者历年之比形成民生消费系数变动曲线。从中可见，1991～2011年，全国城乡居民人均非文消费年均增长13.28%，人均收入年均增长14.71%，比人均非文消费年均增幅高出1.43个百分点。其中，"九五"期间，全国城乡居民人均非文消费年均增长7.51%，人均收入年均增长9.34%，比非文消费年均增幅高出1.83个百分点；"十五"期间，全国城乡居民人均非文消费年均增长11.01%，人均收入年均增长11.41%，比非文消费年均增幅高出0.40个百分点；"十一五"期间，全国城乡居民人均非文消费年均增长12.79%，人均收入年均增长14.21%，比非文消费年均增幅高出1.42个百分点。3个五年期相比，两者增长差距持续加大，城乡居民人均非文消费（必需消费）占人均收入的比重越来越低，体现出生活"富足"的余钱越来越多。

考察图3中年度，1991～2011年，全国城乡居民人均非文消费占人均收入的比重持续呈现下降趋势，由1991年的84.19%降低至2011年的65.58%。20年间逐年考察，全国城乡民生消费系数比值的最高值为1991年的84.19%，最低（最佳）值为2011年的65.58%。民生消费系数持续减低，亦即"必需消费"之外的余钱占收入的比重增高。这表明，全国城乡居民"必需消费"之外的余钱正日益增多，在民生消费层面"人民共享发展成果"的效应日益得以显现。这是本项研究的独有设计带来的一个发现，可以表明20年来全国经济增长、城乡居民收入增多表现在民生消费层面的实际成效明显。本项研究将民生消费系数作为前后关联的3项检测指标之次，通过其变动态势测算这一方面"协调增长"的实际进展。

1991～2011年全国乡村与城镇人均非文消费绝对值、城乡比和地区差变动态势见图6。

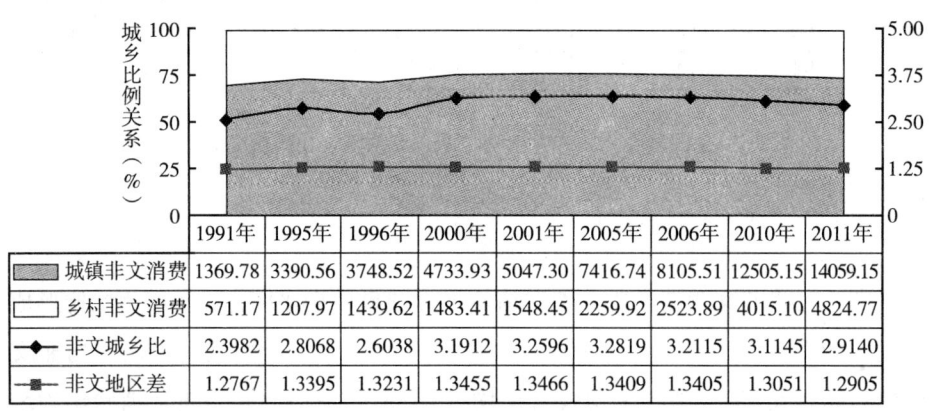

图6 全国乡村与城镇人均非文消费绝对值、城乡比和地区差变动态势

注：左轴为城乡人均非文消费（元转换为%），城乡间历年变动呈面积比例关系；右轴为非文消费城乡比曲线（乡村=1）；城乡非文消费地区差曲线（无差距=1）。

图6也将乡村居民与城镇居民非文消费绝对值转换为图形面积比例，城乡间历年之比形成非文消费城乡比变动曲线，同时附有城乡非文消费地区差变动曲线。从中可见，1991～2011年，全国乡村居民人均非文消费年均增长11.26%，城镇居民人均非文消费年均增长12.35%，比乡村高出1.09个百分点。其中，"九五"期间，全国乡村居民人均非文消费年均增长4.19%，城镇居民人均非文消费年均增长6.90%，比乡村高出2.71个百分点；"十五"期

间,全国乡村居民人均非文消费年均增长8.78%,城镇居民人均非文消费年均增长9.40%,比乡村高出0.62个百分点;"十一五"期间,全国乡村居民人均非文消费年均增长12.18%,城镇居民人均非文消费年均增长11.01%,比乡村低1.17个百分点。3个五年期相比,"十五"期间全国城乡之间非文消费增长的差距有所减小,"十一五"期间全国城乡之间非文消费增长的差距明显减小。

作为城乡差距的衡量指标,全国居民人均非文消费城乡比20年间最小(最佳)值为1991年2.3982,最大值为2003年3.5667。考察图6中年度,除了1995年、2000～2001年和2005年出现非文消费城乡比扩增以外,全国城镇人均非文消费增长幅度逐步减小,有可能接近成为一个常量;与之相反,乡村人均非文消费增长幅度逐步增大,保持着进一步增长态势。人均非文消费城乡比由1991年2.3982扩大至2011年2.9140,总体上呈现微弱扩增趋势,但进入"十一五"以后明显缩小,意味着民生消费层面城乡之间"共享发展成果"的程度近几年来有所提高。这也是本项研究的独有设计带来的一个发现,至今还没有引起学术界和政府界的应有注意。本项研究将"必需"非文消费城乡比作为一项重要检测指标,通过其变动态势测算城乡之间民生消费层面"均衡发展"的实际进展。

同期,全国城乡人均非文消费地区差由1991年的1.2767扩大至2011年的1.2905,20年间最小(最佳)值为1991年的1.2767,最大值为2003年的1.3493,总体上呈现扩大态势。考察图中年度,在1996年、2005～2006年和2010～2011年出现城乡人均非文消费地区差缩减之势,尤其是进入"十一五"以来逐步缩小,民生消费层面各地之间"共享发展成果"的程度近几年来有所提高。本项研究将城乡非文消费地区差同样作为一项重要检测指标,通过其变动态势测算各地城乡之间民生消费层面"均衡发展"的应然差距。鉴于地区差最后测算将采用简便方式,此处不再展开分析。

据此做出以下假定作为测算预设:(1)如果全国城乡民生消费系数能够保持2011年最佳水平,这是当前最新比值而结果不变,取上一类民生基础系数最佳比值叠加测算,那么2011年全国城乡人均非文消费应达到11352.64元,反转则是人均非文消费剩余增多至5959.10元;(2)如果全国民生消费层面的城乡差距能够保持1991年最小程度,那么2011年全国城乡人均非文消费应达到10010.89元,在民生基础层面、民生消费层面保持两项最佳比例值基础上同时保持此项最小城乡比,全国城乡人均非文消费应达到11965.13元,反转则是人均非文消费剩余增多至7134.84元;(3)如果全国民生消费层面的城乡差距能够弥合而实现无差距理想状态,那么全国城乡人均非文消费应达到14059.15元(即2011年城镇人均值),在民生基础层面、民生消费层面保持两项最佳比例基础上同时实现弥合此项城乡比,全国城乡人均非文消费应达到16803.66元,反转则是人均非文消费剩余增多至9263.64元;(4)同样至此两类检测叠加,如果全国城乡民生基础层面、民生消费层面的两类地区差距得以消减至无差距理想状态,那么全国城乡综合演算的人均非文消费剩余数值就会有更大的提升,随后推演的相关数值也会发生显著变化。

在全国今后10年"协调增长"、"均衡发展"的预期目标测算中,将取全国城乡民生消费系数的历年最佳值,全国民生消费层面城乡差距的历年最小值,乃至民生消费层面城乡之间、地区之间的无差距理想值,分别推演后面的各项数值,最终测算得出全国城乡文化消费需求应然增长目标。

四 中国城乡文化需求系数的增长协调性检测

本项研究测评以"文化需求系数"来定义必需生活开支之外余钱与文化消费需求的关系,间接涉及"二次分配"状况,必需消费之外的余钱是"非必需"精神消费的前提。在本文里,该项系数体现为全国及各省域城乡居民人均文化消费与人均非文消费剩余(必需生活开支之外余钱部分)的比例关系,以数值大为佳。文中以此系数来检验城乡居民收入增高、必需生活开支之外余钱增多是否带来文化消费需求增进的变动态势,作为其间增长协调性分析的依据;并提取1991年以来历年最佳比例,作为面向未来年度测算增长目标的应然参考值。

1991~2011年全国城乡人均文化消费、非文消费剩余绝对值、比例值变动态势见图7。

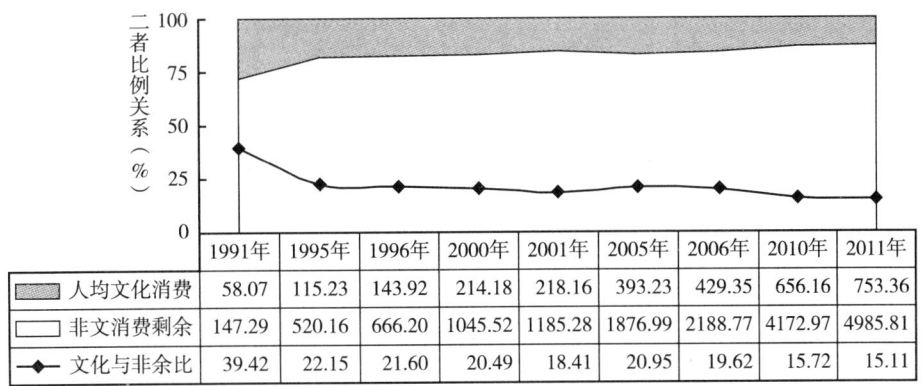

图 7　全国城乡人均文化消费、非文消费剩余绝对值、比例值变动态势

注：左轴为城乡人均文化消费、非文消费剩余（元转换为%），二者变动呈面积比例；相互间历年之比形成文化需求系数（%）曲线。

图 7 仍将文化消费、非文消费绝对值转换为图形面积比例，二者历年之比形成文化需求系数变动曲线。从中可见，1991～2011 年，全国城乡居民人均文化消费年均增长 13.67%，人均非文消费剩余年均增长 19.26%，比人均文化消费年均增幅高出 5.59 个百分点。其中，"九五"期间，全国城乡居民人均文化消费年均增长 13.20%，人均非文消费剩余年均增长 14.98%，比文化消费年均增幅高出 1.78 个百分点；"十五"期间，全国城乡居民人均文化消费年均增长 12.92%，人均非文消费剩余年均增长 12.42%，比文化消费年均增幅低 0.50 个百分点；"十一五"期间，全国城乡居民人均文化消费年均增长 10.78%，人均非文消费剩余年均增长 17.33%，比文化消费年均增幅高出 6.55 个百分点。3 个五年期相比，两者增长差距在"九五"期间已经显现，而在"十五"期间出现"倒置"，但在"十一五"期间明显加大。

考察图 7 中年度，除了 2005 年出现微小回升以外，全国城乡居民人均文化消费与人均非文消费剩余的比例呈现逐步下降趋势，由 1991 年的 39.42% 降低至 2011 年的 15.11%。20 年间逐年考察，全国城乡文化需求系数比值的最高（最佳）值为 1991 年的 39.42%，最低值为 2011 年的 15.11%。文化需求系数大体上一直在减低，意味着文化消费需求增长继续受到"积蓄增长负相关效应"的反向牵制，在文化需求层面"人民共享发展成果"的效果不容乐观。这还是本项研究的独有设计带来的一个发现，揭示出 20 年以来全国城乡文化消费需求增长并不理想，反过来看也可以说还蕴藏着巨大潜力。本项研究将文化需求系数作为前后关联的 3 项检测指标之末，通过其变动态势测算由此而来的"协调增长"应然差距。

1991～2011 年全国乡村与城镇人均文化消费绝对值、城乡比和地区差变动态势见图 8。

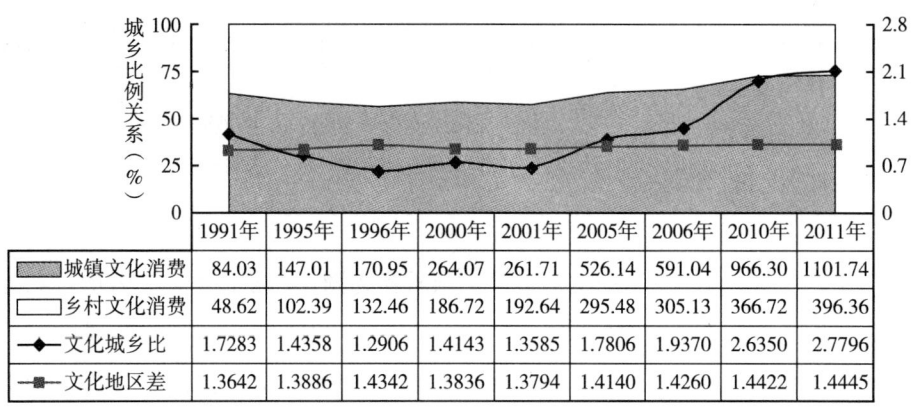

图 8　全国乡村与城镇人均文化消费绝对值、城乡比和地区差变动态势

注：左轴为城乡人均文化消费（元转换为%），城乡间历年变动呈面积比例关系；右轴为文化消费城乡比曲线（乡村 = 1）；城乡文化消费地区差曲线（无差距 = 1）。

图 8 仍将乡村居民与城镇居民文化消费绝对值转换为图形面积比例，城乡间历年之比形成文化消费城乡比变动曲线，同时附有城乡文化消费地区差变动曲线。从中可见，1991～2011 年，全国乡村居民人均文化消费年均增长 11.06%，城镇居民人均文化消费年均增长 13.73%，比乡村高出 2.67 个百分点。其中，"九五"期间，全国乡村居民人均文化消费年均增长 12.77%，城镇居民人均文化消费年均增长 12.43%，比乡村低 0.34 个百分点；"十五"期间，全国乡村居民人均文化消费年均增长 9.61%，城镇居民人均文化消费年均增长 14.78%，比乡村高出 5.17 个百分点；"十一五"期间，全国乡村居民人均文化消费年均增长 4.41%，城镇居民人均文化消费年均增长 12.93%，比乡村高出 8.52 个百分点。3 个五年期相比，全国城乡之间文化消费增长的差距在"十五"期间有所加大，在"十一五"期间持续加速扩大。

作为城乡差距的衡量指标，全国居民人均文化消费城乡比20年间最小（最佳）值为1996年1.2906，最大值为2011年2.7796。考察图中年度，除了1995～1996年和2001年出现文化消费城乡比缩减以外，全国城镇人均文化消费增长一直比乡村人均文化消费增长高。人均文化消费城乡比由1991年的1.7283扩大至2011年2.7796，总体呈现持续扩增趋势，意味着文化需求层面城乡之间"共享发展成果"的程度有所降低。这仍是本项研究的独有设计带来的一个发现，揭示出20年以来全国城乡之间文化消费需求增长日益失衡。本项研究将文化消费城乡比作为一项重要检测指标，通过其变动态势测算城乡之间文化需求层面"均衡发展"的应然差距。

同期，全国城乡人均文化消费地区差由1991年的1.3642扩大至2011年的1.4445，20年间最小（最佳）值为1992年的1.3490，最大值为2008年的1.4593，总体上呈现扩大态势。考察图中年度，除了2000～2001年出现文化消费地区差缩减以外，全国城乡人均文化消费地区差呈现不断扩增态势，文化需求层面各地之间"共享发展成果"的程度也有所降低。本项研究将城乡文化消费地区差同样作为一项重要检测指标，通过其变动态势测算各地城乡之间文化需求层面"均衡发展"的应然差距。鉴于地区差最后测算将采用简便方式，此处不再展开分析。

据此做出以下假定作为测算预设：（1）如果全国城乡文化需求系数能够保持1991年最佳水平，即文化消费增长与积蓄增长之间不再构成负相关关系（简称"消除负相关测算"），那么2011年全国城乡人均文化消费应达到1965.59元，总量可达到26420.08亿元；（2）如果在保持文化需求系数最佳比值基础上，全国文化需求层面的城乡差距能够保持1996年最小程度，那么2011年全国城乡人均文化消费应达到2554.88元，总量可达到34340.97亿元；（3）如果同样在保持此项最佳比值基础上，全国文化需求层面的城乡差距能够弥合而实现无差距理想状态，那么全国城乡人均文化消费应达到2874.53元，总量可达到38637.45亿元。这已经接近于根据所谓"国际检验"推算而纯属"传说"的全国文化消费"应有4万亿元"。

至此，全国城乡文化消费需求增长相关方面的诸多差距一目了然：一方面在于经济增长与基本民生、文化民生增进的协调性差距，另一方面在于城乡之间、地区之间文化民生增进的均衡性差距。在全国今后10年"协调增长"、"均衡发展"的预期目标测算中，将取全国城乡文化需求系数的历年最佳值，全国文化需求层面城乡差距的历年最小值，乃至文化需求层面城乡之间、地区之间的无差距理想值，并叠加民生基础层面、民生消费层面检测出的协调性差距进行推演，最终测算得出全国城乡文化消费需求应然增长目标。

有必要补充说明，以上就民生基础系数、民生消费系数和文化需求系数3个层面逐一开展单独分析，类似于设置一种"实验室"提取程序，分别针对全国城乡这3个层面之一的比值关系变化独立进行演算，而暂时搁置其他层面比值关系变化的互动影响。然而实际上，全国城乡这3个层面的比值关系变化恰恰密切联系在一起，因此最终必须综合在一起进行统一分析演算。

就此继续做出以下假定作为测算预设：（4）如果同时取民生基础系数、民生消费系数和文化需求系数三项最佳比值叠加测算（简称"最佳比例值测算"），那么2011年全国城乡人均文化消费应达到2349.29元，总量可达到31577.58亿元；（5）如果在保持民生基础系数、民生消费系数和文化需求系数3项最佳比值基础上，全国文化需求层面的城乡差距能够保持1996年最小程度（简称"最小城乡比测算"），那么2011年全国城乡人均文化消费应达到3053.63元，总量可达到41044.73亿元；（6）如果同样在保持3项最佳比值基础上，全国文化需求层面的城乡差距能够弥合而实现无差距理想状态（简称"弥合城乡比测算"），那么全国城乡人均文化消费应达到3435.67元，总量可达到46179.93亿元。这已经超出了"传说"中的4万亿元，实属本来就"应该"实现的。

综合以上3类检测，最后进行更加理想化的假定测算：（7）如果全国民生基础层面、民生消费层面和文化需求层面的3类城乡差距同时得以消减至无差距理想状态，即取各项城镇人均值，按全国城镇实现3项比例历年最佳值演算（简称"城乡无差距测算"），那么2011年全国城乡人均文化消费应达到5278.97元，总量可达到70956.20亿元；（8）如果全国城乡民生基础层面、民生消费层面和文化需求层面的3类地区差距同时得以消减至无差距理想状态，即取东部城镇各项人均值，按东部城镇实现3项比例历年最佳值演算（简称"地区无差距测算"），那么2011年全国城乡人均文化消费应达到7170.82元，总量可达到96385.20亿元。这两项当然属于理想化测算。

五 文化消费增长目标暨文化产业发展空间测算

基于既往事实、现实期待和未来理想，本项研究测评设置各类目标测算方式

"自然增长"测算 这是一种基于统计数据进行概率演算的常规或然预测，按照以往年度的年均增长率推算以后年度的增长数值，类似于气象统计预测中的"若干年一遇"。在此将展开既往20年统计数据演算。

"现实应然"测算 这是一种基于现行规划政策的"应该"增长目标演算，按照"协调增长"的要求，假设实现以往年度曾经出现的"最佳"状况，推算以后年度的增长数值。在此也将展开既往20年"最佳"数值演算，从中可以看到发展现状的差距。

"未来理想"测算 这是一种基于科学发展战略的"理想"增长目标演算，按照"均衡发展"的要求，假设彻底实现城乡无差距、地区无差距的均衡发展理想状态，推算以后年度的增长数值。在此仍将展开既往20年实际数据演算，从中可以看到现实与理想的距离。

2011~2020年全国城乡人均文化消费需求增长测算见图9，图中提供了基于人均值演算的全国文化产业供需协调增长目标的8类测算结果。

对于图表演算的补充说明：①鉴于需要基于现有最新的2011年统计数据进行测算，这里将2011年作为"未来10年"的头一年处理，而2012年统计数据尚待公布，归入未来年度测算。②经济社会发展作为背景因素，"未来10年"全国人均产值增长先按既往20年实际年均增长率推算，演算文化产业供需协调增长目标距离数值；再按国家"十二五"规划预定年均增长率7%推算，演算文化产业供需协调增长目标校正数值。③除了第1类历年均增值测算以外，其余各类测算以所需年均增长率体现各自距离"协调增长"目标的相应差距，由于其间目标取向不同，演算方式不同，各类增长测算数值即使极为接近，也不可视为彼此涵盖。

（1）历年均增值测算。以全国城乡人均文化消费1991年以来年均增长率测算增长目标，可以得出统计概率最高的或然增长结果。如果2011~2020年

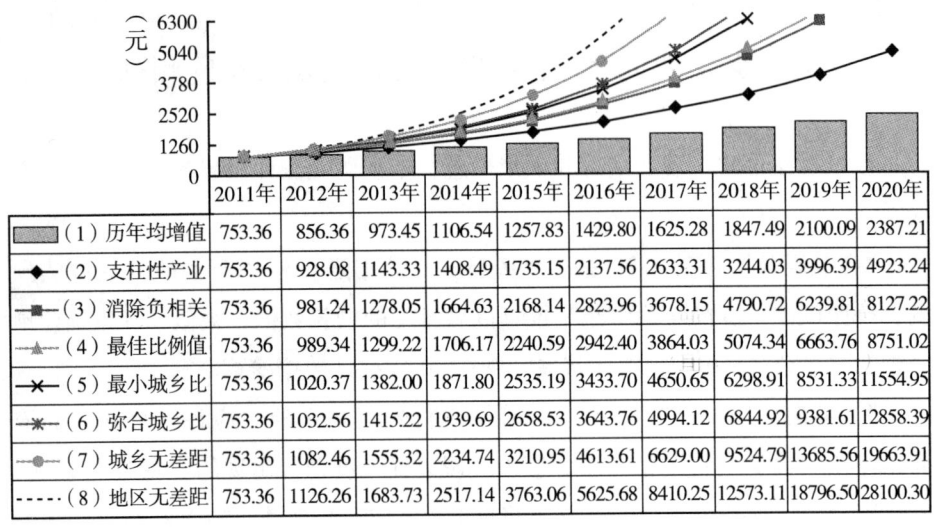

图9 2011~2020年全国城乡人均文化消费需求增长测算

注：作为背景因素，2011~2020年人均产值按1991~2011年实际年均增长推算。文化消费与产值比：2011年实值2.14%；2020年测算值（1）1.82%；（2）3.76%；（3）6.20%；（4）6.68%；（5）8.82%；（6）9.81%；（7）15.01%；（8）21.44%。2011~2020年全国城乡人均文化消费年均增长：（1）13.67%（1991~2011年实值）；（2）23.19%；（3）30.25%；（4）31.32%；（5）35.44%；（6）37.06%；（7）43.68%；（8）49.50%。若产值按年均增长7%推算，则2020年文化消费与产值比测算值（增量、增幅不变）：（1）3.69%；（3）12.57%。2020年全国城乡人均文化消费（与产值比不变）：（2）2429.87元，年增13.90%；（4）4319.08元，年增21.41%；（5）5702.97元，年增25.22%；（6）6346.28元，年增26.72%；（7）9705.17元，年增32.84%；（8）13910.94元，年增38.26%。

全国城乡保持与1991~2011年相同的年均增长率13.67%，那么到2020年城乡人均文化消费将达到2387.21元。在相关各方面增长均依此推算的情况下，由于全国城乡文化消费与产值之比在1991~2011年呈现下降态势，2020年文化消费增长与产值增长测算值之比将继续降低至1.82%。

（2）支柱性产业测算。摈弃单纯的"文化GDP追逐"，通过文化消费需求增长空间反推，以文化生产满足文化需求的终极目的定位测算增长目标，即假设文化消费需求增长切实推动文化生产发展，实现文化产业供需协调增长，达到支柱产业所需占产值比重。全国城乡总体至2020年文化消费与产值之比的测算值为3.76%，据此反推，到2020年全国城乡人均文化消费应达到4923.24元，年均增长率需达到23.19%，为以往20年实际年均增长率的1.70倍。

（3）消除负相关测算。以全国城乡文化需求系数1991年以来历年最佳比值测算增长目标，即假设文化消费增长与积蓄增长之间排除负相关关系。如果到2020年全国城乡此项比值实现1991~2011年最佳状态，那么城乡人均文化消费应达到8127.22元，年均增长率需达到30.25%，为以往20年实际年均增长率的221.29%，文化消费增长与产值增长测算值之比将上升至6.20%。这一项比值关系是影响文化消费需求增长最为直接、最为严重的因素，特地从三项"最佳比值"中抽出来进行单项差距测算。

（4）最佳比例值测算。以全国城乡民生基础系数、民生消费系数、文化需求系数3项比例1991年以来历年最佳值测算增长目标，即假设相关各方面的增长协调性"回复"曾有的3项比例关系的最佳值。如果到2020年全国城乡3项比例同步实现1991~2011年最佳状态，那么城乡人均文化消费应达到8751.02元，年均增长率需达到31.32%，为以往20年实际年均增长率的2.29倍，文化消费增长与产值增长测算值之比将上升至6.68%。

（5）最小城乡比测算。在三项最佳比例测算基础上，以全国城乡人均文化消费城乡比1991年以来历年最小值测算增长目标，即假设"回复"原有的文化消费城乡比最小状态，作为缩小以至消除城乡差距的基础。如果到2020年全国城乡同时实现1991~2011年3项最佳比例和文化消费城乡比最小状态，那么城乡人均文化消费应达到11554.95元，年均增长率需达到35.44%，为以往20年实际年均增长率的2.59倍，文化消费增长与产值增长测算值之比将上升至8.82%。

（6）弥合城乡比测算（此类测算可以避免最小城乡比"倒挂"地区"矫枉过正"）。在3项最佳比例测算基础上，以全国人均文化消费城乡比的无差距理想值测算增长目标，即假设文化需求层面的城乡差距得以消除演算校正数值。如果到2020年全国城乡同时实现1991~2011年3项最佳比例和乡村人均文化消费绝对值与城镇水平持平，那么城乡人均文化消费应达到12858.39元，年均增长率需达到37.06%，为以往20年实际年均增长率的2.71倍，文化消费增长与产值增长测算值之比将上升至9.81%。

（7）城乡无差距测算。在民生基础层面、民生消费层面、文化需求层面3项城乡比的无差距理想状态下实现1991年以来历年最佳比例测算增长目标，即假设全国乡村相关方面加速增长并与城镇水平持平，统一取城镇标准3项最佳比例关系进行演算。如果到2020年全国城乡之间在此3个层面已无差距，统一实现按城镇标准衡量的1991~2011年3项最佳比例，那么城乡人均文化消费应达到19663.91元，年均增长率需达到43.68%，为以往20年实际年均增长率的3.20倍，文化消费增长与产值增长测算值之比将上升至15.01%。

（8）地区无差距测算。全国各地之间差异极大，"地区差"指标演算极其复杂，此处采用一种简便方法测算增长目标，即在"城乡无差距测算"基础上，取东部城镇整体平均值进行演算。如果到2020年全国城乡之间、各地之间在此3个层面已无差距，统一达到东部城镇整体平均值，那么城乡人均文化消费应达到28100.30元，年均增长率需达到49.50%，为以往20年实际年均增长率的3.62倍，文化消费增长与产值增长测算值之比将上升至21.44%。

如果按照国家"十二五"规划转变发展方式的要求，在"十二五"期间把全国产值年均增长率控制在7%，并一直延续至2020年，那么以上第（1）、（3）两类测算因与产值增长演算间接相关，文化消费人均值增长测算的绝对值不变，其与产值比将分别增高至3.69%和12.57%；第（2）、（4）至（8）类测算因与产值增长演算直接相关，文化消费人均值增长测算的绝对值相应减少，其所需年均增长幅度（亦即目标差距）将分别减低至13.90%、21.41%、25.22%、26.72%、32.84%和38.26%（见图9注），显而易见更容易实现。

在人均值增长测算基础上，2011~2020年全国城乡文化消费需求总量增长测算见图10，图中同样提供了按照总量演算的全国文化产业供需协调增长目标的8类测算结果。总量数值演算无法涉及未来人口增长及其分布变化，难免会有误差，其所需年均增长率演算结果与人均值演算略有差异，仅供参考。

应该看到，以经济（包括文化生产）增长、社会（民生）发展与文化消费需求增进的关系来看，实现"支柱性产业"测算目标并不算困难，但实现各类"协调增长"、"均衡发展"测算的"应该目标"和"理想目标"却并不容易。毫无疑问，与"GDP崇拜"和"文化GDP追逐"相比，增强经济与民生（包括文化民生）发展的协调性，增强城乡、区域之间发展的均衡性，更应当成为科学发展理念之下政绩检验的主要指标。

	2011年	2012年	2013年	2014年	2015年	2016年	2017年	2018年	2019年	2020年
（1）历年均增值	10126	11600	13289	15224	17440	19979	22888	26220	30037	34410
（2）支柱性产业	10126	12572	15608	19378	24058	29869	37083	46040	57160	70965
（3）消除负相关	10126	13292	17447	22902	30062	39460	51797	67991	89247	117148
（4）最佳比例值	10126	13402	17737	23474	31067	41115	54415	72016	95310	126140
（5）最小城乡比	10126	13822	18867	25752	35151	47981	65492	89395	122022	166556
（6）弥合城乡比	10126	13987	19320	26686	36861	50916	70329	97144	134183	185345
（7）城乡无差距	10126	14663	21233	30746	44521	64468	93352	135177	195742	283441
（8）地区无差距	10126	15256	22986	34631	52176	78610	118436	178440	268842	405046

图 10　2011～2020 年全国城乡文化消费需求总量增长测算

注：2011～2020 年全国城乡文化消费总量年均增长：（1）14.56%（1991～2011 年实值）、（2）24.15%、（3）31.26%、（4）32.35%、（5）36.50%、（6）38.13%、（7）44.80%、（8）50.66%。若产值按年均增长 7% 推算，则 2020 年全国城乡文化消费总量：（2）35024.92 亿元，年增 14.78%；（4）62256.52 亿元，年增 22.36%；（5）82204.29 亿元，年增 26.20%；（6）91477.20 亿元，年增 27.70%；（7）139893.11 亿元，年增 33.88%；（8）200516.33 亿元，年增 39.34%。

The Growth Target of Coordinated Supply-demand of China's Cultural Industry

— *The Analysis of the Past 20 Years and the Estimation in the Next Decade*

Abstract：Based upon the growth from 1991 to 2011, to aim at the target of extended demotic cultural consumption demand and advanced sharing between urban and rural areas, and among different regions, measuring to the "due space" of the national total cultural consumption demand in urban-rural areas in 2011 are as follows：17765.24 hundred million yuan in the valued pillar industry；26420.07 hundred million yuan in the valued avoiding negative correlation；31577.58 hundred million yuan in the valued optimal proportion; 41044.72 hundred million yuan in the valued lowest urban-rural ratio; 46179.92 hundred million yuan in the valued closed urban-rural ratio; 70956.19 hundred million yuan in the valued without urban-rural gap; 96385.18 hundred million yuan in the valued without regional gap. But the actual gross is only 10126.19 hundred million yuan. It is clear at a glance which the growth distance with regard to national cultural consumption demand in urban-rural areas had two dimensions: on the one hand, that consist in the harmonious difference of economic increase and basic people's livelihood and cultural people's livelihood enhancement; on the other hand, that consist in the statuesque difference of cultural people's livelihood enhancement between urban and rural areas, and among different regions. It was just the low increase of cultural consumption demand that resulted in the short growth of cultural production and supply. The development space of China's cultural industry must be exploited from boosting "endogenetic motivity".

Key Words: China's Cultural Industry; Expand Cultural Consumption; Demand and Sharing; Growth Target

综合分析与评价

Comprehensive Analysis and Evaluation

面向需求与共享的文化产业发展空间

——各省域2000～2011年协调增长差距测算

摘 要：

以扩大需求、促进共享为目标，测算文化消费需求增长，以此度量文化产业未来10年发展空间。基于2000～2011年增长，测算至2020年各省域增长目标的距离排行：历年均增值测评前5位是江苏、辽宁、内蒙古、青海、安徽；消除负相关测评前5位是江苏、内蒙古、黑龙江、广东、上海；最佳比例值测评前5位是上海、江苏、福建、黑龙江、辽宁；最小城乡比测评前5位是上海、江苏、北京、黑龙江、辽宁；弥合城乡比测评前5位是上海、江苏、黑龙江、北京、辽宁；城乡无差距测评前5位是上海、江苏、黑龙江、辽宁、北京；支柱性产业测评前5位是上海、江苏、辽宁、黑龙江、广东。文化产业成为支柱性产业本身并不是目的。

关键词：

各地文化产业　未来10年　需求与共享　增长目标

2012年,《国家"十二五"时期文化改革发展规划纲要》、《文化及相关产业分类(2012)》国家标准相继发布,秉承中共中央十七届六中全会精神,形成推动中国文化产业发展的强大政策推动力和技术聚合力。中共十八大报告更进一步明确,文化产业成为国民经济支柱性产业,是全面建成小康社会和全面深化改革开放的目标之一;让人民享有健康丰富的精神文化生活,是全面建成小康社会的重要内容。

中国经济发展长期面临内需不足的困扰,中国文化产业发展同样面临这一难题。如果说,实体经济制造业的发展动力可以依靠所谓"三驾马车",除了投资、内需之外还有外需,那么,文化产业的发展动力除了投资以外,就只能依靠内需作为"驾辕之驹"。增加文化消费总量,提高文化消费水平,是文化产业发展的内生动力。

本项研究以扩大文化消费需求、促进城乡文化共享为目标,测算全国各地城乡文化消费需求的"或然增长"和"应然增长"目标,并以此度量各地文化产业未来10年的发展空间。各地文化产业如何才能成为支柱性产业自在其中。

一 各省域城乡文化消费需求增长态势

2000~2011年各省域城乡文化消费总量值、人均值增长状况见表1,全国城乡总体数据作为测评演算基准列于首行。各地依属地方位,由北至南、从东到西分为东北和东中西部四大区域,按11年里文化消费人均值年均增长幅度高低排列。其中,省域主排行以1、2、3……为序,四大区域附加排行以[1]、[2]、[3]、[4]为序(后同)。

表1 各省域城乡文化消费总量值、人均值增长状况

地 区	省域城乡文化消费总量增长				省域城乡人均文化消费增长			
	2000年(亿元)	2011年(亿元)	年均增长指数		2000年(元)	2011年(元)	年均增长指数	
			上年=100	排序			上年=100	排序
全 国	2704.35	10126.19	112.75	—	214.18	753.36	112.11	—
辽 宁	75.83	324.62	114.13	6	181.51	741.33	113.65	2
黑龙江	55.79	205.66	112.59	13	146.84	536.46	112.50	7
吉 林	44.79	165.54	112.62	12	167.77	602.40	112.32	9
东 北	176.41	695.82	113.29	[2]	165.69	634.84	112.99	[1]

续表

地区	省域城乡文化消费总量增长				省域城乡人均文化消费增长			
	2000年（亿元）	2011年（亿元）	年均增长指数 上年=100	排序	2000年（元）	2011年（元）	年均增长指数 上年=100	排序
江 苏	202.36	1125.93	116.89	1	278.35	1428.10	116.03	1
上 海	98.46	532.25	116.58	2	632.15	2289.18	112.41	8
福 建	86.32	340.05	113.27	11	256.69	917.45	112.28	10
广 东	267.89	1322.20	115.62	3	357.74	1262.50	112.15	12
天 津	34.17	155.74	114.79	5	348.67	1173.53	111.66	15
浙 江	170.15	671.29	113.29	10	375.16	1230.65	111.40	16
河 北	100.30	346.15	111.92	18	150.96	479.62	111.08	18
北 京	81.78	393.00	115.34	4	625.71	1974.63	111.01	19
山 东	218.34	655.90	110.52	23	244.22	682.35	109.79	24
海 南	12.64	35.07	109.72	26	162.96	401.78	108.55	29
东 部	1272.41	5577.58	114.38	[1]	296.87	1096.59	112.61	[2]
安 徽	98.99	350.61	112.18	15	158.10	588.04	112.68	5
山 西	49.95	203.66	113.63	8	154.84	568.32	112.55	6
河 南	134.13	468.93	112.05	17	142.12	499.03	112.10	13
江 西	72.90	244.01	111.61	20	173.98	545.23	110.94	21
湖 北	120.16	325.61	109.49	27	201.98	567.00	109.84	23
湖 南	156.66	391.67	108.69	30	239.28	594.99	108.63	27
中 部	632.79	1984.49	110.95	[3]	177.69	555.20	110.91	[3]
内蒙古	50.45	205.66	113.63	9	213.16	830.29	113.16	3
青 海	5.87	24.41	113.83	7	114.34	431.53	112.83	4
重 庆	61.05	203.93	111.59	21	198.00	702.77	112.21	11
陕 西	71.69	251.63	112.09	16	197.43	673.01	111.79	14
贵 州	45.94	138.92	110.58	22	123.08	399.92	111.31	17
宁 夏	10.32	37.58	112.47	14	188.11	590.64	110.96	20
云 南	65.05	218.88	111.66	19	154.27	474.16	110.75	22
四 川	159.10	406.99	108.91	28	185.52	505.73	109.55	25
广 西	94.84	238.99	108.77	29	200.44	516.46	108.99	26
西 藏	1.01	2.93	110.20	25	39.23	97.17	108.59	28
甘 肃	46.00	112.78	108.50	31	180.38	440.20	108.45	30
新 疆	29.04	85.36	110.30	24	160.28	388.53	108.38	31
西 部	640.36	1928.06	110.54	[4]	177.78	533.42	110.50	[4]

注：（1）表中均为城乡综合演算衍生数值，另补东中西部和东北整体演算（后同）。（2）全国城乡总人口统计包括军队等（计入城镇人口），各地城乡人口统计不涉及，故各地之和不等于全国总量。数据演算依据：《中国统计年鉴》相应年卷。

2000~2011年，各省域城乡文化消费需求总量年均增长幅度比较，江苏、上海、广东、北京、天津、辽宁、青海、山西、内蒙古、浙江、福建11个省域年均增长幅度从高到低依次高于全国城乡平均增长水平；吉林、黑龙江、宁夏、安徽、陕西、河南、河北、云南、江西、重庆、贵州、山东、新疆、西藏、海南、湖北、四川、广西、湖南、甘肃20个省域年均增长幅度从高到低依次低于全国城乡平均增长水平。其中，占据首位的江苏年均增长高于全国城乡平均增长4.14个百分点；处于末位的甘肃年均增长低于全国城乡平均增长4.25个百分点。

2000~2011年，各省域城乡人均文化消费需求年均增长幅度比较，江苏、辽宁、内蒙古、青海、安徽、山西、黑龙江、上海、吉林、福建、重庆、广东12个省域年均增长幅度从高到低依次高于全国城乡平均增长水平；河南、陕西、天津、浙江、贵州、河北、北京、宁夏、江西、云南、湖北、山东、四川、广西、湖南、西藏、海南、甘肃、新疆19个省域年均增长幅度从高到低依次低于全国城乡平均增长水平。其中，占据首位的江苏年均增长高于全国城乡平均增长3.92个百分点；处于末位的新疆年均增长低于全国城乡平均增长3.73个百分点。

有必要说明：总量数值演算会产生较大误差，这是由于在既有年度统计数据里，各地各类总量数据之和不等于全国总量，本身就存在误差；在未来年度测算数值里，无法涉及今后人口增长及其分布变化，只能根据人均值测算结果推演。因此，本文主要基于人均数值展开分析测算，仅在开头和结尾处提供总量分析演算数值，以利于把握全国及各地总体态势。

二 各省域城乡文化消费需求增长协调性分析

本文同时检测1991年以来全国及各省域城乡民生基础系数、民生消费系数和文化需求系数3项特定关系比值，作为经济、民生与文化消费需求之间增长协调性分析的依据，并分别提取这3项历年"最佳比值"，作为面向未来年度测算增长目标的应然参考值。

各省域城乡文化消费相关比例关系变动状况见表2，各地按2000年以来3项比例值的最佳值与2011年现实值之间的综合差距指数从小到大排列。

表2 各省域城乡文化消费相关比例关系链变动状况

地区	2000年以来最佳比例(%)			2011年现实比例(%)			2011年现实比例与最佳比例差距			
	收入与产值比	非文消费占收入比	文化消费与非文消费剩余比	收入与产值比	非文消费占收入比	文化消费与非文消费剩余比	与非文消费剩余比 单项指数最佳值=1	差距倒序	3项比例 综合指数最佳值=1	差距倒序
全　国	47.69	65.58	21.60	41.17	65.58	15.11	1.4297	—	1.6560	—
江　苏	41.58	58.06	17.61	32.17	59.03	17.40	1.0122	1	1.3397	1
上　海	41.17	62.53	24.31	41.17	62.53	17.97	1.3526	8	1.3526	2
福　建	46.25	63.40	17.70	37.34	63.40	14.17	1.2497	5	1.5478	3
广　东	54.42	68.68	24.19	40.97	68.68	19.36	1.2491	4	1.6593	4
河　北	43.33	59.78	14.24	35.76	60.39	9.97	1.4280	11	1.7572	7
北　京	37.60	60.19	29.47	37.13	60.88	16.65	1.7701	25	1.8237	10
天　津	39.56	61.50	16.76	28.10	62.08	12.93	1.2966	6	1.8533	11
浙　江	50.90	62.91	22.50	40.29	63.06	13.96	1.6125	19	2.0457	14
山　东	43.81	61.34	18.82	32.90	61.34	11.33	1.6613	22	2.2122	18
海　南	54.68	64.52	16.36	43.05	64.52	9.10	1.7979	26	2.2836	20
东　部	44.02	62.99	19.69	36.52	62.99	15.20	1.2947	[2]	1.5602	[1]
黑龙江	45.35	66.48	18.31	37.03	70.60	15.01	1.2193	3	1.7027	5
辽　宁	37.92	66.20	19.93	31.31	66.20	13.80	1.4442	12	1.7489	6
吉　林	49.37	67.82	21.13	33.83	67.82	14.39	1.4683	15	2.1429	15
东　北	42.33	67.93	18.10	33.48	67.93	14.28	1.2677	[1]	1.6029	[2]
安　徽	59.56	68.30	21.33	45.65	68.40	15.89	1.3429	7	1.7578	8
河　南	49.88	61.81	16.30	39.25	62.53	11.84	1.3764	9	1.7828	9
山　西	51.71	61.16	18.40	37.16	62.55	13.02	1.4129	10	2.0389	13
江　西	60.65	62.62	20.23	44.70	62.62	12.48	1.6201	20	2.1985	16
湖　北	56.88	66.63	23.64	36.71	67.40	13.86	1.7056	23	2.7062	26
湖　南	62.01	67.85	33.71	40.44	68.52	15.64	2.1555	30	3.3743	30
中　部	57.05	65.30	20.29	40.32	65.48	13.65	1.4867	[3]	2.1149	[3]
云　南	56.34	66.90	26.85	50.39	66.90	14.75	1.8201	28	2.0349	12
新　疆	42.76	69.96	22.16	32.16	73.77	15.31	1.4475	13	2.2039	17
四　川	59.38	71.83	26.35	41.92	71.83	16.39	1.6082	18	2.2780	19
贵　州	81.50	68.65	23.22	49.94	68.89	15.68	1.4807	16	2.4342	21
青　海	53.50	72.07	24.81	32.14	73.29	17.03	1.4571	14	2.5359	22
重　庆	58.97	67.95	27.49	40.38	67.95	15.74	1.7469	24	2.5510	23
宁　夏	50.97	69.14	30.13	34.20	71.59	18.40	1.6376	21	2.6519	24
内蒙古	51.36	69.32	24.53	24.70	73.06	21.52	1.1400	2	2.6994	25
甘　肃	57.97	70.08	35.23	39.87	75.20	22.72	1.5505	17	2.7200	27
陕　西	52.46	72.85	40.40	33.27	72.85	22.26	1.8151	27	2.8616	28
广　西	65.21	65.38	26.99	42.83	66.88	14.38	1.8770	29	2.9876	29
西　藏	53.87	58.72	15.34	37.30	58.72	3.14	4.8815	31	7.0491	31
西　部	58.95	70.43	25.83	38.44	70.43	16.92	1.5262	[4]	2.3407	[4]

注：表中均为演算衍生数值，数据演算依据：《中国统计年鉴》相应年卷。

（一）民生基础系数的协调性检测

2000～2011年，各省域城乡人均收入与当地人均产值比例的历年最佳值比较，贵州、广西、湖南、江西、安徽、四川、重庆、甘肃、湖北、云南、海南、广东、西藏、青海、陕西、山西、内蒙古、宁夏、浙江、河南、吉林21个省域此项比例的最佳值从高到低依次高于全国城乡总体历年最佳值；福建、黑龙江、山东、河北、新疆、江苏、上海、天津、辽宁、北京10个省域此项比例的历年最佳值从高到低依次低于全国城乡总体历年最佳值。其中，占据首位的贵州历年最佳（最高）值高于全国城乡总体历年最佳值33.81个百分点；处于末位的北京历年最佳值低于全国城乡总体历年最佳值10.09个百分点。

2011年，各省域城乡人均收入与当地人均产值的比值比较，云南、贵州、安徽、江西、海南、广西、四川7个省域此项比值从高到低依次高于全国城乡总体比值；上海、广东、湖南、重庆、浙江、甘肃、河南、福建、西藏、山西、北京、黑龙江、湖北、河北、宁夏、吉林、陕西、山东、江苏、新疆、青海、辽宁、天津、内蒙古24个省域此项比值从高到低依次低于全国城乡总体比值。其中，占据首位的云南此类民生基础系数比值高于全国城乡总体比值9.22个百分点；处于末位的内蒙古此类民生基础系数比值低于全国城乡总体比值16.47个百分点。

必须引起重视的是，2000～2011年前后相比，仅有上海2011年此项比值为历年最高（最佳）值，即呈现上升态势，其余省域2011年此项比值均非历年最高（最佳）值，即呈现下降态势。这意味着，在绝大部分省域，居民收入增长与经济增长的幅度拉大了距离，在民生基础层面"人民共享发展成果"的程度普遍趋于降低。

（二）民生消费系数的协调性检测

2000～2011年，各省域城乡人均非文消费占人均收入比重的历年最佳值比较，江苏、西藏、河北、北京、山西、山东、天津、河南、上海、江西、浙江、福建、海南、广西14个省域此项比重的最佳值从低到高依次低于全国城乡总体历年最佳值；辽宁、黑龙江、湖北、云南、吉林、湖南、重庆、安徽、贵州、广东、宁夏、内蒙古、新疆、甘肃、四川、青海、陕西17个省域此项比重的历年最佳值从低到高依次高于全国城乡总体历年最佳值。其中，占据首位的江苏历年最佳（最低）值低于全国城乡总体历年最佳值7.52个百分点；处于末位的陕西历年最佳值高于全国城乡总体历年最佳值7.27个百分点。

2011年，各省域城乡人均非文消费占人均收入的比重比较，西藏、江苏、河北、北京、山东、天津、河南、上海、山西、江西、浙江、福建、海南13个省域此项比值从低到高依次低于全国城乡总体比值；辽宁、广西、云南、湖北、吉林、重庆、安徽、湖南、广东、贵州、黑龙江、宁夏、四川、陕西、内蒙古、青海、新疆、甘肃18个省域此项比值从低到高依次高于全国城乡总体比值。其中，占据首位的西藏此类民生消费系数比重低于全国城乡总体比值6.86个百分点；处于末位的甘肃此类民生消费系数比重高于全国城乡总体比值9.62个百分点。

值得注意的是，2000~2011年前后相比，全国总体、东部、东北、西部和山东、上海、福建、广东、海南、吉林、辽宁、江西、陕西、重庆、四川、云南、西藏2011年此项比重为历年最低（最佳）值，即"必需消费"占收入比重下降，反过来则必需生活开支之外余钱比重呈现上升态势；其余省域2011年此项比重均非历年最低（最佳）值，即"必需消费"占收入比重并未下降。这意味着，在民生消费层面"人民共享发展成果"的程度较普遍趋于提高，但仍有相当一部分省域未能如此。

（三）文化需求系数的协调性检测

2000~2011年，各省域城乡人均文化消费与人均非文消费剩余比例的历年最佳值比较，陕西、甘肃、湖南、宁夏、北京、重庆、广西、云南、四川、青海、内蒙古、上海、广东、湖北、贵州、浙江、新疆17个省域此项比值的最佳值从高到低依次高于全国城乡总体历年最佳值；安徽、吉林、江西、辽宁、山东、山西、黑龙江、福建、江苏、天津、海南、河南、西藏、河北14个省域此项比例的历年最佳值从高到低依次低于全国城乡总体历年最佳值。其中，占据首位的陕西历年最佳（最高）值高于全国城乡总体历年最佳值18.80

个百分点；处于末位的河北历年最佳值低于全国城乡总体历年最佳值7.36个百分点。

2011年，各省域城乡人均文化消费与人均非文消费剩余的比例比较，甘肃、陕西、内蒙古、广东、宁夏、上海、江苏、青海、北京、四川、安徽、重庆、贵州、湖南、新疆15个省域此项比值从高到低依次高于全国城乡总体比值；黑龙江、云南、吉林、广西、福建、浙江、湖北、辽宁、山西、天津、江西、河南、山东、河北、海南、西藏16个省域此项比值从高到低依次低于全国城乡总体比值。其中，占据首位的甘肃此类文化需求系数比例高于全国城乡总体比值7.61个百分点；处于末位的西藏此类文化需求系数比例低于全国城乡总体比值11.97个百分点。

需要特别关注的是，2000~2011年前后相比，全国城乡总体、东部、中部、西部和东北整体、全部省域2011年此项比例均非历年最高（最佳）值，即呈现下降态势。这意味着，在全国和全部省域，居民精神文化消费需求增进与必需生活开支之外余钱增多的幅度拉大了距离，在文化需求层面"人民共享发展成果"的程度普遍趋于降低。

鉴于此项系数检验发现，各地城乡文化消费需求增长不足的最大症结就在这里，表2专门设置了单项差距指数分析。以全国城乡总体为例予以说明：如果全国城乡人均文化消费与人均非文消费剩余的比例能够一直保持2000年以来的最佳值，那么2011年全国城乡文化消费人均值应为现有实际值的142.97%，达到1077.07元。四大区域和各个省域城乡文化消费需求增长不足的此类差距校正依此类推。

各省域城乡这一比例的单项差距指数比较，江苏、内蒙古、黑龙江、福建、广东、天津、安徽、上海、河南、山西、河北11个省域这一单项差距指数从小到大依次小于全国城乡总体差距指数；辽宁、新疆、青海、吉林、贵州、甘肃、四川、浙江、江西、宁夏、山东、湖北、重庆、北京、海南、陕西、云南、广西、湖南、西藏20个省域这一单项差距指数从小到大依次大于全国城乡总体差距指数。其中，占据首位的江苏这一单项差距演算指数仅为全国城乡总体差距的70.80%；处于末位的西藏这一单项差距演算指数高达全国城乡总体差距的341.44%。

表2同时设置了以上3项系数检测的综合差距指数分析。仍以全国城乡总体为例予以说明：如果全国城乡人均收入与人均产值的比例、城乡人均非文消费占人均收入的比重、城乡人均文化消费与人均非文消费剩余的比例能够一致保持2000年以来的最佳值，那么2011年全国城乡文化消费人均值应为现有实际值的165.60%，达到1247.55元。四大区域和各个省域城乡文化消费需求增长不足的综合差距校正依此类推。

各省域城乡以上3项比例综合差距指数比较，江苏、上海、福建3个省域3项比值综合差距指数从小到大依次小于全国城乡总体差距指数；广东、黑龙江、辽宁、安徽、河北、河南、北京、天津、云南、山西、浙江、吉林、江西、新疆、山东、四川、海南、贵州、青海、重庆、宁夏、内蒙古、湖北、甘肃、陕西、广西、湖南、西藏28个省域3项比值综合差距指数从小到大依次大于全国城乡总体差距指数。其中，占据首位的江苏3项比值综合差距演算指数仅为全国城乡总体差距的80.90%；处于末位的西藏3项比值综合差距演算指数高达全国城乡总体差距的425.67%。

在以上第二项民生消费系数检测中已经看到，全国及相当多的省域2011年此项比值恰为2000年以来最佳比例值。这就是说，对于全国及这些省域而言，3项比值综合差距其实仅仅为其余两类比值综合差距；再进一步深究，由于民生消费系数之比值变动态势向好，对全国及这些省域的3项比值综合差距起到了正向调节减缓差距的作用。当然，对于其他省域来说，3项比值综合差距均为负向发生作用而扩展差距。

三 各省域文化消费需求城乡均衡性分析

本文同时检测2000年以来全国及各省域民生基础层面、民生消费层面和文化需求层面的城乡比变动态势，作为这3个层面城乡之间增长均衡性分析的依据，并分别提取这3项历年"最小城乡比"，作为面向未来年度测算增长目标的应然参考值。

各省域人均收入、非文消费、文化消费城乡比状况见表3，各地按文化消费城乡比的校正差距指数从小到大排列。

表3 各省域人均收入、非文消费、文化消费城乡比状况

地区	2000年以来最小城乡比（乡村=1）			2011年现实城乡比（乡村=1）			2011年人均文化消费城乡差距校正补差			
	人均收入	人均非文消费	人均文化消费	人均收入	人均非文消费	人均文化消费	文化消费人均值		与补差值差距	
							乡村原值（元）	城乡补差值（元）	差距指数无差距=1	差距倒序
全国	2.7869	2.9140	1.3585	3.1258	2.9140	2.7796	396.36	1101.74	1.4624	—
黑龙江	2.0678	2.3541	0.8101	2.0678	2.3541	1.2743	464.71	592.17	1.1038	3
辽 宁	2.2663	2.6868	0.8500	2.4669	2.8690	1.5575	549.96	856.57	1.1555	5
吉 林	2.3697	2.5328	0.9526	2.3697	2.5328	1.5965	456.75	729.20	1.2105	8
东 北	2.3120	2.6165	0.9180	2.3311	2.6165	1.4958	493.00	737.44	1.1616	[1]
上 海	2.0939	1.9130	0.9339	2.2568	2.2344	2.6862	916.07	2460.78	1.0750	1
北 京	2.1922	1.9703	1.2512	2.2329	1.9703	2.1277	1003.67	2135.55	1.0815	2
天 津	2.1823	2.7637	1.1741	2.1849	2.7637	2.4628	542.12	1335.16	1.1377	4
江 苏	1.8915	2.1407	0.9764	2.4378	2.1407	1.6177	1044.64	1689.87	1.1833	6
浙 江	2.1814	2.0404	1.1690	2.3695	2.0785	1.7533	846.10	1483.49	1.2054	7
山 东	2.4406	2.5248	1.3081	2.7321	2.5248	1.8266	482.66	881.61	1.2920	11
广 东	2.6711	2.9318	1.2633	2.8701	2.9318	4.2532	404.15	1718.92	1.3615	12
福 建	2.3007	2.4954	0.9461	2.8373	2.5540	2.4667	506.71	1249.91	1.3624	13
河 北	2.2838	2.4862	1.1480	2.5692	2.4862	2.1574	315.41	680.45	1.4187	15
海 南	2.4554	3.0069	0.8311	2.8497	3.0615	2.5642	224.91	576.72	1.4354	16
东 部	2.5641	2.6660	1.4512	2.8094	2.6660	2.5476	571.56	1456.12	1.3279	[2]
山 西	2.4791	2.5753	1.2375	3.2356	2.5753	1.5532	448.44	696.51	1.2255	9
湖 北	2.4352	2.6484	0.9041	2.6637	2.6484	2.3366	341.87	798.80	1.4088	14
安 徽	2.7363	2.6909	1.1217	2.9855	2.6909	2.2712	376.18	854.38	1.4529	18
江 西	2.3901	2.3842	0.7947	2.5386	2.5178	2.5630	319.39	818.61	1.5014	22
湖 南	2.8303	2.5873	1.1067	2.8695	2.5873	2.5943	346.62	899.24	1.5114	23
河 南	2.4001	2.8471	1.3004	2.7551	2.8471	2.9811	278.20	829.34	1.6619	27
中 部	2.5762	2.6757	1.1399	2.8096	2.6757	2.4447	337.57	825.25	1.4864	[3]
内蒙古	2.5164	2.7065	0.8017	3.0727	2.9721	2.0378	525.89	1071.67	1.2907	10
重 庆	3.1248	3.3499	1.8691	3.1248	3.3499	3.0307	334.84	1014.79	1.4440	17
陕 西	3.5490	3.1321	1.0443	3.6288	3.1321	2.4272	405.56	984.38	1.4627	19
宁 夏	2.8489	2.7308	1.5492	3.2494	2.7308	2.6960	324.36	874.47	1.4806	20
青 海	3.3858	2.4151	2.2880	3.3858	2.4151	2.4099	265.43	639.65	1.4823	21
新 疆	2.8506	2.6947	1.7895	2.8506	2.6947	2.6457	229.66	607.60	1.5639	24
甘 肃	3.4411	3.1070	1.6479	3.8340	3.1070	2.4300	292.71	711.28	1.6158	25
四 川	2.9206	2.6011	1.5569	2.9206	2.9237	3.0194	276.44	835.28	1.6516	26
广 西	3.1292	2.8610	1.2676	3.6041	2.9827	4.3016	218.72	940.84	1.8217	28
云 南	3.9339	3.0221	2.2221	3.9339	3.0221	3.6853	241.13	888.63	1.8741	29
贵 州	3.7275	3.2110	2.0350	3.9792	3.2110	4.6116	183.03	844.07	2.1106	30
西 藏	3.3023	3.1503	1.3604	3.3023	3.7443	7.0068	40.91	286.65	2.9501	31
西 部	3.3433	3.0918	1.6546	3.4379	3.0918	3.1740	279.16	886.06	1.6611	[4]

注：（1）表中均为演算衍生数值，数据演算依据：《中国统计年鉴》相应年卷。（2）城乡比小于1为"城乡倒挂"，即城镇人均值低于乡村。

（一）民生基础层面的城乡均衡性检测

2000～2011年，各省域人均收入城乡比的历年最小值比较，江苏、黑龙江、上海、浙江、天津、北京、辽宁、河北、福建、吉林、江西、河南、湖北、山东、海南、山西、内蒙古、广东、安徽19个省域此项城乡比的最小值从小到大依次小于全国总体历年最小城乡比；湖南、宁夏、新疆、四川、重庆、广西、西藏、青海、甘肃、陕西、贵州、云南12个省域此项城乡比的历年最小值从小到大依次大于全国总体历年最小城乡比。其中，占据首位的江苏人均收入城乡比的历年最小（最佳）值小于全国总体历年最小城乡比32.13%；处于末位的云南人均收入城乡比的历年最小值大于全国总体历年最小城乡比41.16%。

2011年，各省域人均收入城乡比比较，黑龙江、天津、北京、上海、浙江、吉林、江苏、辽宁、江西、河北、湖北、山东、河南、福建、海南、新疆、湖南、广东、四川、安徽、内蒙古、重庆22个省域此项城乡比从小到大依次小于全国总体城乡比；山西、宁夏、西藏、青海、广西、陕西、甘肃、云南、贵州9个省域此项城乡比从小到大依次大于全国总体城乡比。其中，占据首位的黑龙江人均收入城乡比小于全国总体城乡比33.85%；处于末位的贵州人均收入城乡比大于全国总体城乡比27.33%。

需要注意，2000～2011年前后相比，仅有黑龙江、吉林、青海、新疆、重庆、四川、云南、西藏2011年此项城乡比为历年最小（最佳）值，即人均收入的城乡差距呈现缩减态势，其余省域2011年此项城乡比均非历年最小（最佳）值，即人均收入的城乡差距呈现扩增态势。这意味着，在绝大部分省域，乡村居民与城镇居民收入的增长幅度拉大了距离，在民生基础层面城乡之间"共享发展成果"的程度普遍趋于降低。

（二）民生消费层面的城乡均衡性检测

2000～2011年，各省域人均非文消费城乡比的历年最小值比较，上海、北京、浙江、江苏、黑龙江、江西、青海、河北、福建、山东、吉林、山西、湖南、四川、湖北、辽宁、安徽、新疆、内蒙古、宁夏、天津、河南、广西

23个省域此项城乡比的最小值从小到大依次小于全国总体历年最小城乡比；广东、海南、云南、甘肃、陕西、西藏、贵州、重庆8个省域此项城乡比的历年最小值从小到大依次大于全国总体历年最小城乡比。其中，占据首位的上海人均非文消费城乡比的历年最小（最佳）值小于全国总体历年最小城乡比34.35%；处于末位的重庆人均非文消费城乡比的历年最小值大于全国总体历年最小城乡比14.96%。

2011年，各省域人均非文消费城乡比比较，北京、浙江、江苏、上海、黑龙江、青海、河北、江西、山东、吉林、福建、山西、湖南、湖北、安徽、新疆、宁夏、天津、河南、辽宁20个省域此项城乡比从小到大依次小于全国总体城乡比；四川、广东、内蒙古、广西、云南、海南、甘肃、陕西、贵州、重庆、西藏11个省域此项城乡比从小到大依次大于全国总体城乡比。其中，占据首位的北京人均非文消费城乡比小于全国总体城乡比32.39%；处于末位的西藏人均非文消费城乡比大于全国总体城乡比28.49%。

需要注意，2000~2011年前后相比，全国总体、东部、东北、中部、西部和北京、天津、河北、山东、江苏、广东、黑龙江、吉林、山西、河南、安徽、湖北、湖南、陕西、宁夏、甘肃、青海、新疆、重庆、贵州、云南2011年此项城乡比为历年最小（最佳）值，即人均非文消费的城乡差距呈现出缩减态势，城乡之间"必需消费"逐步趋近，其余省域2011年此项城乡比均非历年最小（最佳）值，即人均非文消费的城乡差距呈现出扩增态势。这意味着，在民生消费层面城乡之间"共享发展成果"的程度普遍趋于增高，但仍有少部分省域未能如此。

（三）文化需求层面的城乡均衡性检测

2000~2011年，各省域人均文化消费城乡比的历年最小值比较，江西、内蒙古、黑龙江、海南、辽宁、湖北、上海、福建、吉林、江苏、陕西、湖南、安徽、河北、浙江、天津、山西、北京、广东、广西、河南、山东22个省域此项城乡比的最小值从小到大依次小于全国总体历年最小城乡比；西藏、宁夏、四川、甘肃、新疆、重庆、贵州、云南、青海9个省域此项城乡比的历年最小值从小到大依次大于全国总体历年最小城乡比。其中，占据首位的江西人均文化消费城乡比的历年最小（最佳）值小于全国总体历年最小城乡比41.50%；处于末位的青海人均文化消费城乡比的历年最小值大于全国总体历年最小城乡比68.42%。

2011年，各省域人均文化消费城乡比比较，黑龙江、山西、辽宁、吉林、江苏、浙江、山东、内蒙古、北京、河北、安徽、湖北、青海、陕西、甘肃、天津、福建、江西、海南、湖南、新疆、上海、宁夏23个省域此项城乡比从小到大依次小于全国总体城乡比；河南、四川、重庆、云南、广东、广西、贵州、西藏8个省域此项城乡比从小到大依次大于全国总体城乡比。其中，占据首位的黑龙江人均文化消费城乡比小于全国总体城乡比54.16%；处于末位的西藏人均文化消费城乡比大于全国总体城乡比152.08%。

需要注意，2000~2011年前后相比，全国城乡总体、东中西部和东北整体、全部省域2011年此项城乡比均非历年最小（最佳）值，即人均文化消费的城乡差距呈现出扩增态势。这意味着，在全国和全部省域，乡村居民与城镇居民文化消费的增长幅度拉大了距离，在文化需求层面城乡之间"共享发展成果"的程度普遍趋于降低。

以上3个层面的城乡差距相互联系，具有前后因果联系。按照本项研究的分析思路，民生基础层面的人均收入城乡差距有可能导致民生消费层面的人均非文消费城乡差距，民生消费层面的人均非文消费剩余城乡差距又有可能导致文化需求层面的城乡差距。这里直接切入文化消费的城乡差距分析：由于部分省域的历年最小城乡比为"倒挂"，为避免对这些省域"矫枉过正"，另因制表栏目限制，此处不采用最小城乡比测算，而进行弥合城乡比测算。同样以全国总体为例予以说明：假设2011年全国城镇与乡村居民人均文化消费需求能够弥合城乡比，即城乡之间文化消费人均值持平，那么全国乡村文化消费人均值应为现有实际值的277.96%，达到1101.74元；这其实就是2011年全国城镇人均值的现实值，同时也是补差校正后"应有"的乡村人均值——继而亦为城乡均等人均值，为现有城乡综合人均实际值的146.24%。四大区域和31个省域文化消费需求增长不足的城乡差距校正依此类推。

以弥合城乡比校正值来衡量，2011年各省域人均文化消费需求与城乡无差距理想值的距离比较，上海、北京、黑龙江、天津、辽宁、江苏、浙江、吉林、山西、内蒙古、山东、广东、福建、湖北、河北、海南、重庆、安徽18个省域人均文化消费需求与城乡无差距理想值的距离从小到大依次小于全国总体距离；陕西、宁夏、青海、江西、湖南、新疆、甘肃、四川、河南、广西、云南、贵州、西藏13个省域人均文化消费需求与城乡无差距理想值的距离从小到大依次大于全国总体差距。其中，占据首位的上海人均文化消费需求与城乡无差距理想值的距离小于全国总体距离26.49%；处于末位的西藏人均文化消费需求与城乡无差距理想值的距离大于全国总体距离101.72%。

四 各省域城乡文化消费需求增长目标测算

（一）历年均增、全国平均与支柱产业目标测算

1. 历年均增值目标测算

2020年各省域城乡文化消费需求历年均增值、全国平均值目标测算见表4，各地按2000~2011年实际年均增长率从大到小排列。

表4 2020年各省域城乡文化消费历年均增值、全国平均值目标测算

地区	历年均增值目标测算			文化消费与产值比(%)		全国平均值目标测算		
	2020年人均文化消费 元	2000~2011年年均增长率 %	排序	产值年增同前11年	产值年增7%	文化消费所需年均增长		
						增长率(%)	与以往年均增幅比(以往=1)	差距倒序
全国	2108.21	12.11	—	1.7578	3.2595	12.11	1	—
辽宁	2344.23	13.65	2	1.3390	2.5120	12.31	0.9024	9
黑龙江	1548.53	12.50	7	1.5312	2.5665	16.42	1.3139	15
吉林	1714.45	12.32	9	1.1511	2.4247	14.93	1.2118	13
东北	1905.28	12.99	[1]	1.3417	2.5032	14.27	1.0984	[2]
江苏	5442.58	16.03	1	2.2344	4.7526	4.42	0.2759	3
上海	6560.35	12.41	8	3.4397	4.3222	-0.91	-0.0734	1
福建	2601.24	12.28	10	1.6864	2.9865	9.69	0.7889	7
广东	3542.55	12.15	12	2.2478	3.7926	5.86	0.4826	4
天津	3167.64	11.66	15	1.0110	2.0220	6.73	0.5766	6

续表

地区	历年均增值目标测算					全国平均值目标测算		
	2020年人均文化消费 元	2000～2011年年均增长率 %	排序	文化消费与产值比(%)		文化消费所需年均增长 (%)	与以往年均增幅比 (以往=1)	差距倒序
				产值年增同前11年	产值年增7%			
浙 江	3252.78	11.40	16	1.6285	2.9862	6.16	0.5405	5
河 北	1235.00	11.08	18	1.0670	1.9776	17.88	1.6137	22
北 京	5056.51	11.01	19	2.2833	3.3682	0.73	0.0663	2
山 东	1581.64	9.79	24	0.8845	1.8175	13.35	1.3638	16
海 南	840.69	8.55	29	0.8903	1.5824	20.22	2.3656	29
东 部	3194.09	12.61	[2]	1.8030	3.2566	7.53	0.5972	[1]
安 徽	1722.48	12.68	5	1.6972	3.6514	15.24	1.2017	12
山 西	1646.79	12.55	6	1.3057	2.8566	15.68	1.2496	14
河 南	1394.50	12.10	13	1.2511	2.6465	17.36	1.4355	18
江 西	1388.27	10.94	21	1.3378	2.8877	16.21	1.4817	19
湖 北	1319.31	9.84	23	0.9658	2.0985	15.71	1.5969	21
湖 南	1253.64	8.63	27	1.0388	2.2821	15.09	1.7481	24
中 部	1410.16	10.91	[3]	1.1947	2.6242	15.98	1.4644	[3]
内蒙古	2525.77	13.16	3	0.7273	2.3698	10.91	0.8290	8
青 海	1279.16	12.83	4	1.0363	2.3568	19.27	1.5019	20
重 庆	1981.24	12.21	11	1.3004	3.1237	12.98	1.0637	10
陕 西	1835.61	11.79	14	1.1519	2.9836	13.53	1.1470	11
贵 州	1048.85	11.31	17	1.4856	3.4759	20.29	1.7940	25
宁 夏	1506.20	10.96	20	1.0317	2.4794	15.19	1.3853	17
云 南	1188.24	10.75	22	1.9681	3.3549	18.03	1.6779	23
四 川	1148.84	9.55	25	1.1280	2.3912	17.19	1.8008	26
广 西	1120.33	8.99	26	1.1058	2.4062	16.92	1.8827	27
西 藏	204.06	8.59	28	0.3029	0.5528	40.76	4.7434	31
甘 肃	913.40	8.45	30	1.3037	2.5355	19.01	2.2502	28
新 疆	801.75	8.38	31	0.8432	1.4495	20.67	2.4664	30
西 部	1310.63	10.50	[4]	1.1147	2.5708	16.50	1.5705	[4]

注：全国及各地取2000～2011年相关方面年均增幅推算至2020年或然增长态势，随后再测算应然增长态势，后表5～表10同。

以各省域城乡人均文化消费2000年以来年均增长率测算增长目标，可以得出统计概率最高的或然增长结果。以全国城乡总体为例具体解释：如果2011～2020年全国城乡保持与2000～2011年相同的年均增长率12.11%，那么到 2020 年城乡人均文化消费将达到 2108.21 元。在相关各方面增长均依此推算的情况下，由于全国城乡人均文化消费与人均产值的比例在 2000~2011 年呈现下降态势，至 2020 年文化消费增长与产值增长测算值之比将继续降低至 1.76%。

倘若按照国家"十二五"规划转变发展方式的要求，在"十二五"期间把全国产值年均增长率控制在 7%，并延续至"十三五"末，历年均增值测算的全国城乡人均文化消费绝对值不变，年均增长率不变，而与产值增长测算值之比将提高至 3.26%。各地依此类推。

实际上，在这一测算中，各省域城乡未来 10 年人均文化消费增长目标不过是 2000~2011 年增长态势的精确翻版（见表 1）：江苏、辽宁、内蒙古、青海、安徽、山西、黑龙江、上海、吉林、福建、重庆、广东 12 个省域年均增长幅度从高到低依次高于全国城乡平均增长水平；河南、陕西、天津、浙江、贵州、河北、北京、宁夏、江西、云南、湖北、山东、四川、广西、湖南、西藏、海南、甘肃、新疆 19 个省域年均增长幅度从高到低依次低于全国城乡平均增长水平。其中，占据首位的江苏年均增长高于全国城乡平均增长 3.92 个百分点；处于末位的新疆年均增长低于全国城乡平均增长 3.73 个百分点。

2. 全国平均值目标测算

上海在表 4 测算中呈现负值说明：2011 年上海城乡人均文化消费已高于至 2020 年全国城乡人均文化消费历年均增测算值，以二者持平计算，上海 2011~2020 年年均增长自然呈现负值。这只是检测各地人均绝对值增长差距的一种方式。

假定各省域城乡人均文化消费绝对值一概实现与全国城乡总体平均值持平，推算各地未来 10 年文化消费需求增长趋势，这一附加测算是基于现实状况的最"典型"差距测算。以西部城乡整体为例具体解释：如果 2011~2020 年西部城乡整体人均文化消费需求增长加快提升，到 2020 年与全国城乡总体人均文化消费 2108.21 元持平，那么西部年均增长率需达到 16.50%，在四大区域里实际距离最大，为以往 11 年实际年均增长率的 1.5 倍，在四大区域里比较差距也最大。各地依此类推。

依据这一测算,各省域城乡未来10年文化消费达到增长目标所需年均增长率比较:上海、北京、江苏、广东、浙江、天津、福建、内蒙古8个省域城乡此类测算的目标差距从小到大依次小于全国城乡总体基准;辽宁、重庆、山东、陕西、吉林、湖南、宁夏、安徽、山西、湖北、江西、黑龙江、广西、四川、河南、河北、云南、甘肃、青海、海南、贵州、新疆、西藏23个省域城乡此类测算的目标差距从小到大依次大于全国城乡总体基准。其中,占据首位的上海此类测算的目标差距小于全国城乡总体基准13.02个百分点;处于末位的西藏此类测算的目标差距大于全国城乡总体基准28.65个百分点。

测算出各省域未来10年文化消费达到增长目标所需年均增长率之后,还需要与各自以往11年间文化消费需求实际年均增长率进行比较:上海、北京、江苏、广东、浙江、天津、福建、内蒙古、辽宁9个省域所需增长率的比较差距从小到大依次小于全国城乡总体基准;重庆、陕西、安徽、吉林、山西、黑龙江、山东、宁夏、河南、江西、青海、湖北、河北、云南、湖南、贵州、四川、广西、甘肃、海南、新疆、西藏22个省域所需增长率的比较差距从小到大依次大于全国城乡总体基准。其中,占据首位的上海所需增长率的比较差距小于全国城乡总体基准107.33%;处于末位的西藏所需增长率的比较差距大于全国城乡总体基准374.34%。

实际来说,这一附加测算属于各地之间横向比较的差距检测。由于全国各地的发展差异过大,横向比较几乎没有任何意义,尤其是各类总量绝对值比较毫无道理可言。因此,本项研究测评更加注重各地自身前后年度之间的各类"协调增长"纵向对比,即各地当前状况与各自历年各种"最佳状态"进行对比,"回复"自身曾经达到的"最佳状态"不应该是什么难事,甚至可以说是理所应当的。

3. 支柱性产业目标测算

2020年各省域城乡文化消费需求增长达到支柱性产业目标测算见表5,各地按所需年均增长率与2000~2011年实际年均增长率的比较差距从小到大排列。

表5 2020年各省域城乡文化消费达到支柱性产业目标测算

地区	产值年增按2000~2011年实值推算			文化消费与产值比关系不变（％）	产值年增按"十二五"规划7％推算		
	2020年人均文化消费（元）	文化消费所需年均增长			2020年人均文化消费（元）	文化消费所需年增（％）	与以往年均增速比（以往=1）
		增长率（％）	与以往年均增速比				
			(以往=1)	差距倒序				
全 国	4505.71	21.99	1.8150	—	3.7568	2429.87	13.90	1.1472
辽 宁	4485.80	22.14	1.6227	3	2.5622	2391.05	13.90	1.0183
黑龙江	2900.09	20.62	1.6498	4	2.8677	1730.28	13.90	1.1117
吉 林	4092.69	23.73	1.9252	10	2.7479	1942.97	13.90	1.1276
东 北	3820.17	22.07	1.6991	[1]	2.6902	2047.59	13.90	1.0699
上 海	9277.61	16.82	1.3556	1	4.8645	7383.45	13.90	1.1197
江 苏	9797.29	23.86	1.4886	2	4.0222	4606.15	13.90	0.8670
广 东	6870.58	20.71	1.7051	5	4.3595	4072.02	13.90	1.1440
北 京	9395.22	18.92	1.7183	6	4.2424	6368.89	13.90	1.2618
福 建	5240.41	21.36	1.7402	7	3.3973	2959.11	13.90	1.1319
浙 江	7278.40	21.83	1.9145	9	3.6440	3969.31	13.90	1.2185
天 津	7569.88	23.01	1.9730	15	2.4161	3785.05	13.90	1.1913
河 北	2867.06	21.98	1.9834	16	2.4771	1546.96	13.90	1.2540
山 东	4522.20	23.38	2.3884	23	2.5290	2200.83	13.90	1.4193
海 南	2303.19	21.41	2.5045	27	2.4392	1295.89	13.90	1.6254
东 部	6388.25	21.63	1.7148	[2]	3.6061	3536.90	13.90	1.1017
安 徽	4080.58	24.02	1.8935	8	4.0206	1896.63	13.90	1.0956
山 西	4010.36	24.25	1.9324	12	3.1797	1833.06	13.90	1.1074
河 南	3404.70	23.78	1.9663	14	3.0547	1609.57	13.90	1.1489
江 西	3795.95	24.06	2.1989	18	3.6579	1758.57	13.90	1.2699
湖 北	3973.54	24.15	2.4551	24	2.9088	1828.78	13.90	1.4125
湖 南	4215.89	24.30	2.8152	31	3.4934	1919.05	13.90	1.6096
中 部	3933.51	24.30	2.2271	[3]	3.3325	1790.73	13.90	1.2734
青 海	3165.33	24.78	1.9313	11	2.5644	1391.83	13.90	1.0829
云 南	2607.02	20.85	1.9401	13	4.3179	1529.33	13.90	1.2930
重 庆	5444.85	25.54	2.0929	17	3.5737	2266.69	13.90	1.1385
贵 州	3018.04	25.18	2.2265	19	4.2747	1289.88	13.90	1.2289
陕 西	5622.41	26.60	2.2554	20	3.5283	2170.23	13.90	1.1782
内蒙古	8725.29	29.87	2.2700	21	2.5126	2677.99	13.90	1.0561
宁 夏	4578.06	25.55	2.3308	22	3.1359	1905.02	13.90	1.2677
四 川	3457.96	23.81	2.4948	25	3.3951	1631.17	13.90	1.4558
新 疆	2154.21	20.96	2.5009	26	2.2655	1253.15	13.90	1.6578
西 藏	572.00	21.77	2.5333	28	0.8491	313.39	13.90	1.6170
甘 肃	2761.27	22.63	2.6789	29	3.9412	1419.80	13.90	1.6448
广 西	3624.81	24.17	2.6903	30	3.5776	1665.78	13.90	1.5465
西 部	3967.95	24.98	2.3779	[4]	3.3746	1720.46	13.90	1.3229

面向需求与共享的文化产业发展空间

摈弃单纯的"文化GDP追逐",以各省域文化消费需求增长空间反推,以文化生产满足文化需求的终极目的定位测算增长目标,即假设文化消费需求增长切实推动文化生产发展,实现文化产业供需协调增长,达到支柱产业所需占产值比重。以全国城乡总体为例具体解释:基于文化消费测算值与产值测算值之比达到3.76%反推,到2020年全国城乡人均文化消费应达到4505.71元,2011~2020年年均增长率需达到21.99%,为以往11年实际年均增长率的1.82倍,却是到"十三五"末年我国文化产业达到支柱产业供需目标所必需的。各地依此类推。

本项测评设定全国城乡人均文化消费与人均产值之比3.76%为中国文化产业成为国民经济支柱性产业的必需"临界值",此项比值逐年修订,现为2011年数据测算值。其演算依据在于:2011年全国文化产业增加值为13479亿元,占同期GDP的比重为2.85%;全国城乡文化消费总量为10126.19亿元,人均值为753.36元,与全国人均产值的比例为2.14%(更精确小数为2.1414%)。在文化产业增加值数据与城乡文化消费需求数据之间,存在供需对应关系,其间差额主要在于公共文化服务计入文化产业增加值部分(大都未能进入人民群众日常生活消费),其次包括文化产业提供产品和服务并不进入人民群众日常生活消费部分(如各类机构书报刊公费购买订阅等)。以现有最新年度演算修订值来衡量,当全国城乡人均文化消费与人均产值的比例值增高到3.7568%(更精确小数)时,中国文化产业增加值占同期GDP的比重将达到5%。各地据以演算的此项比值各有不同,详见表5数据左起第5列"文化消费与产值比"。

依据这一测算,各省域城乡未来10年文化消费达到增长目标所需年均增长率比较:上海、北京、黑龙江、广东、云南、新疆、福建、海南、西藏、浙江、河北11个省域城乡此类测算的目标差距从小到大依次小于全国城乡平均差距;辽宁、甘肃、天津、山东、吉林、河南、四川、江苏、安徽、江西、湖北、广西、山西、湖南、青海、贵州、重庆、宁夏、陕西、内蒙古20个省域城乡此类测算的目标差距从小到大依次大于全国城乡平均差距。其中,占据首位的上海此类测算的目标差距小于全国城乡所需年均增长率5.17个百分点;处于末位的内蒙古此类测算的目标差距大于全国城乡所需年均增长率7.88个百分点。

测算出各省域未来10年文化消费达到增长目标所需年均增长率之后，还需要与各自以往11年间文化消费需求实际年均增长率进行比较：上海、江苏、辽宁、黑龙江、广东、北京、福建7个省域所需增长率的比较差距从小到大依次小于全国城乡平均差距；安徽、浙江、吉林、青海、山西、云南、河南、天津、河北、重庆、江西、贵州、陕西、内蒙古、宁夏、山东、湖北、四川、新疆、海南、西藏、甘肃、广西、湖南24个省域所需增长率的比较差距从小到大依次大于全国城乡平均差距。其中，占据首位的上海所需增长率的比较差距小于全国城乡所需增幅差距25.31%；处于末位的湖南所需增长率的比较差距大于全国城乡所需增幅差距55.11%。

倘若按照国家"十二五"规划转变发展方式的要求，在"十二五"期间把全国产值年均增长率控制在7%，并延续至"十三五"末，支柱性产业测算目标距离将发生变化：到2020年全国城乡人均文化消费应达到2429.87元，2011～2020年年均增长率需达到13.90%，仅为以往11年实际年均增长率的1.15倍，而与人均产值增长测算值之间的比例不变，显然更加容易实现。各地依此类推，2011～2020年年均增长幅度均为13.90%。

（二）文化消费需求增长相关协调性测算

1. 消除负相关目标测算

2020年各省域城乡文化消费增长消除积蓄负相关目标测算见表6，各地按所需年均增长率与2000～2011年实际年均增长率的比较差距从小到大排列。

以各省域城乡文化需求系数2000年以来历年最佳值测算增长目标，即假设文化消费增长与积蓄增长之间排除负相关关系。以全国城乡总体为例具体解释：如果到2020年全国城乡此项比例实现2000～2011年最佳状态，那么城乡人均文化消费应达到3739.63元，2011～2020年年均增长率需达到19.49%，为以往11年实际年均增长率的1.61倍，文化消费增长与产值增长测算值之比将达到3.12%。

面向需求与共享的文化产业发展空间

表6　2020年各省域城乡文化消费增长消除积蓄负相关目标测算

地　区	2020年人均文化消费（元）	文化消费所需年均增长			人均文化消费与人均产值比			
		增长率（%）	与以往年均增速比		产值年增同前11年		产值年增7%	
			（以往=1）	差距倒序	%	排序	%	排序
全　国	3739.63	19.49	1.6086	—	3.1181	—	5.7818	—
黑龙江	1852.03	14.76	1.1808	3	1.8314	26	3.0695	28
辽　宁	3961.24	20.47	1.4999	10	2.2626	18	4.2448	24
吉　林	3188.05	20.34	1.6504	14	2.1405	24	4.5088	20
东　北	2739.38	17.64	1.3581	[1]	1.9291	[4]	3.5991	[4]
江　苏	5275.28	15.63	0.9749	1	2.1657	23	4.6065	19
广　东	4461.87	15.06	1.2397	4	2.8311	11	4.7768	17
上　海	8993.22	16.42	1.3231	5	4.7154	3	5.9250	10
福　建	3711.89	16.80	1.3685	6	2.4064	16	4.2616	22
天　津	4660.35	16.56	1.4196	9	1.4874	30	2.9748	29
河　北	1982.23	17.08	1.5411	11	1.7126	27	3.1741	27
浙　江	6458.93	20.23	1.7736	16	3.2337	6	5.9296	9
北　京	11625.67	21.77	1.9769	21	5.2495	1	7.7440	3
山　东	3783.75	20.96	2.1412	26	2.1160	25	4.3480	21
海　南	2263.54	21.18	2.4771	28	2.3972	17	4.2606	23
东　部	4588.89	17.24	1.3668	[2]	2.5904	[1]	4.6786	[3]
安　徽	2530.81	17.61	1.3881	7	2.4936	13	5.3650	12
山　西	2803.13	19.40	1.5461	12	2.2225	21	4.8624	14
河　南	2462.08	19.40	1.6043	13	2.2090	22	4.6726	18
江　西	3046.07	21.06	1.9250	18	2.9353	8	6.3360	8
湖　北	3042.65	20.52	2.0863	25	2.2274	20	4.8396	15
湖　南	4535.97	25.32	2.9328	30	3.7587	4	8.2573	2
中　部	2827.71	19.83	1.8169	[3]	2.3956	[2]	5.2622	[2]
内蒙古	2935.17	15.06	1.1447	2	0.8452	31	2.7539	30
青　海	1928.51	18.10	1.4104	8	1.5624	28	3.5532	26
贵　州	2009.68	19.65	1.7375	15	2.8465	9	6.6602	7
新　疆	1424.57	15.53	1.8528	17	1.4982	29	2.5754	31
甘　肃	1730.79	16.43	1.9448	19	2.4704	14	4.8045	16
重　庆	4795.54	23.79	1.9488	20	3.1475	7	7.5607	4
陕　西	4511.92	23.54	1.9962	22	2.8314	10	7.3338	5
宁　夏	3563.41	22.10	2.0164	23	2.4409	15	5.8659	11
四　川	2550.12	19.69	2.0632	24	2.5038	12	5.3078	13
云　南	3146.56	23.40	2.1776	27	5.2116	2	8.8841	1
广　西	3325.91	22.99	2.5588	29	3.2826	5	7.1432	6
西　藏	1514.74	35.69	4.1526	31	2.2484	19	4.1038	25
西　部	2730.60	19.89	1.8939	[4]	2.3223	[3]	5.3560	[1]

倘若按照国家"十二五"规划转变发展方式的要求，在"十二五"期间把全国产值年均增长率控制在7%，并延续至"十三五"末，消除负相关测算的全国城乡人均文化消费绝对值不变，年均增长率不变，而与人均产值增长测算值之间的比例值将提高至5.78%。各地依此类推。

依据这一测算，各省域城乡未来10年人均文化消费达到增长目标所需年均增长率比较：黑龙江、广东、内蒙古、新疆、江苏、上海、甘肃、天津、福建、河北、安徽、青海、山西、河南14个省域城乡此类测算的目标差距从小到大依次小于全国城乡平均差距；贵州、四川、浙江、吉林、辽宁、湖北、山东、江西、海南、北京、宁夏、广西、云南、陕西、重庆、湖南、西藏17个省域城乡此类测算的目标差距从小到大依次大于全国城乡平均差距。其中，占据首位的黑龙江此类测算的目标差距小于全国城乡所需年均增长率4.73个百分点；处于末位的西藏此类测算的目标差距大于全国城乡所需年均增长率16.20个百分点。

测算出各省域未来10年文化消费达到增长目标所需年均增长率之后，还需要与各自以往11年间文化消费需求实际年均增长率进行比较：江苏、内蒙古、黑龙江、广东、上海、福建、安徽、青海、天津、辽宁、河北、山西、河南13个省域所需增长率的比较差距从小到大依次小于全国城乡平均差距；吉林、贵州、浙江、新疆、江西、甘肃、重庆、北京、陕西、宁夏、四川、湖北、山东、云南、海南、广西、湖南、西藏18个省域所需增长率的比较差距从小到大依次大于全国城乡平均差距。其中，占据首位的江苏所需增长率的比较差距小于全国城乡所需增长率的比较差距39.39%；处于末位的西藏所需增长率的比较差距大于全国城乡所需增长率的比较差距158.15%。

2. 最佳比例值目标测算

2020年各省域城乡文化消费相关最佳比例目标测算见表7，各地按所需年均增长率与2000~2011年实际年均增长率的比较差距从小到大排列。

以各省域城乡民生基础系数、民生消费系数、文化需求系数3项比例2000年以来历年最佳值测算增长目标，即假设相关各方面的增长协调性"回复"曾有的3项最佳比例关系值。以全国城乡总体为例具体解释：如果到2020年全国城乡3项比例同步实现2000~2011年最佳状态，那么城乡人均文

表7 2020年各省域城乡文化消费相关最佳比例值目标测算

地 区	产值年增按2000~2011年实值推算				文化消费与产值比关系不变（％）	产值年增按"十二五"规划7％推算		
	2020年人均文化消费（元）	增长率（％）	与以往年均增速比（以往=1）	差距倒序		2020年人均文化消费（元）	文化消费所需年增（％）	与以往年均增速比（以往=1）
全 国	4252.97	21.21	1.7506	—	3.5461	2293.58	13.17	1.0871
上 海	7152.81	13.50	1.0874	1	3.7504	5692.46	10.65	0.8583
江 苏	7481.37	20.20	1.2605	2	3.0714	3517.33	10.53	0.6572
福 建	4623.44	19.69	1.6035	3	2.9974	2610.73	12.32	1.0037
广 东	6498.31	19.97	1.6438	6	4.1232	3851.38	13.19	1.0861
北 京	9766.25	19.44	1.7649	7	4.4099	6620.41	14.39	1.3064
河 北	2871.67	22.00	1.9853	10	2.4811	1549.44	13.92	1.2558
天 津	7996.68	23.77	2.0374	11	2.5523	3998.46	14.59	1.2510
浙 江	8486.91	23.93	2.0984	12	4.2491	4628.38	15.86	1.3904
山 东	5702.16	26.60	2.7172	20	3.1889	2775.09	16.87	1.7228
海 南	2997.90	25.02	2.9266	26	3.1749	1686.77	17.28	2.0214
东 部	5681.29	20.05	1.5900	[1]	3.2070	3145.49	12.42	0.9848
黑龙江	2814.63	20.22	1.6178	4	2.7832	1679.29	13.52	1.0814
辽 宁	4471.70	22.10	1.6196	5	2.5541	2383.53	13.86	1.0154
吉 林	4999.13	26.51	2.1509	15	3.3565	2373.19	16.39	1.3353
东 北	3490.24	20.85	1.6052	[2]	2.4579	1870.75	12.76	0.9823
安 徽	4088.42	24.04	1.8956	8	4.0283	1900.27	13.92	1.0975
河 南	3459.77	24.00	1.9846	9	3.1041	1635.60	14.10	1.1657
山 西	4660.67	26.34	2.0991	13	3.6953	2130.30	15.81	1.2603
江 西	4756.80	27.21	2.4867	17	4.5838	2203.71	16.79	1.5341
湖 北	6129.24	30.28	3.0777	27	4.4869	2820.92	19.52	1.9837
湖 南	8108.53	33.67	3.9005	30	6.7190	3690.96	22.48	2.6040
中 部	4741.88	26.91	2.4661	[3]	4.0173	2158.74	16.29	1.4925
云 南	3023.83	22.86	2.1270	14	5.0083	1773.84	15.79	1.4691
青 海	4575.38	30.00	2.3376	16	3.7068	2011.84	18.66	1.4537
重 庆	7917.17	30.88	2.5297	18	5.1964	3295.92	18.73	1.5349
贵 州	4187.59	29.82	2.6368	19	5.9313	1789.73	18.12	1.6021
内蒙古	13425.32	36.24	2.7541	21	3.8660	4120.53	19.48	1.4806
陕 西	9170.93	33.67	2.8551	22	5.7552	3540.70	20.26	1.7178
宁 夏	6920.22	31.45	2.8689	23	4.7403	2879.65	19.59	1.7558
新 疆	2706.19	24.07	2.8714	24	2.8460	1574.25	16.82	2.0067
四 川	4490.08	27.46	2.8767	25	4.4085	2118.04	17.25	1.8072
甘 肃	4281.01	28.76	3.4037	28	6.1103	2201.22	19.58	2.3179
广 西	6172.76	31.74	3.5324	29	6.0924	2836.69	20.84	2.3189
西 藏	2298.28	42.12	4.9013	31	3.4115	1259.21	32.93	3.8318
西 部	5294.00	29.05	2.7652	[4]	4.5024	2295.42	17.60	1.6759

化消费应达到4252.97元，2011~2020年年均增长率需达到21.21%，为以往11年实际年均增长率的1.75倍，文化消费增长与产值增长测算值之比将达到3.55%。

依据这一测算，各省域城乡未来10年人均文化消费达到增长目标所需年均增长率比较：上海、北京、福建、广东、江苏、黑龙江6个省域城乡此类测算的目标差距从小到大依次小于全国城乡平均差距；河北、辽宁、云南、天津、浙江、河南、安徽、新疆、海南、山西、吉林、山东、江西、四川、甘肃、贵州、青海、湖北、重庆、宁夏、广西、陕西、湖南、内蒙古、西藏25个省域城乡此类测算的目标差距从小到大依次大于全国城乡平均差距。其中，占据首位的上海此类测算的目标差距小于全国城乡所需年均增长率7.71个百分点；处于末位的西藏此类测算的目标差距大于全国城乡所需年均增长率20.91个百分点。

测算出各省域未来10年文化消费达到增长目标所需年均增长率之后，还需要与各自以往11年间文化消费需求实际年均增长率进行比较：上海、江苏、福建、黑龙江、辽宁、广东6个省域所需增长率的比较差距从小到大依次小于全国城乡平均差距；北京、安徽、河南、河北、天津、山西、浙江、云南、吉林、青海、江西、重庆、贵州、山东、内蒙古、陕西、宁夏、新疆、四川、海南、湖北、甘肃、广西、湖南、西藏25个省域所需增长率的比较差距从小到大依次大于全国城乡平均差距。其中，占据首位的上海所需增长率的比较差距小于全国城乡所需增长率的比较差距37.88%；处于末位的西藏所需增长率的比较差距大于全国城乡所需增长率的比较差距179.98%。

倘若按照国家"十二五"规划转变发展方式的要求，在"十二五"期间把全国产值年均增长率控制在7%，并延续至"十三五"末，最佳比例值测算目标距离将发生变化：到2020年全国城乡人均文化消费应达到2293.58元，2011~2020年年均增长率需达到13.17%，仅为以往11年实际年均增长率的1.09%，而与人均产值增长测算值之间的比例值不变，显然更加容易实现。各地依此类推。

同样依据这一测算，各省域城乡未来10年人均文化消费达到增长目标所需年均增长率比较：江苏、上海、福建3个省域此类测算的目标差距从小到大依次小于全国城乡平均差距；广东、黑龙江、辽宁、河北、安徽、河南、北京、天津、云南、山西、浙江、吉林、江西、新疆、山东、四川、海南、贵州、青海、重庆、宁夏、内蒙古、湖北、甘肃、陕西、广西、湖南、西藏28个省域此类测算的目标差距从小到大依次大于全国城乡平均差距。其中，占据首位的江苏此类测算的目标差距小于全国城乡所需年均增长率2.64个百分点；处于末位的西藏此类测算的目标差距大于全国城乡所需年均增长率19.76个百分点。

（三）文化消费需求城乡均衡增长测算

1. 最小城乡比目标测算

2020年各省域基于最佳比例值的文化消费需求最小城乡比目标测算见表8，各地按所需年均增长率与2000～2011年实际年均增长率的比较差距从小到大排列。

表8　2020年各省域文化消费需求最小城乡比目标测算

地区	产值年增按2000～2011年实值推算				文化消费与产值比关系不变（%）	产值年增按"十二五"规划7%推算		
	2020年人均文化消费（元）	文化消费所需年均增长				2020年人均文化消费（元）	文化消费所需年均增长率（%）	与以往年均增速比（以往=1）
		增长率（%）	与以往年均增速比					
			（以往=1）	差距倒序				
全　国	6187.18	26.36	2.1761	—	5.1588	3336.67	17.98	1.4844
上　海	8130.59	15.12	1.2186	1	4.2631	6470.62	12.24	0.9861
江　苏	9865.69	23.95	1.4946	2	4.0503	4638.31	13.98	0.8725
北　京	10406.59	20.28	1.8417	3	4.6991	7054.48	15.20	1.3799
广　东	9571.26	25.24	2.0780	6	6.0731	5672.64	18.17	1.4958
天　津	8908.78	25.26	2.1655	7	2.8434	4454.54	15.98	1.3696
福　建	8264.13	27.66	2.2534	9	5.3576	4666.52	19.81	1.6136
浙　江	10128.32	26.39	2.3140	10	5.0709	5523.53	18.16	1.5920
河　北	3880.01	26.15	2.3597	11	3.3523	2093.50	17.79	1.6054
山　东	6739.63	28.98	2.9596	18	3.7691	3280.00	19.06	1.9466
海　南	7176.14	37.75	4.4158	28	7.5999	4037.65	29.23	3.4184
东　部	6998.39	22.87	1.8130	[1]	3.9505	3874.71	15.06	1.1937
黑龙江	3821.79	24.38	1.9503	4	3.7791	2280.19	17.44	1.3954
辽　宁	6640.36	27.58	2.0214	5	3.7928	3539.48	18.97	1.3901
吉　林	7409.22	32.16	2.6096	15	4.9747	3517.46	21.66	1.7576
东　北	4947.67	25.63	1.9731	[2]	3.4842	2651.93	17.22	1.3256

续表

地区	产值年增按2000~2011年实值推算			文化消费与产值比关系不变(%)	产值年增按"十二五"规划7%推算		
	2020年人均文化消费(元)	文化消费所需年均增长			2020年人均文化消费(元)	文化消费所需年增(%)	与以往年均增速比(以往=1)
		增长率(%)	与以往年均增速比(以往=1)	差距倒序			
山　西	5178.02	27.83	2.2175	8	4.1055	2366.77	17.18	1.3688
安　徽	6456.25	30.50	2.4049	14	6.3613	3000.83	19.85	1.5652
河　南	6314.56	32.58	2.6933	16	5.6654	2985.20	21.99	1.8179
江　西	13506.75	42.85	3.9160	26	13.0156	6257.34	31.15	2.8463
湖　北	12807.37	41.39	4.2077	27	9.3757	5894.46	29.71	3.0203
湖　南	14236.53	42.30	4.8999	30	11.7969	6480.39	30.39	3.5197
中　部	8234.23	34.94	3.2016	[3]	6.9760	3748.64	23.64	2.1663
青　海	4695.21	30.37	2.3667	12	3.8038	2064.53	19.00	1.4803
云　南	3663.72	25.51	2.3734	13	6.0681	2149.21	18.28	1.7014
重　庆	9293.11	33.23	2.7224	17	6.0995	3868.72	20.87	1.7096
新　疆	3103.56	25.97	3.0984	19	3.2639	1805.40	18.61	2.2204
宁　夏	8575.16	34.62	3.1580	20	5.8739	3568.30	22.12	2.0181
贵　州	6913.91	37.25	3.2945	21	9.7928	2954.94	24.88	2.2006
四　川	6709.61	33.28	3.4862	22	6.5877	3165.02	22.60	2.3678
陕　西	15698.39	41.90	3.5527	23	9.8514	6060.81	27.66	2.3453
内蒙古	27158.66	47.33	3.5972	24	7.8208	8335.61	29.21	2.2201
甘　肃	5240.79	31.68	3.7501	25	7.4802	2694.72	22.30	2.6396
广　西	13754.42	44.01	4.8975	29	13.5754	6320.83	32.09	3.5711
西　藏	4118.68	51.64	6.0087	31	6.1137	2256.60	41.83	4.8677
西　部	7722.74	34.58	3.2916	[4]	6.5680	3348.50	22.64	2.1556

注：最小城乡比"倒挂"地区用弥合城乡比目标测算可以避免"矫枉过正"，这些地区最小城乡比目标测算值大于弥合城乡比目标测算（对照表9）。

在3项最佳比例值测算基础上，以各省域人均文化消费城乡比2000年以来历年最小值测算增长目标，即假设"回复"原有的文化消费城乡比最小状态，作为缩小以至消除城乡差距的基础。以全国总体为例具体解释：如果到2020年全国城乡同时实现2000~2011年3项最佳比例和文化消费城乡比最小状态，那么城乡人均文化消费应达到6187.18元，2011~2020年年均增长率需达到26.36%，为以往11年实际年均增长率的2.18倍，文化消费增长与产值增长测算值之比将达到5.16%。

依据这一测算,各省域未来 10 年人均文化消费达到增长目标所需年均增长率比较:上海、北京、江苏、黑龙江、广东、天津、云南、新疆、河北 9 个省域此类测算的目标差距从小到大依次小于全国平均差距;浙江、辽宁、福建、山西、山东、青海、安徽、甘肃、吉林、河南、重庆、四川、宁夏、贵州、海南、湖北、陕西、湖南、江西、广西、内蒙古、西藏 22 个省域此类测算的目标差距从小到大依次大于全国平均差距。其中,占据首位的上海此类测算的目标差距小于全国所需年均增长率 11.24 个百分点;处于末位的西藏此类测算的目标差距大于全国所需年均增长率 25.28 个百分点。

测算出各省域未来 10 年文化消费达到增长目标所需年均增长率之后,还需要与各自以往 11 年间文化消费需求实际年均增长率进行比较:上海、江苏、北京、黑龙江、辽宁、广东、天津 7 个省域所需增长率的比较差距从小到大依次小于全国平均差距;山西、福建、浙江、河北、青海、云南、安徽、吉林、河南、重庆、山东、新疆、宁夏、贵州、四川、陕西、内蒙古、甘肃、江西、湖北、海南、广西、湖南、西藏 24 个省域所需增长率的比较差距从小到大依次大于全国平均差距。其中,占据首位的上海所需增长率的比较差距小于全国所需增长率的比较差距 44.00%;处于末位的西藏所需增长率的比较差距大于全国所需增长率的比较差距 176.12%。

倘若按照国家"十二五"规划转变发展方式的要求,在"十二五"期间把全国产值年均增长率控制在 7%,并延续至"十三五"末,最小城乡比测算目标距离将发生变化:到 2020 年全国城乡人均文化消费应达到 3336.67 元,2011~2020 年年均增长率需达到 17.98%,仅为以往 11 年实际年均增长率的 1.48 倍,而与人均产值增长测算值之间的比例值不变,显然更加容易实现。各地依此类推。

同样依据这一测算,各省域未来 10 年人均文化消费达到增长目标所需年均增长率比较:上海、江苏、北京、天津、山西、黑龙江、河北 7 个省域此类测算的目标差距从小到大依次小于全国平均差距;浙江、广东、云南、新疆、辽宁、青海、山东、福建、安徽、重庆、吉林、河南、宁夏、甘肃、四川、贵州、陕西、内蒙古、海南、湖北、湖南、江西、广西、西藏 24 个省域此类测算的目标差距从小到大依次大于全国平均差距。其中,占据首位的上海此类测算的目标差距小于全国所需年均增长率 5.74 个百分点；处于末位的西藏此类测算的目标差距大于全国所需年均增长率 23.85 个百分点。

2. 弥合城乡比目标测算

2020 年各省域基于最佳比例的文化消费需求弥合城乡比目标测算见表 9，各地按所需年均增长率与 2000~2011 年实际年均增长率的比较差距从小到大排列。

表 9　2020 年各省域文化消费需求弥合城乡比目标测算

地区	产值年增按 2000~2011 年实值推算				文化消费与产值比关系不变（%）	产值年增按"十二五"规划 7% 推算		
	2020年人均文化消费（元）	增长率（%）	与以往年均增速比（以往=1）	差距倒序		2020年人均文化消费（元）	文化消费所需年增（%）	与以往年均增速比（以往=1）
全　国	7151.95	28.41	2.3455	—	5.9632	3856.96	19.90	1.6425
黑龙江	3439.21	22.93	1.8344	3	3.4008	2051.93	16.07	1.2859
辽　宁	6148.91	26.50	1.9419	5	3.5121	3277.52	17.96	1.3160
吉　林	7221.44	31.78	2.5790	13	4.8486	3428.32	21.31	1.7295
东　北	4744.55	25.04	1.9281	[1]	3.3412	2543.05	16.67	1.2836
上　海	8052.38	15.00	1.2086	1	4.2221	6408.37	12.12	0.9764
江　苏	9766.14	23.82	1.4859	2	4.0094	4591.51	13.86	0.8645
北　京	10680.07	20.63	1.8732	4	4.8226	7239.87	15.53	1.4101
广　东	10480.45	26.51	2.1825	6	6.6500	6211.50	19.37	1.5944
天　津	9152.24	25.64	2.1978	7	2.9211	4576.25	16.32	1.3994
福　建	8022.80	27.24	2.2192	8	5.2012	4530.25	19.42	1.5815
浙　江	10710.27	27.18	2.3830	10	5.3622	5840.90	18.89	1.6565
河　北	4136.69	27.05	2.4410	11	3.5740	2232.00	18.63	1.6813
山　东	7541.25	30.60	3.1252	18	4.2174	3670.12	20.56	2.0994
海　南	6366.09	35.93	4.2028	28	6.7420	3581.88	27.52	3.2186
东　部	7952.88	24.63	1.9524	[2]	4.4893	4403.17	16.70	1.3242
山　西	5651.34	29.07	2.3170	9	4.4808	2583.11	18.32	1.4600
安　徽	6878.02	31.42	2.4775	12	6.7769	3196.87	20.70	1.6319
河　南	7415.89	34.97	2.8909	16	6.6535	3505.86	24.19	1.9996
江　西	11468.09	40.28	3.6808	23	11.0511	5312.88	28.78	2.6304
湖　北	12028.64	40.41	4.1078	26	8.8056	5536.05	28.81	2.9288
湖　南	15092.99	43.23	5.0072	29	12.5066	6870.25	31.24	3.6180
中　部	8890.96	36.09	3.3075	[3]	7.5324	4047.61	24.70	2.2634

续表

地区	产值年增按2000~2011年实值推算			文化消费与产值比关系不变(%)	产值年增按"十二五"规划7%推算		
	2020年人均文化消费(元)	文化消费所需年均增长			2020年人均文化消费(元)	文化消费所需年增(%)	与以往年均增速比(以往=1)
		增长率(%)	与以往年均增速比(以往=1) 差距倒序				
青 海	6409.25	34.96	2.7241　14	5.1925	2818.21	23.18	1.8066
云 南	5253.13	30.63	2.8505　15	8.7006	3081.58	23.12	2.1510
重 庆	11338.20	36.20	2.9663　17	7.4418	4720.09	23.57	1.9309
宁 夏	10191.79	37.23	3.3960　19	6.9813	4241.01	24.49	2.2339
内蒙古	23823.17	45.20	3.4354　20	6.8603	7311.87	27.34	2.0781
新 疆	4005.24	29.59	3.5304　21	4.2122	2329.93	22.02	2.6272
陕 西	16086.19	42.29	3.5854　22	10.0948	6210.53	28.01	2.3747
四 川	8502.42	36.83	3.8585　24	8.3479	4010.71	25.87	2.7103
贵 州	10603.82	43.93	3.8852　25	15.0191	4531.96	30.96	2.7381
甘 肃	6780.65	35.51	4.2026　27	9.6781	3486.49	25.85	3.0600
广 西	16030.18	46.48	5.1725　30	15.8216	7366.66	34.35	3.8233
西 藏	5135.13	55.40	6.4465　31	7.6225	2813.50	45.35	5.2771
西 部	10029.92	38.54	3.6691　[4]	8.5302	4348.87	26.26	2.4997

注：此项弥合城乡比测算与后一项城乡无差距测算有异曲同工之妙，不过假设条件的逻辑起点不同，带来演算方式不同，最后导致演算结果不同。此为基于3项最佳比例测算再假设城乡之间文化消费数值持平，彼为假设3项城乡比持平再以城镇标准进行3项最佳比例测算。

同样在3项最佳比例值测算基础上，以各省域人均文化消费城乡比的无差距理想值测算增长目标，即假设文化需求层面的城乡差距得以消除演算校正数值。以全国总体为例具体解释：如果到2020年全国城乡同时实现2000～2011年3项最佳比例和乡村人均文化消费绝对值与城镇水平持平，那么城乡人均文化消费应达到7151.95元，2011～2020年年均增长率需达到28.41%，为以往11年实际年均增长率的2.35倍，文化消费增长与产值增长测算值之比将达到5.96%。各地依此类推。

依据这一测算，各省域未来10年人均文化消费达到增长目标所需年均增长率比较：上海、北京、黑龙江、江苏、天津、辽宁、广东、河北、浙江、福建10个省域此类测算的目标差距从小到大依次小于全国平均差距；山西、新疆、山东、云南、安徽、吉林、青海、河南、甘肃、海南、重庆、四川、宁夏、江西、湖北、陕西、湖南、贵州、内蒙古、广西、西藏21个省域此类测算的目标差距从小到大依次大于全国平均差距。其中，占据首位的上海此类测算的目标差距小于全国所需年均增长率13.41个百分点；处于末位的此类测算的目标差距大于全国所需年均增长率26.99个百分点。

测算出各省域未来10年文化消费达到增长目标所需年均增长率之后，还需要与各自以往11年间文化消费需求实际年均增长率进行比较：上海、江苏、黑龙江、北京、辽宁、广东、天津、福建、山西9个省域所需增长率的比较差距从小到大依次小于全国平均差距；浙江、河北、安徽、吉林、青海、云南、河南、重庆、山东、宁夏、内蒙古、新疆、陕西、江西、四川、贵州、湖北、海南、甘肃、湖南、广西、西藏22个省域所需增长率的比较差距从小到大依次大于全国平均差距。其中，占据首位的上海所需增长率的比较差距小于全国所需增长率的比较差距48.47%；处于末位的西藏所需增长率的比较差距大于全国所需增长率的比较差距174.85%。

倘若按照国家"十二五"规划转变发展方式的要求，在"十二五"期间把全国产值年均增长率控制在7%，并延续至"十三五"末，弥合城乡比测算目标距离将发生变化：到2020年全国城乡人均文化消费应达到3856.96元，2011~2020年年均增长率需达到19.90%，为以往11年实际年均增长率的1.64倍，而与人均产值增长测算值之间的比例值不变，显然更加容易实现。各地依此类推。

同样依据这一测算，各省域未来10年人均文化消费达到增长目标所需年均增长率比较：上海、江苏、北京、黑龙江、天津、辽宁、山西、河北、浙江、广东、福建11个省域此类测算的目标差距从小到大依次小于全国平均差距；山东、安徽、吉林、新疆、云南、青海、重庆、河南、宁夏、甘肃、四川、内蒙古、海南、陕西、江西、湖北、贵州、湖南、广西、西藏20个省域此类测算的目标差距从小到大依次大于全国平均差距。其中，占据首位的上海此类测算的目标差距小于全国所需年均增长率7.78个百分点；处于末位的西藏此类测算的目标差距大于全国所需年均增长率25.45个百分点。

3. 城乡无差距目标测算

2020年各省域文化消费相关方面城乡无差距目标测算见表10，各地按所需年均增长率与2000~2011年实际年均增长率的比较差距从小到大排列。

表10 2020年各省域文化消费相关方面城乡无差距目标测算

地区	产值年增按2000~2011年实值推算				文化消费与产值比关系不变（%）	产值年增按"十二五"规划7%推算		
	2020年人均文化消费（元）	文化消费所需年均增长				2020年人均文化消费（元）	文化消费所需年增（%）	与以往年均增速比（以往=1）
		增长率（%）	与以往年均增速比（以往=1）	差距倒序				
全　国	6836.32	27.77	2.2924	—	5.7001	3686.75	19.30	1.5930
黑龙江	2842.89	20.36	1.6285	3	2.8112	1696.15	13.64	1.0915
辽　宁	5364.79	24.60	1.8024	4	3.0643	2859.57	16.18	1.1859
吉　林	5694.45	28.35	2.3005	9	3.8234	2703.39	18.15	1.4731
东　北	3964.82	22.57	1.7380	[1]	2.7921	2125.12	14.37	1.1062
上　海	7322.12	13.79	1.1112	1	3.8392	5827.20	10.94	0.8815
江　苏	10018.70	24.17	1.5078	2	4.1131	4710.25	14.18	0.8847
北　京	11300.20	21.39	1.9421	5	5.1026	7660.25	16.26	1.4761
福　建	6449.95	24.20	1.9709	6	4.1815	3642.10	16.55	1.3485
广　东	9775.61	25.54	2.1023	7	6.2027	5793.76	18.45	1.5187
天　津	9987.54	26.86	2.3028	10	3.1877	4993.92	17.46	1.4967
浙　江	10304.50	26.63	2.3353	11	5.1591	5619.61	18.38	1.6118
河　北	4944.96	29.59	2.6706	12	4.2724	2668.11	21.01	1.8958
山　东	8605.12	32.53	3.3222	20	4.8124	4187.88	22.34	2.2813
海　南	4728.32	31.51	3.6860	24	5.0075	2660.38	23.37	2.7338
东　部	8735.97	25.93	2.0561	[2]	4.9313	4836.73	17.93	1.4213
安　徽	5871.51	29.13	2.2969	8	5.7852	2729.04	18.60	1.4661
河　南	6265.12	32.46	2.6838	13	5.6210	2961.83	21.88	1.8091
江　西	5976.00	30.48	2.7852	14	5.7587	2768.53	19.79	1.8082
山　西	9066.44	36.03	2.8717	15	7.1885	4144.09	24.70	1.9685
湖　北	9170.77	36.24	3.6841	23	6.7135	4220.75	24.99	2.5400
湖　南	10687.35	37.84	4.3830	29	8.8559	4864.82	26.30	3.0461
中　部	7529.51	33.60	3.0793	[3]	6.3790	3427.82	22.42	2.0543
内蒙古	18097.21	40.83	3.1034	16	5.2114	5554.44	23.51	1.7870
青　海	10256.84	42.20	3.2882	17	8.3096	4510.03	29.79	2.3214
陕　西	12959.93	38.91	3.2991	18	8.1329	5003.54	24.97	2.1172
云　南	7340.57	35.58	3.3109	19	12.1580	4306.12	27.78	2.5849
重　庆	17446.70	42.89	3.5137	21	11.4511	7263.05	29.63	2.4275
宁　夏	12306.36	40.13	3.6610	22	8.4298	5120.93	27.12	2.4743
贵　州	9403.32	42.03	3.7164	25	13.3188	4018.88	29.23	2.5845
四　川	8015.08	35.94	3.7648	26	7.8694	3780.83	25.05	2.6241
新　疆	5525.69	34.31	4.0932	27	5.8112	3214.40	26.46	3.1571
广　西	9884.07	38.81	4.3197	28	9.7555	4542.22	27.33	3.0411
甘　肃	7562.98	37.16	4.3984	30	10.7947	3888.75	27.39	3.2418
西　藏	9661.90	66.71	7.7622	31	14.3419	5293.70	55.93	6.5077
西　部	10147.95	38.72	3.6863	[4]	8.6305	4400.05	26.42	2.5153

以各省域在民生基础层面、民生消费层面、文化需求层面3项城乡比的无差距理想状态下实现2000年以来历年最佳比例测算增长目标，即假设乡村相关方面加速增长并与城镇水平持平，统一取城镇标准三项最佳比例关系进行演算。以全国城乡总体为例具体解释：如果到2020年全国城乡之间在此3个层面已无差距，统一实现按城镇标准衡量的2000～2011年三项最佳比例，那么城乡人均文化消费应达到6836.32元，2011～2020年年均增长率需达到27.77%，为以往11年实际年均增长率的2.29倍，文化消费增长与产值增长测算值之比将达到5.70%。各地依此类推。

依据这一测算，各省域未来10年人均文化消费达到增长目标所需年均增长率比较：上海、黑龙江、北京、江苏、福建、辽宁、广东、浙江、天津9个省域此类测算的目标差距从小到大依次小于全国平均差距；吉林、安徽、河北、江西、海南、河南、山东、新疆、云南、四川、山西、湖北、甘肃、湖南、广西、陕西、宁夏、内蒙古、贵州、青海、重庆、西藏22个省域此类测算的目标差距从小到大依次大于全国平均差距。其中，占据首位的上海此类测算的目标差距小于全国所需年均增长率13.98个百分点；处于末位的西藏此类测算的目标差距大于全国所需年均增长率38.94个百分点。

测算出各省域未来10年文化消费达到增长目标所需年均增长率之后，还需要与各自以往11年间文化消费需求实际年均增长率进行比较：上海、江苏、黑龙江、辽宁、北京、福建、广东7个省域所需增长率的比较差距从小到大依次小于全国平均差距；安徽、吉林、天津、浙江、河北、河南、江西、山西、内蒙古、青海、陕西、云南、山东、重庆、宁夏、湖北、海南、贵州、四川、新疆、广西、湖南、甘肃、西藏24个省域所需增长率的比较差距从小到大依次大于全国平均差距。其中，占据首位的上海所需增长率的比较差距小于全国所需增长率的比较差距51.53%；处于末位的西藏所需增长率的比较差距大于全国所需增长率的比较差距238.61%。

倘若按照国家"十二五"规划转变发展方式的要求，在"十二五"期间把全国产值年均增长率控制在7%，并延续至"十三五"末，城乡无差距测算目标距离将发生变化：到2020年全国城乡人均文化消费应达到3686.75元，2011～2020年年均增长率需达到19.30%，为以往11年实际年均增长率的

1.59 倍，而与人均产值增长测算值之间的比例值不变，显然更加容易实现。各地依此类推。

同样依据这一测算，各省域未来 10 年人均文化消费达到增长目标所需年均增长率比较：上海、黑龙江、江苏、辽宁、北京、福建、天津、吉林、浙江、广东、安徽 11 个省域此类测算的目标差距从小到大依次小于全国平均差距；江西、河北、河南、山东、海南、内蒙古、山西、陕西、湖北、四川、湖南、新疆、宁夏、广西、甘肃、云南、贵州、重庆、青海、西藏 20 个省域此类测算的目标差距从小到大依次大于全国平均差距。其中，占据首位的上海此类测算的目标差距小于全国所需年均增长率 8.36 个百分点；处于末位的西藏此类测算的目标差距大于全国所需年均增长率 36.63 个百分点。

五 各省域文化消费需求总量增长测算

在人均数值增长测算基础上，最后再进行至 2020 年各省域文化消费需求总量增长目标测算，见表 11A 和表 11B，各地分为东北和东部、中部、西部四大区域，以由北至南、从东到西的大致地理分布排列。

表 11A 2020 年各省域文化消费需求增长总量测算（一）

地区	与产值测算间接相关 产值增幅影响与产值比		与产值测算直接相关			
			按以往产值年均增长推算		按"十二五"年增 7% 推算	
	历年均增值测算（亿元）	消除负相关测算（亿元）	支柱性产业测算（亿元）	最佳比例值测算（亿元）	支柱性产业测算（亿元）	最佳比例值测算（亿元）
全 国	29824.83	52904.44	63742.07	60166.65	34375.34	32447.16
黑龙江	598.03	715.24	1119.99	1086.99	668.22	648.53
吉 林	482.36	896.96	1151.49	1406.51	546.66	667.73
辽 宁	1066.85	1802.75	2041.48	2035.06	1088.16	1084.74
东 北	2138.51	3074.72	4287.81	3917.49	2298.24	2099.75
北 京	1419.66	3264.01	2637.79	2741.96	1788.12	1858.74
天 津	538.77	792.66	1287.52	1360.12	643.78	680.08
河 北	953.73	1530.77	2214.09	2217.64	1194.64	1196.56
山 东	1613.20	3859.26	4612.45	5815.97	2244.76	2830.48

续表

地区	与产值测算间接相关 产值增幅影响与产值比		与产值测算直接相关			
			按以往产值年均增长推算		按"十二五"年增7%推算	
	历年均增值测算（亿元）	消除负相关测算（亿元）	支柱性产业测算（亿元）	最佳比例值测算（亿元）	支柱性产业测算（亿元）	最佳比例值测算（亿元）
江 苏	4585.31	4444.36	8254.10	6302.96	3880.63	2963.31
上 海	2117.04	2902.14	2993.91	2308.23	2382.66	1836.97
浙 江	2063.51	4097.45	4617.31	5383.97	2518.07	2936.17
福 建	1044.01	1489.76	2103.23	1855.61	1187.64	1047.81
广 东	4881.69	6148.53	9467.75	8954.76	5611.30	5307.26
海 南	80.85	217.69	221.50	288.31	124.63	162.22
东 部	18688.30	26849.14	37377.04	33240.70	20694.05	18403.94
山 西	643.13	1094.73	1566.20	1820.17	715.88	831.96
河 南	1305.74	2305.37	3187.99	3239.56	1507.12	1531.50
安 徽	986.68	1449.72	2337.46	2341.95	1086.44	1088.53
湖 北	736.07	1697.57	2216.94	3419.66	1020.32	1573.86
江 西	655.71	1438.72	1792.90	2246.74	830.61	1040.86
湖 南	828.95	2999.33	2787.69	5361.63	1268.94	2440.58
中 部	5055.75	10137.99	14102.55	17000.75	6420.19	7739.60
内蒙古	649.30	754.54	2243.00	3451.23	688.43	1059.26
陕 西	702.96	1727.88	2153.15	3512.09	831.29	1355.94
宁 夏	108.19	255.96	328.84	497.08	136.84	206.84
甘 肃	234.93	445.16	710.20	1101.08	365.17	566.16
青 海	78.30	118.05	193.75	280.06	85.19	123.15
新 疆	206.25	366.47	554.17	696.17	322.37	404.97
重 庆	547.05	1324.12	1503.40	2186.05	625.87	910.05
四 川	877.64	1948.12	2641.66	3430.13	1246.11	1618.04
贵 州	343.52	658.22	988.48	1371.53	422.47	586.18
广 西	509.09	1511.33	1647.15	2804.97	756.95	1289.02
云 南	590.70	1564.23	1296.01	1503.22	760.27	881.82
西 藏	7.03	52.20	19.71	79.21	10.80	43.40
西 部	4750.95	9898.22	14383.53	19190.34	6236.55	8320.74

注：全国、四大区域和各省域分别演算，未经平衡处理，各地总量之和不等于全国总量，四大区域亦然（后表同）。

表11B 2020年各省域文化消费需求增长总量测算（二）

地 区	按以往产值年均增长推算			按"十二五"年增7%推算		
	最小城乡比测算（亿元）	弥合城乡比测算（亿元）	城乡无差距测算（亿元）	最小城乡比测算（亿元）	弥合城乡比测算（亿元）	城乡无差距测算（亿元）
全 国	87529.77	101178.32	96713.15	47203.76	54564.26	52156.24
黑龙江	1475.94	1328.19	1097.90	880.59	792.44	655.04
吉 林	2084.60	2031.77	1602.14	989.65	964.56	760.60
辽 宁	3022.01	2798.35	2441.51	1610.81	1491.59	1301.38
东 北	5553.34	5325.35	4450.17	2976.56	2854.36	2385.27
北 京	2921.74	2998.53	3172.64	1980.61	2032.66	2150.69
天 津	1515.25	1556.66	1698.73	757.65	778.35	849.39
河 北	2996.33	3194.56	3818.74	1616.71	1723.66	2060.45
山 东	6874.14	7691.76	8776.87	3345.46	3743.37	4271.47
江 苏	8311.72	8227.86	8440.63	3907.72	3868.29	3968.33
上 海	2623.77	2598.52	2362.87	2088.09	2068.00	1880.46
浙 江	6425.25	6794.43	6537.02	3504.04	3705.38	3564.99
福 建	3316.80	3219.94	2588.68	1872.90	1818.21	1461.75
广 东	13189.33	14442.21	13470.93	7816.98	8559.53	7983.88
海 南	690.14	612.24	454.73	388.31	344.47	255.85
东 部	40946.90	46531.57	51113.35	22670.53	25762.52	28299.25
山 西	2022.22	2207.07	3540.80	924.31	1008.81	1618.43
河 南	5912.64	6943.88	5866.36	2795.20	3282.71	2773.32
安 徽	3698.31	3939.91	3363.35	1718.95	1831.25	1563.27
湖 北	7145.55	6711.08	5116.60	3288.67	3088.70	2354.86
江 西	6379.51	5416.61	2822.59	2955.47	2509.38	1307.64
湖 南	9413.66	9979.98	7066.83	4285.05	4542.83	3216.78
中 部	29521.65	31876.17	26995.08	13439.75	14511.65	12289.53
内蒙古	6981.64	6124.19	4652.23	2142.82	1879.65	1427.87
陕 西	6011.84	6160.35	4963.12	2321.04	2378.38	1916.15
宁 夏	615.95	732.07	883.96	256.31	304.63	367.84
甘 肃	1347.94	1743.99	1945.21	693.09	896.73	1000.19
青 海	287.40	392.31	627.83	126.37	172.50	276.06
新 疆	798.39	1030.35	1421.48	464.44	599.37	826.90
重 庆	2565.96	3130.64	4817.29	1068.21	1303.28	2005.44
四 川	5125.70	6495.28	6122.99	2417.87	3063.92	2888.31
贵 州	2264.46	3472.99	3079.80	967.81	1484.32	1316.27
广 西	6250.16	7284.29	4491.43	2872.26	3347.49	2064.03
云 南	1821.33	2611.46	3649.18	1068.43	1531.93	2140.68
西 藏	141.95	176.98	332.99	77.77	96.96	182.44
西 部	27994.34	36357.72	36785.56	12138.06	15764.34	15949.85

与人均数值增长的各类测算逐一对应,表中同样提供了总量数值增长的各类测算结果。不过,总量数值演算无法涉及未来人口增长及其分布变化,难免会有误差。其所需年均增长率演算结果与人均值演算略有差异,故而省略总量增长目标测算的年均增长数值,仅供参考。

关于本卷全国总报告与综合排行报告、各省域子报告的关系,再予说明:

全国测评总报告为1991年以来长时间段分析检测。因修改、调试测评演算数据库工作量极大,分省域测评子报告的后台演算数据库保持原有的"十五"以来检验,综合排行报告需要与之对应,同时也在各表中首行另外提供了全国2000~2011年检测,与总报告的1991~2011年间检测形成互补。

待项目工作保障条件有所改善,在随后年度测评时,再考虑是否需要把综合排行报告、分省域测评子报告延伸为1991年以来长时段分析检验。省域测评子报告维持2000年以来检测还出于一个技术性原因考虑,1997年开始重庆作为省域单列统计数据,1999年以前西藏缺少若干年度统计数据,此两地预测演算皆取2000年为起点,其余省域与之统一为宜。

以下各省域子报告亦分为东北和东部、中部、西部四大区域,以由北至南、从东到西的大致地理分布排列。子报告里,数据演算图表中"十五"规划期头年与末年直接对接;文中分析历年增长态势时,后台数据库测算筛选出的最高与最低年度值包含图中省略年度。借此一并说明,以免各文反复交代,显得重复。

The Development Space of Cultural Industry in the Face of Demand and Sharing

—The Estimation of Coordinated Growth Difference among Various Provinces from 2000 to 2011

Abstract: To aim at the target of extended demand and advanced sharing, the growth of cultural consumption demand is measured and the development space of cultural industry in the next decade is estimated. Based upon the growth from 2000 to 2011, ranking of the evaluated distance of growth targets among various provinces to 2020 are as follows: Jiangsu, Liaoning, Inner Mongolia, Qinghai, Anhui ranked the top five in the valued average added value over the years; Jiangsu, Inner Mongolia, Heilongjiang, Guangdong, Shanghai ranked the top five in the valued avoiding negative correlation; Shanghai, Jiangsu, Fujian, Heilongjiang, Liaoning ranked the top five in the valued optimal proportion; Shanghai, Jiangsu, Beijing, Heilongjiang, Liaoning ranked the top five in the valued lowest urban-rural ratio; Shanghai, Jiangsu, Heilongjiang, Beijing, Liaoning ranked the top five in the valued closed urban-rural ratio; Shanghai, Jiangsu, Heilongjiang, Liaoning, Beijing ranked the top five in the valued without urban-rural gap; Shanghai, Jiangsu, Liaoning, Heilongjiang, Guangdong ranked the top five in the valued pillar industry. The cultural industry becomes a pillar industry, which in itself is not the goal.

Key Words: Cultural Industry Among Various Regions; Next Decade; Demand and Sharing; Growth Target

东北地区

The Northeast Regions

B.3
黑龙江：协调增长相关测算目标尽占前4位

摘　要：

　　黑龙江文化消费增长目标暨文化产业发展空间测评：省域间2000～2011年实际增长排名，历年均增值测算为第7位；省域间2011～2020年目标距离排名，消除负相关测算为第3位；支柱性产业测算为第4位；最佳比例值测算为第4位；最小城乡比测算为第4位；弥合城乡比测算为第3位；城乡无差距测算为第3位。

关键词：

　　黑龙江文化产业　扩大文化消费　需求与共享　增长目标

一　城乡文化消费需求及相关方面增长态势

2000～2011年黑龙江城乡文化消费总量和人均值增长态势见图1。

2000～2011年，黑龙江城乡文化消费总量从55.79亿元增长至205.66亿

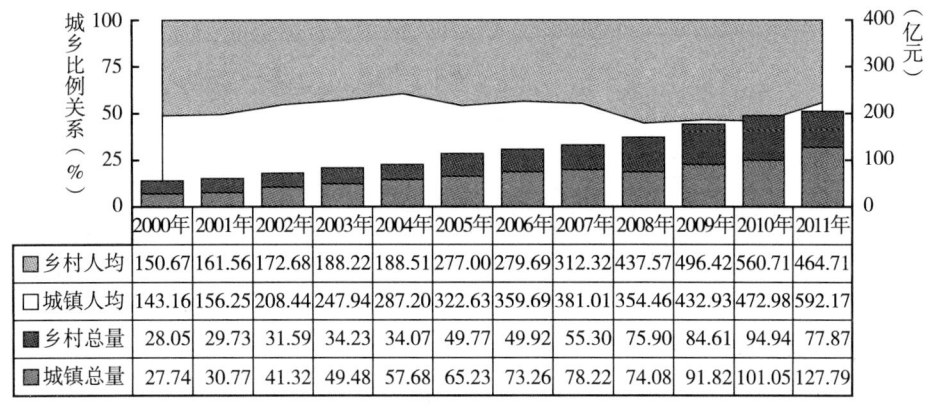

图 1　黑龙江城乡文化消费总量和人均值增长态势

注：左轴为城乡人均文化消费（元转换为%），城乡间历年变动呈面积比例关系；右轴为文化消费总量（亿元），柱形上下之和为城乡总量。

元，增加149.87亿元，11年间总增长268.63%，年均增长12.59%。其中，"十五"期间年均增长15.57%；"十一五"期间年均增长11.25%。

同期，黑龙江城镇人均文化消费从143.16元增长至592.17元，增加449.01元，11年间总增长313.64%，年均增长13.78%。其中，"十五"期间年均增长17.65%；"十一五"期间年均增长7.95%。乡村人均文化消费从150.67元增长至464.71元，增加314.04元，11年间总增长208.43%，年均增长10.78%。其中，"十五"期间年均增长12.95%；"十一五"期间年均增长15.15%。值得注意的是，"十五"期间黑龙江城镇人均值年均增幅比乡村高于4.70个百分点，城乡差距有所扩大；"十一五"期间黑龙江城镇人均值年均增幅比乡村低7.20个百分点，城乡差距转为缩小。

后续各图表将逐步展示黑龙江相关背景各方面历年增长数据。在此，先把各项绝对值转换为以上一年数值为100的年度增长百分指数，可以清晰看出2000～2011年黑龙江人均产值、城乡人均收入、非文消费、文化消费和积蓄增长态势见图2。

在黑龙江人均产值、城乡人均收入、非文消费、文化消费和积蓄的年度增长指数中，选取3对具有特定相关关系的数据项，作为文中分析的基础。第一对数据项：（1）柱形系产值历年增长指数，（2）带菱形曲线系收入历年增长

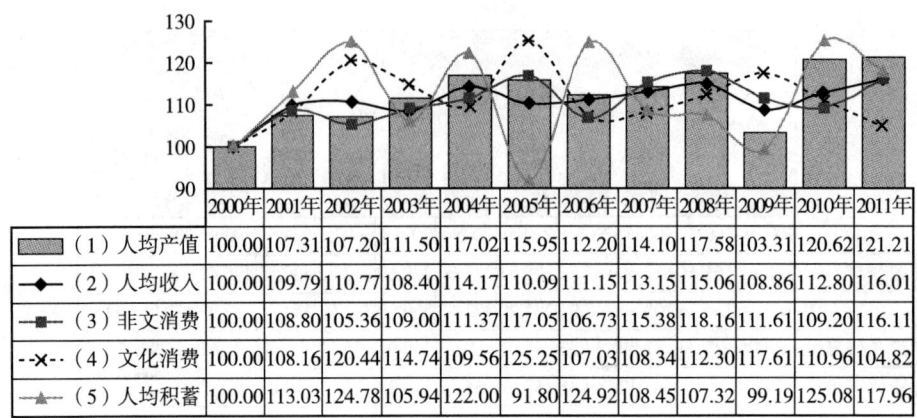

图2 黑龙江人均产值、城乡人均收入、消费和积蓄增长态势

注：左轴为年增指数（产值为柱形，其余为曲线），上年＝100（小于100为负增长）；2001～2011年增长（2000年为起点不计）相关系数：（1）与（2）0.7752；（2）与（3）0.5122；（4）与（5）－0.5528，其间2003～2009年－0.8848，2004～2009年－0.8839，2005～2009年－0.8990，2006～2010年－0.7070。

指数，二者2001～2011年相关系数为0.7752，即这两个方面历年增长在77.52%的程度上保持同步。第二对数据项：（2）收入历年增长指数，（3）带方形曲线系非文消费历年增长指数，二者2001～2011年相关系数为0.5122，即这两个方面历年增长在51.22%的程度上保持同步。第三对数据项：（4）带圆形曲线系文化消费历年增长指数，（5）带三角形曲线系积蓄历年增长指数，二者2001～2011年相关系数为负值0.5528。分时间段深入考察，其间2003～2009年为负值0.8848，2004～2009年为负值0.8839，2005～2009年为负值0.8990，2006～2010年为负值0.7070，分别构成很明显的"负相关"增长反向互动关系。

对比黑龙江城乡人均积蓄与文化消费两条年度增长曲线，只有2001～2002年显得例外，其余年度大体呈现为横向镜面对应或俗称"水中倒影"的负相关关系。其中，2005年黑龙江城乡人均积蓄年度增长跌入低谷，呈现为负增长，与之对应的是人均文化消费年度增长出现高峰；2004年、2006年和2010年黑龙江城乡人均积蓄年度增长3次形成高峰，与之对应的是人均文化消费年度增长陷入低谷。黑龙江城乡文化消费的"积蓄增长负相关效应"明显成立。

二 城乡文化消费需求背景的增长协调性分析

(一) 民生基础系数检测

2000~2011年黑龙江城乡人均收入、产值绝对值、比例值和城乡比变动态势见图3。图中将收入、产值绝对值转换为图形面积比例,二者历年之比形成民生基础系数变动曲线,同时附有收入城乡比变动曲线。

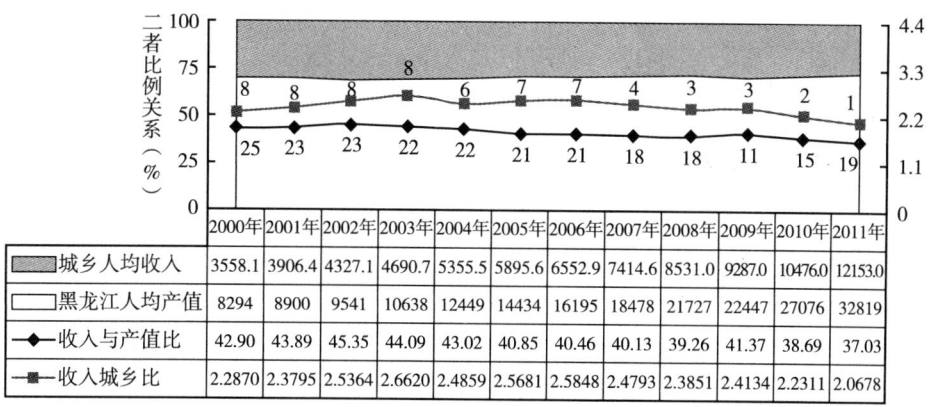

图3 黑龙江城乡人均收入、产值绝对值、比例值和城乡比变动态势

注:左轴为城乡人均收入、产值(元转换为%),二者变动呈面积比例;相互间历年之比形成民生基础系数(%)曲线;右轴为收入城乡比曲线(乡村=1)。标明历年省域排序。

2000~2011年,黑龙江城乡居民人均收入年均增长11.81%,人均产值年均增长13.32%,比居民收入年均增幅高出1.51个百分点。11年间,黑龙江城乡居民人均收入与人均产值比例的最高(最佳)值为2002年45.35%,最低值为2011年37.03%。逐年考察,除了2001~2002年和2009年出现回升以外,黑龙江城乡此项比值逐步下降,由2000年42.90%降低至2011年37.03%,比例数值处于31个省域里第19位。民生基础系数呈现减低趋势,意味着在经济增长的同时"人民共享发展成果"程度逐渐降低。

2000~2011年,黑龙江乡村居民人均收入年均增长12.16%,城镇居民人均收入年均增长11.14%,比乡村低1.02个百分点。作为城乡差距的衡量指标，11年间，黑龙江人均收入城乡比的最大值为2003年2.6620，最小（最佳）值为2011年2.0678。逐年考察，除了2001~2003年、2005~2006年和2009年出现扩增以外，黑龙江此项城乡比逐步缩减，由2000年2.2870缩小至2011年2.0678，城乡比数值处于31个省域里第1位。居民收入的城乡差距呈现出缩减趋势，意味着在民生基础层面城乡之间"共享发展成果"的程度有所提高。

如果（1）黑龙江城乡民生基础系数能够保持2002年最佳水平，（2）黑龙江民生基础层面的城乡差距能够保持2011年最小程度，乃至实现民生基础层面的城乡无差距理想状态，那么在"国民收入再分配"演算和城乡综合重新演算当中，黑龙江人均收入应有很大增高，这样随后逐步推演的一切测算值都会发生变化。

（二）民生消费系数检测

2000~2011年黑龙江城乡人均非文消费、收入绝对值、比重值和城乡比变动态势见图4。图中将非文消费、收入绝对值转换为图形面积比例，二者历年之比形成民生消费系数变动曲线，同时附有非文消费城乡比变动曲线。

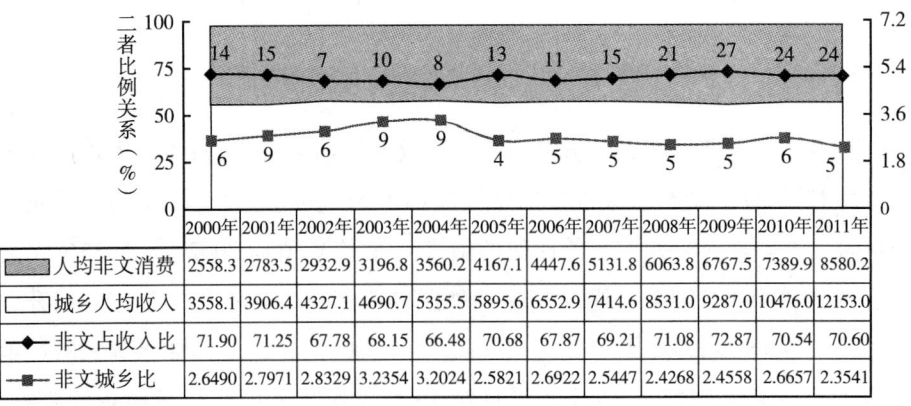

图4 黑龙江城乡人均非文消费、收入绝对值、比重值和城乡比变动态势

注：左轴为城乡人均非文消费、收入（元转换为%），二者变动呈面积比例；相互间历年之比形成民生消费系数（%）曲线；右轴为非文消费城乡比曲线（乡村=1）。标明历年省域排序。

2000～2011年，黑龙江城乡居民人均非文消费年均增长11.63%，人均收入年均增长11.81%，比非文消费年均增幅高出0.18个百分点。11年间，黑龙江城乡居民人均非文消费占人均收入比重的最高值为2009年72.87%，最低（最佳）值为2004年66.48%。逐年考察，除了2003年、2005年、2007～2009年和2011年出现回升以外，黑龙江城乡此项比值逐步下降，由2000年71.90%降低至2011年70.60%，比重数值处于31个省域里第24位。民生消费系数呈现出减低趋势，亦即"必需消费"之外的余钱占收入比重增高，意味着从"基本小康"到"全面小康"建设的民生效应日益得以显现。

2000～2011年，黑龙江乡村居民人均非文消费年均增长12.07%，城镇居民人均非文消费年均增长10.88%，比乡村低1.19个百分点。作为城乡差距的衡量指标，11年间，黑龙江人均非文消费城乡比的最大值为2003年3.2354，最小（最佳）值为2011年2.3541。逐年考察，除了2001～2003年、2006年和2009～2010年出现扩增以外，黑龙江此项城乡比逐步缩减，由2000年2.6490缩小至2011年2.3541，城乡比数值处于31个省域里第5位。"必需"非文消费的城乡差距呈现缩减趋势，意味着在民生消费层面城乡之间"共享发展成果"的程度有所提高。

如果（1）黑龙江城乡民生消费系数能够保持2004年最佳水平，（2）黑龙江民生消费层面的城乡差距能够保持2011年最小程度，乃至实现民生消费层面的城乡无差距理想状态，那么在"必需消费"占收入比重再度演算和城乡综合重新演算当中，黑龙江人均非文消费应有较大不同，反转则是人均非文消费剩余应有很大增多，这样随后推演的相关数值也会发生变化。

（三）文化需求系数检测

2000～2011年黑龙江城乡人均文化消费、非文消费剩余绝对值、比例值和城乡比变动态势见图5。图中将文化消费、非文消费剩余绝对值转换为图形面积比例，二者历年之比形成文化需求系数变动曲线，同时附有文化消费城乡比变动曲线。

2000～2011年，黑龙江城乡居民人均文化消费年均增长12.50%，人均非文消费剩余年均增长12.28%，比文化消费年均增幅低0.22个百分点。11

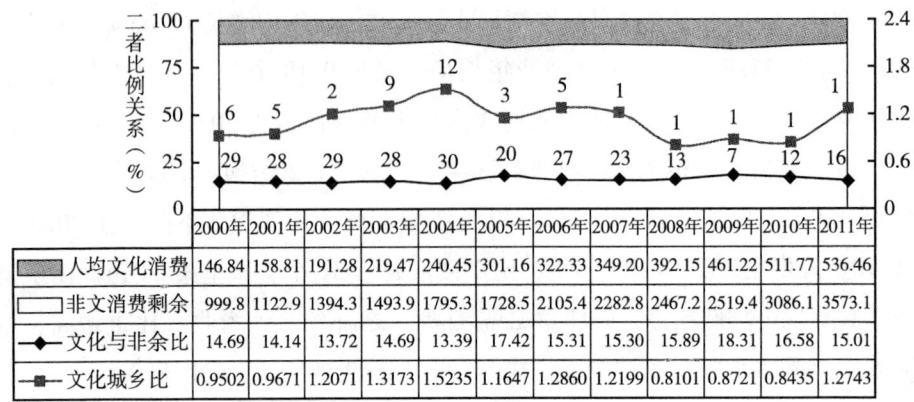

图 5 黑龙江城乡人均文化消费、非文消费剩余绝对值、比例值和城乡比变动态势

注：左轴为城乡人均文化消费、非文消费剩余（元转换为%），二者变动呈面积比例；相互间历年之比形成文化需求系数（%）曲线；右轴为文化消费城乡比曲线（乡村=1，小于1为"城乡倒挂"，即城镇人均值低于乡村）。标明历年省域排序。

年间，黑龙江城乡居民人均文化消费与人均非文消费剩余比例的最低值为2004年13.39%，最高（最佳）值为2009年18.31%。逐年考察，除了2001~2002年、2004年、2006~2007年和2010~2011年出现回降以外，黑龙江城乡此项比值逐步上升，由2000年14.69%提高至2011年15.01%，比例数值处于31个省域里第16位。文化需求系数呈现出增高趋势，意味着"非必需"的文化消费需求增长受"积蓄增长负相关效应"反向牵制的影响有所减弱。

2000~2011年，黑龙江乡村居民人均文化消费年均增长10.78%，城镇居民人均文化消费年均增长13.78%，比乡村高出3.00个百分点。作为城乡差距的衡量指标，11年间，黑龙江人均文化消费城乡比的最小（最佳）值为2008年0.8101，最大值为2004年1.5235。逐年考察，除了2005年、2007~2008年和2010年出现缩减以外，黑龙江此项城乡比逐步扩增，由2000年0.9502扩大至2011年1.2743，城乡比数值处于31个省域里第1位。文化消费需求的城乡差距呈现扩增趋势，意味着在文化消费需求层面城乡之间"共享发展成果"的程度有所降低。

如果（1）黑龙江城乡文化需求系数能够保持2009年最佳水平，（2）黑龙江文化需求层面的城乡差距能够保持2008年最小程度，乃至实现文化需求层面的城乡无差距理想状态，那么在"非必需"文化消费占余钱比重再度演算和城乡综合重新演算当中，黑龙江人均文化消费应有很大增长。

三 文化需求增长目标暨文化产业发展空间测算

2011~2020年黑龙江城乡人均文化消费需求增长测算见图6，图中提供了文化产业供需协调增长目标的七类测算结果。

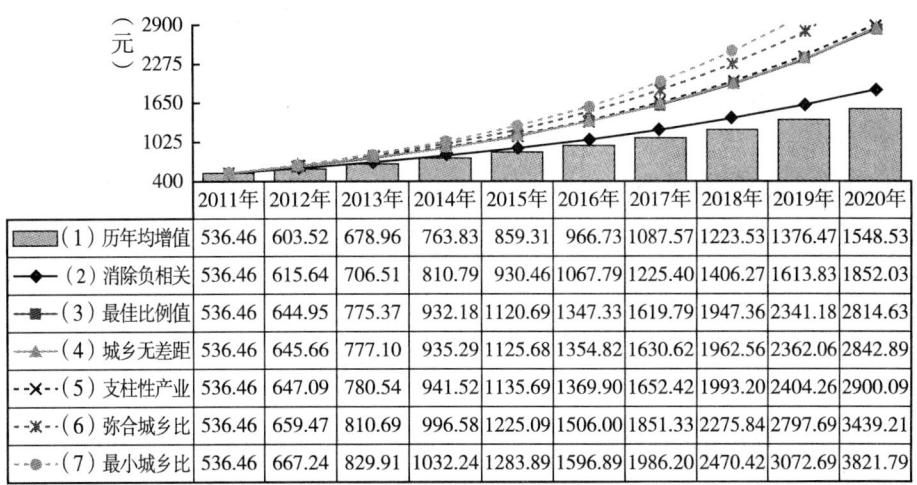

图6 2011~2020年黑龙江城乡人均文化消费需求增长测算

注：作为背景因素，2011~2020年人均产值按2000~2011年实际年均增长率推算。2011年文化消费与产值比实际值1.63%；2020年测算值：（1）1.53%；（2）1.83%；（3）2.78%；（4）2.81%；（5）2.87%；（6）3.40%；（7）3.78%。2011~2020年文化消费年均增长：（1）12.50%（即2000~2011年实际值，以下为测算值）；（2）14.76%；（3）20.22%；（4）20.36%；（5）20.62%；（6）22.93%；（7）24.38%。若产值按年均增长率7%推算，则2020年文化消费与产值比（增量、增幅不变）：（1）2.57%；（2）3.07%。2020年文化消费（与产值比不变）：（3）1679.29元，年增13.52%；（4）1696.15元，年增13.64%；（5）1730.28元，年增13.90%；（6）2051.93元，年增16.07%；（7）2280.19元，年增17.44%。

（1）历年均增值测算：以黑龙江城乡人均文化消费2000年以来年均增长率测算增长目标，可以得出概率最高的或然增长结果。如果2011~2020年黑龙江城乡保持与2000~2011年相同的年均增长率12.50%（省域间实际增长第7位），那么到2020年城乡人均文化消费将达到1548.53元。在相关各方面增长均依此推算的情况下,由于黑龙江城乡文化消费与产值的比例在2000～2011年呈现下降态势,2020年文化消费增长与产值增长测算值之比将继续降低至1.53%。

(2) 消除负相关测算:以黑龙江城乡文化需求系数2000年以来最佳比例值测算增长目标,即假设文化消费增长与积蓄增长之间排除负相关关系。如果到2020年黑龙江城乡此项比例实现2000～2011年最佳状态,那么城乡人均文化消费应达到1852.03元,年均增长幅度需达到14.76%,为以往11年实际年均增长率的1.18倍(省域间目标距离第3位),文化消费增长与产值增长测算值之比将上升至1.83%。

(3) 最佳比例值测算:以黑龙江城乡民生基础系数、民生消费系数、文化需求系数2000年以来3项最佳比例测算增长目标,即假设"回复"曾有的3项最佳比例关系。如果到2020年黑龙江城乡3项比例同步实现2000～2011年最佳状态,那么城乡人均文化消费应达到2814.63元,年均增长幅度需达到20.22%,为以往11年实际年均增长率的1.62倍(省域间目标距离第4位),文化消费增长与产值增长测算值之比将上升至2.78%。

(4) 城乡无差距测算:在民生基础层面、民生消费层面、文化需求层面3项城乡比的无差距理想状态下实现2000年以来最佳比例测算增长目标,即假设黑龙江乡村相关方面加速增长并与城镇水平持平,同时取城镇标准的3项比例关系的最佳值进行演算。如果到2020年黑龙江城乡之间在此3个层面已无差距,统一实现按城镇标准衡量的2000～2011年3项最佳比例,那么城乡人均文化消费应达到2842.89元,年均增长幅度需达到20.36%,为以往11年实际年均增长率的1.63倍(省域间目标距离第3位),文化消费增长与产值增长测算值之比将上升至2.81%。

(5) 支柱性产业测算:摈弃单纯的"文化GDP追逐",通过文化消费增长空间反推,以生产满足需求测算增长目标,即假设消费需求增长推动生产发展,实现文化产业供需协调增长,达到支柱产业所需占产值比重。各地至2020年城乡文化消费与产值之比的测算值各有不同,黑龙江测算值为2.87%。据此反推,到2020年黑龙江城乡人均文化消费应达到2900.09元,年均增长幅度需达到20.62%,为以往11年实际年均增长率的1.65倍(省域间目标距离第4位)。

(6) 弥合城乡比测算（黑龙江最小城乡比"倒挂"，此类测算可避免矫枉过正）：在 3 项最佳比例值测算基础上，以黑龙江人均文化消费城乡比的无差距理想值测算增长目标，即假设文化需求层面的城乡差距得以消除演算校正数值。如果到 2020 年黑龙江城乡同时实现 2000~2011 年 3 项最佳比例和乡村人均文化消费绝对值与城镇水平持平，那么城乡人均文化消费应达到 3439.21 元，年均增长幅度需达到 22.93%，为以往 11 年实际年均增长率的 1.83 倍（省域间目标距离第 3 位），文化消费增长与产值增长测算值之比将上升至 3.40%。

(7) 最小城乡比测算：在 3 项最佳比例值测算基础上，以黑龙江人均文化消费城乡比 2000 年以来最小值测算增长目标，即假设"回复"原有的文化消费城乡比最小状态，作为缩小以至消除城乡差距的基础。如果到 2020 年黑龙江城乡同时实现 2000~2011 年 3 项最佳比例和文化消费最小城乡比，那么城乡人均文化消费应达到 3821.79 元，年均增长幅度需达到 24.38%，为以往 11 年实际年均增长率的 1.95 倍（省域间目标距离第 4 位），文化消费增长与产值增长测算值之比将上升至 3.78%。

如果按照国家"十二五"规划转变发展方式的要求，在"十二五"期间把黑龙江产值年均增长率控制在 7%，并一直延续至 2020 年，那么在图 6 中，前两类测算因与产值增长演算间接相关，文化消费人均值增长测算的绝对值不变，其与产值比将分别增高至 2.57% 和 3.07%；后五类测算因与产值增长演算直接相关，文化消费人均值增长测算的绝对值相应减少，其所需年均增长幅度（亦即目标差距）将分别减低至 13.52%、13.64%、13.90%、16.07% 和 17.44%（见图 6 注），显然更加容易实现。

Heilongjiang: All Related Measure Targets of Coordinated Growth Accounts for the Top Four

Abstract: The evaluated growth targets of cultural consumption and development space of cultural industry in Heilongjiang are as follows: Ranking of the actual growth among various provinces from 2000 to 2011 is the 7th in the valued average added value over the years; Ranking of the targets distance among various provinces from 2011 to 2020 are the 3rd in the valued avoiding negative correlation, the 4th in the valued pillar industry, the 4th in the valued optimal proportion, the 4th in the valued lowest urban-rural ratio, the 3rd in the valued closed urban-rural ratio, and the 3rd in the valued without urban-rural gap.

Key Words: Heilongjiang's Cultural Industry; Expand Cultural Consumption; Demand and Sharing; Growth Target

B.4
吉林：各项测算目标距离落后于实际增长

摘　要：

　　吉林文化消费增长目标暨文化产业发展空间测评：省域间2000～2011年实际增长排名，历年均增值测算为第9位；省域间2011～2020年目标距离排名，消除（避免）负相关测算为第14位；支柱性产业测算为第10位；最佳比例值测算为第15位；最小城乡比测算为第15位；弥合城乡比测算为第13位；城乡无差距测算为第9位。

关键词：

　　吉林文化产业　扩大文化消费　需求与共享　增长目标

一　城乡文化消费需求及相关方面增长态势

2000～2011年吉林城乡文化消费总量和人均值增长态势见图1。

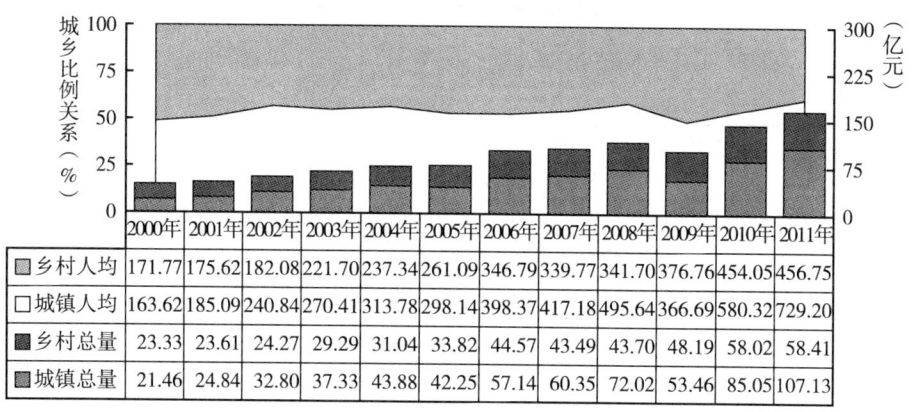

图1　吉林城乡文化消费总量和人均值增长态势

注：左轴为城乡人均文化消费（元转换为%），城乡间历年变动呈面积比例关系；右轴为文化消费总量（亿元），柱形上下之和为城乡总量。

2000~2011年，吉林城乡文化消费总量从44.79亿元增长至165.54亿元，增加120.75亿元，11年间总增长269.59%，年均增长12.62%。其中，"十五"期间年均增长11.17%；"十一五"期间年均增长13.47%。

同期，吉林城镇人均文化消费从163.62元增长至729.20元，增加565.58元，11年间总增长345.67%，年均增长14.55%。其中，"十五"期间年均增长12.75%；"十一五"期间年均增长14.25%。乡村人均文化消费从171.77元增长至456.75元，增加284.98元，11年间总增长165.91%，年均增长9.30%。其中，"十五"期间年均增长8.73%；"十一五"期间年均增长11.70%。值得注意的是，"十五"期间吉林城镇人均值年均增幅比乡村高出4.02个百分点，城乡差距有所扩大；"十一五"期间吉林城镇人均值年均增幅比乡村高出2.55个百分点，城乡差距持续扩大。

后续各图表将逐步展示吉林相关背景各方面历年增长数据。在此，先把各项绝对值转换为以上一年数值为100的年度增长百分指数，可以清晰看出2000~2011年吉林人均产值、城乡人均收入、非文消费、文化消费和积蓄增长态势见图2。

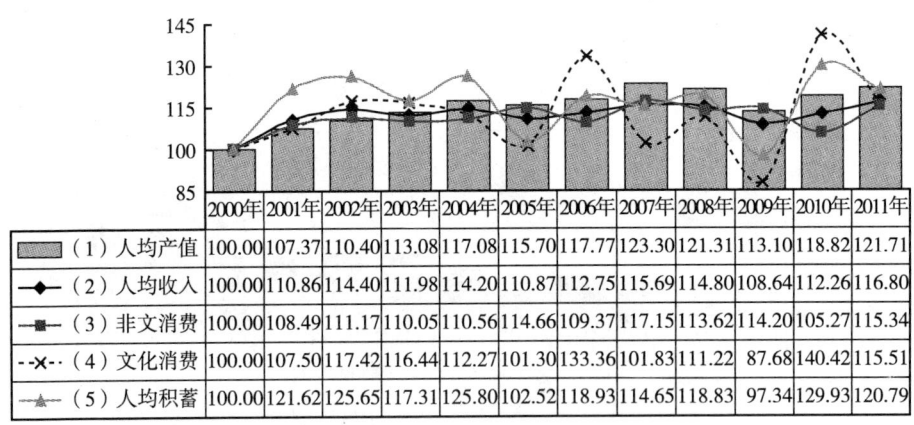

图2 吉林人均产值、城乡人均收入、消费和积蓄增长态势

注：左轴为年增指数（产值为柱形，其余为曲线），上年=100（小于100为负增长）；2001~2011年增长（2000年为起点不计）相关系数：(1)与(2) 0.6370；(2)与(3) 0.3133；(4)与(5) 0.7671。

在吉林人均产值、城乡人均收入、非文消费、文化消费和积蓄的年度增长指数中，选取3对具有特定相关关系的数据项，作为文中分析的基础。第一对数据项：（1）柱形系产值历年增长指数，（2）带菱形曲线系收入历年增长指数，二者2001～2011年相关系数为0.6370，即这两个方面历年增长在63.70%的程度上保持同步。第二对数据项：（2）收入历年增长指数，（3）带方形曲线系非文消费历年增长指数，二者2001～2011年相关系数为0.3133，即这两个方面历年增长在31.33%的程度上保持同步。第三对数据项：（4）带圆形曲线系文化消费历年增长指数，（5）带三角形曲线系积蓄历年增长指数，二者2001～2011年相关系数为0.7671，构成了相对较弱的"正相关"增长互动关系，这在全国及各省域之间绝无仅有。

在全国及绝大部分省域，城乡文化消费普遍呈现"积蓄增长负相关效应"的情况下，吉林成为一个罕见的例外。在吉林，城乡文化消费历年增长与积蓄历年增长并未形成负相关关系，反而呈现较弱的正相关关系。但是，这并不妨碍本项研究测评设置"文化需求系数"检测，文化消费与积蓄之间依然构成此消彼长的关系。对吉林而言，保持并增强其间存在的正相关关系，就能排除和避免其间发生负相关关系。

二 城乡文化消费需求背景的增长协调性分析

（一）民生基础系数检测

2000～2011年吉林城乡人均收入、产值绝对值、比例值和城乡比变动态势见图3。图中将收入、产值绝对值转换为图形面积比例，二者历年之比形成民生基础系数变动曲线，同时附有收入城乡比变动曲线。

2000～2011年，吉林城乡居民人均收入年均增长13.00%，人均产值年均增长16.23%，比居民收入年均增幅高出3.23个百分点。11年间，吉林城乡居民人均收入与人均产值比例的最高（最佳）值为2002年49.37%，最低值为2011年33.83%。逐年考察，除了2001～2002年出现回升以外，吉林城乡此项比值逐步下降，由2000年46.14%降低至2011年33.83%，比例数值处

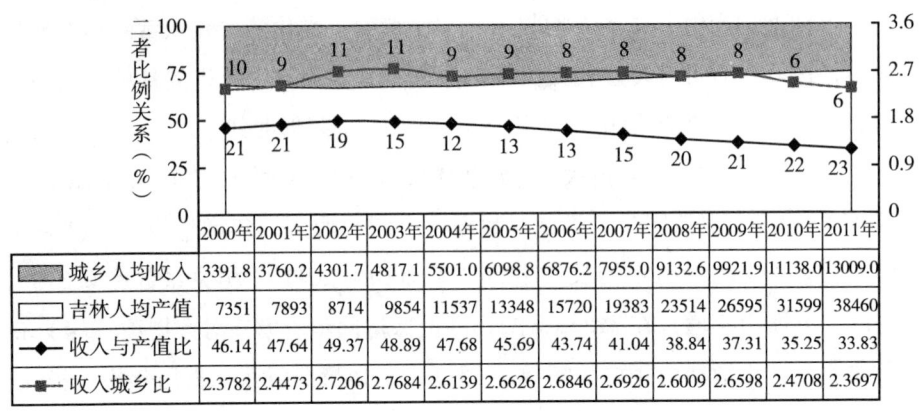

图 3　吉林城乡人均收入、产值绝对值、比例值和城乡比变动态势

注：左轴为城乡人均收入、产值（元转换为%），二者变动呈面积比例；相互间历年之比形成民生基础系数（%）曲线；右轴为收入城乡比曲线（乡村=1）。标明历年省域排序。

于31个省域里第23位。民生基础系数呈现减低趋势，表明在经济增长的同时"人民共享发展成果"程度逐渐降低。

2000~2011年，吉林乡村居民人均收入年均增长12.67%，城镇居民人均收入年均增长12.63%，比乡村低0.04个百分点。作为城乡差距的衡量指标，11年间，吉林人均收入城乡比的最大值为2003年2.7684，最小（最佳）值为2011年2.3697。逐年考察，除了2001~2003年、2005~2007年和2009年出现扩增以外，吉林此项城乡比逐步缩减，由2000年2.3782缩小至2011年2.3697，城乡比数值处于31个省域里第6位。居民收入的城乡差距呈现出缩减趋势，意味着在民生基础层面城乡之间"共享发展成果"的程度有所提高。

如果（1）吉林城乡民生基础系数能够保持2002年最佳水平，（2）吉林民生基础层面的城乡差距能够保持2011年最小程度，乃至实现民生基础层面的城乡无差距理想状态，那么在"国民收入再分配"演算和城乡综合重新演算当中，吉林人均收入应有很大增高，这样随后逐步推演的一切测算值都会发生变化。

（二）民生消费系数检测

2000~2011年吉林城乡人均非文消费、收入绝对值、比重值和城乡比变动态势见图4。图中将非文消费、收入绝对值转换为图形面积比例，二者历年之比形成民生消费系数变动曲线，同时附有非文消费城乡比变动曲线。

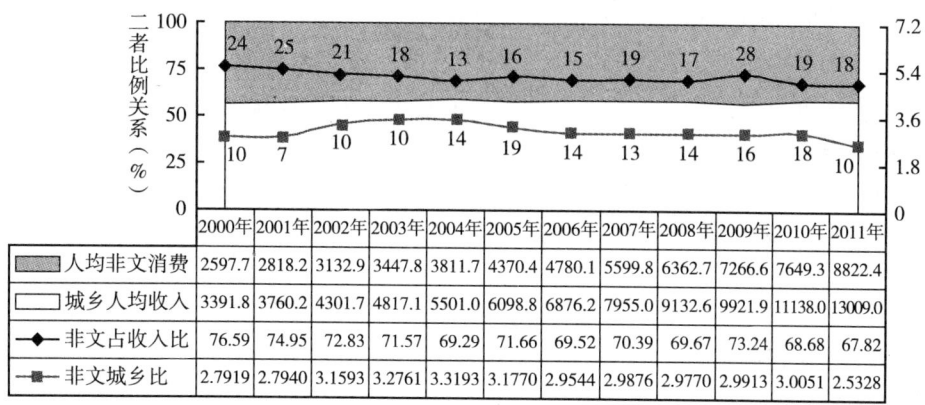

图4 吉林城乡人均非文消费、收入绝对值、比重值和城乡比变动态势

注：左轴为城乡人均非文消费、收入（元转换为%），二者变动呈面积比例；相互间历年之比形成民生消费系数（%）曲线；右轴为非文消费城乡比曲线（乡村=1）。标明历年省域排序。

2000~2011年，吉林城乡居民人均非文消费年均增长11.76%，人均收入年均增长13.00%，比非文消费年均增幅高出1.24个百分点。11年间，吉林城乡居民人均非文消费占人均收入比重的最高值为2000年76.59%，最低（最佳）值为2011年67.82%。逐年考察，除了2005年、2007年和2009年出现回升以外，吉林城乡此项比值逐步下降，由2000年76.59%降低至2011年67.82%，比重数值处于31个省域里第18位。民生消费系数呈现减低趋势，亦即"必需消费"之外的余钱占收入比重增高，意味着从"基本小康"到"全面小康"建设的民生效应日益得以显现。

2000~2011年，吉林乡村居民人均非文消费年均增长12.09%，城镇居民人均非文消费年均增长11.10%，比乡村低0.99个百分点。作为城乡差距的衡量指标，11年间，吉林人均非文消费城乡比的最大值为2004年3.3193，最小（最佳）值为2011年2.5328。逐年考察，除了2001~2004年、2007年和2009~2010年出现扩增以外，吉林此项城乡比逐步缩减，由2000年2.7919缩小至2011年2.5328，城乡比数值处于31个省域里第10位。"必需"非文消费的城乡差距呈现出缩减趋势，意味着在民生消费层面城乡之间"共享发展成果"的程度有所提高。

如果（1）吉林城乡民生消费系数能够保持2011年最佳水平，（2）吉林民生消费层面的城乡差距能够保持2011年最小程度，乃至实现民生消费层面的城乡无差距理想状态，那么在"必需消费"占收入比重再度演算和城乡综合重新演算当中，吉林人均非文消费应有较大不同，反转则是人均非文消费剩余应有很大增多，这样随后推演的相关数值也会发生变化。

（三）文化需求系数检测

2000~2011年吉林城乡人均文化消费、非文消费剩余绝对值、比例值和城乡比变动态势见图5。图中将文化消费、非文消费剩余绝对值转换为图形面积比例，二者历年之比形成文化需求系数变动曲线，同时附有文化消费城乡比变动曲线。

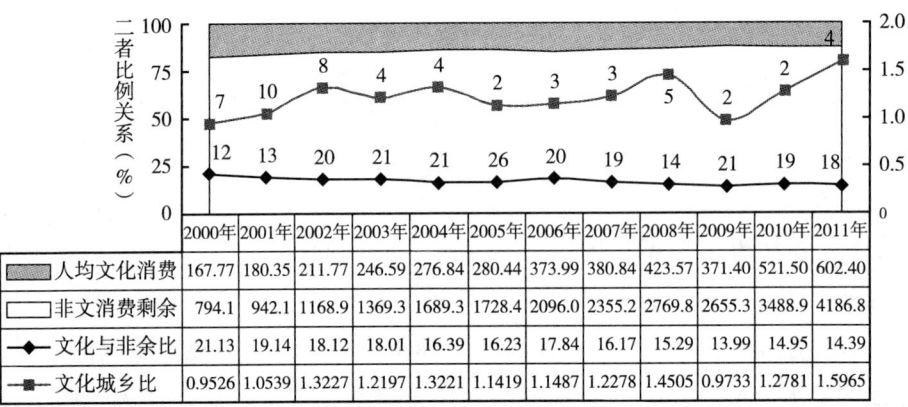

图5 吉林城乡人均文化消费、非文消费剩余绝对值、比例值和城乡比变动态势

注：左轴为城乡人均文化消费、非文消费剩余（元转换为%），二者变动呈面积比例；相互间历年之比形成文化需求系数（%）曲线；右轴为文化消费城乡比曲线（乡村=1，小于1为"城乡倒挂"，即城镇人均值低于乡村）。标明历年省域排序。

2000~2011年，吉林城乡居民人均文化消费年均增长12.32%，人均非文消费剩余年均增长16.32%，比文化消费年均增幅高出4.00个百分点。11年间，吉林城乡居民人均文化消费与人均非文消费剩余比例的最高（最佳）值为2000年21.13%，最低值为2009年13.99%。逐年考察，除了2006年和

2010 年出现回升以外，吉林城乡此项比值逐步下降，由 2000 年 21.13% 降低至 2011 年 14.39%，比例数值处于 31 个省域里第 18 位。文化需求系数呈现出减低趋势，意味着吉林绝无仅有的一项增长优势正在逐渐削弱，那就是"非必需"的文化消费需求增长与积蓄增长之间本来就相对较弱的正相关关系同样面临着陷入"增长负相关"的挑战。

2000～2011 年，吉林乡村居民人均文化消费年均增长 9.30%，城镇居民人均文化消费年均增长 14.55%，比乡村高出 5.25 个百分点。作为城乡差距的衡量指标，11 年间，吉林人均文化消费城乡比的最小（最佳）值为 2000 年 0.9526，最大值为 2011 年 1.5965。逐年考察，除了 2003 年、2005 年和 2009 年出现缩减以外，吉林此项城乡比逐步扩增，由 2000 年 0.9526 扩大至 2011 年 1.5965，城乡比数值处于 31 个省域里第 4 位。文化消费需求的城乡差距呈现出扩增趋势，意味着在文化消费需求层面城乡之间"共享发展成果"的程度有所降低。

如果（1）吉林城乡文化需求系数能够保持 2000 年最佳水平，（2）吉林文化需求层面的城乡差距能够保持 2000 年最小程度，乃至实现文化需求层面的城乡无差距理想状态，那么在"非必需"文化消费占余钱比重再度演算和城乡综合重新演算当中，吉林人均文化消费应有很大增长。

三 文化需求增长目标暨文化产业发展空间测算

2011～2020 年吉林城乡人均文化消费需求增长测算见图 6，图中提供了文化产业供需协调增长目标的七类测算结果。

（1）历年均增值测算：以吉林城乡人均文化消费 2000 年以来年均增长率测算增长目标，可以得出概率最高的或然增长结果。如果 2011～2020 年吉林城乡保持与 2000～2011 年相同的年均增长率 12.32%（省域间实际增长第 9 位），那么到 2020 年城乡人均文化消费将达到 1714.45 元。在相关各方面增长均依此推算的情况下，由于吉林城乡文化消费与产值的比例在 2000～2011 年呈现下降态势，2020 年文化消费增长与产值增长测算值之比将继续降低至 1.15%。

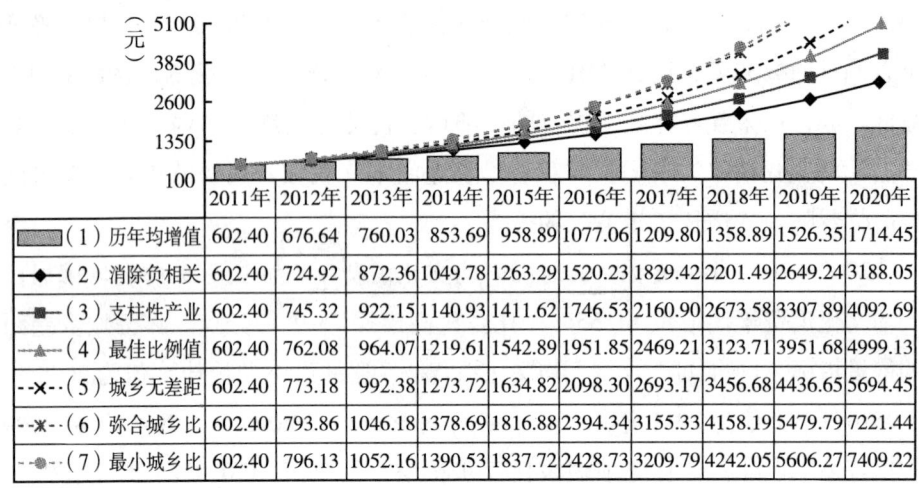

图6 2011~2020年吉林城乡人均文化消费需求增长测算

注：作为背景因素，2011~2020年人均产值按2000~2011年实际年均增长率推算。2011年文化消费与产值比实际值1.57%；2020年测算值：（1）1.15%；（2）2.14%；（3）2.75%；（4）3.36%；（5）3.82%；（6）4.85%；（7）4.97%。2011~2020年文化消费年均增长：（1）12.32%（即2000~2011实际值，以下为测算值）；（2）20.34%；（3）23.73%；（4）26.51%；（5）28.35%；（6）31.78%；（7）32.16%。若产值按年均增长率7%推算，则2020年文化消费与产值比（增量、增幅不变）：（1）2.42%；（2）4.51%。2020年文化消费（与产值比不变）：（3）1942.97元，年增13.90%；（4）2373.29元，年增16.46%；（5）2703.39元，年增18.15%；（6）3428.32元，年增21.31%；（7）3517.46元，年增21.66%。

（2）消除负相关测算：以吉林城乡文化需求系数2000年以来最佳比例测算增长目标，即假设文化消费增长与积蓄增长之间排除负相关关系。如果到2020年吉林城乡此项比例值实现2000~2011年最佳状态，那么城乡人均文化消费应达到3188.05元，年均增长幅度需达到20.34%，为以往11年实际年均增长率的1.65倍（省域间目标距离第14位），文化消费增长与产值增长测算值之比将上升至2.14%。

（3）支柱性产业测算：摈弃单纯的"文化GDP追逐"，通过文化消费增长空间反推，以生产满足需求测算增长目标，即假设消费需求增长推动生产发展，实现文化产业供需协调增长，达到支柱产业所需占产值比重。各地至2020年城乡文化消费与产值之比的测算值各有不同，吉林测算值为2.75%。据此反推，到2020年吉林城乡人均文化消费应达到4092.69元，年均增长幅度需达到23.73%，为以往11年实际年均增长率的1.93倍（省域间目标距离第10位)。

(4) 最佳比例值测算：以吉林城乡民生基础系数、民生消费系数、文化需求系数2000年以来3项最佳比例值测算增长目标，即假设"回复"曾有的3项最佳比例关系。如果到2020年吉林城乡3项比例同步实现2000~2011年最佳状态，那么城乡人均文化消费应达到4999.13元，年均增长幅度需达到26.51%，为以往11年实际年均增长率的2.15倍（省域间目标距离第15位），文化消费增长与产值增长测算值之比将上升至3.36%。

(5) 城乡无差距测算：在民生基础层面、民生消费层面、文化需求层面3项城乡比的无差距理想状态下实现2000年以来最佳比例测算增长目标，即假设吉林乡村相关方面加速增长并与城镇水平持平，同时取城镇标准的3项比例关系的最佳值进行演算。如果到2020年吉林城乡之间在此3个层面已无差距，统一实现按城镇标准衡量的2000~2011年3项最佳比例，那么城乡人均文化消费应达到5694.45元，年均增长幅度需达到28.35%，为以往11年实际年均增长率的2.30倍（省域间目标距离第9位），文化消费增长与产值增长测算值之比将上升至3.82%。

(6) 弥合城乡比测算（吉林最小城乡比"倒挂"，此类测算可避免矫枉过正）：在3项最佳比例值测算基础上，以吉林人均文化消费城乡比的无差距理想值测算增长目标，即假设文化需求层面的城乡差距得以消除演算校正数值。如果到2020年吉林城乡同时实现2000~2011年3项最佳比例和乡村人均文化消费绝对值与城镇水平持平，那么城乡人均文化消费应达到7221.44元，年均增长幅度需达到31.78%，为以往11年实际年均增长率的2.58倍（省域间目标距离第13位），文化消费增长与产值增长测算值之比将上升至4.85%。

(7) 最小城乡比测算：在3项最佳比例值测算基础上，以吉林人均文化消费城乡比2000年以来最小值测算增长目标，即假设"回复"原有的文化消费城乡比最小状态，作为缩小以至消除城乡差距的基础。如果到2020年吉林城乡同时实现2000~2011年3项最佳比例和文化消费最小城乡比，那么城乡人均文化消费应达到7409.22元，年均增长幅度需达到32.16%，为以往11年实际年均增长率的2.61倍（省域间目标距离第15位），文化消费增长与产值增长测算值之比将上升至4.97%。

如果按照国家"十二五"规划转变发展方式的要求,在"十二五"期间把吉林产值年均增长率控制在7%,并一直延续至2020年,那么在图6中,前两类测算因与产值增长演算间接相关,文化消费人均值增长测算的绝对值不变,其与产值比将分别增高至2.42%和4.51%;后五类测算因与产值增长演算直接相关,文化消费人均值增长测算的绝对值相应减少,其所需年均增长幅度(亦即目标差距)将分别减低至13.90%、16.46%、18.15%、21.31%和21.66%(见图6注),显然更加容易实现。

Jilin: The Measure Distance of All Targets Lag Behind the Actual Growth

Abstract: The evaluated growth targets of cultural consumption and development space of cultural industry in Jilin are as follows: Ranking of the actual growth among various provinces from 2000 to 2011 is the 9th in the valued average added value over the years; Ranking of the targets distance among various provinces from 2011 to 2020 are the 14th in the valued avoiding negative correlation, the 10th in the valued pillar industry, the 15th in the valued optimal proportion, the 15th in the valued lowest urban-rural ratio, the 13th in the valued closed urban-rural ratio, and the 9th in the valued without urban-rural gap.

Key Words: Jilin's Cultural Industry; Expand Cultural Consumption; Demand and Sharing; Growth Target

B.5 辽宁：6项测算增长目标距离进入前5位

摘　要：

辽宁文化消费增长目标暨文化产业发展空间测评：省域间2000~2011年实际增长排名，历年均增值测算为第2位；省域间2011~2020年目标距离排名，消除负相关测算为第10位；支柱性产业测算为第3位；最佳比例值测算为第5位；最小城乡比测算为第5位；弥合城乡比测算为第5位；城乡无差距测算为第4位。

关键词：

辽宁文化产业　扩大文化消费　需求与共享　增长目标

一　城乡文化消费需求及相关方面增长态势

2000~2011年辽宁城乡文化消费总量和人均值增长态势见图1。

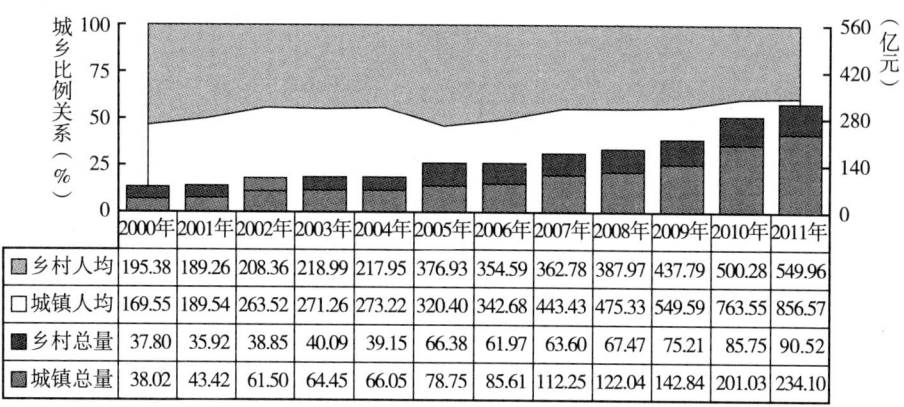

图1　辽宁城乡文化消费总量和人均值增长态势

注：左轴为城乡人均文化消费（元转换为%），城乡间历年变动呈面积比例关系；右轴为文化消费总量（亿元），柱形上下之和为城乡总量。

2000~2011年，辽宁城乡文化消费总量从75.82亿元增长至324.62亿元，增加248.80亿元，11年间总增长328.15%，年均增长14.13%。其中，"十五"期间年均增长13.87%；"十一五"期间年均增长14.59%。

同期，辽宁城镇人均文化消费从169.55元增长至856.57元，增加687.02元，11年间总增长405.20%，年均增长15.86%。其中，"十五"期间年均增长13.57%；"十一五"期间年均增长18.97%。乡村人均文化消费从195.38元增长至549.96元，增加354.58元，11年间总增长181.48%，年均增长9.86%。其中，"十五"期间年均增长14.04%；"十一五"期间年均增长5.83%。值得注意的是，"十五"期间辽宁城镇人均值年均增幅比乡村低0.47个百分点，城乡差距有所缩小；"十一五"期间辽宁城镇人均值年均增幅比乡村高出13.14个百分点，城乡差距转为扩大。

后续各图表将逐步展示辽宁相关背景各方面历年增长数据。在此，先把各项绝对值转换为以上一年数值为100的年度增长百分指数，可以清晰看出2000~2011年辽宁人均产值、城乡人均收入、非文消费、文化消费和积蓄增长态势，见图2。

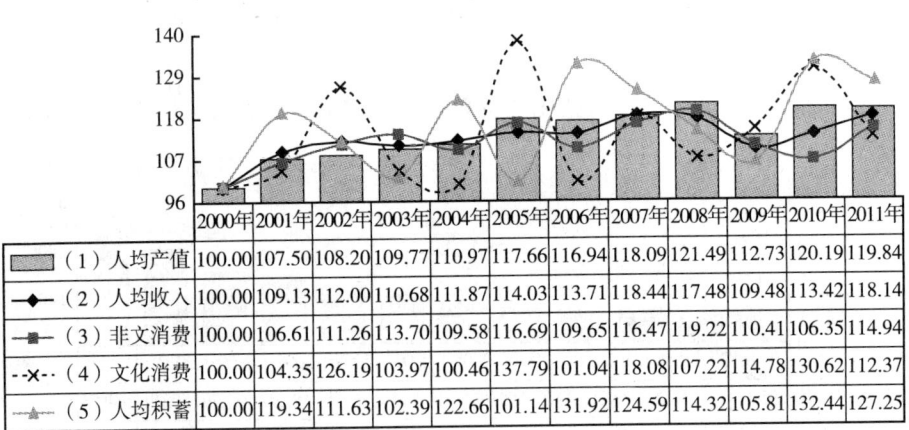

图2　辽宁人均产值、城乡人均收入、消费和积蓄增长态势

注：左轴为年增指数（产值为柱形，其余为曲线），上年=100（小于100为负增长）；2001~2011年增长（2000年为起点不计）相关系数：（1）与（2）0.8115；（2）与（3）0.6888；（4）与（5）-0.2165，其间2001~2006年-0.6430，2004~2009年-0.7376，2005~2009年-0.7240。

在辽宁人均产值、城乡人均收入、非文消费、文化消费和积蓄的年度增长指数中，选取3对具有特定相关关系的数据项，作为文中分析的基础。第一对数据项：（1）柱形系产值历年增长指数，（2）带菱形曲线系收入历年增长指数，二者2001～2011年相关系数为0.8115，即这两个方面历年增长在81.15%的程度上保持同步。第二对数据项：（2）带菱形曲线系收入历年增长指数，（3）带方形曲线系非文消费历年增长指数，二者2001～2011年相关系数为0.6888，即这两个方面历年增长在68.88%的程度上保持同步。第三对数据项：（4）带圆形曲线系文化消费历年增长指数，（5）带三角形曲线系积蓄历年增长指数，二者2001～2011年相关系数为负值0.2165。分时间段深入考察，其间2001～2006年为负值0.6430，2004～2009年为负值0.7376，2005～2009年为负值0.7240，分别构成很明显的"负相关"增长反向互动关系。

对比辽宁城乡人均积蓄与文化消费两条年度增长曲线，只有2008年和2010年显得例外，其余年度大体呈现为横向镜面对应或俗称"水中倒影"的负相关关系。其中，2005年辽宁城乡人均积蓄年度增长跌入低谷，与之对应的是人均文化消费年度增长出现高峰；2004年和2006年辽宁城乡人均积蓄年度增长两次形成高峰，与之对应的是人均文化消费年度增长陷入低谷，接近于零增长。辽宁城乡文化消费的"积蓄增长负相关效应"明显成立。

二 城乡文化消费需求背景的增长协调性分析

（一）民生基础系数检测

2000～2011年辽宁城乡人均收入、产值绝对值、比例值和城乡比变动态势见图3。图中将收入、产值绝对值转换为图形面积比例，二者历年之比形成民生基础系数变动曲线，同时附有收入城乡比变动曲线。

2000～2011年，辽宁城乡居民人均收入年均增长13.45%，人均产值年均增长14.75%，比居民收入年均增幅高出1.30个百分点。11年间，辽宁城乡居民人均收入与人均产值比例的最高（最佳）值为2004年37.92%，最低值为2011年31.31%。逐年考察，除了2001～2004年和2007年出现回升以外，

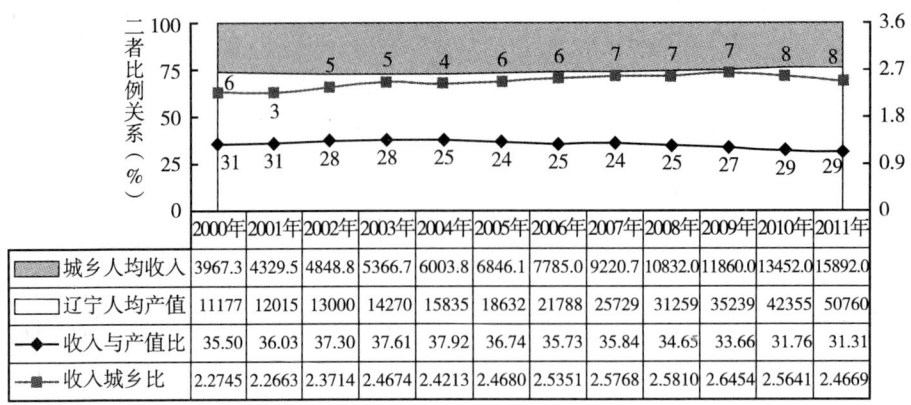

图3 辽宁城乡人均收入、产值绝对值、比例值和城乡比变动态势

注：左轴为城乡人均收入、产值（元转换为%），二者变动呈面积比例；相互间历年之比形成民生基础系数（%）曲线；右轴为收入城乡比曲线（乡村=1）。标明历年省域排序。

辽宁城乡此项比值逐步下降，由2000年35.50%降低至2011年31.31%，比例数值处于31个省域里第29位。民生基础系数呈现减低趋势，意味着在经济增长的同时"人民共享发展成果"程度逐渐降低。

2000~2011年，辽宁乡村居民人均收入年均增长12.13%，城镇居民人均收入年均增长12.96%，比乡村高出0.83个百分点。作为城乡差距的衡量指标，11年间，辽宁人均收入城乡比的最小（最佳）值为2001年2.2663，最大值为2009年2.6454。逐年考察，除了2001年、2004年和2010~2011年出现缩减以外，辽宁此项城乡比逐步扩增，由2000年2.2745扩大至2011年2.4669，城乡比数值处于31个省域里第8位。居民收入的城乡差距呈现出扩增趋势，意味着在民生基础层面城乡之间"共享发展成果"的程度有所降低。

如果（1）辽宁城乡民生基础系数能够保持2004年最佳水平，（2）辽宁民生基础层面的城乡差距能够保持2001年最小程度，乃至实现民生基础层面的城乡无差距理想状态，那么在"国民收入再分配"演算和城乡综合重新演算当中，辽宁人均收入应有很大增高，这样随后逐步推演的一切测算值都会发生变化。

（二）民生消费系数检测

2000~2011年辽宁城乡人均非文消费、收入绝对值、比重值和城乡比变动态势见图4。图中将非文消费、收入绝对值转换为图形面积比例,二者历年之比形成民生消费系数变动曲线,同时附有非文消费城乡比变动曲线。

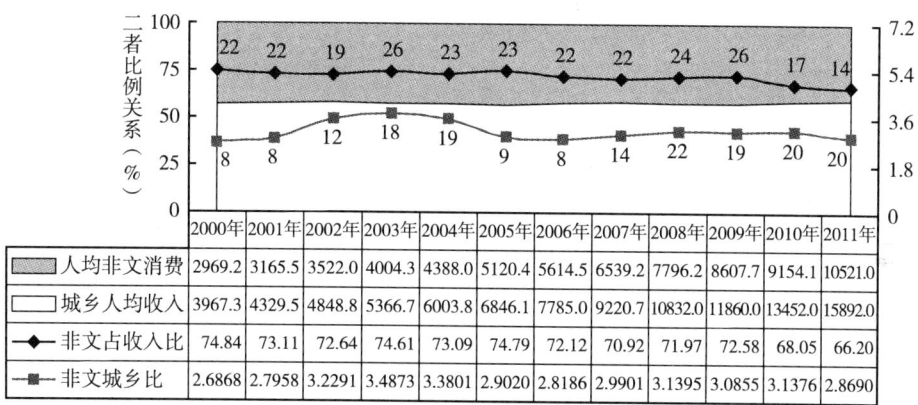

图4　辽宁城乡人均非文消费、收入绝对值、比重值和城乡比变动态势

注：左轴为城乡人均非文消费、收入（元转换为%），二者变动呈面积比例；相互间历年之比形成民生消费系数（%）曲线；右轴为非文消费城乡比曲线（乡村=1）。标明历年省域排序。

2000～2011年,辽宁城乡居民人均非文消费年均增长12.19%,人均收入年均增长13.45%,比非文消费年均增幅高出1.26个百分点。11年间,辽宁城乡居民人均非文消费占人均收入比重的最高值为2000年74.84%,最低（最佳）值为2011年66.20%。逐年考察,除了2003年、2005年和2008～2009年出现回升以外,辽宁城乡此项比值逐步下降,由2000年74.84%降低至2011年66.20%,比重数值处于31个省域里第14位。民生消费系数呈现减低趋势,亦即"必需消费"之外的余钱占收入比重增高,意味着从"基本小康"到"全面小康"建设的民生效应日益得以显现。

2000～2011年,辽宁乡村居民人均非文消费年均增长10.89%,城镇居民人均非文消费年均增长11.55%,比乡村高出0.66个百分点。作为城乡差距的衡量指标,11年间,辽宁人均非文消费城乡比的最小（最佳）值为2000年2.6868,最大值为2003年3.4873。逐年考察,除了2004～2006年、2009年和2011年出现缩减以外,辽宁此项城乡比逐步扩增,由2000年2.6868扩大至2011年2.8690,城乡比数值处于31个省域里第20位。"必需"非文消费的城乡差距呈现扩增趋势,意味着在民生消费层面城乡之间"共享发展成果"

的程度有所降低。

如果（1）辽宁城乡民生消费系数能够保持2011年最佳水平，（2）辽宁民生消费层面的城乡差距能够保持2000年最小程度，乃至实现民生消费层面的城乡无差距理想状态，那么在"必需消费"占收入比重再度演算和城乡综合重新演算当中，辽宁人均非文消费应有较大不同，反转则是人均非文消费剩余应有很大增多，这样随后推演的相关数值也会发生变化。

（三）文化需求系数检测

2000～2011年辽宁城乡人均文化消费、非文消费剩余绝对值、比例值和城乡比变动态势见图5。图中将文化消费、非文消费剩余绝对值转换为图形面积比例，二者历年之比形成文化需求系数变动曲线，同时附有文化消费城乡比变动曲线。

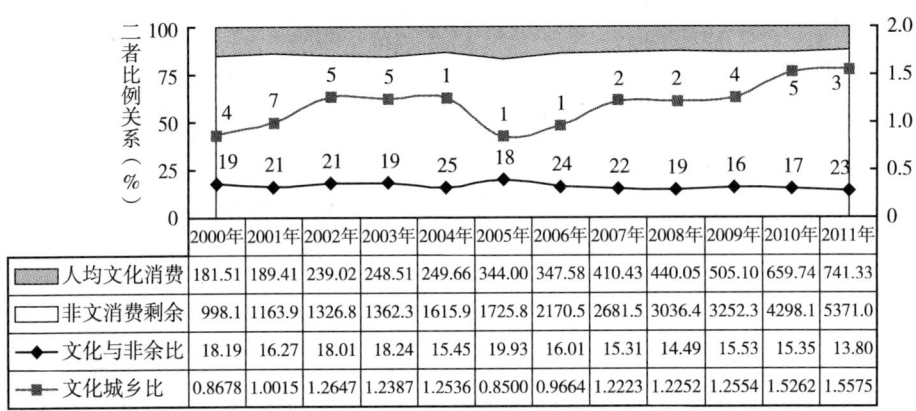

图5　辽宁城乡人均文化消费、非文消费剩余绝对值、比例值和城乡比变动态势

注：左轴为城乡人均文化消费、非文消费剩余（元转换为%），二者变动呈面积比例；相互间历年之比形成文化需求系数（%）曲线；右轴为文化消费城乡比曲线（乡村=1，小于1为"城乡倒挂"，即城镇人均值低于乡村）。标明历年省域排序。

2000～2011年，辽宁城乡居民人均文化消费年均增长13.65%，人均非文消费剩余年均增长16.53%，比文化消费年均增幅高出2.88个百分点。11年间，辽宁城乡居民人均文化消费与人均非文消费剩余比例的最高（最佳）值为2005年19.93%，最低值为2011年13.80%。逐年考察，除了2002～2003

年、2005年和2009年出现回升以外，辽宁城乡此项比值逐步下降，由2000年18.19%降低至2011年13.80%，比例数值处于31个省域里第23位。文化需求系数呈现出减低趋势，表明"非必需"的文化消费需求增长依然受到"积蓄增长负相关效应"的反向牵制。

2000～2011年，辽宁乡村居民人均文化消费年均增长9.86%，城镇居民人均文化消费年均增长15.86%，比乡村高出6.00个百分点。作为城乡差距的衡量指标，11年间，辽宁人均文化消费城乡比的最小（最佳）值为2005年0.8500，最大值为2011年1.5575。逐年考察，除了2003年和2005年出现缩减以外，辽宁此项城乡比逐步扩增，由2000年0.8678扩大至2011年1.5575，城乡比数值处于31个省域里第3位。文化消费需求的城乡差距呈现出扩增趋势，意味着在文化消费需求层面城乡之间"共享发展成果"的程度有所降低。

如果（1）辽宁城乡文化需求系数能够保持2005年最佳水平，（2）辽宁文化需求层面的城乡差距能够保持2005年最小程度，乃至实现文化需求层面的城乡无差距理想状态，那么在"非必需"文化消费占余钱比重再度演算和城乡综合重新演算当中，辽宁人均文化消费应有很大增长。

三 文化需求增长目标暨文化产业发展空间测算

2011～2020年辽宁城乡人均文化消费需求增长测算见图6，图中提供了文化产业供需协调增长目标的七类测算结果。

（1）历年均增值测算：以辽宁城乡人均文化消费2000年以来年均增长率测算增长目标，可以得出概率最高的或然增长结果。如果2011～2020年辽宁城乡保持与2000～2011年相同的年均增长率13.65%（省域间实际增长第2位），那么到2020年城乡人均文化消费将达到2344.23元。在相关各方面增长均依此推算的情况下，由于辽宁城乡文化消费与产值的比例在2000～2011年呈现下降态势，2020年文化消费增长与产值增长测算值之比将继续降低至1.34%。

（2）消除负相关测算：以辽宁城乡文化需求系数2000年以来最佳比例测算增长目标，即假设文化消费增长与积蓄增长之间排除负相关关系。如果到

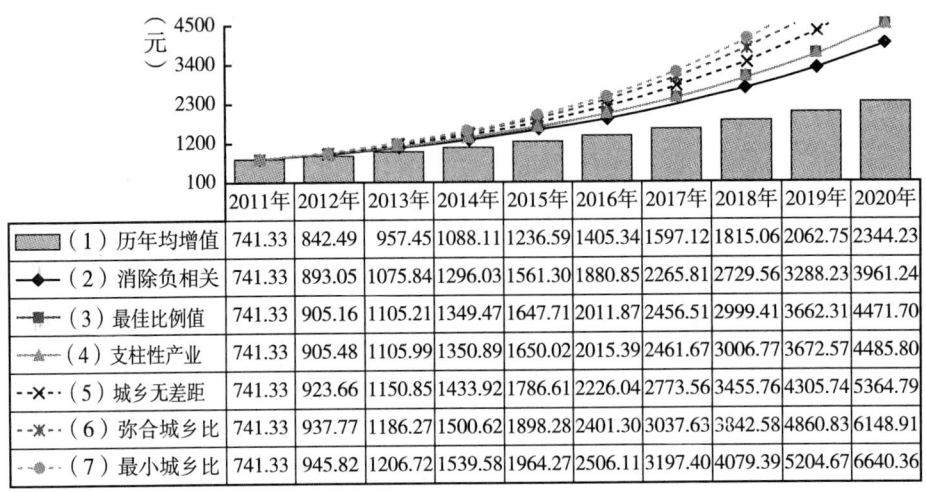

图 6　2011~2020 年辽宁城乡人均文化消费需求增长测算

注：作为背景因素，2011~2020 年人均产值按 2000~2011 年实际年均增长率推算。2011 年文化消费与产值比实际值 1.46%；2020 年测算值：（1）1.34%；（2）2.26%；（3）2.55%；（4）2.56%；（5）3.06%；（6）3.51%；（7）3.79%。2011~2020 年文化消费年均增长：（1）13.65%（即 2000~2011 年实际值，以下为测算值）；（2）20.47%；（3）22.10%；（4）22.14%；（5）24.60%；（6）26.50%；（7）27.58%。若产值按年均增长率 7% 推算，则 2020 年文化消费与产值比（增量、增幅不变）：（1）2.51%；（2）4.24%。2020 年文化消费（与产值比不变）：（3）2383.53 元，年增 13.86%；（4）2391.05 元，年增 13.90%；（5）2859.57 元，年增 16.18%；（6）3277.52 元，年增 17.96%；（7）3539.48 元，年增 18.97%。

2020 年辽宁城乡此项比例实现 2000~2011 年最佳状态，那么城乡人均文化消费应达到 3961.24 元，年均增长幅度需达到 20.47%，为以往 11 年实际年均增长率的 1.50 倍（省域间目标距离第 10 位），文化消费增长与产值增长测算值之比将上升至 2.26%。

（3）最佳比例值测算：以辽宁城乡民生基础系数、民生消费系数、文化需求系数 2000 年以来 3 项最佳比例测算增长目标，即假设"回复"曾有的 3 项最佳比例关系。如果到 2020 年辽宁城乡 3 项比例同步实现 2000~2011 年最佳状态，那么城乡人均文化消费应达到 4471.70 元，年均增长幅度需达到 22.10%，为以往 11 年实际年均增长率的 1.62 倍（省域间目标距离第 5 位），文化消费增长与产值增长测算值之比将上升至 2.55%。

（4）支柱性产业测算：摈弃单纯的"文化 GDP 追逐"，通过文化消费增长空间反推，以生产满足需求测算增长目标，即假设消费需求增长推动生产发展,实现文化产业供需协调增长,达到支柱产业所需占产值比重。各地至2020年城乡文化消费与产值之比的测算值各有不同,辽宁测算值为2.56%。据此反推,到2020年辽宁城乡人均文化消费应达到4485.80元,年均增长幅度需达到22.14%,为以往11年实际年均增长率的1.62倍(省域间目标距离第3位)。

(5)城乡无差距测算:在民生基础层面、民生消费层面、文化需求层面3项城乡比的无差距理想状态下实现2000年以来最佳比例测算增长目标,即假设辽宁乡村相关方面加速增长并与城镇水平持平,同时取城镇标准的3项比例关系最佳值进行演算。如果到2020年辽宁城乡之间在此3个层面已无差距,统一实现按城镇标准衡量的2000~2011年3项最佳比例,那么城乡人均文化消费应达到5364.79元,年均增长幅度需达到24.60%,为以往11年实际年均增长率的1.80倍(省域间目标距离第4位),文化消费增长与产值增长测算值之比将上升至3.06%。

(6)弥合城乡比测算(辽宁最小城乡比"倒挂",此类测算可避免矫枉过正):在3项最佳比例值测算基础上,以辽宁人均文化消费城乡比的无差距理想值测算增长目标,即假设文化需求层面的城乡差距得以消除演算校正数值。如果到2020年辽宁城乡同时实现2000~2011年3项最佳比例和乡村人均文化消费绝对值与城镇水平持平,那么城乡人均文化消费应达到6148.91元,年均增长幅度需达到26.50%,为以往11年实际年均增长率的1.94倍(省域间目标距离第5位),文化消费增长与产值增长测算值之比将上升至3.51%。

(7)最小城乡比测算:在3项最佳比例值测算基础上,以辽宁人均文化消费城乡比2000年以来最小值测算增长目标,即假设"回复"原有的文化消费城乡比最小状态,作为缩小以至消除城乡差距的基础。如果到2020年辽宁城乡同时实现2000~2011年3项最佳比例和文化消费最小城乡比,那么城乡人均文化消费应达到6640.36元,年均增长幅度需达到27.58%,为以往11年实际年均增长率的2.02倍(省域间目标距离第5位),文化消费增长与产值增长测算值之比将上升至3.79%。

如果按照国家"十二五"规划转变发展方式的要求,在"十二五"期间把辽宁产值年均增长率控制在7%,并一直延续至2020年,那么在图6中,前两类测算因与产值增长演算间接相关,文化消费人均值增长测算的绝对值不变,其与产值比将分别增高至 2.51% 和 4.24%;后五类测算因与产值增长演算直接相关,文化消费人均值增长测算的绝对值相应减少,其所需年均增长幅度(亦即目标差距)将分别减低至 13.86%、13.90%、16.18%、17.96% 和 18.97%(见图 6 注),显然更加容易实现。

Liaoning: The Growth Target Distance of Six Measure Items Enters into Top Five

Abstract: The evaluated growth targets of cultural consumption and development space of cultural industry in Liaoning are as follows: Ranking of the actual growth among various provinces from 2000 to 2011 is the 2nd in the valued average added value over the years; Ranking of the targets distance among various provinces from 2011 to 2020 are the 10th in the valued avoiding negative correlation, the 3rd in the valued pillar industry, the 5th in the valued optimal proportion, the 5th in the valued lowest urban-rural ratio, the 5th in the valued closed urban-rural ratio, and the 4th in the valued without urban-rural gap.

Key Words: Liaoning's Cultural Industry; Expand Cultural Consumption; Demand and Sharing; Growth Target

东部地区

The East Regions

B.6 北京：3项测算增长目标距离进入前5位

摘　要：

北京文化消费增长目标暨文化产业发展空间测评：省域间2000～2011年实际增长排名，历年均增值测算为第19位；省域间2011～2020年目标距离排名，消除负相关测算为第21位；支柱性产业测算为第6位；最佳比例值测算为第7位；最小城乡比测算为第3位；弥合城乡比测算为第4位；城乡无差距测算为第5位。

关键词：

北京文化产业　扩大文化消费　需求与共享　增长目标

一　城乡文化消费需求及相关方面增长态势

2000～2011年北京城乡文化消费总量和人均值增长态势见图1。

2000～2011年，北京城乡文化消费总量从81.78亿元增长至393.00亿元，增加311.22亿元，11年间总增长380.56%，年均增长15.34%。其中，"十

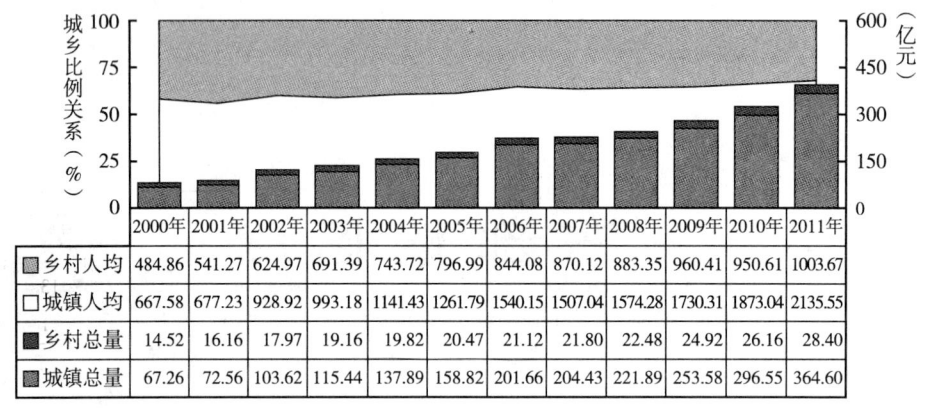

图 1 北京城乡文化消费总量和人均值增长态势

注：左轴为城乡人均文化消费（元转换为%），城乡间历年变动呈面积比例关系；右轴为文化消费总量（亿元），柱形上下之和为城乡总量。

五"期间年均增长17.00%；"十一五"期间年均增长12.47%。

同期，北京城镇人均文化消费从667.58元增长至2135.55元，增加1467.97元，11年间总增长219.89%，年均增长11.15%。其中，"十五"期间年均增长13.58%；"十一五"期间年均增长8.22%。乡村人均文化消费从484.86元增长至1003.67元，增加518.81元，11年间总增长107.00%，年均增长6.84%。其中，"十五"期间年均增长10.45%；"十一五"期间年均增长3.59%。值得注意的是，"十五"期间北京城镇人均值年均增幅比乡村高出3.13个百分点，城乡差距有所扩大；"十一五"期间北京城镇人均值年均增幅比乡村高出4.63个百分点，城乡差距持续扩大。

后续各图表将逐步展示北京相关背景各方面历年增长数据。在此，先把各项绝对值转换为以上一年数值为100的年度增长百分指数，可以清晰看出2000~2011年北京人均产值、城乡人均收入、非文消费、文化消费和积蓄增长态势，见图2。

在北京人均产值、城乡人均收入、非文消费、文化消费和积蓄的年度增长指数中，选取3对具有特定相关关系的数据项，作为文中分析的基础。第一对数据项：(1)柱形系产值历年增长指数，(2)带菱形曲线系收入历年增长指数，二者2001~2011年相关系数为负值0.1040，即这两个方面历年增

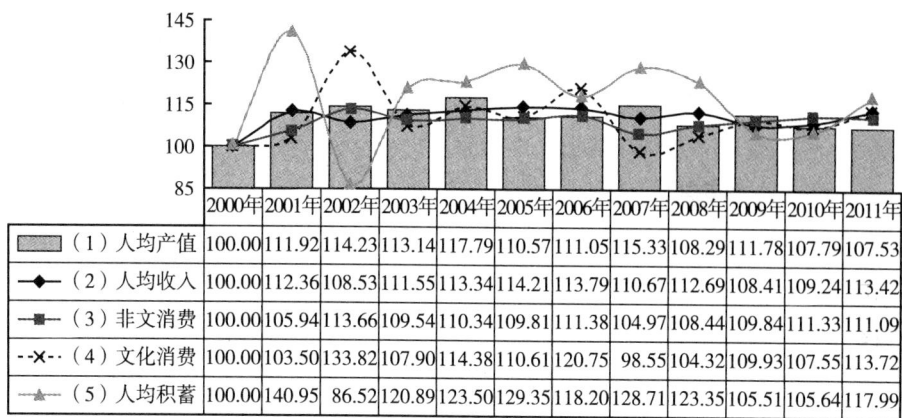

图 2　北京人均产值、城乡人均收入、消费和积蓄增长态势

注：左轴为年增指数（产值为柱形，其余为曲线），上年 = 100（小于 100 为负增长）；2001～2011 年增长（2000 年为起点不计）相关系数：（1）与（2）－0.1040；（2）与（3）－0.1635；（4）与（5）－0.7147，其间 2001～2005 年－0.9605，2002～2007 年－0.8761，2007～2010 年－0.9296。

长在 10.40% 的程度上形成反向同步。第二对数据项：（2）带菱形曲线系收入历年增长指数，（3）带方形曲线系非文消费历年增长指数，二者 2001～2011 年相关系数为负值 0.1635，即这两个方面历年增长在 16.35% 的程度上形成反向同步。第三对数据项：（4）带圆形曲线系文化消费历年增长指数，（5）带三角形曲线系积蓄历年增长指数，二者 2001～2011 年相关系数为负值 0.7147。分时间段深入考察，其间 2001～2005 年为负值 0.9605，2002～2007 年为负值 0.8761，2007～2010 年为负值 0.9296，分别构成很明显的"负相关"增长反向互动关系。

对比北京城乡人均积蓄与文化消费两条年度增长曲线，只有 2010～2011 年显得例外，其余年度大体呈现为横向镜面对应或俗称"水中倒影"的负相关关系。其中，2002 年北京城乡人均积蓄年度增长跌入低谷，呈现为大幅负增长，与之对应的是人均文化消费年度增长出现高峰；2001 年、2003～2005 年和 2007～2008 年北京城乡人均积蓄年度增长 3 次形成高峰，与之对应的是人均文化消费年度增长陷入低谷，甚至为负增长。北京城乡文化消费的"积蓄增长负相关效应"明显成立。

二 城乡文化消费需求背景的增长协调性分析

（一）民生基础系数检测

2000～2011年北京城乡人均收入、产值绝对值、比例值和城乡比变动态势见图3。图中将收入、产值绝对值转换为图形面积比例，二者历年之比形成民生基础系数变动曲线，同时附有收入城乡比变动曲线。

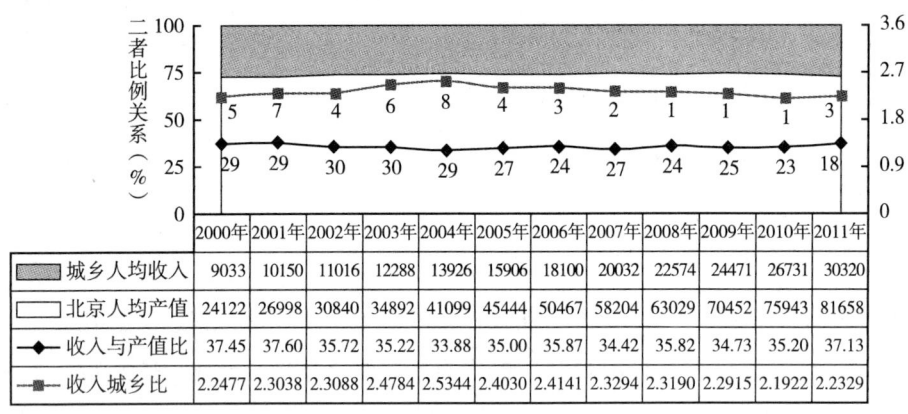

图3 北京城乡人均收入、产值绝对值、比例值和城乡比变动态势

注：左轴为城乡人均收入、产值（元转换为%），二者变动呈面积比例；相互间历年之比形成民生基础系数（%）曲线；右轴为收入城乡比曲线（乡村=1）。标明历年省域排序。

2000～2011年，北京城乡居民人均收入年均增长11.64%，人均产值年均增长11.72%，比居民收入年均增幅高出0.08个百分点。11年间，北京城乡居民人均收入与人均产值比例的最高（最佳）值为2001年37.60%，最低值为2004年33.88%。逐年考察，除了2001年、2005～2006年、2008年和2010～2011年出现回升以外，北京城乡此项比值逐步下降，由2000年37.45%降低至2011年37.13%，比例数值处于31个省域里第18位。民生基础系数呈现出减低趋势，表明在经济增长的同时"人民共享发展成果"程度逐渐降低。

2000～2011年，北京乡村居民人均收入年均增长11.15%，城镇居民人均收入年均增长 11.09%，比乡村低 0.06 个百分点。作为城乡差距的衡量指标，11 年间，北京人均收入城乡比的最大值为 2004 年 2.5344，最小（最佳）值为 2010 年 2.1922。逐年考察，除了 2001~2004 年、2006 年和 2011 年出现扩增以外，北京此项城乡比逐步缩减，由 2000 年 2.2477 缩小至 2011 年 2.2329，城乡比数值处于 31 个省域里第 3 位。居民收入的城乡差距呈现出缩减趋势，意味着在民生基础层面城乡之间"共享发展成果"的程度有所提高。

如果（1）北京城乡民生基础系数能够保持 2001 年最佳水平，（2）北京民生基础层面的城乡差距能够保持 2010 年最小程度，乃至实现民生基础层面的城乡无差距理想状态，那么在"国民收入再分配"演算和城乡综合重新演算当中，北京人均收入应有很大增高，这样随后逐步推演的一切测算值都会发生变化。

（二）民生消费系数检测

2000~2011 年北京城乡人均非文消费、收入绝对值、比重值和城乡比变动态势见图 4。图中将非文消费、收入绝对值转换为图形面积比例，二者历年之比形成民生消费系数变动曲线，同时附有非文消费城乡比变动曲线。

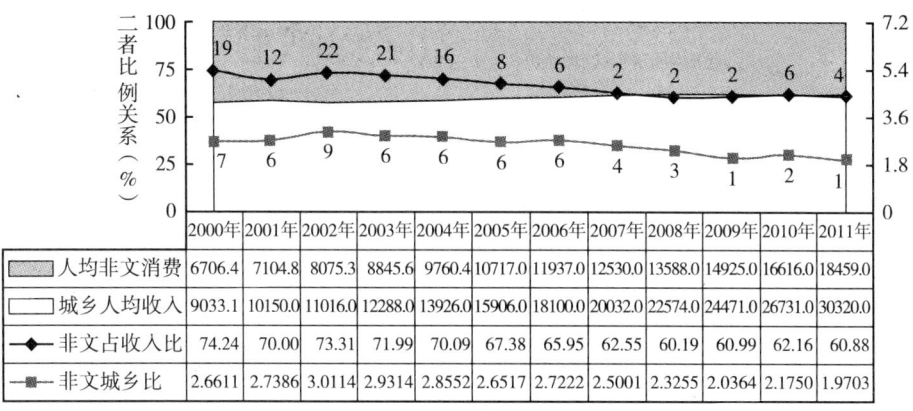

图 4　北京城乡人均非文消费、收入绝对值、比重值和城乡比变动态势

注：左轴为城乡人均非文消费、收入（元转换为%），二者变动呈面积比例；相互间历年之比形成民生消费系数（%）曲线；右轴为非文消费城乡比曲线（乡村=1）。标明历年省域排序。

2000～2011年，北京城乡居民人均非文消费年均增长9.64%，人均收入年均增长11.64%，比非文消费年均增幅高出2.00个百分点。11年间，北京城乡居民人均非文消费占人均收入比重的最高值为2000年74.24%，最低（最佳）值为2008年60.19%。逐年考察，除了2002年和2009～2010年出现回升以外，北京城乡此项比值逐步下降，由2000年74.24%降低至2011年60.88%，比重数值处于31个省域里第4位。民生消费系数呈现出减低趋势，亦即"必需消费"之外的余钱占收入比重增高，意味着从"基本小康"到"全面小康"建设的民生效应日益得以显现。

2000～2011年，北京乡村居民人均非文消费年均增长11.84%，城镇居民人均非文消费年均增长8.83%，比乡村低3.01个百分点。作为城乡差距的衡量指标，11年间，北京人均非文消费城乡比的最大值为2002年3.0114，最小（最佳）值为2011年1.9703。逐年考察，除了2001～2002年、2006年和2010年出现扩增以外，北京此项城乡比逐步缩减，由2000年2.6611缩小至2011年1.9703，城乡比数值处于31个省域里第1位。"必需"非文消费的城乡差距呈现出缩减趋势，意味着在民生消费层面城乡之间"共享发展成果"的程度有所提高。

如果（1）北京城乡民生消费系数能够保持2008年最佳水平，（2）北京民生消费层面的城乡差距能够保持2011年最小程度，乃至实现民生消费层面的城乡无差距理想状态，那么在"必需消费"占收入比重再度演算和城乡综合重新演算当中，北京人均非文消费应有较大不同，反转则是人均非文消费剩余应有很大增多，这样随后推演的相关数值也会发生变化。

（三）文化需求系数检测

2000～2011年北京城乡人均文化消费、非文消费剩余绝对值、比例值和城乡比变动态势见图5。图中将文化消费、非文消费剩余绝对值转换为图形面积比例，二者历年之比形成文化需求系数变动曲线，同时附有文化消费城乡比变动曲线。

2000～2011年，北京城乡居民人均文化消费年均增长11.01%，人均非文消费剩余年均增长15.96%，比文化消费年均增幅高出4.95个百分点。11年间，北京城乡居民人均文化消费与人均非文消费剩余比例的最高（最佳）值

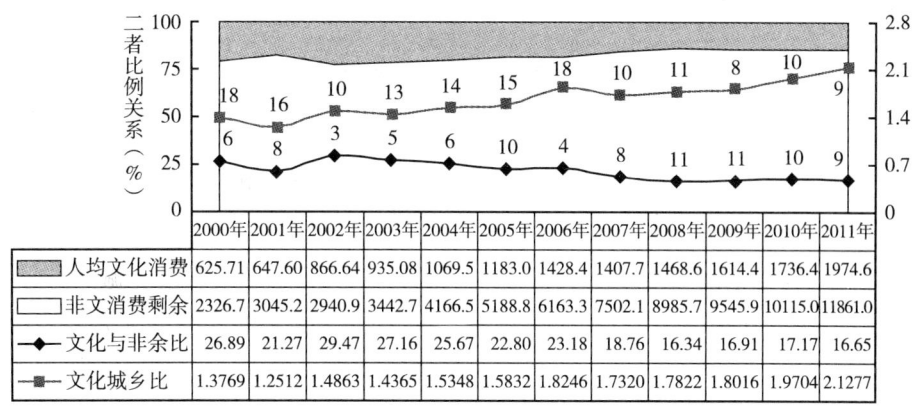

图5　北京城乡人均文化消费、非文消费剩余绝对值、比例值和城乡比变动态势

注：左轴为城乡人均文化消费、非文消费剩余（元转换为%），二者变动呈面积比例；相互间历年之比形成文化需求系数（%）曲线；右轴为文化消费城乡比曲线（乡村=1）。标明历年省域排序。

为2002年29.47%，最低值为2008年16.34%。逐年考察，除了2002年、2006年和2009~2010年出现回升以外，北京城乡此项比值逐步下降，由2000年26.89%降低至2011年16.65%，比例数值处于31个省域里第9位。文化需求系数呈现减低趋势，意味着"非必需"的文化消费需求增长依然受到"积蓄增长负相关效应"的反向牵制。

2000~2011年，北京乡村居民人均文化消费年均增长6.84%，城镇居民人均文化消费年均增长11.15%，比乡村高出4.31个百分点。作为城乡差距的衡量指标，11年间，北京人均文化消费城乡比的最小（最佳）值为2001年1.2512，最大值为2011年2.1277。逐年考察，除了2001年、2003年和2007年出现缩减以外，北京此项城乡比逐步扩增，由2000年1.3769扩大至2011年2.1277，城乡比数值处于31个省域里第9位。文化消费需求的城乡差距呈现扩增趋势，意味着在文化消费需求层面城乡之间"共享发展成果"的程度有所降低。

如果（1）北京城乡文化需求系数能够保持2002年最佳水平，（2）北京文化需求层面的城乡差距能够保持2001年最小程度，乃至实现文化需求层面的城乡无差距理想状态，那么在"非必需"文化消费占余钱比重再度演算和城乡综合重新演算当中，北京人均文化消费应有很大增长。

三 文化需求增长目标暨文化产业发展空间测算

2011~2020年北京城乡人均文化消费需求增长测算见图6。

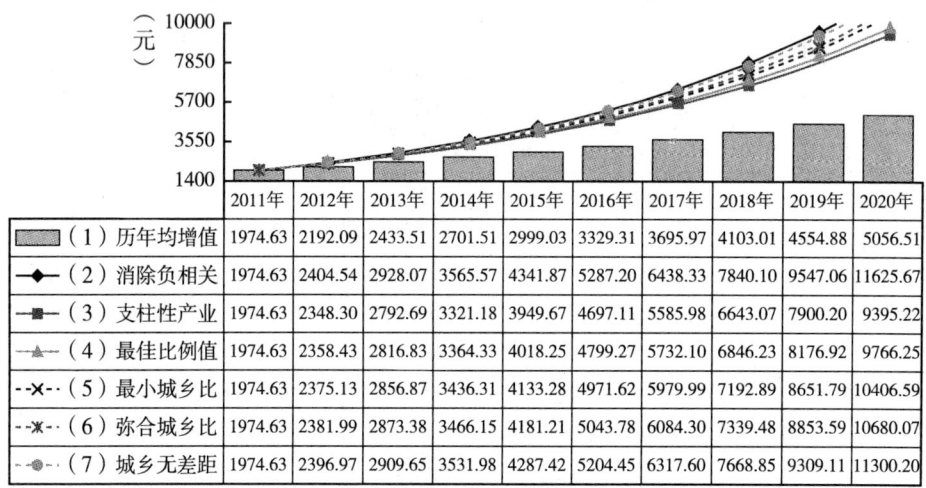

图6 2011~2020年北京城乡人均文化消费需求增长测算

注：作为背景因素，2011~2020年人均产值按2000~2011年实际年均增长率推算。2011年文化消费与产值比实际值2.42%。2020年测算值：（1）2.28%；（2）5.25%；（3）4.24%；（4）4.41%；（5）4.70%；（6）4.82%；（7）5.10%。2011~2020年文化消费年均增长：（1）11.01%（即2000~2011年实际值，以下为测算值）；（2）21.77%；（3）18.92%；（4）19.44%；（5）20.28%；（6）20.63%；（7）21.39%。若产值按年均增长率7%推算，则2020年文化消费与产值比（增量、增幅不变）：（1）3.37%；（2）7.74%。2020年文化消费（与产值比不变）：（3）6368.89元，年增13.90%；（4）6620.41元，年增14.39%；（5）7054.48元，年增15.20%；（6）7239.87元，年增15.53%；（7）7660.25元，年增16.26%。

（1）历年均增值测算：以北京城乡人均文化消费2000年以来年均增长率测算增长目标，可以得出概率最高的或然增长结果。如果2011~2020年北京城乡保持与2000~2011年相同的年均增长率11.01%（省域间实际增长第19位），那么到2020年城乡人均文化消费将达到5056.51元。在相关各方面增长均依此推算的情况下，由于北京城乡文化消费与产值的比例在2000~2011年呈现下降态势，2020年文化消费增长与产值增长测算值之比将继续降低至2.28%。

(2) 消除负相关测算：以北京城乡文化需求系数 2000 年以来最佳比例测算增长目标，即假设文化消费增长与积蓄增长之间排除负相关关系。如果到 2020 年北京城乡此项比例实现 2000~2011 年最佳状态，那么城乡人均文化消费应达到 11625.67 元，年均增长幅度需达到 21.77%，为以往 11 年实际年均增长率的 1.98 倍（省域间目标距离第 21 位），文化消费增长与产值增长测算值之比将上升至 5.25%。

(3) 支柱性产业测算：摈弃单纯的"文化 GDP 追逐"，通过文化消费增长空间反推，以生产满足需求测算增长目标，即假设消费需求增长推动生产发展，实现文化产业供需协调增长，达到支柱产业所需占产值比重。各地至 2020 年城乡文化消费与产值之比的测算值各有不同，北京测算值为 4.24%。据此反推，到 2020 年北京城乡人均文化消费应达到 9395.22 元，年均增长幅度需达到 18.92%，为以往 11 年实际年均增长率的 1.72 倍（省域间目标距离第 6 位）。

(4) 最佳比例值测算：以北京城乡民生基础系数、民生消费系数、文化需求系数 2000 年以来 3 项最佳比例测算增长目标，即假设"回复"曾有的 3 项最佳比例关系。如果到 2020 年北京城乡 3 项比例同步实现 2000~2011 年最佳状态，那么城乡人均文化消费应达到 9766.25 元，年均增长幅度需达到 19.44%，为以往 11 年实际年均增长率的 1.77 倍（省域间目标距离第 7 位），文化消费增长与产值增长测算值之比将上升至 4.41%。

(5) 最小城乡比测算：在 3 项最佳比例值测算基础上，以北京人均文化消费城乡比 2000 年以来最小值测算增长目标，即假设"回复"原有的文化消费城乡比最小状态，作为缩小以至消除城乡差距的基础。如果到 2020 年北京城乡同时实现 2000~2011 年 3 项最佳比例和文化消费最小城乡比，那么城乡人均文化消费应达到 10406.59 元，年均增长幅度需达到 20.28%，为以往 11 年实际年均增长率的 1.84 倍（省域间目标距离第 3 位），文化消费增长与产值增长测算值之比将上升至 4.70%。

(6) 弥合城乡比测算：在 3 项最佳比例值测算基础上，以北京人均文化消费城乡比的无差距理想值测算增长目标，即假设文化需求层面的城乡差距得以消除演算校正数值。如果到 2020 年北京城乡同时实现 2000~2011 年 3 项最佳比例和乡村人均文化消费绝对值与城镇水平持平,那么城乡人均文化消费应达到10680.07元,年均增长幅度需达到20.63%,为以往11年实际年均增长率的1.87倍(省域间目标距离第4位),文化消费增长与产值增长测算值之比将上升至4.82%。

(7)城乡无差距测算:在民生基础层面、民生消费层面、文化需求层面3项城乡比的无差距理想状态下实现2000年以来最佳比例测算增长目标,即假设北京乡村相关方面加速增长并与城镇水平持平,同时取城镇标准的3项比例关系的最佳值进行演算。如果到2020年北京城乡之间在此3个层面已无差距,统一实现按城镇标准衡量的2000~2011年3项最佳比例,那么城乡人均文化消费应达到11300.20元,年均增长幅度需达到21.39%,为以往11年实际年均增长率的1.94倍(省域间目标距离第5位),文化消费增长与产值增长测算值之比将上升至5.10%。

如果按照国家"十二五"规划转变发展方式的要求,在"十二五"期间把北京产值年均增长率控制在7%,并一直延续至2020年,那么在图6中,前两类测算因与产值增长演算间接相关,文化消费人均值增长测算的绝对值不变,其与产值比将分别增高至3.37%和7.74%;后五类测算因与产值增长演算直接相关,文化消费人均值增长测算的绝对值相应减少,其所需年均增长幅度(亦即目标差距)将分别减低至13.90%、14.39%、15.20%、15.53%和16.26%(见图6注),显然更加容易实现。

Beijing: The Growth Target Distance of Three Measure Items Enters into Top Five

Abstract: The evaluated growth targets of cultural consumption and development space of cultural industry in Beijing are as follows: Ranking of the actual growth among various provinces from 2000 to 2011 is the 19th in the valued average added value over the years; Ranking of the targets distance among various provinces from 2011 to 2020 are the 21st in the valued avoiding negative correlation, the 6th in the valued pillar industry, the 7th in the valued optimal proportion, the 3rd in the valued lowest urban-rural ratio, the 4th in the valued closed urban-rural ratio, and the 5th in the valued without urban-rural gap.

Key Words: Beijing's Cultural Industry; Expand Cultural Consumption; Demand and Sharing; Growth Target

B.7
天津：实际增长和支柱产业目标稍显滞后

摘 要：

天津文化消费增长目标暨文化产业发展空间测评：省域间2000～2011年实际增长排名，历年均增值测算为第15位；省域间2011～2020年目标距离排名，消除负相关测算为第9位；支柱性产业测算为第15位；最佳比例值测算为第11位；最小城乡比测算为第7位；弥合城乡比测算为第7位；城乡无差距测算为第10位。

关键词：

天津文化产业　扩大文化消费　需求与共享　增长目标

一　城乡文化消费需求及相关方面增长态势

2000～2011年天津城乡文化消费总量和人均值增长态势见图1。

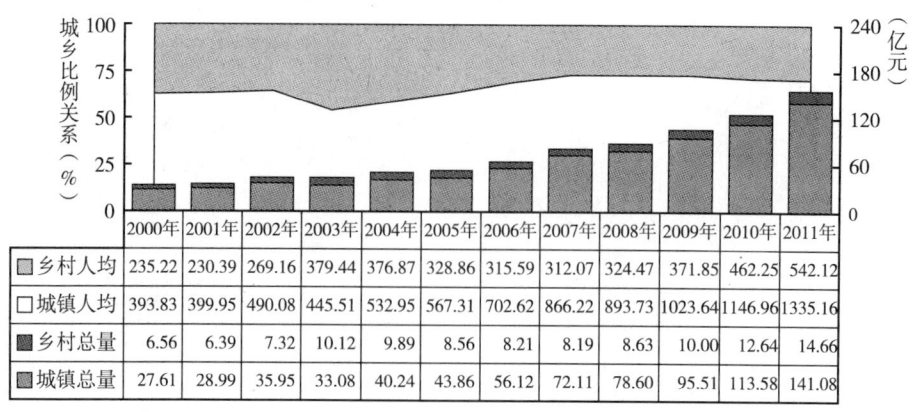

图1　天津城乡文化消费总量和人均值增长态势

注：左轴为城乡人均文化消费（元转换为%），城乡间历年变动呈面积比例关系；右轴为文化消费总量（亿元），柱形上下之和为城乡总量。

2000~2011年，天津城乡文化消费总量从34.17亿元增长至155.74亿元，增加121.57亿元，11年间总增长355.78%，年均增长14.79%。其中，"十五"期间年均增长8.94%；"十一五"期间年均增长19.21%。

同期，天津城镇人均文化消费从393.83元增长至1335.16元，增加941.33元，11年间总增长239.02%，年均增长11.74%。其中，"十五"期间年均增长7.57%；"十一五"期间年均增长15.12%。乡村人均文化消费从235.22元增长至542.12元，增加306.90元，11年间总增长130.47%，年均增长7.89%。其中，"十五"期间年均增长6.93%；"十一五"期间年均增长7.05%。值得注意的是，"十五"期间天津城镇人均值年均增幅比乡村高出0.64个百分点，城乡差距有所扩大；"十一五"期间天津城镇人均值年均增幅比乡村高出8.07个百分点，城乡差距持续扩大。

后续各图表将逐步展示天津相关背景各方面历年增长数据。在此，先把各项绝对值转换为以上一年数值为100的年度增长百分指数，可以清晰看出2000~2011年天津人均产值、城乡人均收入、非文消费、文化消费和积蓄增长态势见图2。

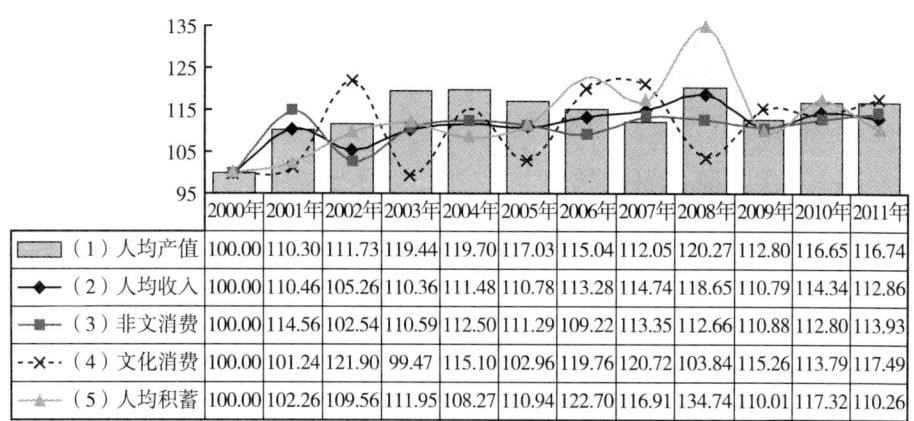

图2 天津人均产值、城乡人均收入、消费和积蓄增长态势

注：左轴为年增指数（产值为柱形，其余为曲线），上年=100（小于100为负增长）；2001~2011年增长（2000年为起点不计）相关系数：（1）与（2）0.4385；（2）与（3）0.6557；（4）与（5）0.0191，其间2006~2011年-0.6790，2007~2011年-0.8356。

在天津人均产值、城乡人均收入、非文消费、文化消费和积蓄的年度增长指数中，选取3对具有特定相关关系的数据项，作为文中分析的基础。第一对数据项：(1) 柱形系产值历年增长指数，(2) 带菱形曲线系收入历年增长指数，二者2001～2011年相关系数为0.4385，即这两个方面历年增长在43.85%的程度上保持同步。第二对数据项：(2) 带菱形曲线系收入历年增长指数，(3) 带方形曲线系非文消费历年增长指数，二者2001～2011年相关系数为0.6557，即这两个方面历年增长在65.57%的程度上保持同步。第三对数据项：(4) 带圆形曲线系文化消费历年增长指数，(5) 带三角形曲线系积蓄历年增长指数，二者2001～2011年相关系数为0.0191。分时间段深入考察，其间2006～2011年为负值0.6790，2007～2011年为负值0.8356，分别构成很明显的"负相关"增长反向互动关系。

对比天津城乡人均积蓄与文化消费两条年度增长曲线，只有2006年显得例外，其余年度大体呈现为横向镜面对应或俗称"水中倒影"的负相关关系。其中，2002年天津城乡人均积蓄年度增长跌入低谷，与之对应的是人均文化消费年度增长出现高峰；2008年天津城乡人均积蓄年度增长形成高峰，与之对应的是人均文化消费年度增长陷入低谷。天津城乡文化消费的"积蓄增长负相关效应"明显成立。

二 城乡文化消费需求背景的增长协调性分析

（一）民生基础系数检测

2000～2011年天津城乡人均收入、产值绝对值、比例值和城乡比变动态势见图3。图中将收入、产值绝对值转换为图形面积比例，二者历年之比形成民生基础系数变动曲线，同时附有收入城乡比变动曲线。

2000～2011年，天津城乡居民人均收入年均增长12.04%，人均产值年均增长15.57%，比居民收入年均增幅高出3.53个百分点。11年间，天津城乡居民人均收入与人均产值比例值的最高（最佳）值为2001年39.56%，最低值为2011年28.10%。逐年考察，除了2001年和2007年出现回升以外，天津城乡此项比值逐步下降，由2000年39.50%降低至2011年28.10%，比值数值处于31个省域里第30位。民生基础系数呈现出减低趋势，意味着在经济增长的同时"人民共享发展成果"程度逐渐降低。

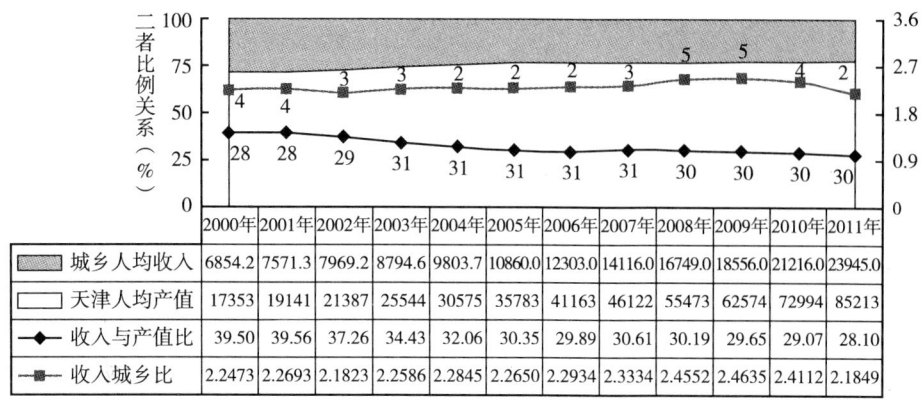

图 3 天津城乡人均收入、产值绝对值、比例值和城乡比变动态势

注：左轴为城乡人均收入、产值（元转换为%），二者变动呈面积比例；相互间历年之比形成民生基础系数（%）曲线；右轴为收入城乡比曲线（乡村=1）。标明历年省域排序。

2000～2011年，天津乡村居民人均收入年均增长11.77%，城镇居民人均收入年均增长11.49%，比乡村低0.28个百分点。作为城乡差距的衡量指标，11年间，天津人均收入城乡比的最大值为2009年2.4635，最小（最佳）值为2002年2.1823。逐年考察，除了2001年、2003～2004年和2006～2009年出现扩增以外，天津此项城乡比逐步缩减，由2000年2.2473缩小至2011年2.1849，城乡比数值处于31个省域里第2位。居民收入的城乡差距呈现出缩减趋势，意味着在民生基础层面城乡之间"共享发展成果"的程度有所提高。

如果（1）天津城乡民生基础系数能够保持2001年最佳水平，（2）天津民生基础层面的城乡差距能够保持2002年最小程度，乃至实现民生基础层面的城乡无差距理想状态，那么在"国民收入再分配"演算和城乡综合重新演算当中，天津人均收入应有很大增高，这样随后逐步推演的一切测算值都会发生变化。

（二）民生消费系数检测

2000～2011年天津城乡人均非文消费、收入绝对值、比重值和城乡比变动态势见图4。图中将非文消费、收入绝对值转换为图形面积比例，二者历年之比形成民生消费系数变动曲线，同时附有非文消费城乡比变动曲线。

2000~2011年，天津城乡居民人均非文消费年均增长11.26%，人均收入年均增长12.04%，比非文消费年均增幅高出0.78个百分点。11年间，天津城乡居民人均非文消费占人均收入比重的最高值为2001年69.57%，最低（最佳）值为2010年61.50%。逐年考察，除了2001年、2003~2005年、2009年和2011年出现回升以外，天津城乡此项比值逐步下降，由2000年67.08%降低至2011年62.08%，比重数值处于31个省域里第6位。民生消费系数呈现出减低趋势，亦即"必需消费"之外的余钱占收入比重增高，意味着从"基本小康"到"全面小康"建设的民生效应日益得以显现。

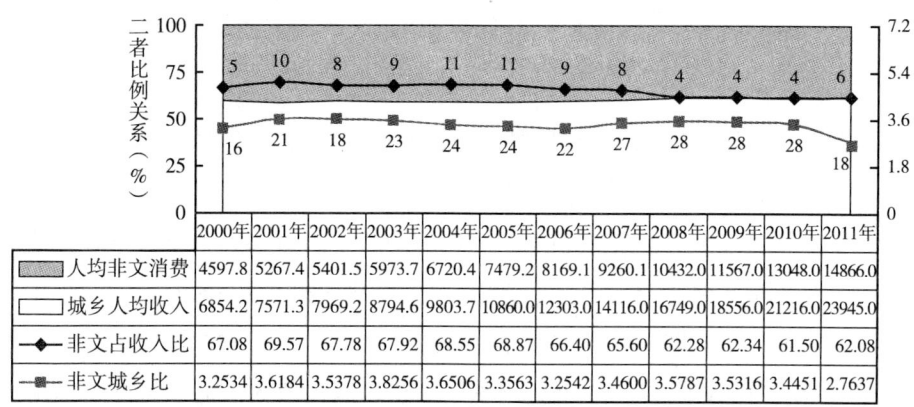

图4 天津城乡人均非文消费、收入绝对值、比重值和城乡比变动态势

注：左轴为城乡人均非文消费、收入（元转换为%），二者变动呈面积比例；相互间历年之比形成民生消费系数（%）曲线；右轴为非文消费城乡比曲线（乡村=1）。标明历年省域排序。

2000~2011年，天津乡村居民人均非文消费年均增长12.10%，城镇居民人均非文消费年均增长10.45%，比乡村低1.65个百分点。作为城乡差距的衡量指标，11年间，天津人均非文消费城乡比的最大值为2003年3.8256，最小（最佳）值为2011年2.7637。逐年考察，除了2001年、2003年和2007~2008年出现扩增以外，天津此项城乡比逐步缩减，由2000年3.2534缩小至2011年2.7637，城乡比数值处于31个省域里第18位。"必需"非文消费的城乡差距呈现缩减趋势，意味着在民生消费层面城乡之间"共享发展成果"的程度有所提高。

如果（1）天津城乡民生消费系数能够保持2010年最佳水平，（2）天津民生消费层面的城乡差距能够保持2011年最小程度，乃至实现民生消费层面的城乡无差距理想状态，那么在"必需消费"占收入比重再度演算和城乡综合重新演算当中，天津人均非文消费应有较大不同，反转则是人均非文消费剩余应有很大增多，这样随后推演的相关数值也会发生变化。

（三）文化需求系数检测

2000~2011年天津城乡人均文化消费、非文消费剩余绝对值、比例值和城乡比变动态势见图5。图中将文化消费、非文消费剩余绝对值转换为图形面积比例，二者历年之比形成文化需求系数变动曲线，同时附有文化消费城乡比变动曲线。

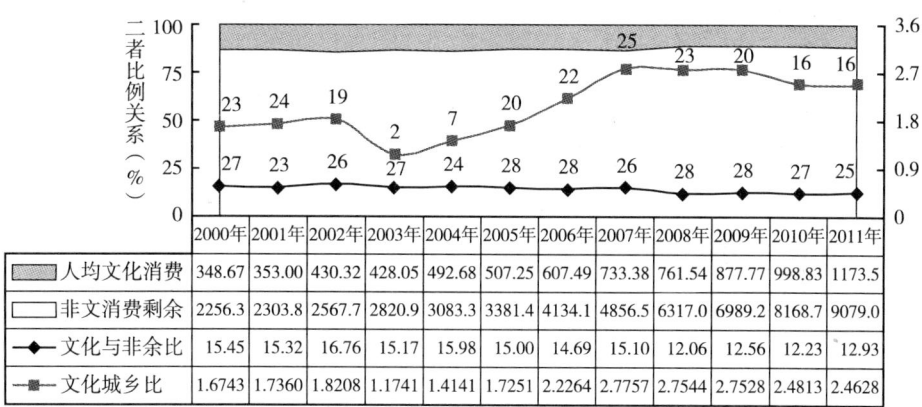

图5　天津城乡人均文化消费、非文消费剩余绝对值、比例值和城乡比变动态势

注：左轴为城乡人均文化消费、非文消费剩余（元转换为%），二者变动呈面积比例；相互间历年之比形成文化需求系数（%）曲线；右轴为文化消费城乡比曲线（乡村=1）。标明历年省域排序。

2000~2011年，天津城乡居民人均文化消费年均增长11.66%，人均非文消费剩余年均增长13.49%，比文化消费年均增幅高出1.83个百分点。11年间，天津城乡居民人均文化消费与人均非文消费剩余比例的最高（最佳）值为2002年16.76%，最低值为2008年12.06%。逐年考察，除了2002年、2004年、2007年、2009年和2011年出现回升以外，天津城乡此项比值逐步下降，由2000年15.45%降低至2011年12.93%，比例数值处于31个省域里第25位。文化需求系数呈现减低趋势，意味着"非必需"的文化消费需求增长依然受到"积蓄增长负相关效应"的反向牵制。

2000~2011年，天津乡村居民人均文化消费年均增长7.89%，城镇居民人均文化消费年均增长11.74%，比乡村高出3.85个百分点。作为城乡差距的衡量指标，11年间，天津人均文化消费城乡比的最小（最佳）值为2003年1.1741，最大值为2007年2.7757。逐年考察，除了2003年和2008~2011年出现缩减以外，天津此项城乡比逐步扩增，由2000年1.6743扩大至2011年2.4628，城乡比数值处于31个省域里第16位。文化消费需求的城乡差距呈现扩增趋势，意味着在文化消费需求层面城乡之间"共享发展成果"的程度有所降低。

如果（1）天津城乡文化需求系数能够保持2002年最佳水平，（2）天津文化需求层面的城乡差距能够保持2003年最小程度，乃至实现文化需求层面的城乡无差距理想状态，那么在"非必需"文化消费占余钱比重再度演算和城乡综合重新演算当中，天津人均文化消费应有很大增长。

三 文化需求增长目标暨文化产业发展空间测算

2011~2020年天津城乡人均文化消费需求增长测算见图6，图中提供了文化产业供需协调增长目标的七类测算结果。

（1）历年均增值测算：以天津城乡人均文化消费2000年以来年均增长率测算增长目标，可以得出概率最高的或然增长结果。如果2011~2020年天津城乡保持与2000~2011年相同的年均增长率11.66%（省域间实际增长第15位），那么到2020年城乡人均文化消费将达到3167.64元。在相关各方面增长均依此推算的情况下，由于天津城乡文化消费与产值的比例在2000~2011年呈现下降态势，2020年文化消费增长与产值增长测算值之比将继续降低至1.01%。

（2）消除负相关测算：以天津城乡文化需求系数2000年以来最佳比例测算增长目标，即假设文化消费增长与积蓄增长之间排除负相关关系。如果到

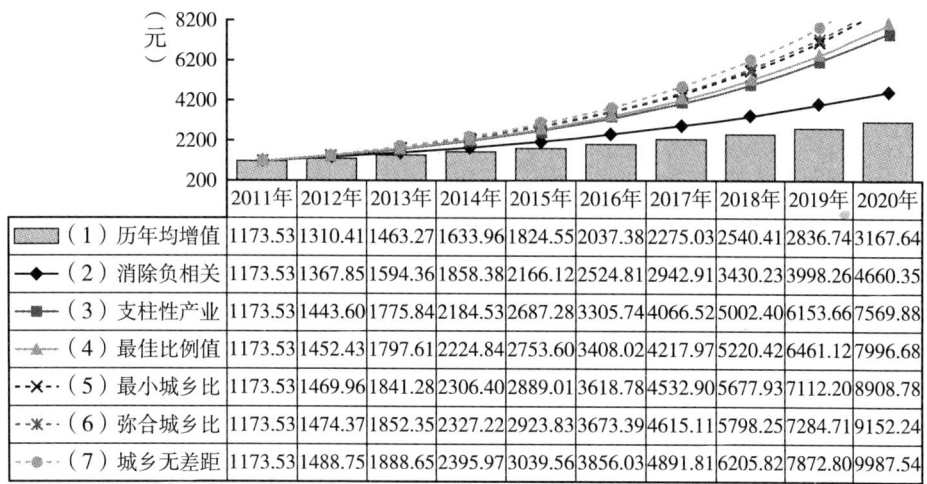

图6 2011～2020年天津城乡人均文化消费需求增长测算

注：作为背景因素，2011～2020年人均产值按2000～2011年实际年均增长率推算。2011年文化消费与产值比实际值1.38%；2020年测算值：（1）1.01%；（2）1.49%；（3）2.42%；（4）2.55%；（5）2.84%；（6）2.92%；（7）3.19%。2011～2020年文化消费年均增长：（1）11.66%（即2000～2011年实际值，以下为测算值）；（2）16.56%；（3）23.01%；（4）23.77%；（5）25.26%；（6）25.64%；（7）26.86%。若产值按年均增长率7%推算，则2020年文化消费与产值比（增量、增幅不变）：（1）2.02%；（2）2.97%。2020年文化消费（与产值比不变）：（3）3785.05元，年增13.90%；（4）3998.46元，年增14.59%；（5）4454.52元，年增15.98%；（6）4576.25元，年增16.32%；（7）4993.92元，年增17.46%。

2020年天津城乡此项比例实现2000～2011年最佳状态，那么城乡人均文化消费应达到4660.35元，年均增长幅度需达到16.56%，为以往11年实际年均增长率的1.42倍（省域间目标距离第9位），文化消费增长与产值增长测算值之比将上升至1.49%。

（3）支柱性产业测算：摒弃单纯的"文化GDP追逐"，通过文化消费增长空间反推，以生产满足需求测算增长目标，即假设消费需求增长推动生产发展，实现文化产业供需协调增长，达到支柱产业所需占产值比重。各地至2020年城乡文化消费与产值之比的测算值各有不同，天津测算值为2.42%。据此反推，到2020年天津城乡人均文化消费应达到7569.88元，年均增长幅度需达到23.01%，为以往11年实际年均增长率的1.97倍（省域间目标距离第15位）。

（4）最佳比例值测算：以天津城乡民生基础系数、民生消费系数、文化需求系数2000年以来3项最佳比例测算增长目标,即假设"回复"曾有的3项最佳比例关系值。如果到2020年天津城乡3项比例同步实现2000~2011年最佳状态,那么城乡人均文化消费应达到7996.68元,年均增长幅度需达到23.77%,为以往11年实际年均增长率的2.04倍(省域间目标距离第11位),文化消费增长与产值增长测算值之比将上升至2.55%。

(5)最小城乡比测算:在3项最佳比例值测算基础上,以天津人均文化消费城乡比2000年以来最小值测算增长目标,即假设"回复"原有的文化消费城乡比最小状态,作为缩小以至消除城乡差距的基础。如果到2020年天津城乡同时实现2000~2011年3项最佳比例和文化消费最小城乡比,那么城乡人均文化消费应达到8908.78元,年均增长幅度需达到25.26%,为以往11年实际年均增长率的2.17倍(省域间目标距离第7位),文化消费增长与产值增长测算值之比将上升至2.84%。

(6)弥合城乡比测算:在3项最佳比例值测算基础上,以天津人均文化消费城乡比的无差距理想值测算增长目标,即假设文化需求层面的城乡差距得以消除演算校正数值。如果到2020年天津城乡同时实现2000~2011年3项最佳比例和乡村人均文化消费绝对值与城镇水平持平,那么城乡人均文化消费应达到9152.24元,年均增长幅度需达到25.64%,为以往11年实际年均增长率的2.20倍(省域间目标距离第7位),文化消费增长与产值增长测算值之比将上升至2.92%。

(7)城乡无差距测算:在民生基础层面、民生消费层面、文化需求层面3项城乡比的无差距理想状态下实现2000年以来最佳比例测算增长目标,即假设天津乡村相关方面加速增长并与城镇水平持平,同时取城镇标准的3项比例关系最佳值进行演算。如果到2020年天津城乡之间在此3个层面已无差距,统一实现按城镇标准衡量的2000~2011年3项最佳比例,那么城乡人均文化消费应达到9987.54元,年均增长幅度需达到26.86%,为以往11年实际年均增长率的2.30倍(省域间目标距离第10位),文化消费增长与产值增长测算值之比将上升至3.19%。

如果按照国家"十二五"规划转变发展方式的要求,在"十二五"期间把天津产值年均增长率控制在7%,并一直延续至2020年,那么在图6中,

天津：实际增长和支柱产业目标稍显滞后

前两类测算因与产值增长演算间接相关，文化消费人均值增长测算的绝对值不变，其与产值比将分别增高至2.02%和2.97%；后五类测算因与产值增长演算直接相关，文化消费人均值增长测算的绝对值相应减少，其所需年均增长幅度（亦即目标差距）将分别减低至13.90%、14.59%、15.98%、16.32%和17.46%（见图6注），显然更加容易实现。

Tianjin: Little Lag on the Actual Growth and the Target of Pillar Industry

Abstract: The evaluated growth targets of cultural consumption and development space of cultural industry in Tianjin are as follows: Ranking of the actual growth among various provinces from 2000 to 2011 is the 15th in the valued average added value over the years; Ranking of the targets distance among various provinces from 2011 to 2020 are the 9th in the valued avoiding negative correlation, the 15th in the valued pillar industry, the 11th in the valued optimal proportion, the 7th in the valued lowest urban-rural ratio, the 7th in the valued closed urban-rural ratio, and the 10th in the valued without urban-rural gap.

Key Words: Tianjin's Cultural Industry; Expand Cultural Consumption; Demand and Sharing; Growth Target

B.8 河北：实际增长及支柱产业测算相对靠后

摘　要：

　　河北文化消费增长目标暨文化产业发展空间测评：省域间2000～2011年实际增长排名，历年均增值测算为第18位；省域间2011～2020年目标距离排名，消除负相关测算为第11位；支柱性产业测算为第16位；最佳比例值测算为第10位；最小城乡比测算为第11位；弥合城乡比测算为第11位；城乡无差距测算为第12位。

关键词：

　　河北文化产业　扩大文化消费　需求与共享　增长目标

一　城乡文化消费需求及相关方面增长态势

2000～2011年河北城乡文化消费总量和人均值增长态势见图1。

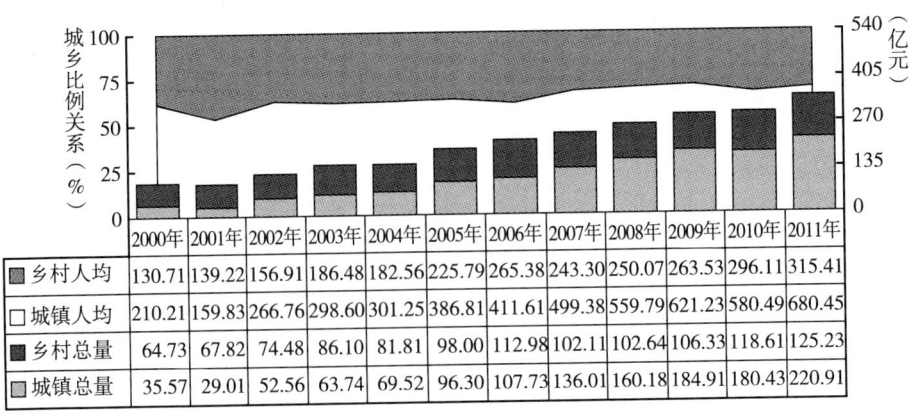

图1　河北城乡文化消费总量和人均值增长态势

　　注：左轴为城乡人均文化消费（元转换为%），城乡间历年变动呈面积比例关系；右轴为文化消费总量（亿元），柱形上下之和为城乡总量。

2000～2011年，河北城乡文化消费总量从100.30亿元增长至346.14亿元，增加245.84亿元，11年间总增长245.10%，年均增长11.92%。其中，"十五"期间年均增长14.14%；"十一五"期间年均增长9.01%。

同期，河北城镇人均文化消费从210.21元增长至680.45元，增加470.24元，11年间总增长223.70%，年均增长11.27%。其中，"十五"期间年均增长12.97%；"十一五"期间年均增长8.46%。乡村人均文化消费从130.71元增长至315.41元，增加184.70元，11年间总增长141.31%，年均增长8.34%。其中，"十五"期间年均增长11.55%；"十一五"期间年均增长5.57%。值得注意的是，"十五"期间河北城镇人均值年均增幅比乡村高出1.42个百分点，城乡差距有所扩大；"十一五"期间河北城镇人均值年均增幅比乡村高出2.89个百分点，城乡差距持续扩大。

后续各图表将逐步展示河北相关背景各方面历年增长数据。在此，先把各项绝对值转换为以上一年数值为100的年度增长百分指数，可以清晰看出2000～2011年河北人均产值、城乡人均收入、非文消费、文化消费和积蓄增长态势见图2。

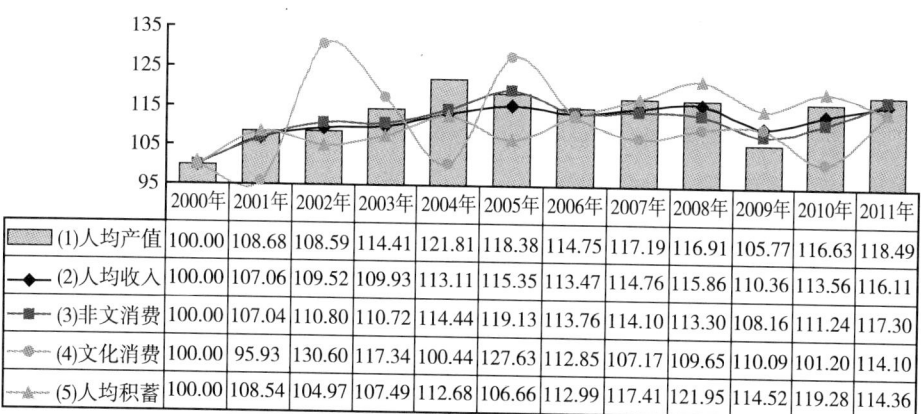

	2000年	2001年	2002年	2003年	2004年	2005年	2006年	2007年	2008年	2009年	2010年	2011年
(1)人均产值	100.00	108.68	108.59	114.41	121.81	118.38	114.75	117.19	116.91	105.77	116.63	118.49
(2)人均收入	100.00	107.06	109.52	109.93	113.11	115.35	113.47	114.76	115.86	110.36	113.56	116.11
(3)非文消费	100.00	107.04	110.80	110.72	114.44	119.13	113.76	114.10	113.30	108.16	111.24	117.30
(4)文化消费	100.00	95.93	130.60	117.34	100.44	127.63	112.85	107.17	109.65	110.09	101.20	114.10
(5)人均积蓄	100.00	108.54	104.97	107.49	112.68	106.66	112.99	117.41	121.95	114.52	119.28	114.36

图2 河北人均产值、城乡人均收入、消费和积蓄增长态势

注：左轴为年增指数（产值为柱形，其余为曲线），上年=100（小于100为负增长）；2001～2011年增长（2000年为起点不计）相关系数：(1)与(2) 0.7711；(2)与(3) 0.8481；(4)与(5) -0.5329，其间2001～2005年-0.7925，2002～2007年-0.8375，2005～2011年-0.8553。

在河北人均产值、城乡人均收入、非文消费、文化消费和积蓄的年度增长指数中，选取3对具有特定相关关系的数据项，作为文中分析的基础。第一对数据项：(1) 柱形系产值历年增长指数，(2) 带菱形曲线系收入历年增长指数，二者2001~2011年相关系数为0.7711，即这两个方面历年增长在77.11%的程度上保持同步。第二对数据项：(2) 带菱形曲线系收入历年增长指数，(3) 带方形曲线系非文消费历年增长指数，二者2001~2011年相关系数为0.8481，即这两个方面历年增长在84.81%的程度上保持同步。第三对数据项：(4) 带圆形曲线系文化消费历年增长指数，(5) 带三角形曲线系积蓄历年增长指数，二者2001~2011年相关系数为负值0.5329。分时间段深入考察，其间2001~2005年为负值0.7925，2002~2007年为负值0.8375，2005~2011年为负值0.8553，分别构成很明显的"负相关"增长反向互动关系。

对比河北城乡人均积蓄与文化消费两条年度增长曲线，大体呈现为横向镜面对应或俗称"水中倒影"的负相关关系。其中，2002年和2005年河北城乡人均积蓄年度增长两次跌入低谷，与之对应的是人均文化消费年度增长出现高峰；2007~2008年和2010年河北城乡人均积蓄年度增长两次形成高峰，与之对应的是人均文化消费年度增长陷入低谷。河北城乡文化消费的"积蓄增长负相关效应"明显成立。

二 城乡文化消费需求背景的增长协调性分析

（一）民生基础系数检测

2000~2011年河北城乡人均收入、产值绝对值、比例值和城乡比变动态势见图3。图中将收入、产值绝对值转换为图形面积比例，二者历年之比形成民生基础系数变动曲线，同时附有收入城乡比变动曲线。

2000~2011年，河北城乡居民人均收入年均增长12.61%，人均产值年均增长14.59%，比居民收入年均增幅高出1.98个百分点。11年间，河北城乡居民人均收入与人均产值比例的最高（最佳）值为2000年43.33%，最低值为2011年35.76%。逐年考察，除了2002年和2009年出现回升以外，河北城乡此项比值逐步下降，由2000年43.33%降低至2011年35.75%，比例数值处于31个省域里第21位。民生基础系数呈现出减低趋势，意味着在经济增长

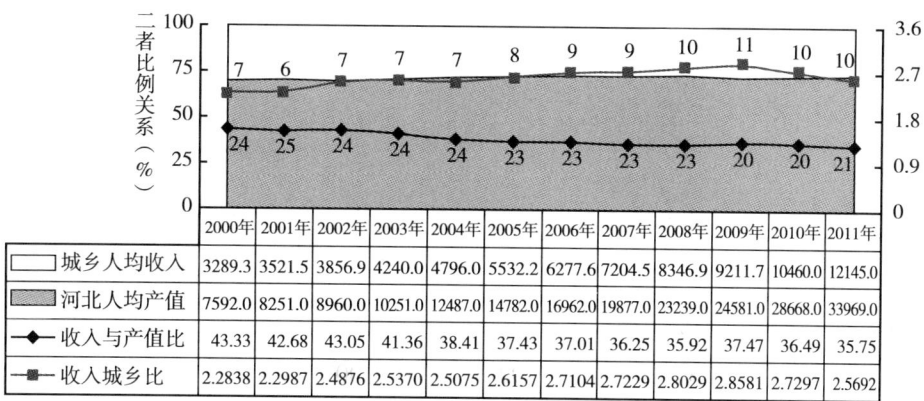

图3 河北城乡人均收入、产值绝对值、比例值和城乡比变动态势

注：左轴为城乡人均收入、产值（元转换为%），二者变动呈面积比例；相互间历年之比形成民生基础系数（%）曲线；右轴为收入城乡比曲线（乡村=1）。标明历年省域排序。

的同时"人民共享发展成果"程度逐渐降低。

2000~2011年，河北乡村居民人均收入年均增长10.07%，城镇居民人均收入年均增长11.25%，比乡村高出1.18个百分点。作为城乡差距的衡量指标，11年间，河北人均收入城乡比的最小（最佳）值为2000年2.2838，最大值为2009年2.8581。逐年考察，除了2004年和2010~2011年出现缩减以外，河北此项城乡比逐步扩增，由2000年2.2838扩大至2011年2.5692，城乡比数值处于31个省域里第10位。居民收入的城乡差距呈现扩增趋势，意味着在民生基础层面城乡之间"共享发展成果"的程度有所降低。

如果（1）河北城乡民生基础系数能够保持2000年最佳水平，（2）河北民生基础层面的城乡差距能够保持2000年最小程度，乃至实现民生基础层面的城乡无差距理想状态，那么在"国民收入再分配"演算和城乡综合重新演算当中，河北人均收入应有很大增高，这样随后逐步推演的一切测算值都会发生变化。

（二）民生消费系数检测

2000~2011年河北城乡人均非文消费、收入绝对值、比重值和城乡比变动态势见图4。图中将非文消费、收入绝对值转换为图形面积比例，二者历年之比形成民生消费系数变动曲线，同时附有非文消费城乡比变动曲线。

2000~2011年，河北城乡居民人均非文消费年均增长12.67%，人均收入年均增长12.61%，比非文消费年均增幅低0.06个百分点。11年间，河北城乡居民人均非文消费占人均收入比重的最低（最佳）值为2010年59.78%，最高值为2006年64.04%。逐年考察，除了2001年和2007~2010年出现回降以外，河北城乡此项比值逐步上升，由2000年60.01%提高至2011年60.39%，比重数值处于31个省域里第3位。民生消费系数呈现出增高趋势，亦即"必需消费"之外的余钱占收入比重减低，意味着从"基本小康"到"全面小康"建设的民生效应尚未得以显现。

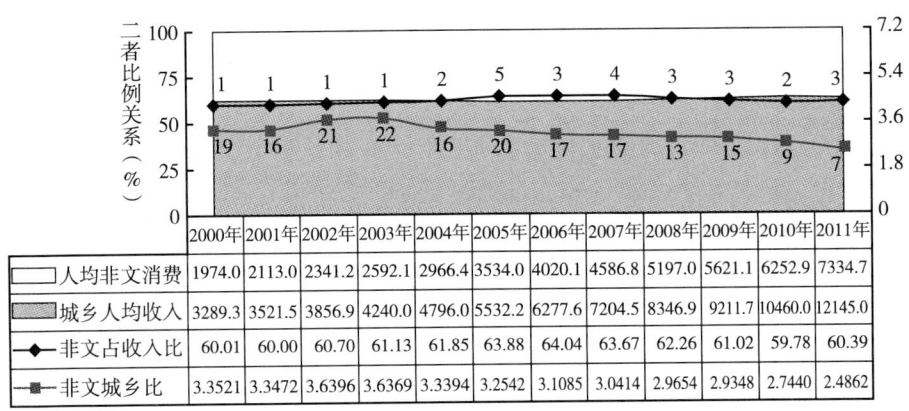

图4 河北城乡人均非文消费、收入绝对值、比重值和城乡比变动态势

注：左轴为城乡人均非文消费、收入（元转换为%），二者变动呈面积比例；相互间历年之比形成民生消费系数（%）曲线；右轴为非文消费城乡比曲线（乡村=1）。标明历年省域排序。

2000~2011年，河北乡村居民人均非文消费年均增长12.24%，城镇居民人均非文消费年均增长9.23%，比乡村低3.01个百分点。作为城乡差距的衡量指标，11年间，河北人均非文消费城乡比的最大值为2002年3.6396，最小（最佳）值为2011年2.4862。逐年考察，除了2002年出现扩增以外，河北此项城乡比逐步缩减，由2000年3.3521缩小至2011年2.4862，城乡比数值处于31个省域里第7位。"必需"非文消费的城乡差距呈现出缩减趋势，表明在民生消费层面城乡之间"共享发展成果"的程度有所提高。

如果（1）河北城乡民生消费系数能够保持2010年最佳水平，（2）河北民生消费层面的城乡差距能够保持2011年最小程度，乃至实现民生消费层面的城乡无差距理想状态，那么在"必需消费"占收入比重再度演算和城乡综合重新演算当中，河北人均非文消费应有较大不同，反转则是人均非文消费剩余应有很大增多，这样随后推演的相关数值也会发生变化。

（三）文化需求系数检测

2000~2011年河北城乡人均文化消费、非文消费剩余绝对值、比例值和城乡比变动态势见图5。图中将文化消费、非文消费剩余绝对值转换为图形面积比例，二者历年之比形成文化需求系数变动曲线，同时附有文化消费城乡比变动曲线。

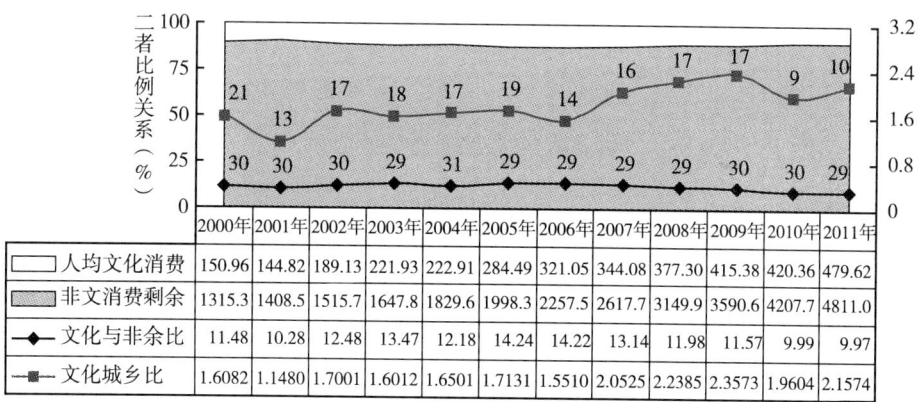

图5 河北城乡人均文化消费、非文消费剩余绝对值、比例值和城乡比变动态势

注：左轴为城乡人均文化消费、非文消费剩余（元转换为%），二者变动呈面积比例；相互间历年之比形成文化需求系数（%）曲线；右轴为文化消费城乡比曲线（乡村＝1）。标明历年省域排序。

2000~2011年，河北城乡居民人均文化消费年均增长11.08%，人均非文消费剩余年均增长12.51%，比文化消费年均增幅高出1.43个百分点。11年间，河北城乡居民人均文化消费与人均非文消费剩余比例的最高（最佳）值为2005年14.24%，最低值为2011年9.97%。逐年考察，除了2002~2003年和2005年出现回升以外，河北城乡此项比值逐步下降，由2000年11.48%降低至2011年9.97%，比例数值处于31个省域里第29位。文化需求系数呈现减低趋势，意味着"非必需"的文化消费需求增长依然受到"积蓄增长负相关效应"的反向牵制。

2000~2011年，河北乡村居民人均文化消费年均增长8.34%，城镇居民人均文化消费年均增长11.27%，比乡村高出2.93个百分点。作为城乡差距的衡量指标，11年间，河北人均文化消费城乡比的最小（最佳）值为2001年1.1480，最大值为2009年2.3573。逐年考察，除了2001年、2003年、2006年和2010年出现缩减以外，河北此项城乡比逐步扩增，由2000年1.6082扩大至2011年2.1574，城乡比数值处于31个省域里第10位。文化消费需求的城乡差距呈现扩增趋势，意味着在文化消费需求层面城乡之间"共享发展成果"的程度有所降低。

如果（1）河北城乡文化需求系数能够保持2005年最佳水平，（2）河北文化需求层面的城乡差距能够保持2001年最小程度，乃至实现文化需求层面的城乡无差距理想状态，那么在"非必需"文化消费占余钱比重再度演算和城乡综合重新演算当中，河北人均文化消费应有很大增长。

三 文化需求增长目标暨文化产业发展空间测算

2011~2020年河北城乡人均文化消费需求增长测算见图6，图中提供了文化产业供需协调增长目标的七类测算结果。

（1）历年均增值测算：以河北城乡人均文化消费2000年以来年均增长率测算增长目标，可以得出概率最高的或然增长结果。如果2011~2020年河北城乡保持与2000~2011年相同的年均增长率11.08%（省域间实际增长第18位），那么到2020年城乡人均文化消费将达到1235.00元。在相关各方面增长均依此推算的情况下，由于河北城乡文化消费与产值的比例在2000~2011年呈现下降态势，2020年文化消费增长与产值增长测算值之比将继续降低至1.07%。

（2）消除负相关测算：以河北城乡文化需求系数2000年以来最佳比例测算增长目标，即假设文化消费增长与积蓄增长之间排除负相关关系。如果到

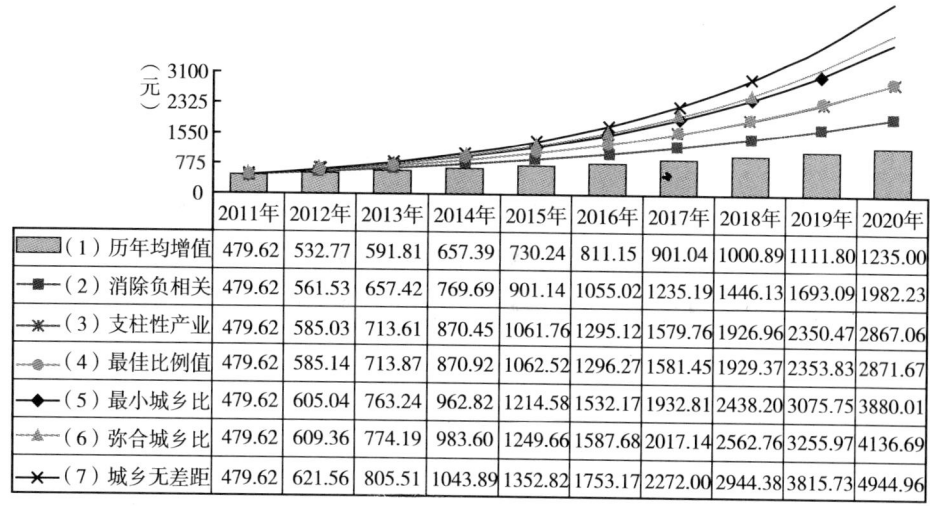

图6 2011～2020年河北城乡人均文化消费需求增长测算

注：作为背景因素，2011～2020年人均产值按2000～2011年实际年均增长率推算。2011年文化消费与产值比实际值1.41%；2020年测算值：（1）1.07%；（2）1.71%；（3）2.4771%；（4）2.4811%；（5）3.35%；（6）3.57%；（7）4.27%。2011～2020年文化消费年均增长：（1）11.08%（即2000～2011年实际值，以下为测算值）；（2）17.08%（3）21.98%（4）22.00%；（5）26.15%；（6）27.05%；（7）29.59%。若产值按年均增长率7%推算，则2020年文化消费与产值比（增量、增幅不变）：（1）1.98%；（2）3.17%。2020年文化消费（与产值比不变）：（3）1546.96元，年增13.90%；（4）1549.44元，年增13.92%；（5）2093.50元，年增17.79%；（6）2232.00元，年增18.63%；（7）2668.11元，年增21.01%。

2020年河北城乡此项比例实现2000～2011年最佳状态，那么城乡人均文化消费应达到1982.23元，年均增长幅度需达到17.08%，为以往11年实际年均增长率的1.54倍（省域间目标距离第11位），文化消费增长与产值增长测算值之比将上升至1.71%。

（3）支柱性产业测算：摈弃单纯的"文化GDP追逐"，通过文化消费增长空间反推，以生产满足需求测算增长目标，即假设消费需求增长推动生产发展，实现文化产业供需协调增长，达到支柱产业所需占产值比重。各地至2020年城乡文化消费与产值之比的测算值各有不同，河北测算值为2.48%。据此反推，到2020年河北城乡人均文化消费应达到2867.06元，年均增长幅度需达到21.98%，为以往11年实际年均增长率的1.98倍（省域间目标距离第16位）。

(4)最佳比例值测算：以河北城乡民生基础系数、民生消费系数、文化需求系数2000年以来3项最佳比例测算增长目标，即假设"回复"曾有的3项最佳比例关系。如果到2020年河北城乡3项比例同步实现2000~2011年最佳状态，那么城乡人均文化消费应达到2871.67元，年均增长幅度需达到22.00%，为以往11年实际年均增长率的1.99倍（省域间目标距离第10位），文化消费增长与产值增长测算值之比将上升至2.48%。

(5)最小城乡比测算：在3项最佳比例值测算基础上，以河北人均文化消费城乡比2000年以来最小值测算增长目标，即假设"回复"原有的文化消费城乡比最小状态，作为缩小以至消除城乡差距的基础。如果到2020年河北城乡同时实现2000~2011年3项最佳比例和文化消费最小城乡比，那么城乡人均文化消费应达到3880.01元，年均增长幅度需达到26.15%，为以往11年实际年均增长率的2.36倍（省域间目标距离第11位），文化消费增长与产值增长测算值之比将上升至3.35%。

(6)弥合城乡比测算：在3项最佳比例值测算基础上，以河北人均文化消费城乡比的无差距理想值测算增长目标，即假设文化需求层面的城乡差距得以消除演算校正数值。如果到2020年河北城乡同时实现2000~2011年3项最佳比例和乡村人均文化消费绝对值与城镇水平持平，那么城乡人均文化消费应达到4136.69元，年均增长幅度需达到27.05%，为以往11年实际年均增长率的2.44倍（省域间目标距离第11位），文化消费增长与产值增长测算值之比将上升至3.57%。

(7)城乡无差距测算：在民生基础层面、民生消费层面、文化需求层面3项城乡比的无差距理想状态下实现2000年以来最佳比例测算增长目标，即假设河北乡村相关方面加速增长并与城镇水平持平，同时取城镇标准的3项比例关系最佳值进行演算。如果到2020年河北城乡之间在此3个层面已无差距，统一实现按城镇标准衡量的2000~2011年3项最佳比例，那么城乡人均文化消费应达到4944.96元，年均增长幅度需达到29.59%，为以往11年实际年均增长率的2.67倍（省域间目标距离第12位），文化消费增长与产值增长测算值之比将上升至4.27%。

如果按照国家"十二五"规划转变发展方式的要求，在"十二五"期间

把河北产值年均增长率控制在7%,并一直延续至2020年,那么在图6中,前两类测算因与产值增长演算间接相关,文化消费人均值增长测算的绝对值不变,其与产值比将分别增高至1.98%和3.17%;后五类测算因与产值增长演算直接相关,文化消费人均值增长测算的绝对值相应减少,其所需年均增长幅度(亦即目标差距)将分别减低至13.90%、13.92%、17.79%、18.63%和21.01%(见图6注),显然更加容易实现。

Hebei: The Actual Growth and The Pillar Industry are Estimated Relatively Rearward

Abstract: The evaluated growth targets of cultural consumption and development space of cultural industry in Hebei are as follows: Ranking of the actual growth among various provinces from 2000 to 2011 is the 18th in the valued average added value over the years; Ranking of the targets distance among various provinces from 2011 to 2020 are the 11th in the valued avoiding negative correlation, the 16th in the valued pillar industry, the 10th in the valued optimal proportion, the 11th in the valued lowest urban-rural ratio, the 11th in the valued closed urban-rural ratio, and the 12th in the valued without urban-rural gap.

Key Words: Hebei's Cultural Industry; Expand Cultural Consumption; Demand and Sharing; Growth Target

B.9
山东：全部各项测算目标距离均显得较大

摘　要：

　　山东文化消费增长目标暨文化产业发展空间测评：省域间2000～2011年实际增长排名，历年均增值测算为第24位；省域间2011～2020年目标距离排名，消除负相关测算为第26位；支柱性产业测算为第23位；最佳比例值测算为第20位；最小城乡比测算为第18位；弥合城乡比测算为第18位；城乡无差距测算为第20位。

关键词：

　　山东文化产业　扩大文化消费　需求与共享　增长目标

一　城乡文化消费需求及相关方面增长态势

2000～2011年山东城乡文化消费总量和人均值增长态势见图1。

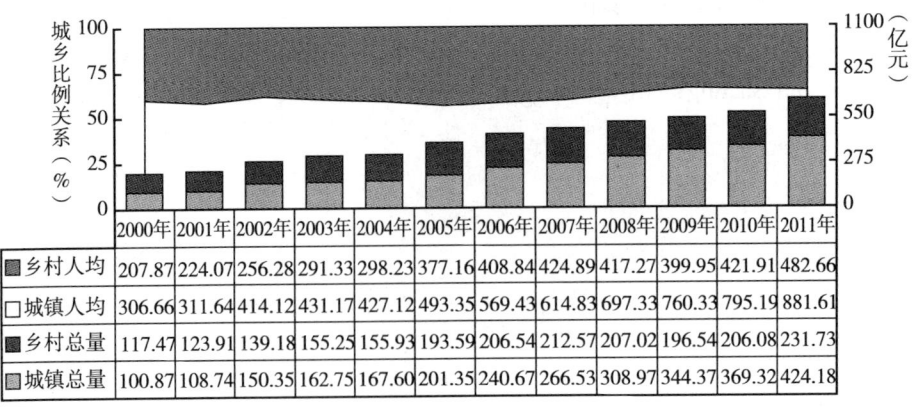

图1　山东城乡文化消费总量和人均值增长态势

　　注：左轴为城乡人均文化消费（元转换为%），城乡间历年变动呈面积比例关系；右轴为文化消费总量（亿元），柱形上下之和为城乡总量。

2000~2011年，山东城乡文化消费总量从218.34亿元增长至655.91亿元，增加437.57亿元，11年间总增长200.41%，年均增长10.52%。其中，"十五"期间年均增长12.58%；"十一五"期间年均增长7.82%。

同期，山东城镇人均文化消费从306.66元增长至881.61元，增加574.95元，11年间总增长187.49%，年均增长10.08%。其中，"十五"期间年均增长9.98%；"十一五"期间年均增长10.02%。乡村人均文化消费从207.87元增长至482.66元，增加274.79元，11年间总增长132.19%，年均增长7.96%。其中，"十五"期间年均增长12.65%；"十一五"期间年均增长2.27%。值得注意的是，"十五"期间山东城镇人均值年均增幅比乡村低2.67个百分点，城乡差距有所缩小；"十一五"期间山东城镇人均值年均增幅比乡村高出7.75个百分点，城乡差距转为扩大。

后续各图表将逐步展示山东相关背景各方面历年增长数据。在此，先把各项绝对值转换为以上一年数值为100的年度增长百分指数，可以清晰看出2000~2011年山东人均产值、城乡人均收入、非文消费、文化消费和积蓄增长态势见图2。

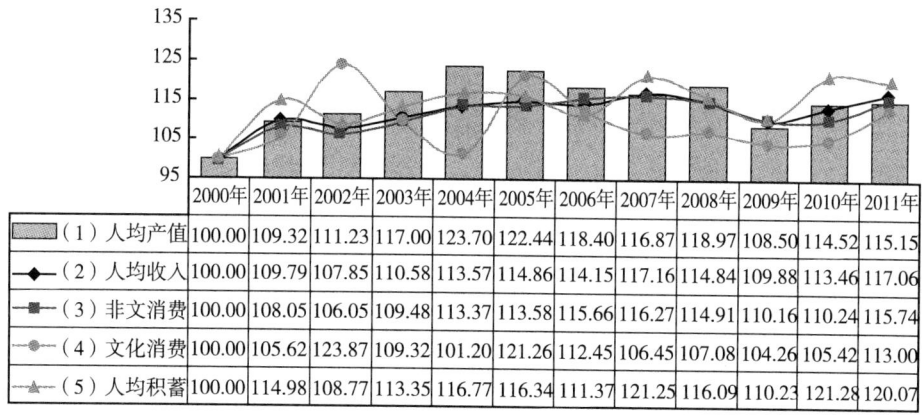

图2 山东人均产值、城乡人均收入、消费和积蓄增长态势

注：左轴为年增指数（产值为柱形，其余为曲线），上年＝100；2001~2011年增长（2000年为起点不计）相关系数：（1）与（2）0.5989；（2）与（3）0.9342；（4）与（5）－0.3471，其间2001~2005年－0.5866，2002~2008年－0.5892。

在山东人均产值、城乡人均收入、非文消费、文化消费和积蓄的年度增长指数中，选取3对具有特定相关关系的数据项，作为文中分析的基础。第一对数据项：(1) 柱形系产值历年增长指数，(2) 带菱形曲线系收入历年增长指数，二者 2001~2011 年相关系数为 0.5989，即这两个方面历年增长在 59.89% 的程度上保持同步。第二对数据项：(2) 收入历年增长指数，(3) 带方形曲线系非文消费历年增长指数，二者 2001~2011 年相关系数为 0.9342，即这两个方面历年增长在 93.42% 的程度上保持同步。第三对数据项：(4) 带圆形曲线系文化消费历年增长指数，(5) 带三角形曲线系积蓄历年增长指数，二者 2001~2011 年相关系数为负值 0.3471。分时间段深入考察，其间 2001~2005 年为负值 0.5866，2002~2008 年为负值 0.5892，分别构成很明显的"负相关"增长反向互动关系。

对比山东城乡人均积蓄与文化消费两条年度增长曲线，只有 2009 年显得例外，其余年度大体呈现为横向镜面对应或俗称"水中倒影"的负相关关系。其中，2002 年山东城乡人均积蓄年度增长跌入低谷，与之对应的是人均文化消费年度增长出现高峰；2004 年、2007 年和 2010 年山东城乡人均积蓄年度增长三次形成高峰，与之对应的是人均文化消费年度增长陷入低谷。山东城乡文化消费的"积蓄增长负相关效应"明显成立。

二 城乡文化消费需求背景的增长协调性分析

(一) 民生基础系数检测

2000~2011 年山东城乡人均收入、产值绝对值、比例值和城乡比变动态势见图 3。图中将收入、产值绝对值转换为图形面积比例，二者历年之比形成民生基础系数变动曲线，同时附有收入城乡比变动曲线。

2000~2011 年，山东城乡居民人均收入年均增长 12.98%，人均产值年均增长 15.91%，比居民收入年均增幅高出 2.93 个百分点。11 年间，山东城乡居民人均收入与人均产值比例的最高（最佳）值为 2001 年 43.81%，最低值为 2008 年 32.26%。逐年考察，除了 2001 年、2007 年、2009 年和 2011 年出现回升以外，山东城乡此项比值逐步下降，由 2000 年 43.63% 降低至 2011 年 32.90%，比例数值处于 31 个省域里第 25 位。民生基础系数呈现减低趋势，

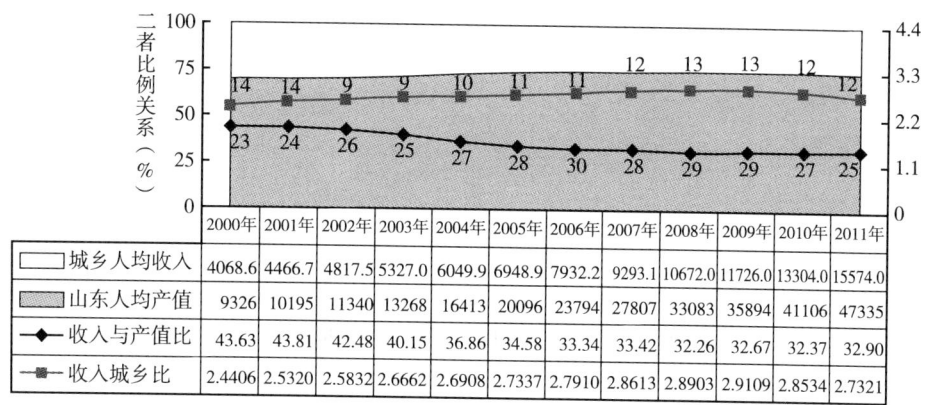

图3　山东城乡人均收入、产值绝对值、比例值和城乡比变动态势

注：左轴为城乡人均收入、产值（元转换为%），二者变动呈面积比例；相互间历年之比形成民生基础系数（%）曲线；右轴为收入城乡比曲线（乡村=1）。标明历年省域排序。

意味着在经济增长的同时"人民共享发展成果"程度逐渐降低。

2000~2011年，山东乡村居民人均收入年均增长10.95%，城镇居民人均收入年均增长12.10%，比乡村高出1.15个百分点。作为城乡差距的衡量指标，11年间，山东人均收入城乡比的最小（最佳）值为2000年2.4406，最大值为2009年2.9109。逐年考察，除了2010~2011年出现缩减以外，山东此项城乡比逐步扩增，由2000年2.4406扩大至2011年2.7321，城乡比数值处于31个省域里第12位。居民收入的城乡差距呈现扩增趋势，意味着在民生基础层面城乡之间"共享发展成果"的程度有所降低。

如果（1）山东城乡民生基础系数能够保持2001年最佳水平，（2）山东民生基础层面的城乡差距能够保持2000年最小程度，乃至实现民生基础层面的城乡无差距理想状态，那么在"国民收入再分配"演算和城乡综合重新演算当中，山东人均收入应有很大增高，这样随后逐步推演的一切测算值都会发生变化。

（二）民生消费系数检测

2000~2011年山东城乡人均非文消费、收入绝对值、比重值和城乡比变动态势见图4。图中将非文消费、收入绝对值转换为图形面积比例，二者历年之比形成民生消费系数变动曲线，同时附有非文消费城乡比变动曲线。

2000～2011年，山东城乡居民人均非文消费年均增长12.09%，人均收入年均增长12.98%，高于非文消费年均增幅度0.89个百分点。11年间，山东城乡居民人均非文消费占人均收入比重的最高值为2000年66.92%，最低（最佳）值为2011年61.34%。逐年考察，除了2006年和2008～2009年出现回升以外，山东城乡此项比值逐步下降，由2000年66.92%降低至2011年61.34%，比重数值处于31个省域里第5位。民生消费系数呈现出减低趋势，亦即"必需消费"之外的余钱占收入比重增高，意味着从"基本小康"到"全面小康"建设的民生效应日益得以显现。

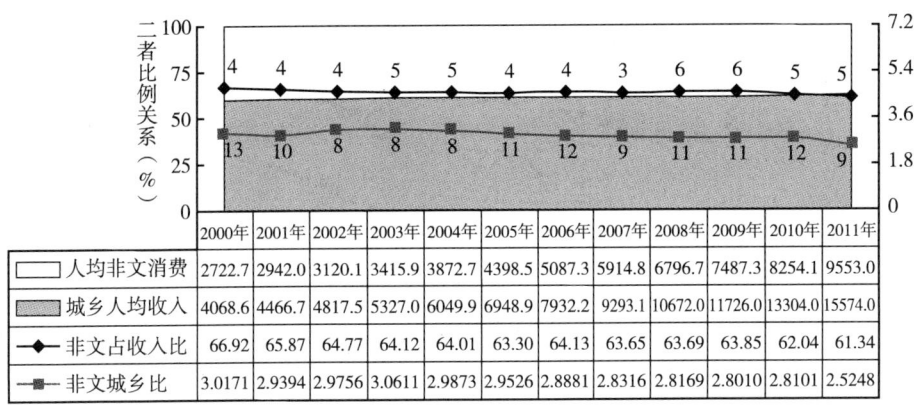

图4　山东城乡人均非文消费、收入绝对值、比重值和城乡比变动态势

注：左轴为城乡人均非文消费、收入（元转换为%），二者变动呈面积比例；相互间历年之比形成民生消费系数（%）曲线；右轴为非文消费城乡比曲线（乡村＝1）。标明历年省域排序。

2000～2011年，山东乡村居民人均非文消费年均增长11.97%，城镇居民人均非文消费年均增长10.17%，比乡村低1.80个百分点。作为城乡差距的衡量指标，11年间，山东人均非文消费城乡比的最大值为2003年3.0611，最小（最佳）值为2011年2.5248。逐年考察，除了2002～2003年和2010年出现扩增以外，山东此项城乡比逐步缩减，由2000年3.0171缩小至2011年2.5248，城乡比数值处于31个省域里第9位。"必需"非文消费的城乡差距呈现出缩减趋势，意味着在民生消费层面城乡之间"共享发展成果"的程度有所提高。

如果（1）山东城乡民生消费系数能够保持2011年最佳水平，（2）山东民生消费层面的城乡差距能够保持2011年最小程度，乃至实现民生消费层面的城乡无差距理想状态，那么在"必需消费"占收入比重再度演算和城乡综合重新演算当中，山东人均非文消费应有较大不同，反转则是人均非文消费剩余应有很大增多，这样随后推演的相关数值也会发生变化。

（三）文化需求系数检测

2000~2011年山东城乡人均文化消费、非文消费剩余绝对值、比例值和城乡比变动态势见图5。图中将文化消费、非文消费剩余绝对值转换为图形面积比例，二者历年之比形成文化需求系数变动曲线，同时附有文化消费城乡比变动曲线。

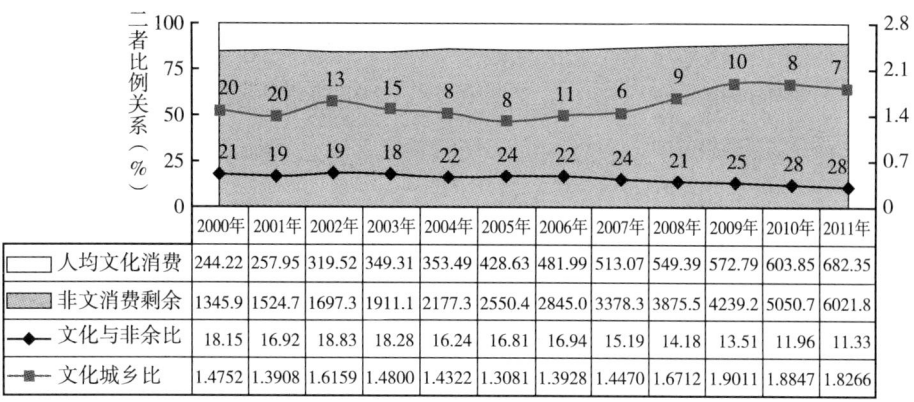

图5　山东城乡人均文化消费、非文消费剩余绝对值、比例值和城乡比变动态势

注：左轴为城乡人均文化消费、非文消费剩余（元转换为％），二者变动呈面积比例；相互间历年之比形成文化需求系数（％）曲线；右轴为文化消费城乡比曲线（乡村＝1）。标明历年省域排序。

2000~2011年，山东城乡居民人均文化消费年均增长9.79％，人均非文消费剩余年均增长14.59％，比文化消费年均增幅高出4.80个百分点。11年间，山东城乡居民人均文化消费与人均非文消费剩余比例的最高（最佳）值为2002年18.83％，最低值为2011年11.33％。逐年考察，除了2002年和2005~2006年出现回升以外，山东城乡此项比值逐步下降，由2000年

18.15%降低至2011年11.33%，比例数值处于31个省域里第28位。文化需求系数呈现出减低趋势，意味着"非必需"的文化消费需求增长依然受到"积蓄增长负相关效应"的反向牵制。

2000～2011年，山东乡村居民人均文化消费年均增长7.96%，城镇居民人均文化消费年均增长10.08%，比乡村高出2.12个百分点。作为城乡差距的衡量指标，11年间，山东人均文化消费城乡比的最小（最佳）值为2005年1.3081，最大值为2009年1.9011。逐年考察，除了2001年、2003～2005年和2010～2011年出现缩减以外，山东此项城乡比逐步扩增，由2000年1.4752扩大至2011年1.8266，城乡比数值处于31个省域里第7位。文化消费需求的城乡差距呈现出扩增趋势，意味着在文化消费需求层面城乡之间"共享发展成果"的程度有所降低。

如果（1）山东城乡文化需求系数能够保持2002年最佳水平，（2）山东文化需求层面的城乡差距能够保持2005年最小程度，乃至实现文化需求层面的城乡无差距理想状态，那么在"非必需"文化消费占余钱比重再度演算和城乡综合重新演算当中，山东人均文化消费应有很大增长。

三 文化需求增长目标暨文化产业发展空间测算

2011～2020年山东城乡人均文化消费需求增长测算见图6，图中提供了文化产业供需协调增长目标的七类测算结果。

（1）历年均增值测算：以山东城乡人均文化消费2000年以来年均增长率测算增长目标，可以得出概率最高的或然增长结果。如果2011～2020年山东城乡保持与2000～2011年相同的年均增长率9.79%（省域间实际增长第24位），那么到2020年城乡人均文化消费将达到1581.64元。在相关各方面增长均依此推算的情况下，由于山东城乡文化消费与产值的比例在2000～2011年呈现下降态势，2020年文化消费增长与产值增长测算值之比将继续降低至0.88%。

（2）消除负相关测算：以山东城乡文化需求系数2000年以来最佳比例测算增长目标，即假设文化消费增长与积蓄增长之间排除负相关关系。如果到

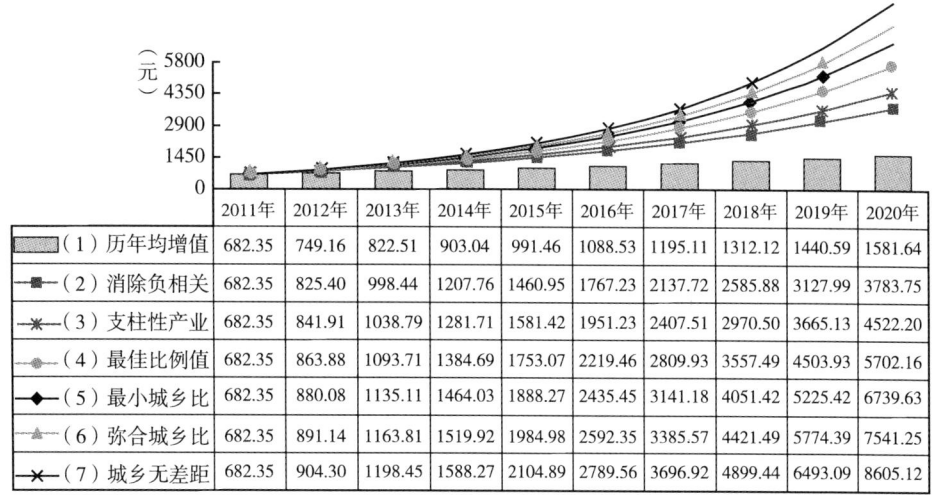

图 6　2011～2020 年山东城乡人均文化消费需求增长测算

注：作为背景因素，2011～2020 年人均产值按 2000～2011 年实际年均增长率推算。2011 年文化消费与产值比实际值 1.44%；2020 年测算值：（1）0.88%；（2）2.12%；（3）2.53%；（4）3.19%；（5）3.77%；（6）4.22%；（7）4.81%。2011～2020 年文化消费年均增长：（1）9.79%（即 2000～2011 年实际值，以下为测算值）；（2）20.96%；（3）23.38%；（4）26.60%；（5）28.98%；（6）30.60%；（7）32.53%。若产值按年均增长率 7% 推算，则 2020 年文化消费与产值比（增量、增幅不变）：（1）1.82%；（2）4.35%。2020 年文化消费（与产值比不变）：（3）2200.83 元，年增 13.90%；（4）2775.09 元，年增 16.87%；（5）3280.00 元，年增 19.06%；（6）3670.12 元，年增 20.56%；（7）4187.88 元，年增 22.34%。

2020 年山东城乡此项比例实现 2000～2011 年最佳状态，那么城乡人均文化消费应达到 3783.75 元，年均增长幅度需达到 20.96%，为以往 11 年实际年均增长率的 2.14 倍（省域间目标距离第 26 位），文化消费增长与产值增长测算值之比将上升至 2.12%。

（3）支柱性产业测算：摈弃单纯的"文化 GDP 追逐"，通过文化消费增长空间反推，以生产满足需求测算增长目标，即假设消费需求增长推动生产发展，实现文化产业供需协调增长，达到支柱产业所需占产值比重。各地至 2020 年城乡文化消费与产值之比的测算值各有不同，山东测算值为 2.53%。据此反推，到 2020 年山东城乡人均文化消费应达到 4522.20 元，年均增长幅度需达到 23.38%，为以往 11 年实际年均增长率的 2.39 倍（省域间目标距离第 23 位）。

（4）最佳比例值测算：以山东城乡民生基础系数、民生消费系数、文化需求系数2000年以来3项最佳比例测算增长目标，即假设"回复"曾有的3项最佳比例关系。如果到2020年山东城乡3项比例同步实现2000~2011年最佳状态，那么城乡人均文化消费应达到5702.16元，年均增长幅度需达到26.60%，为以往11年实际年均增长率的2.72倍（省域间目标距离第20位），文化消费增长与产值增长测算值之比将上升至3.19%。

（5）最小城乡比测算：在3项最佳比例值测算基础上，以山东人均文化消费城乡比2000年以来最小值测算增长目标，即假设"回复"原有的文化消费城乡比最小状态，作为缩小以至消除城乡差距的基础。如果到2020年山东城乡同时实现2000~2011年3项最佳比例和文化消费最小城乡比，那么城乡人均文化消费应达到6739.63元，年均增长幅度需达到28.98%，为以往11年实际年均增长率的2.96倍（省域间目标距离第18位），文化消费增长与产值增长测算值之比将上升至3.77%。

（6）弥合城乡比测算：在3项最佳比例值测算基础上，以山东人均文化消费城乡比的无差距理想值测算增长目标，即假设文化需求层面的城乡差距得以消除演算校正数值。如果到2020年山东城乡同时实现2000~2011年3项最佳比例和乡村人均文化消费绝对值与城镇水平持平，那么城乡人均文化消费应达到7541.25元，年均增长幅度需达到30.60%，为以往11年实际年均增长率的3.13倍（省域间目标距离第18位），文化消费增长与产值增长测算值之比将上升至4.22%。

（7）城乡无差距测算：在民生基础层面、民生消费层面、文化需求层面3项城乡比的无差距理想状态下实现2000年以来最佳比例测算增长目标，即假设山东乡村相关方面加速增长并与城镇水平持平，同时取城镇标准的3项比例关系最佳值进行演算。如果到2020年山东城乡之间在此3个层面已无差距，统一实现按城镇标准衡量的2000~2011年3项最佳比例，那么城乡人均文化消费应达到8605.12元，年均增长幅度需达到32.53%，为以往11年实际年均增长率的3.32倍（省域间目标距离第20位），文化消费增长与产值增长测算值之比将上升至4.81%。

如果按照国家"十二五"规划转变发展方式的要求，在"十二五"期间

把山东产值年均增长率控制在7%,并一直延续至2020年,那么在图6中,前两类测算因与产值增长演算间接相关,文化消费人均值增长测算的绝对值不变,其与产值比将分别增高至1.82%和4.35%;后五类测算因与产值增长演算直接相关,文化消费人均值增长测算的绝对值相应减少,其所需年均增长幅度(亦即目标差距)将分别减低至13.90%、16.87%、19.06%、20.56%和22.34%(见图6注),显然更加容易实现。

Shandong: The Measure Distance of All Targets are Biggish

Abstract: The evaluated growth targets of cultural consumption and development space of cultural industry in Shandong are as follows: Ranking of the actual growth among various provinces from 2000 to 2011 is the 24th in the valued average added value over the years; Ranking of the targets distance among various provinces from 2011 to 2020 are the 26th in the valued avoiding negative correlation, the 23rd in the valued pillar industry, the 20th in the valued optimal proportion, the 18th in the valued lowest urban-rural ratio, the 18th in the valued closed urban-rural ratio, and the 20th in the valued without urban-rural gap.

Key Words: Shandong's Cultural Industry; Expand Cultural Consumption; Demand and Sharing; Growth Target

B.10
江苏：全部各项测算目标皆进入前2位

摘　要：

　　江苏文化消费增长目标暨文化产业发展空间测评：省域间2000～2011年实际增长排名，历年均增值测算为第1位；省域间2011～2020年目标距离排名，消除负相关测算为第1位；支柱性产业测算为第2位；最佳比例值测算为第2位；最小城乡比测算为第2位；弥合城乡比测算为第2位；城乡无差距测算为第2位。

关键词：

　　江苏文化产业　扩大文化消费　需求与共享　增长目标

一　城乡文化消费需求及相关方面增长态势

2000～2011年江苏城乡文化消费总量和人均值增长态势见图1。

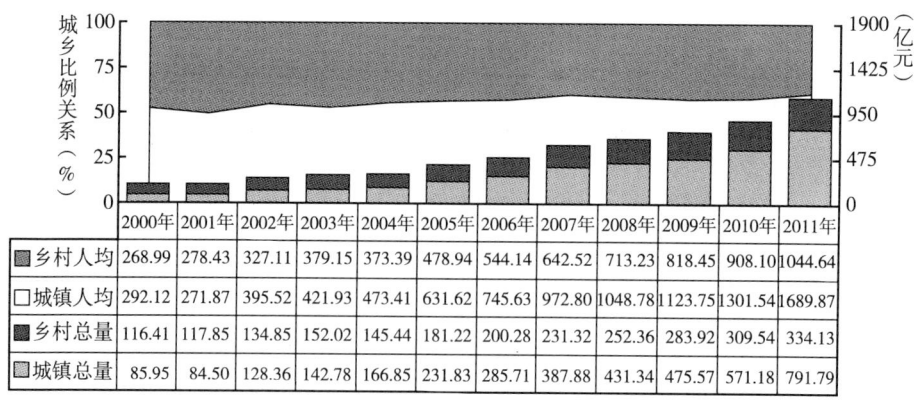

图1　江苏城乡文化消费总量和人均值增长态势

注：左轴为城乡人均文化消费（元转换为%），城乡间历年变动呈面积比例关系；右轴为文化消费总量（亿元），柱形上下之和为城乡总量。

2000~2011年,江苏城乡文化消费总量从202.36亿元增长至1125.92亿元,增加923.56亿元,11年间总增长456.39%,年均增长16.89%。其中,"十五"期间年均增长15.34%;"十一五"期间年均增长16.35%。

同期,江苏城镇人均文化消费从292.12元增长至1689.87元,增加1397.75元,11年间总增长478.48%,年均增长17.30%。其中,"十五"期间年均增长16.68%;"十一五"期间年均增长15.56%。乡村人均文化消费从268.99元增长至1044.64元,增加775.65元,11年间总增长288.36%,年均增长13.13%。其中,"十五"期间年均增长12.23%;"十一五"期间年均增长13.65%。值得注意的是,"十五"期间江苏城镇人均值年均增幅比乡村高出4.45个百分点,城乡差距有所扩大;"十一五"期间江苏城镇人均值年均增幅比乡村高出1.91个百分点,城乡差距持续扩大。

后续各图表将逐步展示江苏相关背景各方面历年增长数据。在此,先把各项绝对值转换为以上一年数值为100的年度增长百分指数,可以清晰看出2000~2011年江苏人均产值、城乡人均收入、非文消费、文化消费和积蓄增长态势见图2。

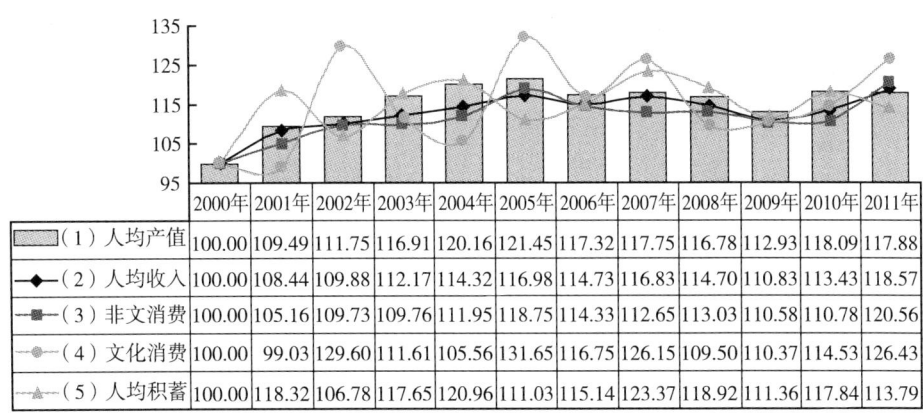

图2 江苏人均产值、城乡人均收入、消费和积蓄增长态势

注:左轴为年增指数(产值为柱形,其余为曲线),上年=100(小于100为负增长);2001~2011年增长(2000年为起点不计)相关系数:(1)与(2)0.8333;(2)与(3)0.8993;(4)与(5)-0.4754,其间2001~2005年-0.8946,2002~2008年-0.5862。

在江苏人均产值、城乡人均收入、非文消费、文化消费和积蓄的年度增长指数中,选取3对具有特定相关关系的数据项,作为文中分析的基础。第一对数据项：（1）柱形系产值历年增长指数，（2）带菱形曲线系收入历年增长指数，二者2001～2011年相关系数为0.8333，即这两个方面历年增长在83.33%的程度上保持同步。第二对数据项：（2）收入历年增长指数，（3）带方形曲线系非文消费历年增长指数，二者2001～2011年相关系数为0.8993，即这两个方面历年增长在89.93%的程度上保持同步。第三对数据项：（4）带圆形曲线系文化消费历年增长指数，（5）带三角形曲线系积蓄历年增长指数，二者2001～2011年相关系数为负值0.4754。分时间段深入考察，其间2001～2005年为负值0.8946，2002～2008年为负值0.5862，分别构成很明显的"负相关"增长反向互动关系。

对比江苏城乡人均积蓄与文化消费两条年度增长曲线，只有2007～2010年显得例外，其余年度大体呈现为横向镜面对应或俗称"水中倒影"的负相关关系。其中，2002年、2005年和2011年江苏城乡人均积蓄年度增长三次跌入低谷，与之对应的是人均文化消费年度增长出现高峰；2001年和2003～2004年江苏城乡人均积蓄年度增长两次形成高峰，与之对应的是人均文化消费年度增长陷入低谷，甚至为负增长。江苏城乡文化消费的"积蓄增长负相关效应"明显成立，尤其是2001～2006年间近乎"完美"表现出来。

二 城乡文化消费需求背景的增长协调性分析

（一）民生基础系数检测

2000～2011年江苏城乡人均收入、产值绝对值、比例值和城乡比变动态势见图3。图中将收入、产值绝对值转换为图形面积比例，二者历年之比形成民生基础系数变动曲线，同时附有收入城乡比变动曲线。

2000～2011年，江苏城乡居民人均收入年均增长13.68%，人均产值年均增长16.36%，比居民收入年均增幅高出2.68个百分点。11年间，江苏城乡居民人均收入与人均产值比例的最高（最佳）值为2000年41.58%，最低值为2010年31.98%。逐年考察，除了2011年出现回升以外，江苏城乡此项比值逐步下降，由2000年41.58%降低至2011年32.17%，比例数值处于31个省域里第26位。民生基础系数呈现减低趋势,意味着在经济增长的同时"人民共享发展成果"程度逐渐降低。

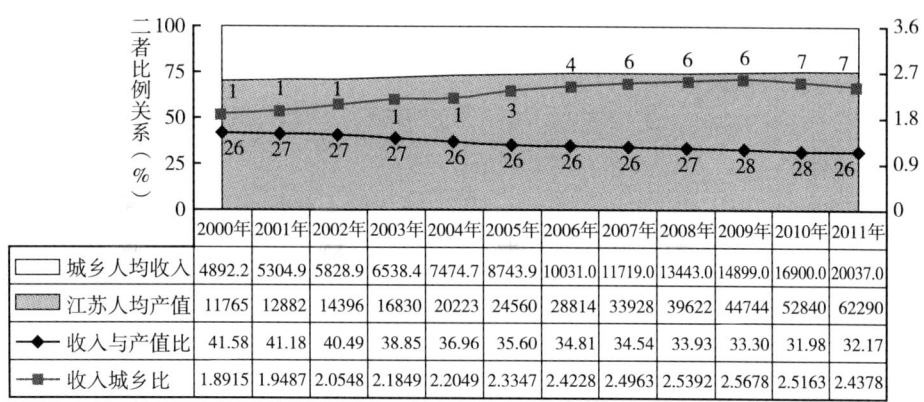

图3　江苏城乡人均收入、产值绝对值、比例值和城乡比变动态势

注:左轴为城乡人均收入、产值(元转换为%),二者变动呈面积比例;相互间历年之比形成民生基础系数(%)曲线;右轴为收入城乡比曲线(乡村=1)。标明历年省域排序。

2000~2011年,江苏乡村居民人均收入年均增长10.52%,城镇居民人均收入年均增长13.10%,比乡村高出2.58个百分点。作为城乡差距的衡量指标,11年间,江苏人均收入城乡比的最小(最佳)值为2000年1.8915,最大值为2009年2.5678。逐年考察,除了2010~2011年出现缩减以外,江苏此项城乡比逐步扩增,由2000年1.8915扩大至2011年2.4378,城乡比数值处于31个省域里第7位。居民收入的城乡差距呈现扩增趋势,意味着在民生基础层面城乡之间"共享发展成果"的程度有所降低。

如果(1)江苏城乡民生基础系数能够保持2000年最佳水平,(2)江苏民生基础层面的城乡差距能够保持2000年最小程度,乃至实现民生基础层面的城乡无差距理想状态,那么在"国民收入再分配"演算和城乡综合重新演算当中,江苏人均收入应有很大增高,这样随后逐步推演的一切测算值都会发生变化。

(二)民生消费系数检测

2000~2011年江苏城乡人均非文消费、收入绝对值、比重值和城乡比变动态势见图4。图中将非文消费、收入绝对值转换为图形面积比例，二者历年之比形成民生消费系数变动曲线，同时附有非文消费城乡比变动曲线。

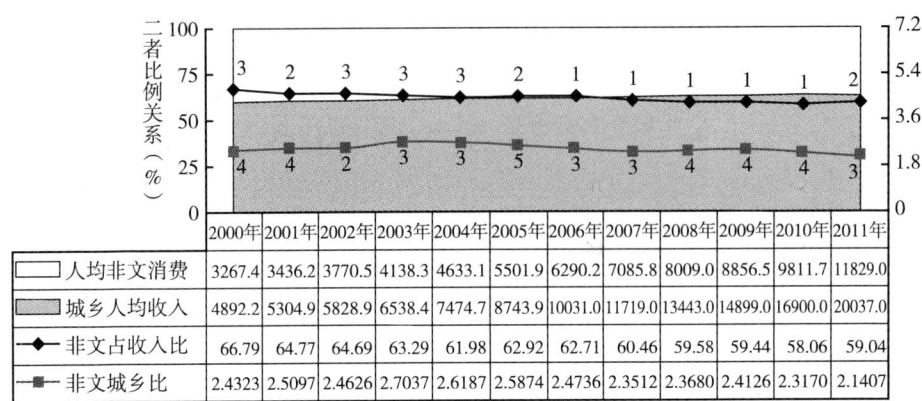

图4 江苏城乡人均非文消费、收入绝对值、比重值和城乡比变动态势

注：左轴为城乡人均非文消费、收入（元转换为%），二者变动呈面积比例；相互间历年之比形成民生消费系数（%）曲线；右轴为非文消费城乡比曲线（乡村=1）。标明历年省域排序。

2000~2011年，江苏城乡居民人均非文消费年均增长12.41%，人均收入年均增长13.68%，比非文消费年均增幅高出1.27个百分点。11年间，江苏城乡居民人均非文消费占人均收入比重的最高值为2000年66.79%，最低（最佳）值为2010年58.06%。逐年考察，除了2005年和2011年出现回升以外，江苏城乡此项比值逐步下降，由2000年66.79%降低至2011年59.04%，比重数值处于31个省域里第2位。民生消费系数呈现减低趋势，亦即"必需消费"之外的余钱占收入比重增高，意味着从"基本小康"到"全面小康"建设的民生效应日益得以显现。

2000~2011年，江苏乡村居民人均非文消费年均增长11.79%，城镇居民人均非文消费年均增长10.50%，比乡村低1.29个百分点。作为城乡差距的衡量指标，11年间，江苏人均非文消费城乡比的最大值为2003年2.7037，最小（最佳）值为2011年2.1407。逐年考察，除了2001年、2003年和2008~2009年出现扩增以外，江苏此项城乡比逐步缩减，由2000年2.4323缩小至2011年2.1407，城乡比数值处于31个省域里第3位。"必需"非文消费的城乡差距呈现缩减趋势，意味着在民生消费层面城乡之间"共享发展成果"的程度有所提高。

如果（1）江苏城乡民生消费系数能够保持2010年最佳水平，（2）江苏民生消费层面的城乡差距能够保持2011年最小程度，乃至实现民生消费层面的城乡无差距理想状态，那么在"必需消费"占收入比重再度演算和城乡综合重新演算当中，江苏人均非文消费应有较大不同，反转则是人均非文消费剩余应有很大增多，这样随后推演的相关数值也会发生变化。

（三）文化需求系数检测

2000～2011年江苏城乡人均文化消费、非文消费剩余绝对值、比例值和城乡比变动态势见图5。图中将文化消费、非文消费剩余绝对值转换为图形面积比例，二者历年之比形成文化需求系数变动曲线，同时附有文化消费城乡比变动曲线。

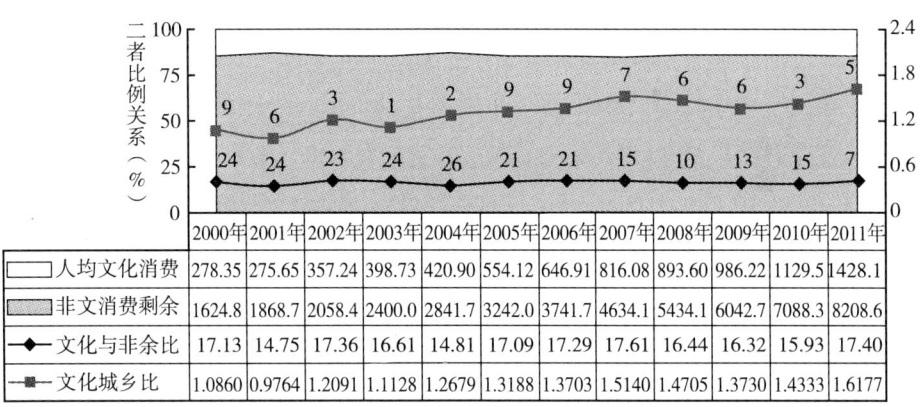

图5　江苏城乡人均文化消费、非文消费剩余绝对值、比例值和城乡比变动态势

注：左轴为城乡人均文化消费、非文消费剩余（元转换为%），二者变动呈面积比例；相互间历年之比形成文化需求系数（%）曲线；右轴为文化消费城乡比曲线（乡村=1，小于1为"城乡倒挂"，即城镇人均值低于乡村）。标明历年省域排序。

2000～2011年，江苏城乡居民人均文化消费年均增长16.03%，人均非文消费剩余年均增长15.87%，比文化消费年均增幅低0.16个百分点。11年间，江苏城乡居民人均文化消费与人均非文消费剩余比例的最低值为2001年

14.75%，最高（最佳）值为2007年17.61%。逐年考察，除了2001年、2003~2004年和2008~2010年出现回落以外，江苏城乡此项比值逐步上升，由2000年17.13%提高至2011年17.40%，比例数值处于31个省域里第7位。文化需求系数呈现增高趋势，意味着"非必需"的文化消费需求增长受"积蓄增长负相关效应"反向牵制的影响有所减弱。

2000~2011年，江苏乡村居民人均文化消费年均增长13.13%，城镇居民人均文化消费年均增长17.30%，比乡村高出4.17个百分点。作为城乡差距的衡量指标，11年间，江苏人均文化消费城乡比的最小（最佳）值为2001年0.9764，最大值为2011年1.6177。逐年考察，除了2001年、2003年和2008~2009年出现缩减以外，江苏此项城乡比逐步扩增，由2000年1.0860扩大至2011年1.6177，城乡比数值处于31个省域里第5位。文化消费需求的城乡差距呈现出扩增趋势，意味着在文化消费需求层面城乡之间"共享发展成果"的程度有所降低。

如果（1）江苏城乡文化需求系数能够保持2007年最佳水平，（2）江苏文化需求层面的城乡差距能够保持2001年最小程度，乃至实现文化需求层面的城乡无差距理想状态，那么在"非必需"文化消费占余钱比重再度演算和城乡综合重新演算当中，江苏人均文化消费应有很大增长。

三 文化需求增长目标暨文化产业发展空间测算

2011~2020年江苏城乡人均文化消费需求增长测算见图6，图中提供了文化产业供需协调增长目标的七类测算结果。

（1）历年均增值测算：以江苏城乡人均文化消费2000年以来年均增长率测算增长目标，可以得出概率最高的或然增长结果。如果2011~2020年江苏城乡保持与2000~2011年相同的年均增长率16.03%（省域间实际增长第1位），那么到2020年城乡人均文化消费将达到5442.58元。在相关各方面增长均依此推算的情况下，由于江苏城乡文化消费与产值的比例在2000~2011年呈现下降态势，2020年文化消费增长与产值增长测算值之比将继续降低至2.23%。

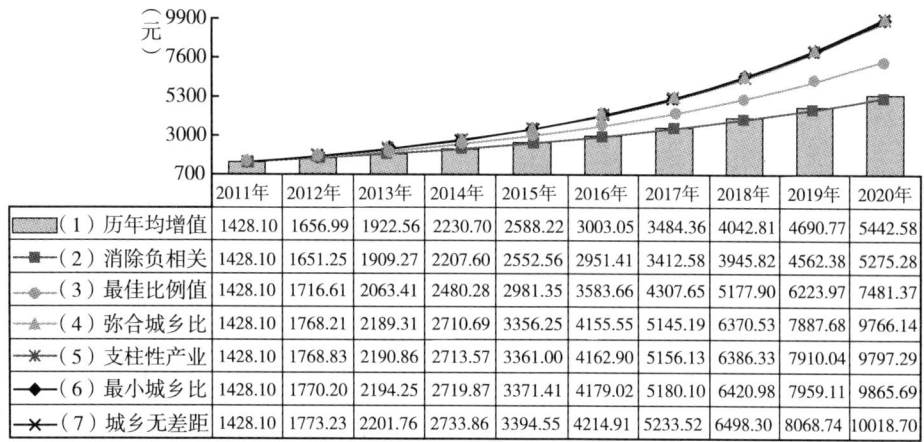

图6　2011～2020年江苏城乡人均文化消费需求增长测算

注：作为背景因素，2011～2020年人均产值按2000～2011年实际年均增长率推算。2011年文化消费与产值比实际值2.29%；2020年测算值：（1）2.23%；（2）2.17%；（3）3.07%；（4）4.01%；（5）4.02%；（6）4.05%；（7）4.11%。2011～2020年文化消费年均增长：（1）16.03%（即2000～2011年实际值，以下为测算值）；（2）15.63%；（3）20.20%；（4）23.82%；（5）23.86%；（6）23.95%；（7）24.17%。若产值按年均增长率7%推算，则2020年文化消费与产值比（增量、增幅不变）：（1）4.75%；（2）4.61%。2020年文化消费（与产值比不变）：（3）3517.33元，年增10.53%；（4）4591.51元，年增13.86%；（5）4606.15元，年增13.90%；（6）4638.31元，年增13.98%；（7）4710.25元，年增14.18%。

（2）消除负相关测算：以江苏城乡文化需求系数2000年以来最佳比例测算增长目标，即假设文化消费增长与积蓄增长之间排除负相关关系。如果到2020年江苏城乡此项比例实现2000～2011年最佳状态，那么城乡人均文化消费应达到5275.28元，年均增长幅度需达到15.63%，为以往11年实际年均增长率的0.98倍（省域间目标距离第1位），文化消费增长与产值增长测算值之比将上升至2.17%。

（3）最佳比例值测算：以江苏城乡民生基础系数、民生消费系数、文化需求系数2000年以来3项最佳比例测算增长目标，即假设"回复"曾有的3项比例关系最佳值。如果到2020年江苏城乡3项比例同步实现2000～2011年最佳状态，那么城乡人均文化消费应达到7481.37元，年均增长幅度需达到20.20%，为以往11年实际年均增长率的1.26倍（省域间目标距离第2位），文化消费增长与产值增长测算值之比将上升至3.07%。

（4）弥合城乡比测算（江苏最小城乡比"倒挂"，此类测算可避免矫枉过正）：在3项最佳比例值测算基础上，以江苏人均文化消费城乡比的无差距理想值测算增长目标，即假设文化需求层面的城乡差距得以消除演算校正数值。如果到2020年江苏城乡同时实现2000~2011年3项最佳比例和乡村人均文化消费绝对值与城镇水平持平，那么城乡人均文化消费应达到9766.14元，年均增长幅度需达到23.82%，为以往11年实际年均增长率的1.49倍（省域间目标距离第2位），文化消费增长与产值增长测算值之比将上升至4.01%。

（5）支柱性产业测算：摈弃单纯的"文化GDP追逐"，通过文化消费增长空间反推，以生产满足需求测算增长目标，即假设消费需求增长推动生产发展，实现文化产业供需协调增长，达到支柱产业所需占产值比重。各地至2020年城乡文化消费与产值之比的测算值各有不同，江苏测算值为4.02%。据此反推，到2020年江苏城乡人均文化消费应达到9797.29元，年均增长幅度需达到23.86%，为以往11年实际年均增长率的1.49倍（省域间目标距离第2位）。

（6）最小城乡比测算：在3项最佳比例值测算基础上，以江苏人均文化消费城乡比2000年以来最小值测算增长目标，即假设"回复"原有的文化消费城乡比最小状态，作为缩小以至消除城乡差距的基础。如果到2020年江苏城乡同时实现2000~2011年3项最佳比例和文化消费最小城乡比，那么城乡人均文化消费应达到9865.69元，年均增长幅度需达到23.95%，为以往11年实际年均增长率的1.49倍（省域间目标距离第2位），文化消费增长与产值增长测算值之比将上升至4.05%。

（7）城乡无差距测算：在民生基础层面、民生消费层面、文化需求层面3项城乡比的无差距理想状态下实现2000年以来最佳比例测算增长目标，即假设江苏乡村相关方面加速增长并与城镇水平持平，同时取城镇标准的3项最佳比例关系进行演算。如果到2020年江苏城乡之间在此3个层面已无差距，统一实现按城镇标准衡量的2000~2011年3项最佳比例，那么城乡人均文化消费应达到10018.70元，年均增长幅度需达到24.17%，为以往11年实际年均增长率的1.51倍（省域间目标距离第2位），文化消费增长与产值增长测算值之比将上升至4.11%。

如果按照国家"十二五"规划转变发展方式的要求,在"十二五"期间把江苏产值年均增长率控制在7%,并一直延续至2020年,那么在图6中,前两类测算因与产值增长演算间接相关,文化消费人均值增长测算的绝对值不变,其与产值比将分别增高至4.75%和4.61%;后五类测算因与产值增长演算直接相关,文化消费人均值增长测算的绝对值相应减少,其所需年均增长幅度(亦即目标差距)将分别减低至10.53%、13.86%、13.90%、13.98%和14.18%(见图6注),显然更加容易实现。

Jiangsu: All of the Measure Targets Accounts for the Top Two

Abstract: The evaluated growth targets of cultural consumption and development space of cultural industry in Jiangsu are as follows: Ranking of the actual growth among various provinces from 2000 to 2011 is the 1st in the valued average added value over the years; Ranking of the targets distance among various provinces from 2011 to 2020 are the 1st in the valued avoiding negative correlation, the 2nd in the valued pillar industry, the 2nd in the valued optimal proportionment, the 2nd in the valued lowest urban-rural ratio, the 2nd in the valued closed urban-rural ratio, and the 2nd in the valued without urban-rural gap.

Key Words: Jiangsu's Cultural Industry; Expand Cultural Consumption; Demand and Sharing; Growth Target

B.11
上海：5项测算增长目标距离占据首位

摘 要：

　　上海文化消费增长目标暨文化产业发展空间测评：省域间2000～2011年实际增长排名，历年均增值测算为第8位；省域间2011～2020年目标距离排名，消除负相关测算为第5位；支柱性产业测算为第1位；最佳比例值测算为第1位；最小城乡比测算为第1位；弥合城乡比测算为第1位；城乡无差距测算为第1位。

关键词：

　　上海文化产业　扩大文化消费　需求与共享　增长目标

一 城乡文化消费需求及相关方面增长态势

2000～2011年上海城乡文化消费总量和人均值增长态势见图1。

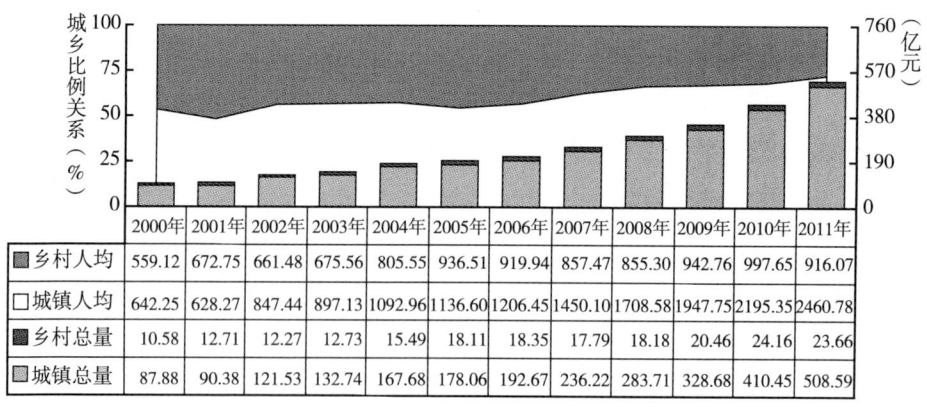

图1　上海城乡文化消费总量和人均值增长态势

注：左轴为城乡人均文化消费（元转换为%），城乡间历年变动呈面积比例关系；右轴为文化消费总量（亿元），柱形上下之和为城乡总量。

2000～2011年，上海城乡文化消费总量从98.46亿元增长至532.25亿元，增加433.79亿元，11年间总增长440.57%，年均增长16.58%。其中，"十五"期间年均增长14.78%；"十一五"期间年均增长17.24%。

同期，上海城镇人均文化消费从642.25元增长至2460.78元，增加1818.53元，11年间总增长283.15%，年均增长12.99%。其中，"十五"期间年均增长12.09%；"十一五"期间年均增长14.07%。乡村人均文化消费从559.12元增长至916.07元，增加356.95元，11年间总增长63.84%，年均增长4.59%。其中，"十五"期间年均增长10.87%；"十一五"期间年均增长1.27%。值得注意的是，"十五"期间上海城镇人均值年均增幅比乡村高出1.22个百分点，城乡差距有所扩大；"十一五"期间上海城镇人均值年均增幅比乡村高出12.80个百分点，城乡差距持续扩大。

后续各图表将逐步展示上海相关背景各方面历年增长数据。在此，先把各项绝对值转换为以上一年数值为100的年度增长百分指数，可以清晰看出2000～2011年上海人均产值、城乡人均收入、非文消费、文化消费和积蓄增长态势见图2。

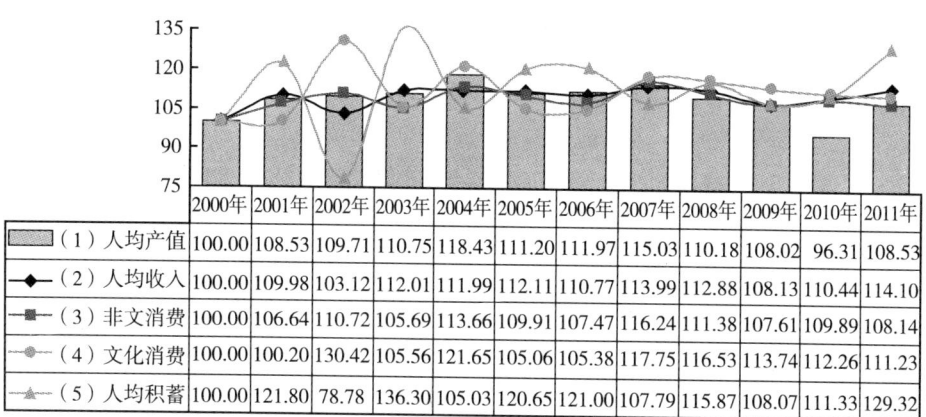

图2　上海人均产值、城乡人均收入、消费和积蓄增长态势

注：左轴为年增指数（产值为柱形，其余为曲线），上年＝100（小于100为负增长）；2001～2011年增长（2000年为起点不计）相关系数：（1）与（2）0.2224；（2）与（3）0.1991；（4）与（5）－0.8466，其间2001～2006年－0.9035，2002～2007年－0.9344，2004～2009年－0.8779。

在上海人均产值、城乡人均收入、非文消费、文化消费和积蓄的年度增长指数中，选取3对具有特定相关关系的数据项，作为文中分析的基础。第一对数据项：(1) 柱形系产值历年增长指数，(2) 带菱形曲线系收入历年增长指数，二者2001～2011年相关系数为0.2224，即这两个方面历年增长在22.24%的程度上保持同步。第二对数据项：(2) 收入历年增长指数，(3) 带方形曲线系非文消费历年增长指数，二者2001～2011年相关系数为0.1991，即这两个方面历年增长在19.91%的程度上保持同步。第三对数据项：(4) 带圆形曲线系文化消费历年增长指数，(5) 带三角形曲线系积蓄历年增长指数，二者2001～2011年相关系数为负值0.8466。分时间段深入考察，其间2001～2006年为负值0.9035，2002～2007年为负值0.9344，2004～2009年为负值0.8779，分别构成很明显的"负相关"增长反向互动关系。

对比上海城乡人均积蓄与文化消费两条年度增长曲线，只有2008～2010年显得例外，其余年度大体呈现为横向镜面对应或俗称"水中倒影"的负相关关系。其中，2002年上海城乡人均积蓄年度增长跌入低谷，呈现为负增长，与之对应的是人均文化消费年度增长出现高峰；2001年、2003年和2005～2006年上海城乡人均积蓄年度增长三次形成高峰，与之对应的是人均文化消费年度增长陷入低谷。上海城乡文化消费的"积蓄增长负相关效应"明显成立，尤其是2001～2007年近乎"完美"地表现出来。

二 城乡文化消费需求背景的增长协调性分析

（一）民生基础系数检测

2000～2011年上海城乡人均收入、产值绝对值、比例值和城乡比变动态势见图3。图中将收入、产值绝对值转换为图形面积比例，二者历年之比形成民生基础系数变动曲线，同时附有收入城乡比变动曲线。

2000～2011年，上海城乡居民人均收入年均增长10.82%，人均产值年均增长9.75%，比居民收入年均增幅低1.07个百分点。11年间，上海城乡居民人均收入与人均产值比例的最低值为2007年33.30%，最高（最佳）值为2011年41.17%。逐年考察，除了2002年、2004年和2006～2007年出现回降以外，上海城乡此项比值逐步上升，由2000年36.99%提高至2011年

41.17%，比例数值处于 31 个省域里第 8 位。民生基础系数呈现出增高趋势，意味着在经济增长的同时"人民共享发展成果"程度逐渐提高。

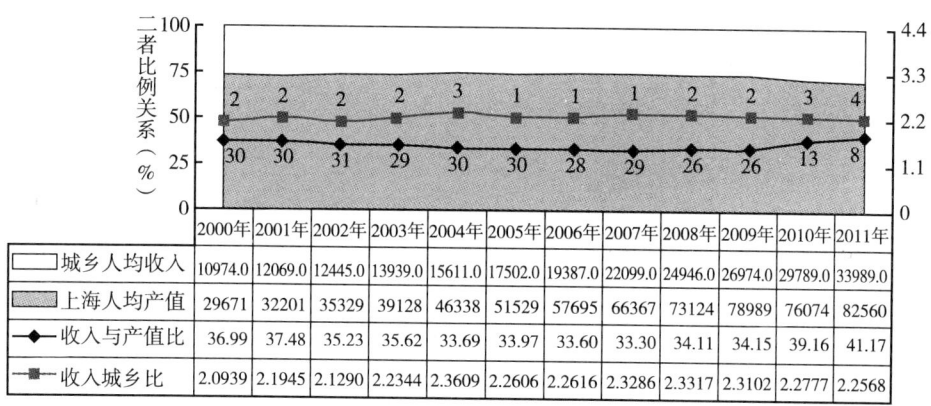

图 3　上海城乡人均收入、产值绝对值、比例值和城乡比变动态势

注：左轴为城乡人均收入、产值（元转换为%），二者变动呈面积比例；相互间历年之比形成民生基础系数（%）曲线；右轴为收入城乡比曲线（乡村=1）。标明历年之省域排序。

2000~2011 年，上海乡村居民人均收入年均增长 10.05%，城镇居民人均收入年均增长 10.81%，比乡村高出 0.76 个百分点。作为城乡差距的衡量指标，11 年间，上海人均收入城乡比的最小（最佳）值为 2000 年 2.0939，最大值为 2004 年 2.3609。逐年考察，除了 2002 年、2005 年和 2009~2011 年出现缩减以外，上海此项城乡比逐步扩增，由 2000 年 2.0939 扩大至 2011 年 2.2568，城乡比数值处于 31 个省域里第 4 位。居民收入的城乡差距呈现出扩增趋势，意味着在民生基础层面城乡之间"共享发展成果"的程度有所降低。

如果（1）上海城乡民生基础系数能够保持 2011 年最佳水平，（2）上海民生基础层面的城乡差距能够保持 2000 年最小程度，乃至实现民生基础层面的城乡无差距理想状态，那么在"国民收入再分配"演算和城乡综合重新演算当中，上海人均收入应有很大增高，这样随后逐步推演的一切测算值都会发生变化。

（二）民生消费系数检测

2000~2011 年上海城乡人均非文消费、收入绝对值、比重值和城乡比变动态势见图4。图中将非文消费、收入绝对值转换为图形面积比例，二者历年之比形成民生消费系数变动曲线，同时附有非文消费城乡比变动曲线。

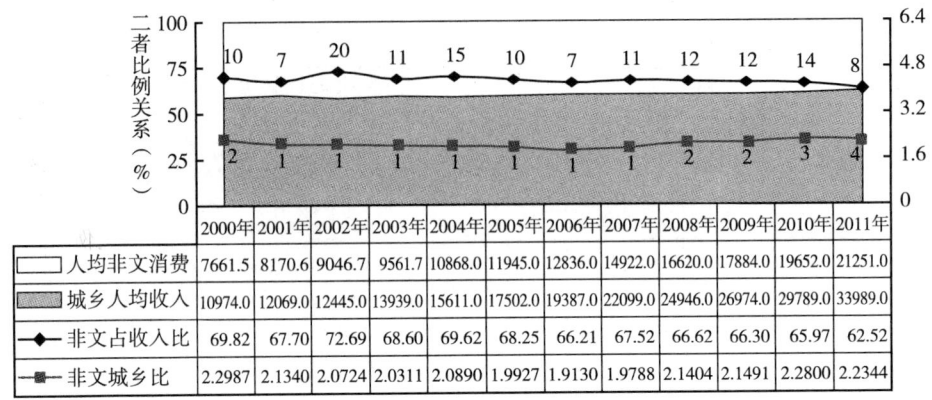

图4 上海城乡人均非文消费、收入绝对值、比重值和城乡比变动态势

注：左轴为城乡人均非文消费、收入（元转换为%），二者变动呈面积比例；相互间历年之比形成民生消费系数（%）曲线；右轴为非文消费城乡比曲线（乡村=1）。标明历年省域排序。

2000~2011年，上海城乡居民人均非文消费年均增长9.72%，人均收入年均增长10.82%，比非文消费年均增幅高出1.10个百分点。11年间，上海城乡居民人均非文消费占人均收入比重的最高值为2002年72.69%，最低（最佳）值为2011年62.52%。逐年考察，除了2002年、2004年和2007年出现回升以外，上海城乡此项比值逐步下降，由2000年69.81%降低至2011年62.52%，比重数值处于31个省域里第8位。民生消费系数呈现出减低趋势，亦即"必需消费"之外的余钱占收入比重增高，意味着从"基本小康"到"全面小康"建设的民生效应日益得以显现。

2000~2011年，上海乡村居民人均非文消费年均增长9.92%，城镇居民人均非文消费年均增长9.64%，比乡村低0.28个百分点。作为城乡差距的衡量指标，11年间，上海人均非文消费城乡比的最大值为2000年2.2987，最小（最佳）值为2006年1.9130。逐年考察，除了2004年和2007~2010年出现扩增以外，上海此项城乡比逐步缩减，由2000年2.2987缩小至2011年2.2344，城乡比数值处于31个省域里第4位。"必需"非文消费的城乡差距呈现出缩减趋势，意味着在民生消费层面城乡之间"共享发展成果"的程度有所提高。

如果（1）上海城乡民生消费系数能够保持2011年最佳水平，（2）上海民生消费层面的城乡差距能够保持2006年最小程度，乃至实现民生消费层面的城乡无差距理想状态，那么在"必需消费"占收入比重再度演算和城乡综合重新演算当中，上海人均非文消费应有较大不同，反转则是人均非文消费剩余应有很大增多，这样随后推演的相关数值也会发生变化。

（三）文化需求系数检测

2000~2011年上海城乡人均文化消费、非文消费剩余绝对值、比例值和城乡比变动态势见图5。图中将文化消费、非文消费剩余绝对值转换为图形面积比例，二者历年之比形成文化需求系数变动曲线，同时附有文化消费城乡比变动曲线。

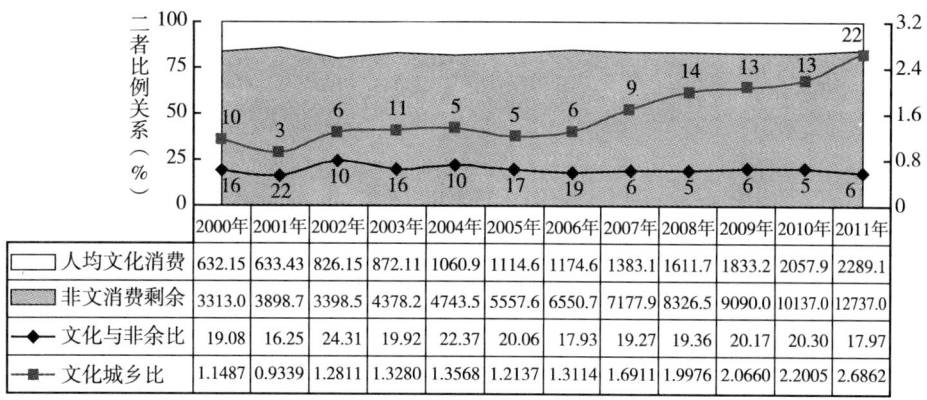

图5　上海城乡人均文化消费、非文消费剩余绝对值、比例值和城乡比变动态势

注：左轴为城乡人均文化消费、非文消费剩余（元转换为%），二者变动呈面积比例；相互间历年之比形成文化需求系数（%）曲线；右轴为文化消费城乡比曲线（乡村=1，小于1为"城乡倒挂"，即城镇人均值低于乡村）。标明历年省域排序。

2000~2011年，上海城乡居民人均文化消费年均增长12.41%，人均非文消费剩余年均增长13.02%，低文化消费年均增幅高出0.61个百分点。11年间，上海城乡居民人均文化消费与人均非文消费剩余比例的最高（最佳）值为2002年24.31%，最低值为2001年16.25%。逐年考察，除了2002年、2004年和2007~2010年出现回升以外，上海城乡此项比值逐步下降，由2000

年19.08%降低至2011年17.97%，比例数值处于31个省域里第6位。文化需求系数呈现出减低趋势，意味着"非必需"的文化消费需求增长依然受到"积蓄增长负相关效应"的反向牵制。

2000~2011年，上海乡村居民人均文化消费年均增长4.59%，城镇居民人均文化消费年均增长12.99%，高于乡村8.40个百分点。作为城乡差距的衡量指标，11年间，上海人均文化消费城乡比的最小（最佳）值为2001年0.9339，最大值为2011年2.6862。逐年考察，除了2001年和2005年出现缩减以外，上海此项城乡比逐步扩增，由2000年1.1487扩大至2011年2.6862，城乡比数值处于31个省域里第22位。文化消费需求的城乡差距呈现扩增趋势，意味着在文化消费需求层面城乡之间"共享发展成果"的程度有所降低。

如果（1）上海城乡文化需求系数能够保持2002年最佳水平，（2）上海文化需求层面的城乡差距能够保持2001年最小程度，乃至实现文化需求层面的城乡无差距理想状态，那么在"非必需"文化消费占余钱比重再度演算和城乡综合重新演算当中，上海人均文化消费应有很大增长。

三 文化需求增长目标暨文化产业发展空间测算

2011~2020年上海城乡人均文化消费需求增长测算见图6，图中提供了文化产业供需协调增长目标的七类测算结果。

（1）历年均增值测算：以上海城乡人均文化消费2000年以来年均增长率测算增长目标，可以得出概率最高的或然增长结果。如果2011~2020年上海城乡保持与2000~2011年相同的年均增长率12.41%（省域间实际增长第8位），那么到2020年城乡人均文化消费将达到6560.35元。在相关各方面增长均依此推算的情况下，由于上海城乡文化消费与产值的比例在2000~2011年呈现上升态势，2020年文化消费增长与产值增长测算值之比将继续升高至3.44%。

（2）消除负相关测算：以上海城乡文化需求系数2000年以来最佳比例测算增长目标，即假设文化消费增长与积蓄增长之间排除负相关关系。如果到2020年上海城乡此项比例实现2000~2011年最佳状态，那么城乡人均文化消费应达到8993.22元，年均增长幅度需达到16.42%，为以往11年实际年均增长率的1.32倍（省域间目标距离第5位），文化消费增长与产值增长测算值之比将上升至4.72%。

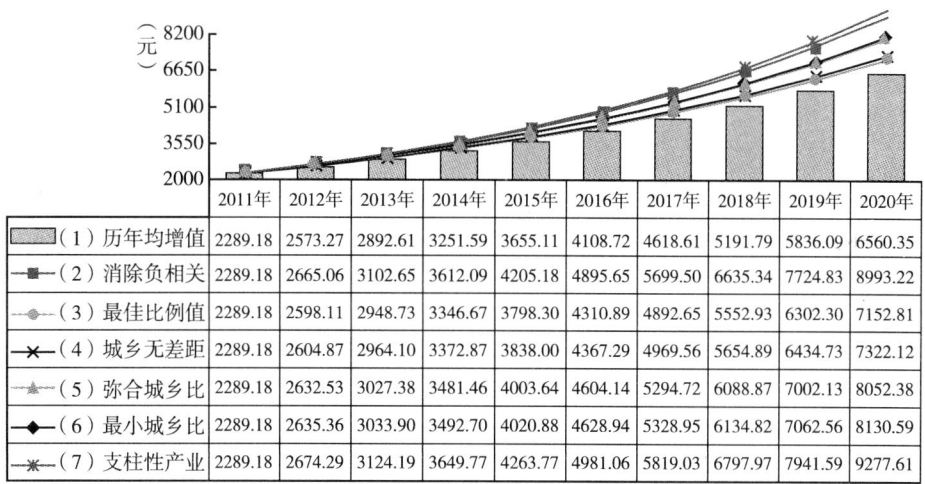

图6 2011~2020年上海城乡人均文化消费需求增长测算

注：作为背景因素，2011~2020年人均产值按2000~2011年实际年均增长率推算。2011年文化消费与产值比实际值2.77%；2020年测算值：（1）3.44%；（2）4.72%；（3）3.75%；（4）3.84%；（5）4.22%；（6）4.26%；（7）4.86%。2011~2020年文化消费年均增长：（1）12.41%（即2000~2011年实际值，以下为测算值）；（2）16.42%；（3）13.50%；（4）13.79%；（5）15.00%；（6）15.12%；（7）16.82%。若产值按年均增长率7%推算，则2020年文化消费与产值比（增量、增幅不变）：（1）4.32%；（2）5.93%。2020年文化消费（与产值比不变）：（3）5692.46元，年增10.65%；（4）5827.20元，年增10.94%；（5）6408.37元，年增12.12%；（6）6470.62元，年增12.24%；（7）7383.45元，年增13.90%。

（3）最佳比例值测算：以上海城乡民生基础系数、民生消费系数、文化需求系数2000年以来3项最佳比例测算增长目标，即假设"回复"曾有的3项最佳比例关系。如果到2020年上海城乡3项比例同步实现2000~2011年最佳状态，那么城乡人均文化消费应达到7152.81元，年均增长幅度需达到13.50%，为以往11年实际年均增长率的1.09倍（省域间目标距离第1位），文化消费增长与产值增长测算值之比将上升至3.75%。

（4）城乡无差距测算：在民生基础层面、民生消费层面、文化需求层面3项城乡比的无差距理想状态下实现2000年以来最佳比例测算增长目标，即假设上海乡村相关方面加速增长并与城镇水平持平，同时取城镇标准的3项比例关系最佳值进行演算。如果到2020年上海城乡之间在此3个层面已无差距，统一实现按城镇标准衡量的2000~2011年3项最佳比例，那么城乡人均文化消费应达到7322.12元，年均增长幅度需达到13.79%，为以往11年实际年均增长率的1.11倍（省域间目标距离第1位），文化消费增长与产值增长测算值之比将上升至3.84%。

（5）弥合城乡比测算（上海最小城乡比"倒挂"，此类测算可避免矫枉过正）：在3项最佳比例值测算基础上，以上海人均文化消费城乡比的无差距理想值测算增长目标，即假设文化需求层面的城乡差距得以消除演算校正数值。如果到2020年上海城乡同时实现2000~2011年3项最佳比例和乡村人均文化消费绝对值与城镇水平持平，那么城乡人均文化消费应达到8052.38元，年均增长幅度需达到15.00%，为以往11年实际年均增长率的1.21倍（省域间目标距离第1位），文化消费增长与产值增长测算值之比将上升至4.22%。

（6）最小城乡比测算：在3项最佳比例值测算基础上，以上海人均文化消费城乡比2000年以来最小值测算增长目标，即假设"回复"原有的文化消费城乡比最小状态，作为缩小以至消除城乡差距的基础。如果到2020年上海城乡同时实现2000~2011年3项最佳比例和文化消费最小城乡比，那么城乡人均文化消费应达到8130.59元，年均增长幅度需达到15.12%，为以往11年实际年均增长率的1.22倍（省域间目标距离第1位），文化消费增长与产值增长测算值之比将上升至4.26%。

（7）支柱性产业测算：摒弃单纯的"文化GDP追逐"，通过文化消费增长空间反推，以生产满足需求测算增长目标，即假设消费需求增长推动生产发展，实现文化产业供需协调增长，达到支柱产业所需占产值比重。各地至2020年城乡文化消费与产值之比的测算值各有不同，上海测算值为4.86%。据此反推，到2020年上海城乡人均文化消费应达到9277.61元，年均增长幅度需达到16.82%，为以往11年实际年均增长率的1.36倍（省域间目标距离第1位）。

如果按照国家"十二五"规划转变发展方式的要求，在"十二五"期间把上海产值年均增长率控制在7%，并一直延续至2020年，那么在图6中，前两类测算因与产值增长演算间接相关，文化消费人均值增长测算的绝对值不变,其与产值比将分别增高至 4.32% 和 5.93%;后五类测算因与产值增长演算直接相关,文化消费人均值增长测算的绝对值相应减少,其所需年均增长幅度(亦即目标差距)将分别减低至 10.65%、10.94%、12.12%、12.24% 和 13.90%(见图 6 注),显然更加容易实现。

Shanghai: The Growth Target Distance of Five Measure Items Ranks the Top One

Abstract: The evaluated growth targets of cultural consumption and development space of cultural industry in Shanghai are as follows: Ranking of the actual growth among various provinces from 2000 to 2011 is the 8th in the valued average added value over the years; Ranking of the targets distance among various provinces from 2011 to 2020 are the 5th in the valued avoiding negative correlation, the 1st in the valued pillar industry, the 1st in the valued optimal proportion, the 1st in the valued lowest urban-rural ratio, the 1st in the valued closed urban-rural ratio, and the 1st in the valued without urban-rural gap.

Key Words: Shanghai's Cultural Industry; Expand Cultural Consumption; Demand and Sharing; Growth Target

B.12 浙江：实际增长及消除负相关测算距离偏大

摘　要：

　　浙江文化消费增长目标暨文化产业发展空间测评：省域间2000～2011年实际增长排名，历年均增值测算为第16位；省域间2011～2020年目标距离排名，消除负相关测算为第16位；支柱性产业测算为第9位；最佳比例值测算为第12位；最小城乡比测算为第10位；弥合城乡比测算为第10位；城乡无差距测算为第11位。

关键词：

　　浙江文化产业　扩大文化消费　需求与共享　增长目标

一　城乡文化消费需求及相关方面增长态势

2000～2011年浙江城乡文化消费总量和人均值增长态势见图1。

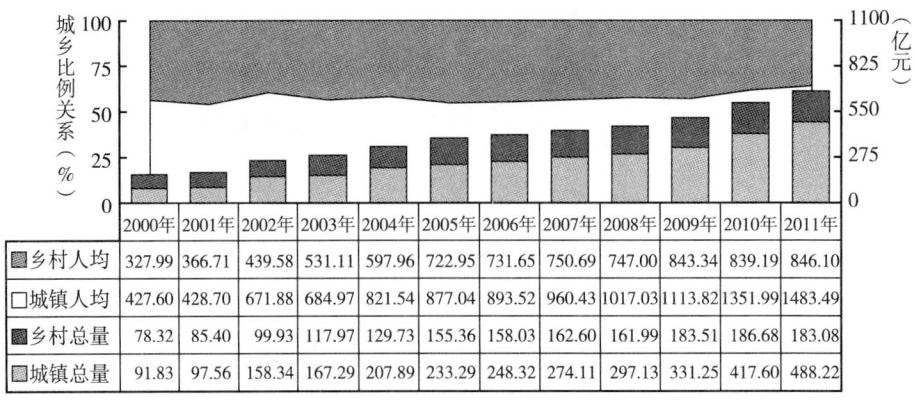

图1　浙江城乡文化消费总量和人均值增长态势

注：左轴为城乡人均文化消费（元转换为%），城乡间历年变动呈面积比例关系；右轴为文化消费总量（亿元），柱形上下之和为城乡总量。

2000~2011年，浙江城乡文化消费总量从170.15亿元增长至671.30亿元，增加501.15亿元，11年间总增长294.53%，年均增长13.29%。其中，"十五"期间年均增长17.96%；"十一五"期间年均增长9.23%。

同期，浙江城镇人均文化消费从427.60元增长至1483.49元，增加1055.89元，11年间总增长246.93%，年均增长11.97%。其中，"十五"期间年均增长15.45%；"十一五"期间年均增长9.04%。乡村人均文化消费从327.99元增长至846.10元，增加518.11元，11年间总增长157.97%，年均增长9.00%。其中，"十五"期间年均增长17.12%；"十一五"期间年均增长3.03%。值得注意的是，"十五"期间浙江城镇人均值年均增幅比乡村低1.67个百分点，城乡差距有所缩小；"十一五"期间浙江城镇人均值年均增幅比乡村高出6.01个百分点，城乡差距转为扩大。

后续各图表将逐步展示浙江相关背景各方面历年增长数据。在此，先把各项绝对值转换为以上一年数值为100的年度增长百分指数，可以清晰看出2000~2011年浙江人均产值、城乡人均收入、非文消费、文化消费和积蓄增长态势见图2。

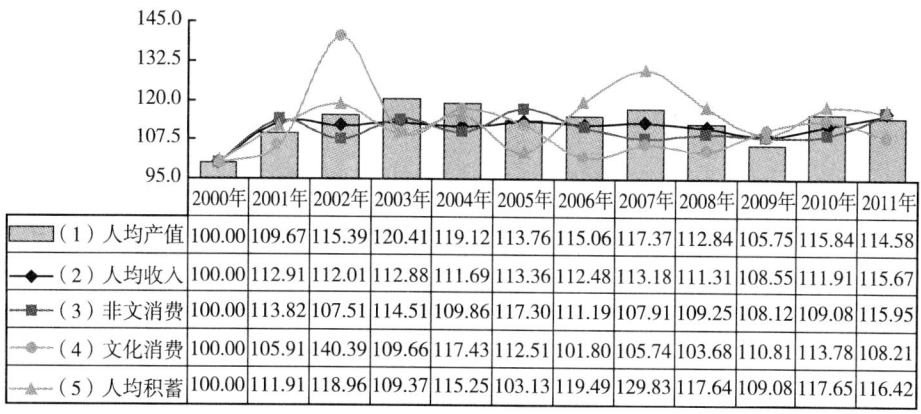

图2 浙江人均产值、城乡人均收入、消费和积蓄增长态势

注：左轴为年增指数（产值为柱形，其余为曲线），上年=100；2001~2011年增长（2000年为起点不计）相关系数：（1）与（2）0.4702；（2）与（3）0.6538；（4）与（5）-0.0187，其间2005~2009年-0.7352，2005~2010年-0.5597，2005~2011年-0.5594。

在浙江人均产值、城乡人均收入、非文消费、文化消费和积蓄的年度增长指数中，选取3对具有特定相关关系的数据项，作为文中分析的基础。第一对数据项：(1) 柱形系产值历年增长指数，(2) 带菱形曲线系收入历年增长指数，二者2001～2011年相关系数为0.4702，即这两个方面历年增长在47.02%的程度上保持同步。第二对数据项：(2) 收入历年增长指数，(3) 带方形曲线系非文消费历年增长指数，二者2001～2011年相关系数为0.6538，即这两个方面历年增长在65.38%的程度上保持同步。第三对数据项：(4) 带圆形曲线系文化消费历年增长指数，(5) 带三角形曲线系积蓄历年增长指数，二者2001～2011年相关系数为负值0.0187。分时间段深入考察，其间2005～2009年为负值0.7352，分别构成很明显的"负相关"增长反向互动关系。

对比浙江城乡人均积蓄与文化消费两条年度增长曲线，大体呈现为横向镜面对应或俗称"水中倒影"的负相关关系。其中，2002年浙江城乡人均积蓄年度增长处于较低值，与之对应的是人均文化消费年度增长出现高峰；2006～2008年浙江城乡人均积蓄年度增长形成高峰，与之对应的是人均文化消费年度增长陷入低谷。浙江城乡文化消费的"积蓄增长负相关效应"明显成立。

二 城乡文化消费需求背景的增长协调性分析

(一) 民生基础系数检测

2000～2011年浙江城乡人均收入、产值绝对值、比例值和城乡比变动态势见图3。图中将收入、产值绝对值转换为图形面积比例，二者历年之比形成民生基础系数变动曲线，同时附有收入城乡比变动曲线。

2000～2011年，浙江城乡居民人均收入年均增长12.35%，人均产值年均增长14.46%，比居民收入年均增幅高出2.11个百分点。11年间，浙江城乡居民人均收入与人均产值比例的最高（最佳）值为2001年50.90%，最低值为2010年39.91%。逐年考察，除了2001年、2009年和2011年出现回升以外，浙江城乡此项比值逐步下降，由2000年49.44%降低至2011年40.29%，比例数值处于31个省域里第12位。民生基础系数呈现减低趋势，意味着在经济增长的同时"人民共享发展成果"程度逐渐降低。

2000～2011年，浙江乡村居民人均收入年均增长10.74%，城镇居民人均

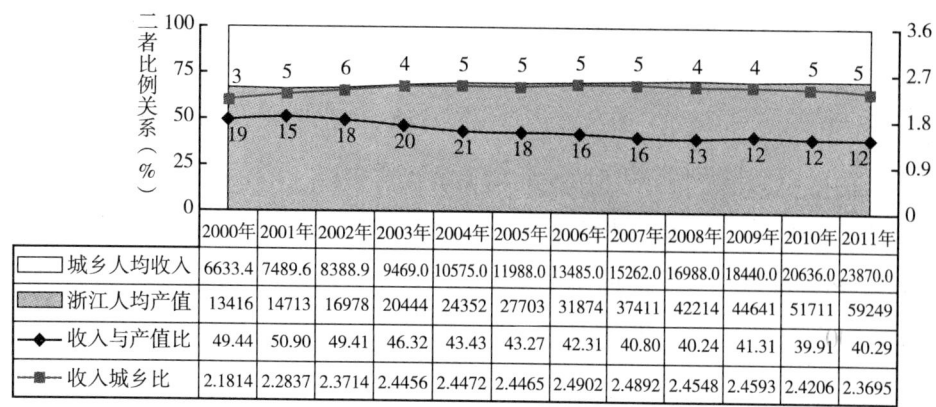

图 3　浙江城乡人均收入、产值绝对值、比例值和城乡比变动态势

注：左轴为城乡人均收入、产值（元转换为%），二者变动呈面积比例；相互间历年之比形成民生基础系数（%）曲线；右轴为收入城乡比曲线（乡村=1）。标明历年省域排序。

收入年均增长11.58%，比乡村高出0.84个百分点。作为城乡差距的衡量指标，11年间，浙江人均收入城乡比的最小（最佳）值为2000年2.1814，最大值为2006年2.4902。逐年考察，除了2005年、2007~2008年和2010~2011年出现缩减以外，浙江此项城乡比逐步扩增，由2000年2.1814扩大至2011年2.3695，城乡比数值处于31个省域里第5位。居民收入的城乡差距呈现扩增趋势，意味着在民生基础层面城乡之间"共享发展成果"的程度有所降低。

如果（1）浙江城乡民生基础系数能够保持2001年最佳水平，（2）浙江民生基础层面的城乡差距能够保持2000年最小程度，乃至实现民生基础层面的城乡无差距理想状态，那么在"国民收入再分配"演算和城乡综合重新演算当中，浙江人均收入应有很大增高，这样随后逐步推演的一切测算值都会发生变化。

（二）民生消费系数检测

2000~2011年浙江城乡人均非文消费、收入绝对值、比重值和城乡比变动态势见图4。图中将非文消费、收入绝对值转换为图形面积比例，二者历年之比形成民生消费系数变动曲线，同时附有非文消费城乡比变动曲线。

2000~2011年，浙江城乡居民人均非文消费年均增长11.27%，人均收入年均增长12.35%，比非文消费年均增幅高出1.08个百分点。11年间，浙江城乡居民人均非文消费占人均收入比重的最高值为2001年70.67%，最低（最佳）值为2010年62.91%。逐年考察，除了2001年、2003年、2005年和2011年出现回升以外，浙江城乡此项比值逐步下降，由2000年70.10%降低至2011年63.06%，比重数值处于31个省域里第11位。民生消费系数呈现出减低趋势，亦即"必需消费"之外的余钱占收入比重增高，意味着从"基本小康"到"全面小康"建设的民生效应日益得以显现。

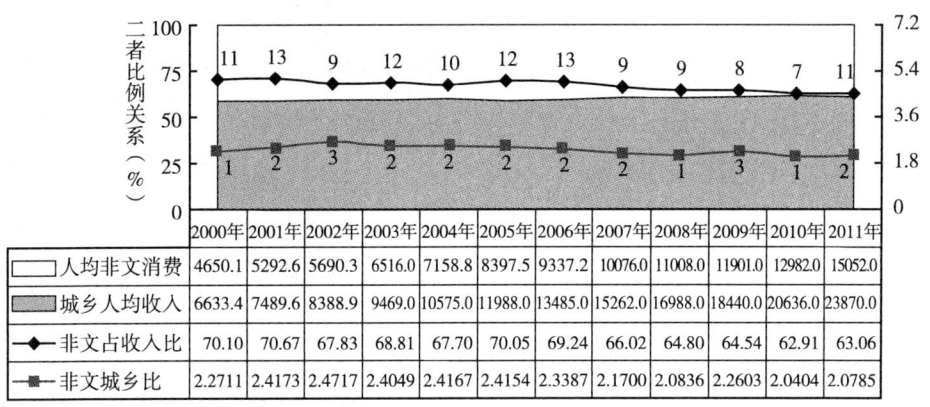

图4 浙江城乡人均非文消费、收入绝对值、比重值和城乡比变动态势

注：左轴为城乡人均非文消费、收入（元转换为%），二者变动呈面积比例；相互间历年之比形成民生消费系数（%）曲线；右轴为非文消费城乡比曲线（乡村=1）。标明历年省域排序。

2000~2011年，浙江乡村居民人均非文消费年均增长10.97%，城镇居民人均非文消费年均增长10.08%，比乡村低0.89个百分点。作为城乡差距的衡量指标，11年间，浙江人均非文消费城乡比的最大值为2002年2.4717，最小（最佳）值为2010年2.0404。逐年考察，除了2001~2002年、2004年、2009年和2011年出现扩增以外，浙江此项城乡比逐步缩减，由2000年2.2711缩小至2011年2.0785，城乡比数值处于31个省域里第2位。"必需"非文消费的城乡差距呈现缩减趋势，意味着在民生消费层面城乡之间"共享发展成果"的程度有所提高。

如果（1）浙江城乡民生消费系数能够保持2010年最佳水平，（2）浙江民生消费层面的城乡差距能够保持2010年最小程度，乃至实现民生消费层面的城乡无差距理想状态，那么在"必需消费"占收入比重再度演算和城乡综合重新演算当中，浙江人均非文消费应有较大不同，反转则是人均非文消费剩余应有很大增多，这样随后推演的相关数值也会发生变化。

（三）文化需求系数检测

2000~2011年浙江城乡人均文化消费、非文消费剩余绝对值、比例值和城乡比变动态势见图5。图中将文化消费、非文消费剩余绝对值转换为图形面积比例，二者历年之比形成文化需求系数变动曲线，同时附有文化消费城乡比变动曲线。

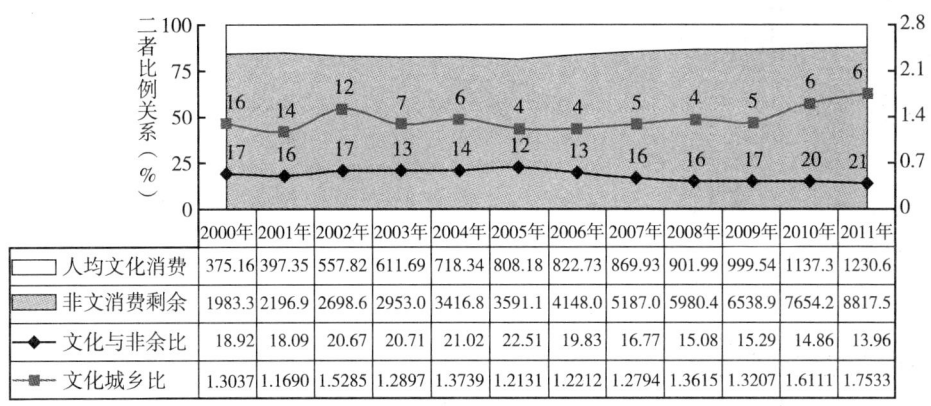

图5 浙江城乡人均文化消费、非文消费剩余绝对值、比例值和城乡比变动态势

注：左轴为城乡人均文化消费、非文消费剩余（元转换为%），二者变动呈面积比例；相互间历年之比形成文化需求系数（%）曲线；右轴为文化消费城乡比曲线（乡村=1）。标明历年省域排序。

2000~2011年，浙江城乡居民人均文化消费年均增长11.40%，人均非文消费剩余年均增长14.53%，比文化消费年均增幅高出3.13个百分点。11年间，浙江城乡居民人均文化消费与人均非文消费剩余比例的最高（最佳）值为2005年22.51%，最低值为2011年13.96%。逐年考察，除了2002~2005年和2009年出现回升以外，浙江城乡此项比值逐步下降，由2000年18.92%降低至2011年13.96%，比例数值处于31个省域里第21位。文化需求系数呈现减低趋势，意味着"非必需"的文化消费需求增长依然受到"积蓄增长负相关效应"的反向牵制。

2000~2011年，浙江乡村居民人均文化消费年均增长9.00%，城镇居民人均文化消费年均增长11.97%，比乡村高出2.97个百分点。作为城乡差距的衡量指标，11年间，浙江人均文化消费城乡比的最小（最佳）值为2001年1.1690，最大值为2011年1.7533。逐年考察，除了2001年、2003年、2005年和2009年出现缩减以外，浙江此项城乡比逐步扩增，由2000年1.3037扩大至2011年1.7533，城乡比数值处于31个省域里第6位。文化消费需求的城乡差距呈现扩增趋势，意味着在文化消费需求层面城乡之间"共享发展成果"的程度有所降低。

如果（1）浙江城乡文化需求系数能够保持2005年最佳水平，（2）浙江文化需求层面的城乡差距能够保持2001年最小程度，乃至实现文化需求层面的城乡无差距理想状态，那么在"非必需"文化消费占余钱比重再度演算和城乡综合重新演算当中，浙江人均文化消费应有很大增长。

三 文化需求增长目标暨文化产业发展空间测算

2011~2020年浙江城乡人均文化消费需求增长测算见图6，图中提供了文化产业供需协调增长目标的七类测算结果。

（1）历年均增值测算：以浙江城乡人均文化消费2000年以来年均增长率测算增长目标，可以得出概率最高的或然增长结果。如果2011~2020年浙江城乡保持与2000~2011年相同的年均增长率11.40%（省域间实际增长第16位），那么到2020年城乡人均文化消费将达到3252.78元。在相关各方面增长均依此推算的情况下，由于浙江城乡文化消费与产值的比例在2000~2011年呈现下降态势，2020年文化消费增长与产值增长测算值之比将继续降低至1.63%。

（2）消除负相关测算：以浙江城乡文化需求系数2000年以来最佳比例测算增长目标，即假设文化消费增长与积蓄增长之间排除负相关关系。如果到2020年浙江城乡此项比例实现2000~2011年最佳状态，那么城乡人均文化消费应达到6458.93元，年均增长幅度需达到20.23%，为以往11年实际年均增长率的1.77倍（省域间目标距离第16位），文化消费增长与产值增长测算值

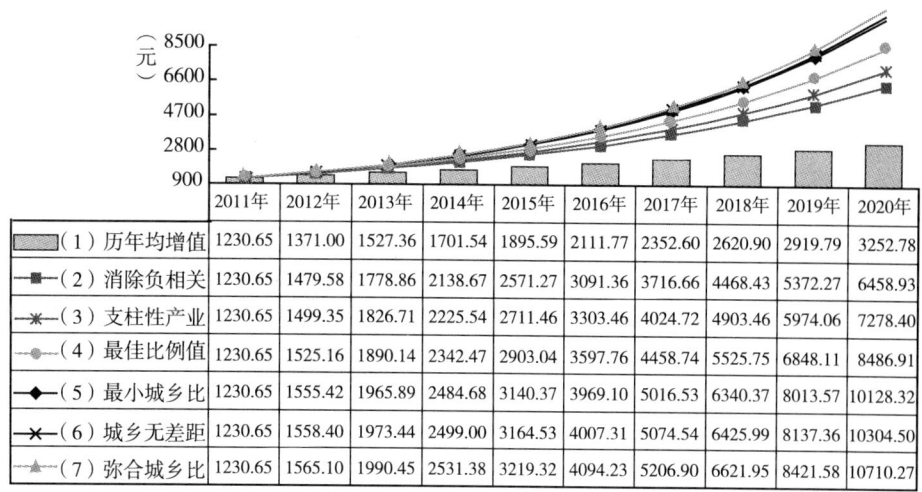

图6 2011～2020年浙江城乡人均文化消费需求增长测算

注：作为背景因素，2011～2020年人均产值按2000～2011年实际年均增长率推算。2011年文化消费与产值比实际值2.08%；2020年测算值：（1）1.63%；（2）3.23%；（3）3.64%；（4）4.25%；（5）5.07%；（6）5.16%；（7）5.36%。2011～2020年文化消费年均增长：（1）11.40%（即2000～2011年实际值，以下为测算值）；（2）20.23%（3）21.83%；（4）23.93%；（5）26.39%；（6）26.63%；（7）27.18%。若产值按年均增长率7%推算，则2020年文化消费与产值比（增量、增幅不变）：（1）2.99%；（2）5.93%。2020年文化消费（与产值比不变）：（3）3969.31元，年增13.90%；（4）4628.38元，年增15.86%；（5）5523.53元，年增18.16%；（6）5619.61元，年增18.38%；（7）5840.90元，年增18.89%。

之比将上升至3.23%。

（3）支柱性产业测算：摒弃单纯的"文化GDP追逐"，通过文化消费增长空间反推，以生产满足需求测算增长目标，即假设消费需求增长推动生产发展，实现文化产业供需协调增长，达到支柱产业所需占产值比重。各地至2020年城乡文化消费与产值之比的测算值各有不同，浙江测算值为3.64%。据此反推，到2020年浙江城乡人均文化消费应达到7278.40元，年均增长幅度需达到21.83%，为以往11年实际年均增长率的1.91倍（省域间目标距离第9位）。

（4）最佳比例值测算：以浙江城乡民生基础系数、民生消费系数、文化需求系数2000年以来3项最佳比例测算增长目标，即假设"回复"曾有的3项最佳比例关系。如果到2020年浙江城乡3项比例同步实现2000～2011年最佳状态，那么城乡人均文化消费应达到8486.91元，年均增长幅度需达到23.93%，为以往11年实际年均增长率的2.10倍（省域间目标距离第13位），文化消费增长与产值增长测算值之比将上升至4.25%。

(5)最小城乡比测算：在3项最佳比例值测算基础上，以浙江人均文化消费城乡比2000年以来最小值测算增长目标，即假设"回复"原有的文化消费城乡比最小状态，作为缩小以至消除城乡差距的基础。如果到2020年浙江城乡同时实现2000~2011年3项最佳比例和文化消费最小城乡比，那么城乡人均文化消费应达到10128.32元，年均增长幅度需达到26.39%，为以往11年实际年均增长率的2.31倍（省域间目标距离第10位），文化消费增长与产值增长测算值之比将上升至5.07%。

(6)城乡无差距测算：在民生基础层面、民生消费层面、文化需求层面3项城乡比的无差距理想状态下实现2000年以来最佳比例测算增长目标，即假设浙江乡村相关方面加速增长并与城镇水平持平，同时取城镇标准的3项比例关系最佳值进行演算。如果到2020年浙江城乡之间在此3个层面已无差距，统一实现按城镇标准衡量的2000~2011年3项最佳比例，那么浙江城乡人均文化消费应达到10304.50元，年均增长幅度需达到26.63%，为以往11年实际年均增长率的2.34倍（省域间目标距离第11位），文化消费增长与产值增长测算值之比将上升至5.16%。

(7)弥合城乡比测算：在3项最佳比例值测算基础上，以浙江人均文化消费城乡比的无差距理想值测算增长目标，即假设文化需求层面的城乡差距得以消除演算校正数值。如果到2020年浙江城乡同时实现2000~2011年3项最佳比例和乡村人均文化消费绝对值与城镇水平持平，那么城乡人均文化消费应达到10710.27元，年均增长幅度需达到27.18%，为以往11年实际年均增长率的2.38倍（省域间目标距离第10位），文化消费增长与产值增长测算值之比将上升至5.36%。

如果按照国家"十二五"规划转变发展方式的要求，在"十二五"期间把浙江产值年均增长率控制在7%，并一直延续至2020年，那么在图6中，前两类测算因与产值增长演算间接相关，文化消费人均值增长测算的绝对值不变，其与产值比将分别增高至2.99%和5.93%；后五类测算因与产值增长演算直接相关，文化消费人均值增长测算的绝对值相应减少，其所需年均增长幅度（亦即目标差距）将分别减低至 13.90%、15.86%、18.16%、18.38% 和 18.89%（见图6注），显然更加容易实现。

Zhejiang: The Measure Distance of Actual Growth and Avoiding Negative Correlation are Biggish

Abstract: The evaluated growth targets of cultural consumption and development space of cultural industry in Zhejiang are as follows: Ranking of the actual growth among various provinces from 2000 to 2011 is the 16th in the valued average added value over the years; Ranking of the targets distance among various provinces from 2011 to 2020 are the 16th in the valued avoiding negative correlation, the 9th in the valued pillar industry, the 13th in the valued optimal proportion, the 10th in the valued lowest urban-rural ratio, the 10th in the valued closed urban-rural ratio, and the 11th in the valued without urban-rural gap.

Key Words: Zhejiang's Cultural Industry; Expand Cultural Consumption; Demand and Sharing; Growth Target

B.13
福建：最佳比例值测算增长距离进前3位

摘　要：

福建文化消费增长目标暨文化产业发展空间测评：省域间2000～2011年实际增长排名，历年均增值测算为第10位；省域间2011～2020年目标距离排名，消除负相关测算为第6位；支柱性产业测算为第7位；最佳比例值测算为第3位；最小城乡比测算为第9位；弥合城乡比测算为第8位；城乡无差距测算为第6位。

关键词：

福建文化产业　扩大文化消费　需求与共享　增长目标

一　城乡文化消费需求及相关方面增长态势

2000～2011年福建城乡文化消费总量和人均值增长态势见图1。

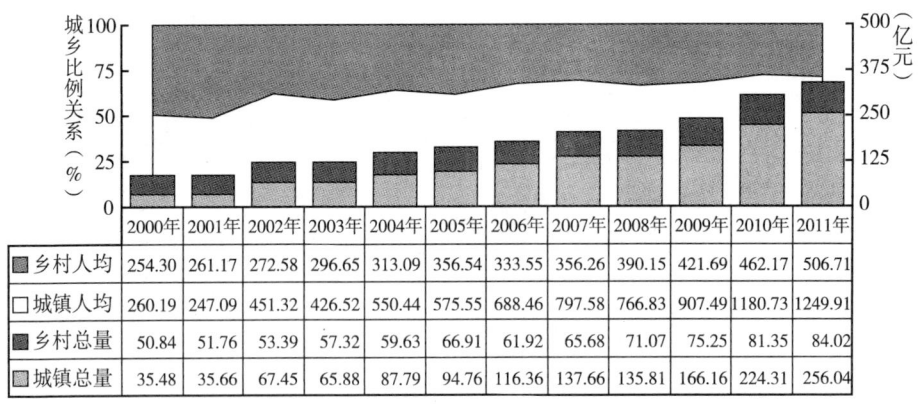

图1　福建城乡文化消费总量和人均值增长态势

注：左轴为城乡人均文化消费（元转换为%），城乡间历年变动呈面积比例关系；右轴为文化消费总量（亿元），柱形上下之和为城乡总量。

2000～2011年，福建城乡文化消费总量从86.32亿元增长至340.06亿元，增加253.74亿元，11年间总增长293.95%，年均增长13.27%。其中，"十五"期间年均增长13.37%；"十一五"期间年均增长13.59%。

同期，福建城镇人均文化消费从260.19元增长至1249.91元，增加989.72元，11年间总增长380.38%，年均增长15.34%。其中，"十五"期间年均增长17.21%；"十一五"期间年均增长15.46%。乡村人均文化消费从254.30元增长至506.71元，增加252.41元，11年间总增长99.26%，年均增长6.47%。其中，"十五"期间年均增长6.99%；"十一五"期间年均增长5.33%。值得注意的是，"十五"期间福建城镇人均值年均增幅比乡村高出10.22个百分点，城乡差距有所扩大；"十一五"期间福建城镇人均值年均增幅比乡村高出10.13个百分点，城乡差距持续扩大。

后续各图表将逐步展示福建相关背景各方面历年增长数据。在此，先把各项绝对值转换为以上一年数值为100的年度增长百分指数，可以清晰看出2000～2011年福建人均产值、城乡人均收入、非文消费、文化消费和积蓄增长态势见图2。

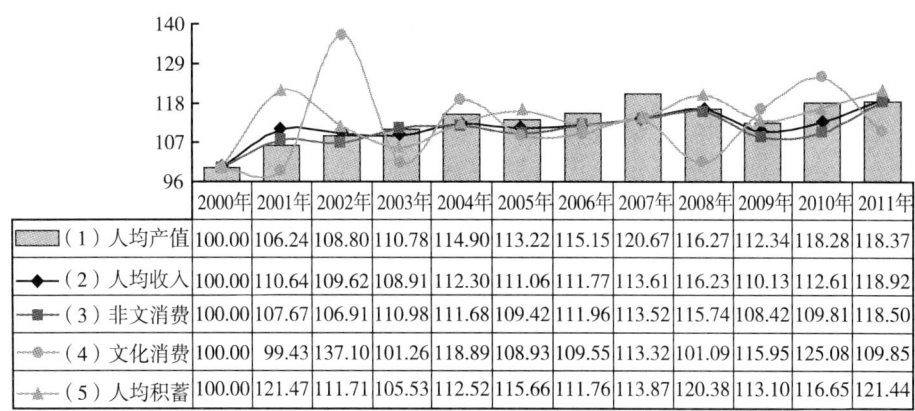

图2 福建人均产值、城乡人均收入、消费和积蓄增长态势

注：左轴为年增指数（产值为柱形，其余为曲线），上年＝100（小于100为负增长）；2001～2011年增长（2000年为起点不计）相关系数：（1）与（2）0.6885；（2）与（3）0.9021；（4）与（5）－0.2416，其间2004～2009年－0.8179，2005～2009年－0.8264，2007～2010年－0.5485。

在福建人均产值、城乡人均收入、非文消费、文化消费和积蓄的年度增长指数中，选取3对具有特定相关关系的数据项，作为文中分析的基础。第一对数据项：(1)柱形系产值历年增长指数，(2)带菱形曲线系收入历年增长指数，二者2001~2011年相关系数为0.6885，即这两个方面历年增长在68.85%的程度上保持同步。第二对数据项：(2)收入历年增长指数，(3)带方形曲线系非文消费历年增长指数，二者2001~2011年相关系数为0.9021，即这两个方面历年增长在90.21%的程度上保持同步。第三对数据项：(4)带圆形曲线系文化消费历年增长指数，(5)带三角形曲线系积蓄历年增长指数，二者2001~2011年相关系数为负值0.2416。分时间段深入考察，其间2004~2009年为负值0.8179，2005~2009年为负值0.8264，2007~2010年为负值0.5485，分别构成很明显的"负相关"增长反向互动关系。

对比福建城乡人均积蓄与文化消费两条年度增长曲线，只有2003年显得例外，其余年度大体呈现为横向镜面对应或俗称"水中倒影"的负相关关系。其中，2002年福建城乡人均积蓄年度增长跌入低谷，与之对应的是人均文化消费年度增长出现高峰；2001年和2008年福建城乡人均积蓄年度增长形成高峰，与之对应的是人均文化消费年度增长陷入低谷，甚至为负增长。福建城乡文化消费的"积蓄增长负相关效应"明显成立。

二 城乡文化消费需求背景的增长协调性分析

（一）民生基础系数检测

2000~2011年福建城乡人均收入、产值绝对值、比例值和城乡比变动态势见图3。图中将收入、产值绝对值转换为图形面积比例，二者历年之比形成民生基础系数变动曲线，同时附有收入城乡比变动曲线。

2000~2011年，福建城乡居民人均收入年均增长12.31%，人均产值年均增长14.02%，比居民收入年均增幅高出1.71个百分点。11年间，福建城乡居民人均收入与人均产值比例的最高（最佳）值为2002年46.25%，最低值为2010年37.17%。逐年考察，除了2001~2002年和2011年出现回升以外，福建城乡此项比值逐步下降，由2000年44.08%降低至2011年37.34%，比例数值处于31个省域里第15位。民生基础系数呈现减低趋势，意味着在经济增长的同时"人民共享发展成果"程度逐渐降低。

2000~2011年，福建乡村居民人均收入年均增长9.51%，城镇居民人均收入年均增长11.62%，高于乡村2.11个百分点。作为城乡差距的衡量指标，11年间，福建人均收入城乡比的最小（最佳）值为2000年2.3007，最大值为2010年2.9328。逐年考察，除了2007年和2011年出现缩减以外，福建此项城乡比逐步扩增，由2000年2.3007扩大至2011年2.8373，城乡比数值处于31个省域里第14位。居民收入的城乡差距呈现扩增趋势，意味着在民生基础层面城乡之间"共享发展成果"的程度有所降低。

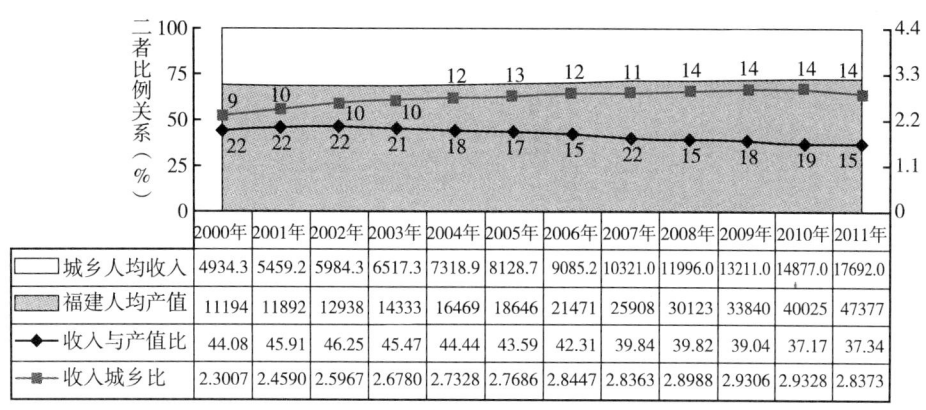

图3　福建城乡人均收入、产值绝对值、比例值和城乡比变动态势

注：左轴为城乡人均收入、产值（元转换为%），二者变动呈面积比例；相互间历年之比形成民生基础系数（%）曲线；右轴为收入城乡比曲线（乡村=1）。标明历年省域排序。

如果（1）福建城乡民生基础系数能够保持2002年最佳水平，（2）福建民生基础层面的城乡差距能够保持2000年最小程度，乃至实现民生基础层面的城乡无差距理想状态，那么在"国民收入再分配"演算和城乡综合重新演算当中，福建人均收入应有很大增高，这样随后逐步推演的一切测算值都会发生变化。

（二）民生消费系数检测

2000~2011年福建城乡人均非文消费、收入绝对值、比重值和城乡比变动态势见图4。图中将非文消费、收入绝对值转换为图形面积比例，二者历年之比形成民生消费系数变动曲线,同时附有非文消费城乡比变动曲线。

2000~2011年,福建城乡居民人均非文消费年均增长11.28%,人均收入年均增长12.31%,高于非文消费年均增幅度1.03个百分点。11年间,福建城乡居民人均非文消费占人均收入比重的最高值为2000年70.17%,最低(最佳)值为2011年63.40%。逐年考察,除了2003年和2006年出现回升以外,福建城乡此项比值逐步下降,由2000年70.17%降低至2011年63.40%,比例数值处于31个省域里第12位。民生消费系数呈现出减低趋势,亦即"必需消费"之外的余钱占收入比重增高,意味着从"基本小康"到"全面小康"建设的民生效应日益得以显现。

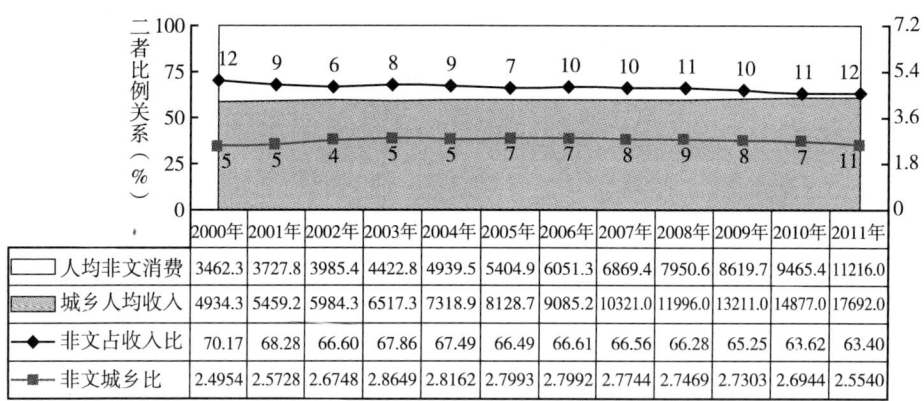

图4 福建城乡人均非文消费、收入绝对值、比重值和城乡比变动态势

注:左轴为城乡人均非文消费、收入(元转换为%),二者变动呈面积比例;相互间历年之比形成民生消费系数(%)曲线;右轴为非文消费城乡比曲线(乡村=1)。标明历年省域排序。

2000~2011年,福建乡村居民人均非文消费年均增长9.81%,城镇居民人均非文消费年均增长10.04%,比乡村高出0.23个百分点。作为城乡差距的衡量指标,11年间,福建人均非文消费城乡比的最小(最佳)值为2000年2.4954,最大值为2003年2.8649。逐年考察,除了2004~2011年出现缩减以外,福建此项城乡比逐步扩增,由2000年2.4954扩大至2011年2.5540,城乡比数值处于31个省域里第11位。"必需"非文消费的城乡差距呈现出扩增趋势,意味着在民生消费层面城乡之间"共享发展成果"的程度有所降低。

如果(1)福建城乡民生消费系数能够保持2011年最佳水平,(2)福建民生消费层面的城乡差距能够保持2000年最小程度，乃至实现民生消费层面的城乡无差距理想状态，那么在"必需消费"占收入比重再度演算和城乡综合重新演算当中，福建人均非文消费应有较大不同，反转则是人均非文消费剩余应有很大增多，这样随后推演的相关数值也会发生变化。

（三）文化需求系数检测

2000～2011年福建城乡人均文化消费、非文消费剩余绝对值、比例值和城乡比变动态势见图5。图中将文化消费、非文消费剩余绝对值转换为图形面积比例，二者历年之比形成文化需求系数变动曲线，同时附有文化消费城乡比变动曲线。

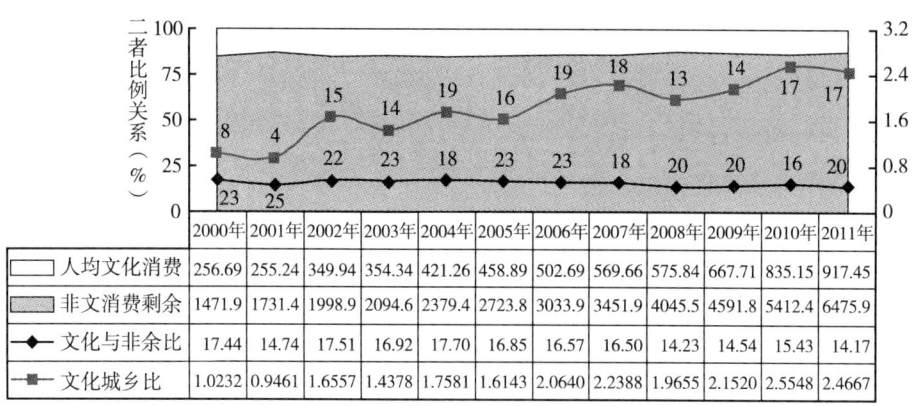

图5 福建城乡人均文化消费、非文消费剩余绝对值、比例值和城乡比变动态势

注：左轴为城乡人均文化消费、非文消费剩余（元转换为%），二者变动呈面积比例；相互间历年之比形成文化需求系数（%）曲线；右轴为文化消费城乡比曲线（乡村＝1，小于1为"城乡倒挂"，即城镇人均值低于乡村）。标明历年省域排序。

2000～2011年，福建城乡居民人均文化消费年均增长12.28%，人均非文消费剩余年均增长14.42%，比文化消费年均增幅高出2.14个百分点。11年间，福建城乡居民人均文化消费与人均非文消费剩余比例的最高（最佳）值为2004年17.70%，最低值为2011年14.17%。逐年考察，除了2002年、2004年和2009～2010年出现回升以外，福建城乡此项比值逐步下降，由2000年17.44%降低至2011年14.17%，比例数值处于31个省域里第20位。文需求系数呈现减低趋势，意味着"非必需"的文化消费需求增长依然受到"积蓄增长负相关效应"的反向牵制。

2000~2011年，福建乡村居民人均文化消费年均增长6.47%，城镇居民人均文化消费年均增长15.34%，比乡村高出8.87个百分点。作为城乡差距的衡量指标，11年间，福建人均文化消费城乡比的最小（最佳）值为2001年0.9461，最大值为2010年2.5548。逐年考察，除了2001年、2003年、2005年、2008年和2011年出现缩减以外，福建此项城乡比逐步扩增，由2000年1.0232扩大至2011年2.4667，城乡比数值处于31个省域里第17位。文化消费需求的城乡差距呈现扩增趋势，意味着在文化消费需求层面城乡之间"共享发展成果"的程度有所降低。

如果（1）福建城乡文化需求系数能够保持2004年最佳水平，（2）福建文化需求层面的城乡差距能够保持2001年最小程度，乃至实现文化需求层面的城乡无差距理想状态，那么在"非必需"文化消费占余钱比重再度演算和城乡综合重新演算当中，福建人均文化消费应有很大增长。

三 文化需求增长目标暨文化产业发展空间测算

2011~2020年福建城乡人均文化消费需求增长测算见图6，图中提供了文化产业供需协调增长目标的七类测算结果。

（1）历年均增值测算：以福建城乡人均文化消费2000年以来年均增长率测算增长目标，可以得出概率最高的或然增长结果。如果2011~2020年福建城乡保持与2000~2011年相同的年均增长率12.28%（省域间实际增长第10位），那么到2020年城乡人均文化消费将达到2601.24元。在相关各方面增长均依此推算的情况下，由于福建城乡文化消费与产值的比例在2000~2011年呈现下降态势，2020年文化消费增长与产值增长测算值之比将继续降低至1.69%。

（2）消除负相关测算：以福建城乡文化需求系数2000年以来最佳比例测算增长目标，即假设文化消费增长与积蓄增长之间排除负相关关系。如果到2020年福建城乡此项比例实现2000~2011年最佳状态，那么城乡人均文化消费应达到3711.89元，年均增长幅度需达到16.80%，为以往11年实际年均增长率的1.37倍（省域间目标距离第6位），文化消费增长与产值增长测算值之比将上升至2.41%。

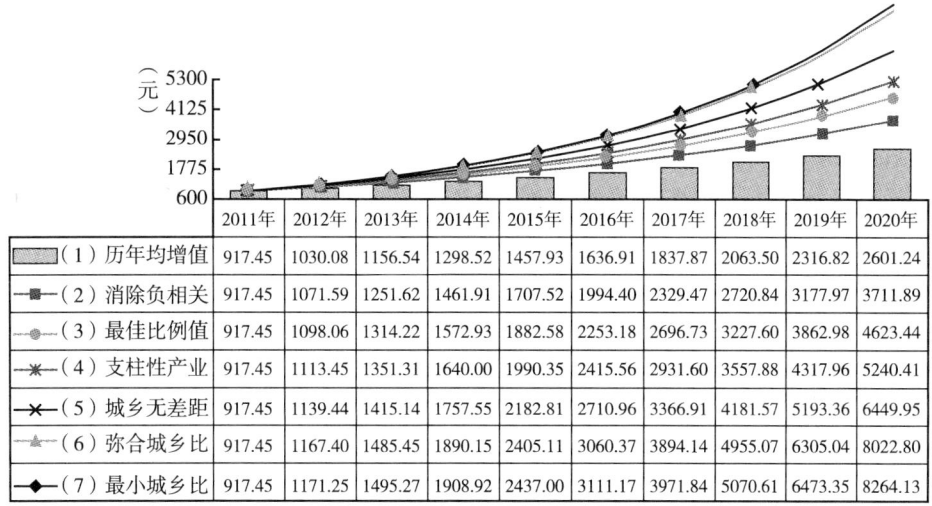

图6　2011～2020年福建城乡人均文化消费需求增长测算

注：作为背景因素，2011～2020年人均产值按2000～2011年实际年均增长率推算。2011年文化消费与产值比实际值1.94%；2020年测算值：（1）1.69%；（2）2.41%；（3）3.00%；（4）3.40%；（5）4.18%；（6）5.20%；（7）5.36%。2011～2020年文化消费年均增长：（1）12.28%（即2000～2011年实际值，以下为测算值）；（3）19.69%；（4）21.36%；（5）24.20%；（6）27.24%；（7）27.66%。若产值按年均增长率7%推算，则2020年文化消费与产值比（增量、增幅不变）：（1）2.99%；（2）4.26%。2020年文化消费（与产值比不变）：（3）2610.73元，年增12.32%；（4）2959.11元，年增13.90%；（5）3642.10元，年增16.55%；（6）4530.25元，年增19.42%；（7）4666.52元，年增19.81%。

（3）最佳比例值测算：以福建城乡民生基础系数、民生消费系数、文化需求系数2000年以来3项最佳比例测算增长目标，即假设"回复"曾有的3项最佳比例关系。如果到2020年福建城乡3项比例同步实现2000～2011年最佳状态，那么城乡人均文化消费应达到4623.44元，年均增长幅度需达到19.69%，为以往11年实际年均增长率的1.60倍（省域间目标距离第3位），文化消费增长与产值增长测算值之比将上升至3.00%。

（4）支柱性产业测算：摈弃单纯的"文化GDP追逐"，通过文化消费增长空间反推，以生产满足需求测算增长目标，即假设消费需求增长推动生产发展,实现文化产业供需协调增长,达到支柱产业所需占产值比重。各地至2020年城乡文化消费与产值之比的测算值各有不同,福建测算值为3.40%。据此反推,到2020年福建城乡人均文化消费应达到5240.41元,年均增长幅度需达到21.36%,为以往11年实际年均增长率的1.74倍(省域间目标距离第7位)。

(5)城乡无差距测算:在民生基础层面、民生消费层面、文化需求层面3项城乡比的无差距理想状态下实现2000年以来最佳比例测算增长目标,即假设福建乡村相关方面加速增长并与城镇水平持平,同时取城镇标准的3项比例关系最佳值进行演算。如果到2020年福建城乡之间在此3个层面已无差距,统一实现按城镇标准衡量的2000~2011年3项最佳比例,那么城乡人均文化消费应达到6449.95元,年均增长幅度需达到24.20%,为以往11年实际年均增长率的1.97倍(省域间目标距离第6位),文化消费增长与产值增长测算值之比将上升至4.18%。

(6)弥合城乡比测算(福建最小城乡比"倒挂",此类测算可避免矫枉过正):在3项最佳比例值测算基础上,以福建人均文化消费城乡比的无差距理想值测算增长目标,即假设文化需求层面的城乡差距得以消除演算校正数值。如果到2020年福建城乡同时实现2000~2011年3项最佳比例和乡村人均文化消费绝对值与城镇水平持平,那么城乡人均文化消费应达到8022.80元,年均增长幅度需达到27.24%,为以往11年实际年均增长率的2.22倍(省域间目标距离第8位),文化消费增长与产值增长测算值之比将上升至5.20%。

(7)最小城乡比测算:在3项最佳比例值测算基础上,以福建人均文化消费城乡比2000年以来最小值测算增长目标,即假设"回复"原有的文化消费城乡比最小状态,作为缩小以至消除城乡差距的基础。如果到2020年福建城乡同时实现2000~2011年3项最佳比例和文化消费最小城乡比,那么城乡人均文化消费应达到8264.13元,年均增长幅度需达到27.66%,为以往11年实际年均增长率的2.25倍(省域间目标距离第9位),文化消费增长与产值增长测算值之比将上升至5.36%。

如果按照国家"十二五"规划转变发展方式的要求,在"十二五"期间把福建产值年均增长率控制在7%,并一直延续至2020年,那么在图6中,前两类测算因与产值增长演算间接相关,文化消费人均值增长测算的绝对值不变,其与产值比将分别增高至2.99%和4.26%;后五类测算因与产值增长演算直接相关,文化消费人均值增长测算的绝对值相应减少,其所需年均增长幅度(亦即目标差距)将分别减低至12.32%、13.90%、16.55%、19.42%和19.81%(见图6注),显然更加容易实现。

Fujian: The Measure Growth Distance of Optimal Proportionment Enters into Top Three

Abstract: The evaluated growth targets of cultural consumption and development space of cultural industry in Fujian are as follows: Ranking of the actual growth among various provinces from 2000 to 2011 is the 10th in the valued average added value over the years; Ranking of the targets distance among various provinces from 2011 to 2020 are the 6th in the valued avoiding negative correlation, the 7th in the valued pillar industry, the 3rd in the valued optimal proportion, the 9th in the valued lowest urban-rural ratio, the 8th in the valued closed urban-rural ratio, and the 6th in the valued without urban-rural gap.

Key Words: Fujian's Cultural Industry; Expand Cultural Consumption; Demand and Sharing; Growth Target

B.14
广东：2项测算增长目标距离进入前5位

摘　要：
　　广东文化消费增长目标暨文化产业发展空间测评：省域间2000～2011年实际增长排名，历年均增值测算为第12位；省域间2011～2020年目标距离排名，消除负相关测算为第4位；支柱性产业测算为第5位；最佳比例值测算为第6位；最小城乡比测算为第6位；弥合城乡比测算为第6位；城乡无差距测算为第7位。

关键词：
　　广东文化产业　扩大文化消费　需求与共享　增长目标

一　城乡文化消费需求及相关方面增长态势

2000～2011年广东城乡文化消费总量和人均值增长态势见图1。

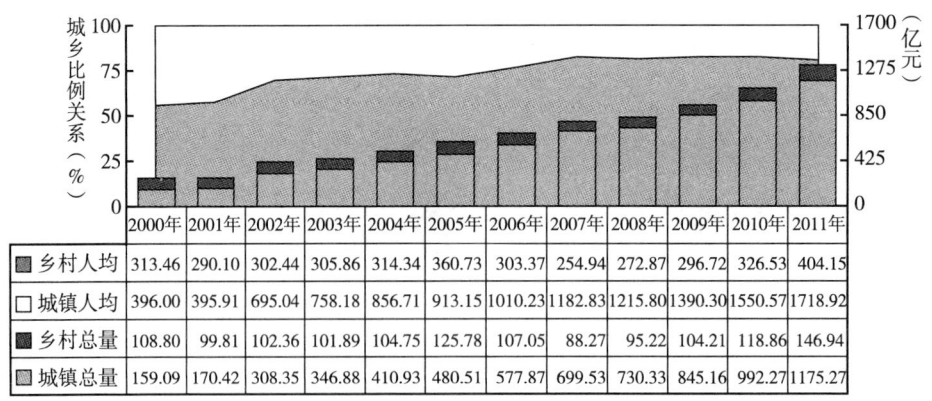

图1　广东城乡文化消费总量和人均值增长态势

注：左轴为城乡人均文化消费（元转换为%），城乡间历年变动呈面积比例关系；右轴为文化消费总量（亿元），柱形上下之和为城乡总量。

2000～2011年，广东城乡文化消费总量从267.89亿元增长至1322.21亿元，增加1054.32亿元，11年间总增长393.56%，年均增长15.62%。其中，"十五"期间年均增长17.75%；"十一五"期间年均增长12.88%。

同期，广东城镇人均文化消费从396.00元增长至1718.92元，增加1322.92元，11年间总增长334.07%，年均增长14.28%。其中，"十五"期间年均增长18.19%；"十一五"期间年均增长11.17%。乡村人均文化消费从313.46元增长至404.15元，增加90.69元，11年间总增长28.93%，年均增长2.34%。其中，"十五"期间年均增长2.85%；"十一五"期间年均负增长1.97%。值得注意的是，"十五"期间广东城镇人均值年均增幅比乡村高出15.34个百分点，城乡差距有所扩大；"十一五"期间广东城镇人均值年均增幅比乡村高出13.14个百分点，城乡差距持续扩大。

后续各图表将逐步展示广东相关背景各方面历年增长数据。在此，先把各项绝对值转换为以上一年数值为100的年度增长百分指数，可以清晰看出2000～2011年广东人均产值、城乡人均收入、非文消费、文化消费和积蓄增长态势见图2。

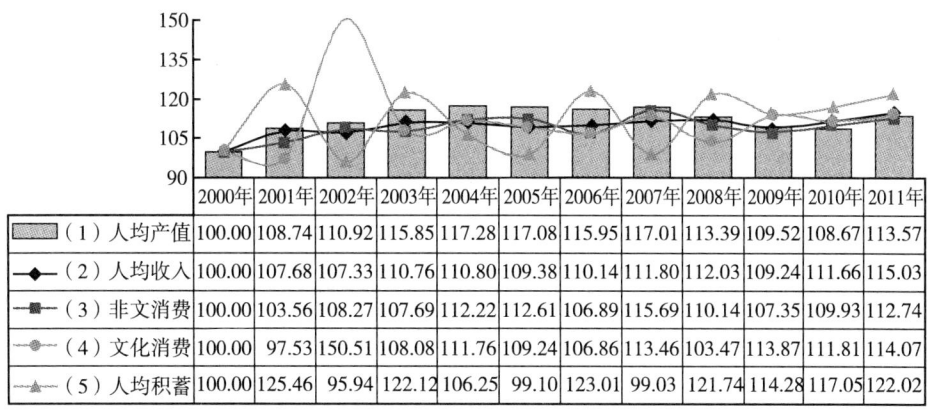

图2　广东人均产值、城乡人均收入、消费和积蓄增长态势

注：左轴为年增指数（产值为柱形，其余为曲线），上年＝100（小于100为负增长）；2001～2011年增长（2000年为起点不计）相关系数：（1）与（2）0.3013；（2）与（3）0.6092；（4）与（5）－0.6407，其间2001～2006年－0.7166，2003～2008年－0.7846，2006～2010年－0.7066，2007～2010年－0.6492。

在广东人均产值、城乡人均收入、非文消费、文化消费和积蓄的年度增长指数中，选取3对具有特定相关关系的数据项，作为文中分析的基础。第一对数据项：（1）柱形系产值历年增长指数，（2）带菱形曲线系收入历年增长指数，二者2001～2011年相关系数为0.3013，即这两个方面历年增长在30.13%的程度上保持同步。第二对数据项：（2）收入历年增长指数，（3）带方形曲线系非文消费历年增长指数，二者2001～2011年相关系数为0.6092，即这两个方面历年增长在60.92%的程度上保持同步。第三对数据项：（4）带圆形曲线系文化消费历年增长指数，（5）带三角形曲线系积蓄历年增长指数，二者2001～2011年相关系数为负值0.6407。分时间段深入考察，其间2001～2006年为负值0.7166，2003～2008年为负值0.7846，2006～2010年为负值0.7066，2007～2010年为负值0.6492，分别构成很明显的"负相关"增长反向互动关系。

对比广东城乡人均积蓄与文化消费两条年度增长曲线，大体呈现为横向镜面对应或俗称"水中倒影"的负相关关系。其中，2002年广东城乡人均积蓄年度增长跌入低谷，呈现为负增长，与之对应的是人均文化消费年度增长出现高峰；2001年、2003年、2006年和2008年广东城乡人均积蓄年度增长四次形成高峰，与之对应的是人均文化消费年度增长陷入低谷，甚至为负增长。广东城乡文化消费的"积蓄增长负相关效应"明显成立。

二 城乡文化消费需求背景的增长协调性分析

（一）民生基础系数检测

2000～2011年广东城乡人均收入、产值绝对值、比例值和城乡比变动态势见图3。图中将收入、产值绝对值转换为图形面积比例，二者历年之比形成民生基础系数变动曲线，同时附有收入城乡比变动曲线。

2000～2011年，广东城乡居民人均收入年均增长10.51%，人均产值年均增长13.40%，比居民收入年均增幅高出2.89个百分点。11年间，广东城乡居民人均收入与人均产值比例的最高（最佳）值为2000年54.42%，最低值为2009年39.36%。逐年考察，除了2010～2011年出现回升以外，广东城乡此项比值逐步下降，由2000年54.42%降低至2011年40.96%，比例数值处于31个省域里第9位。民生基础系数呈现减低趋势,意味着在经济增长的同时"人民共享发展成果"程度逐渐降低。

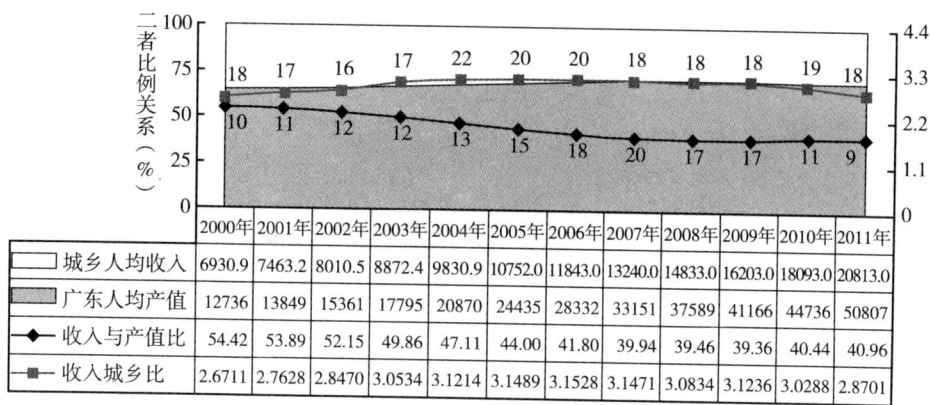

图3 广东城乡人均收入、产值绝对值、比例值和城乡比变动态势

注:左轴为城乡人均收入、产值(元转换为%),二者变动呈面积比例;相互间历年之比形成民生基础系数(%)曲线;右轴为收入城乡比曲线(乡村=1)。标明历年省域排序。

2000~2011年,广东乡村居民人均收入年均增长8.94%,城镇居民人均收入年均增长9.65%,比乡村高出0.71个百分点。作为城乡差距的衡量指标,11年间,广东人均收入城乡比的最小(最佳)值为2000年2.6711,最大值为2006年3.1528。逐年考察,除了2007~2008年和2010~2011年出现缩减以外,广东此项城乡比逐步扩增,由2000年2.6711扩大至2011年2.8701,城乡比数值处于31个省域里第18位。居民收入的城乡差距呈现扩增趋势,意味着在民生基础层面城乡之间"共享发展成果"的程度有所降低。

如果(1)广东城乡民生基础系数能够保持2000年最佳水平,(2)广东民生基础层面的城乡差距能够保持2000年最小程度,乃至实现民生基础层面的城乡无差距理想状态,那么在"国民收入再分配"演算和城乡综合重新演算当中,广东人均收入应有很大增高,这样随后逐步推演的一切测算值都会发生变化。

(二)民生消费系数检测

2000~2011年广东城乡人均非文消费、收入绝对值、比重值和城乡比变动态势见图4。图中将非文消费、收入绝对值转换为图形面积比例,二者历年之比形成民生消费系数变动曲线,同时附有非文消费城乡比变动曲线。

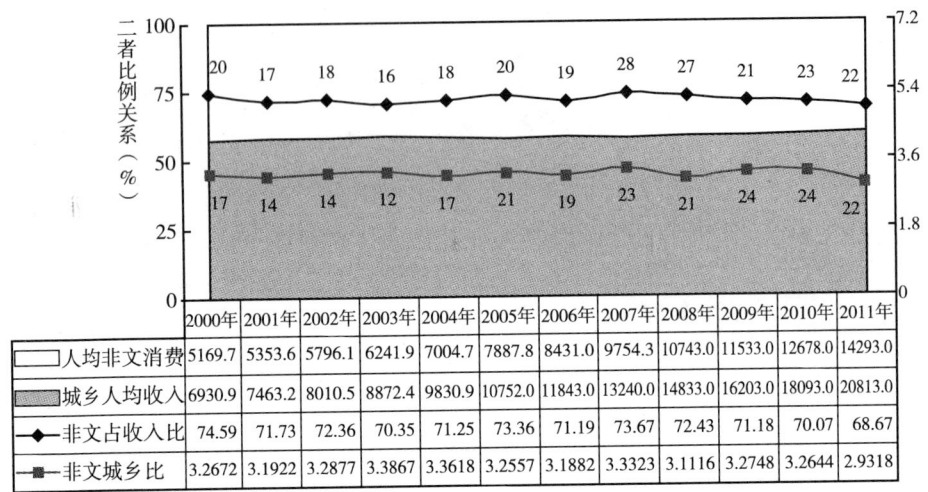

图 4 广东城乡人均非文消费、收入绝对值、比重值和城乡比变动态势

注: 左轴为城乡人均非文消费、收入(元转换为%),二者变动呈面积比例;相互间历年之比形成民生消费系数(%)曲线;右轴为非文消费城乡比曲线(乡村=1)。标明历年省域排序。

2000~2011年,广东城乡居民人均非文消费年均增长9.69%,人均收入年均增长10.51%,比非文消费年均增幅高出0.82个百分点。11年间,广东城乡居民人均非文消费占人均收入比重的最高值为2000年74.59%,最低(最佳)值为2011年68.67%。逐年考察,除了2002年、2004~2005年和2007年出现回升以外,广东城乡此项比值逐步下降,由2000年74.59%降低至2011年68.67%,比重数值处于31个省域里第22位。民生消费系数呈现出减低趋势,亦即"必需消费"之外的余钱占收入比重增高,意味着从"基本小康"到"全面小康"建设的民生效应日益得以显现。

2000~2011年,广东乡村居民人均非文消费年均增长9.49%,城镇居民人均非文消费年均增长8.41%,比乡村低1.08个百分点。作为城乡差距的衡量指标,11年间,广东人均非文消费城乡比的最大值为2003年3.3867,最小(最佳)值为2011年2.9318。逐年考察,除了2002~2003年、2007年和2009年出现扩增以外,广东此项城乡比逐步缩减,由2000年3.2672缩小至2011

年2.9318，城乡比数值处于31个省域里第22位。"必需"非文消费的城乡差距呈现缩减趋势，意味着在民生消费层面城乡之间"共享发展成果"的程度有所提高。

如果（1）广东城乡民生消费系数能够保持2011年最佳水平，（2）广东民生消费层面的城乡差距能够保持2011年最小程度，乃至实现民生消费层面的城乡无差距理想状态，那么在"必需消费"占收入比重再度演算和城乡综合重新演算当中，广东人均非文消费应有较大不同，反转则是人均非文消费剩余应有很大增多，这样随后推演的相关数值也会发生变化。

（三）文化需求系数检测

2000~2011年广东城乡人均文化消费、非文消费剩余绝对值、比例值和城乡比变动态势见图5。图中将文化消费、非文消费剩余绝对值转换为图形面积比例，二者历年之比形成文化需求系数变动曲线，同时附有文化消费城乡比变动曲线。

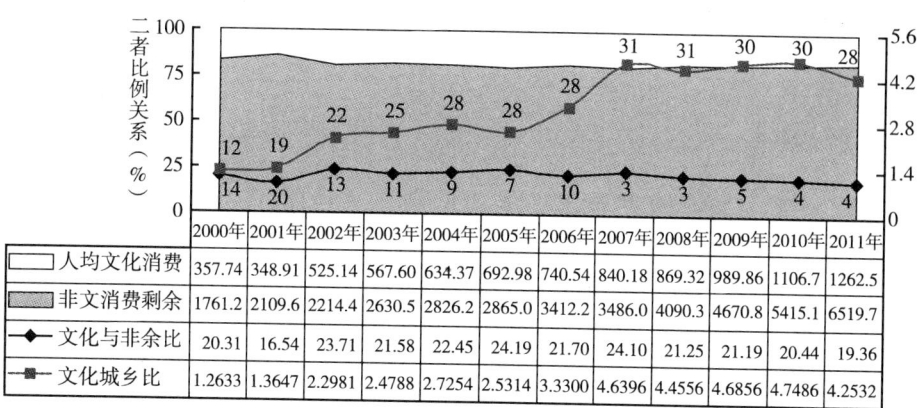

图5　广东城乡人均文化消费、非文消费剩余绝对值、比例值和城乡比变动态势

注：左轴为城乡人均文化消费、非文消费剩余（元转换为%），二者变动呈面积比例；相互间历年之比形成文化需求系数（%）曲线；右轴为文化消费城乡比曲线（乡村=1）。标明历年省域排序。

2000~2011年，广东城乡居民人均文化消费年均增长12.15%，人均非文消费剩余年均增长12.64%，比文化消费年均增幅高出0.49个百分点。11年间，广东城乡居民人均文化消费与人均非文消费剩余比例值的最高（最佳）

值为2005年24.19%，最低值为2001年16.54%。逐年考察，除了2002年、2004~2005年和2007年出现回升以外，广东城乡此项比值逐步下降，由2000年20.31%降低至2011年19.36%，比例数值处于31个省域里第4位。文化需求系数呈现减低趋势，意味着"非必需"的文化消费需求增长依然受到"积蓄增长负相关效应"的反向牵制。

2000~2011年，广东乡村居民人均文化消费年均增长2.34%，城镇居民人均文化消费年均增长14.28%，比乡村高出11.94个百分点。作为城乡差距的衡量指标，11年间，广东人均文化消费城乡比的最小（最佳）值为2000年1.2633，最大值为2010年4.7486。逐年考察，除了2005年、2008年和2011年出现缩减以外，广东此项城乡比逐步扩增，由2000年1.2633扩大至2011年4.2532，城乡比数值处于31个省域里第28位。文化消费需求的城乡差距呈现扩增趋势，意味着在文化消费需求层面城乡之间"共享发展成果"的程度有所降低。

如果（1）广东城乡文化需求系数能够保持2005年最佳水平，（2）广东文化需求层面的城乡差距能够保持2000年最小程度，乃至实现文化需求层面的城乡无差距理想状态，那么在"非必需"文化消费占余钱比重再度演算和城乡综合重新演算当中，广东人均文化消费应有很大增长。

三 文化需求增长目标暨文化产业发展空间测算

2011~2020年广东城乡人均文化消费需求增长测算见图6，图中提供了文化产业供需协调增长目标的七类测算结果。

（1）历年均增值测算：以广东城乡人均文化消费2000年以来年均增长率测算增长目标，可以得出概率最高的或然增长结果。如果2011~2020年广东城乡保持与2000~2011年相同的年均增长率12.15%（省域间实际增长第12位），那么到2020年城乡人均文化消费将达到3542.55元。在相关各方面增长均依此推算的情况下，由于广东城乡文化消费与产值的比例在2000~2011年呈现下降态势，2020年文化消费增长与产值增长测算值之比将继续降低至2.25%。

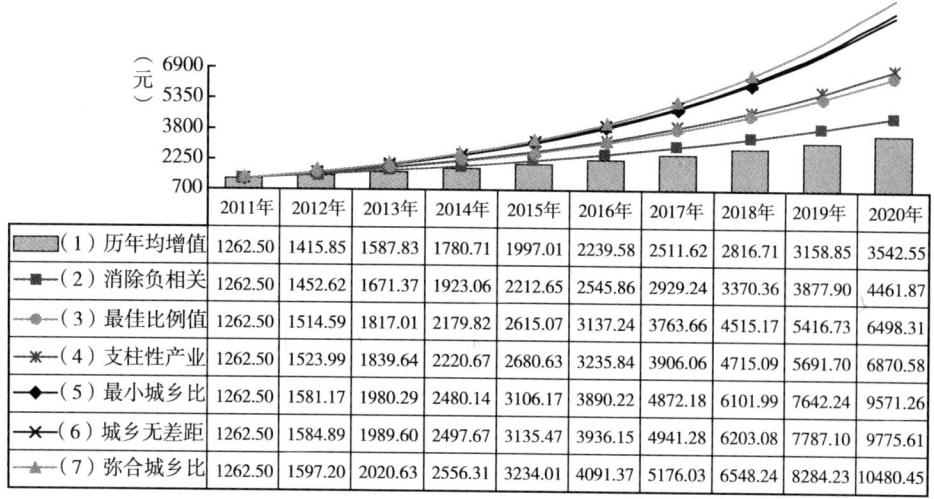

图6 2011～2020年广东城乡人均文化消费需求增长测算

注：作为背景因素，2011～2020年人均产值按2000～2011年实际年均增长率推算。2011年文化消费与产值比实际值2.48%；2020年测算值：(1) 2.25%；(2) 2.83%；(3) 4.12%；(4) 4.36%；(5) 6.07%；(6) 6.20%；(7) 6.65%。2011～2020年文化消费年均增长：(1) 12.15%（即2000～2011年实际值，以下为测算值）；(2) 15.06%；(3) 19.97%；(4) 20.71%；(5) 25.24%；(6) 25.54%；(7) 26.51%。若产值按年均增长率7%推算，则2020年文化消费与产值比（增量、增幅不变）：(1) 3.79%；(2) 4.78%。2020年文化消费（与产值比不变）：(3) 3851.38元，年增13.19%；(4) 4072.02元，年增13.90%；(5) 5672.64元，年增18.17%；(6) 5793.76元，年增18.45%；(7) 6211.50元，年增19.37%。

(2) 消除负相关测算：以广东城乡文化需求系数2000年以来最佳比例测算增长目标，即假设文化消费增长与积蓄增长之间排除负相关关系。如果到2020年广东城乡此项比例实现2000～2011年最佳状态，那么城乡人均文化消费应达到4461.87元，年均增长幅度需达到15.06%，为以往11年实际年均增长率的1.24倍（省域间目标距离第4位），文化消费增长与产值增长测算值之比将上升至2.83%。

(3) 最佳比例值测算：以广东城乡民生基础系数、民生消费系数、文化需求系数2000年以来3项最佳比例测算增长目标，即假设"回复"曾有的3项最佳比例关系。如果到2020年广东城乡3项比例同步实现2000～2011年最佳状态，那么城乡人均文化消费应达到6498.31元，年均增长幅度需达到19.97%，为以往11年实际年均增长率的1.64倍（省域间目标距离第6位），文化消费增长与产值增长测算值之比将上升至4.12%。

（4）支柱性产业测算：摈弃单纯的"文化GDP追逐"，通过文化消费增长空间反推，以生产满足需求测算增长目标，即假设消费需求增长推动生产发展，实现文化产业供需协调增长，达到支柱产业所需占产值比重。各地至2020年城乡文化消费与产值之比的测算值各有不同，广东测算值为4.36%。据此反推，到2020年广东城乡人均文化消费应达到6870.58元，年均增长幅度需达到20.71%，为以往11年实际年均增长率的1.70倍（省域间目标距离第5位）。

（5）最小城乡比测算：在3项最佳比例值测算基础上，以广东人均文化消费城乡比2000年以来最小值测算增长目标，即假设"回复"原有的文化消费城乡比最小状态，作为缩小以至消除城乡差距的基础。如果到2020年广东城乡同时实现2000~2011年3项最佳比例和文化消费最小城乡比，那么城乡人均文化消费应达到9571.26元，年均增长幅度需达到25.24%，为以往11年实际年均增长率的2.08倍（省域间目标距离第6位），文化消费增长与产值增长测算值之比将上升至6.07%。

（6）城乡无差距测算：在民生基础层面、民生消费层面、文化需求层面3项城乡比的无差距理想状态下实现2000年以来最佳比例测算增长目标，即假设广东乡村相关方面加速增长并与城镇水平持平，同时取城镇标准的3项比例关系的最佳值进行演算。如果到2020年广东城乡之间在此3个层面已无差距，统一实现按城镇标准衡量的2000~2011年3项最佳比例，那么城乡人均文化消费应达到9775.61元，年均增长幅度需达到25.54%，为以往11年实际年均增长率的2.10倍（省域间目标距离第7位），文化消费增长与产值增长测算值之比将上升至6.20%。

（7）弥合城乡比测算：在3项最佳比例值测算基础上，以广东人均文化消费城乡比的无差距理想值测算增长目标，即假设文化需求层面的城乡差距得以消除演算校正数值。如果到2020年广东城乡同时实现2000~2011年3项最佳比例和乡村人均文化消费绝对值与城镇水平持平，那么城乡人均文化消费应达到10480.45元，年均增长幅度需达到26.51%，为以往11年实际年均增长率的2.18倍（省域间目标距离第6位），文化消费增长与产值增长测算值之比将上升至6.65%。

如果按照国家"十二五"规划转变发展方式的要求,在"十二五"期间把广东产值年均增长率控制在7%,并一直延续至2020年,那么在图6中,前两类测算因与产值增长演算间接相关,文化消费人均值增长测算的绝对值不变,其与产值比将分别增高至3.79%和4.78%;后五类测算因与产值增长演算直接相关,文化消费人均值增长测算的绝对值相应减少,其所需年均增长幅度(亦即目标差距)将分别减低至13.19%、13.90%、18.17%、18.45%和19.37%(见图6注),显然更加容易实现。

Guangdong: The Growth Target Distance of Two Measure Items Enters into Top Five

Abstract: The evaluated growth targets of cultural consumption and development space of cultural industry in Guangdong are as follows: Ranking of the actual growth among various provinces from 2000 to 2011 is the 12th in the valued average added value over the years; Ranking of the targets distance among various provinces from 2011 to 2020 are the 4th in the valued avoiding negative correlation, the 5th in the valued pillar industry, the 6th in the valued optimal proportion, the 6th in the valued lowest urban-rural ratio, the 6th in the valued closed urban-rural ratio, and the 7th in the valued without urban-rural gap.

Key Words: Guangdong's Cultural Industry; Expand Cultural Consumption; Demand and Sharing; Growth Target

B.15
海南：各项测算增长目标距离均明显落后

摘　要：

　　海南文化消费增长目标暨文化产业发展空间测评：省域间2000～2011年实际增长排名，历年均增值测算为第29位；省域间2011～2020年目标距离排名，消除负相关测算为第28位；支柱性产业测算为第27位；最佳比例值测算为第26位；最小城乡比测算为第28位；弥合城乡比测算为第28位；城乡无差距测算为第24位。

关键词：

　　海南文化产业　扩大文化消费　需求与共享　增长目标

一　城乡文化消费需求及相关方面增长态势

2000～2011年海南城乡文化消费总量和人均值增长态势见图1。

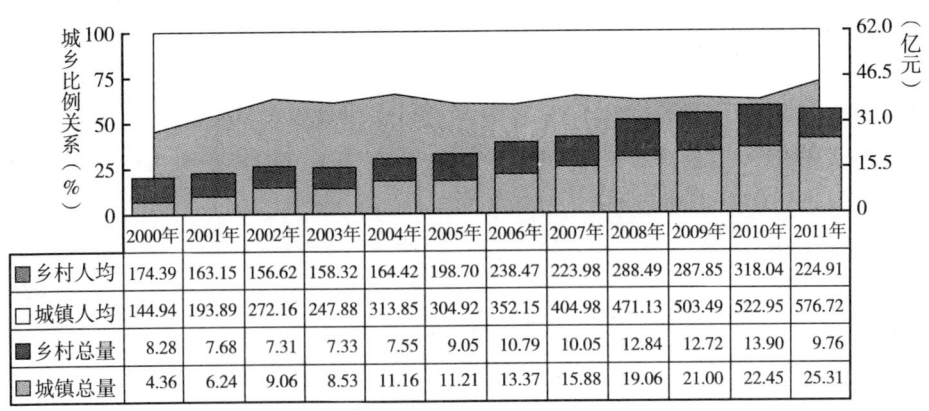

图1　海南城乡文化消费总量和人均值增长态势

注：左轴为城乡人均文化消费（元转换为%），城乡间历年变动呈面积比例关系；右轴为文化消费总量（亿元），柱形上下之和为城乡总量。

2000~2011年,海南城乡文化消费总量从12.64亿元增长至35.07亿元,增加22.43亿元,11年间总增长177.45%,年均增长9.72%。其中,"十五"期间年均增长9.90%;"十一五"期间年均增长12.40%。

同期,海南城镇人均文化消费从144.94元增长至576.72元,增加431.78元,11年间总增长297.90%,年均增长13.38%。其中,"十五"期间年均增长16.04%;"十一五"期间年均增长11.39%。乡村人均文化消费从174.39元增长至224.91元,增加50.52元,11年间总增长28.97%,年均增长2.34%。其中,"十五"期间年均增长2.64%;"十一五"期间年均增长9.86%。值得注意的是,"十五"期间海南城镇人均值年均增幅比乡村高出13.40个百分点,城乡差距有所扩大;"十一五"期间海南城镇人均值年均增幅比乡村高出1.53个百分点,城乡差距持续扩大。

后续各图表将逐步展示海南相关背景各方面历年增长数据。在此,先把各项绝对值转换为以上一年数值为100的年度增长百分指数,可以清晰看出2000~2011年海南人均产值、城乡人均收入、非文消费、文化消费和积蓄增长态势见图2。

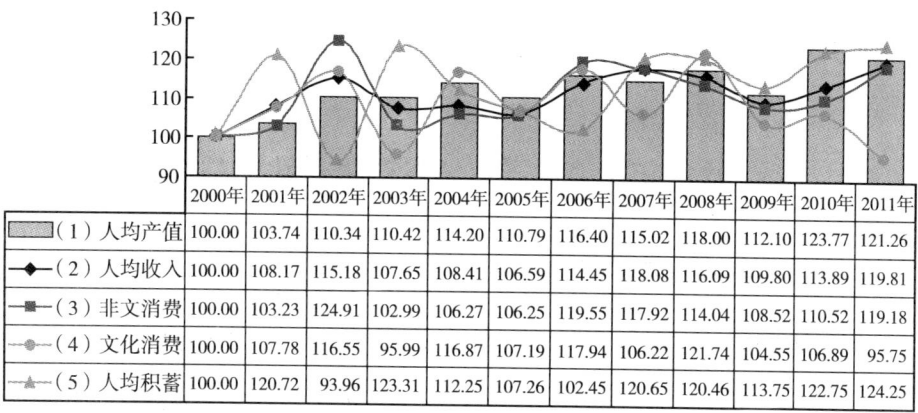

图 2 海南人均产值、城乡人均收入、消费和积蓄增长态势

注:左轴为年增指数(产值为柱形,其余为曲线),上年=100(小于100为负增长);2001~2011年增长(2000年为起点不计)相关系数:(1)与(2)0.6441;(2)与(3)0.8440;(4)与(5)-0.5562,其间2001~2006年-0.7447,2002~2007年-0.7697。

在海南人均产值、城乡人均收入、非文消费、文化消费和积蓄的年度增长指数中,选取3对具有特定相关关系的数据项,作为文中分析的基础。第一对数据项：(1) 柱形系产值历年增长指数，(2) 带菱形曲线系收入历年增长指数，二者2001～2011年相关系数为0.6441，即这两个方面历年增长在64.41%的程度上保持同步。第二对数据项：(2) 收入历年增长指数，(3) 带方形曲线系非文消费历年增长指数，二者2001～2011年相关系数为0.8440，即这两个方面历年增长在84.40%的程度上保持同步。第三对数据项：(4) 带圆形曲线系文化消费历年增长指数，(5) 带三角形曲线系积蓄历年增长指数，二者2001～2011年相关系数为负值0.5562。分时间段深入考察，其间2001～2006年为负值0.7447，2002～2007年为负值0.7697，分别构成很明显的"负相关"增长反向互动关系。

对比海南城乡人均积蓄与文化消费两条年度增长曲线，只有2008年显得例外，其余年度大体呈现为横向镜面对应或俗称"水中倒影"的负相关关系。其中，2002年和2006年海南城乡人均积蓄年度增长跌入低谷，呈现为负增长，与之对应的是人均文化消费年度增长出现高峰；2011年、2003年、2007年和2011年海南城乡人均积蓄年度增长几次形成高峰，与之对应的是人均文化消费年度增长陷入低谷，甚至屡为负增长。海南城乡文化消费的"积蓄增长负相关效应"明显成立。

二 城乡文化消费需求背景的增长协调性分析

（一）民生基础系数检测

2000～2011年海南城乡人均收入、产值绝对值、比例值和城乡比变动态势见图3。图中将收入、产值绝对值转换为图形面积比例，二者历年之比形成民生基础系数变动曲线，同时附有收入城乡比变动曲线。

2000～2011年，海南城乡居民人均收入年均增长12.47%，人均产值年均增长14.06%，比居民收入年均增幅高出1.59个百分点。11年间，海南城乡居民人均收入与人均产值比例的最高（最佳）值为2002年54.68%，最低值为2011年43.05%。逐年考察，除了2001～2002年和2007年出现回升以外，海南城乡此项比值逐步下降，由2000年50.23%降低至2011年43.05%，比例数值处于31个省域里第5位。民生基础系数呈现出减低趋势，意味着在经济增长的同时"人民共享发展成果"程度逐渐降低。

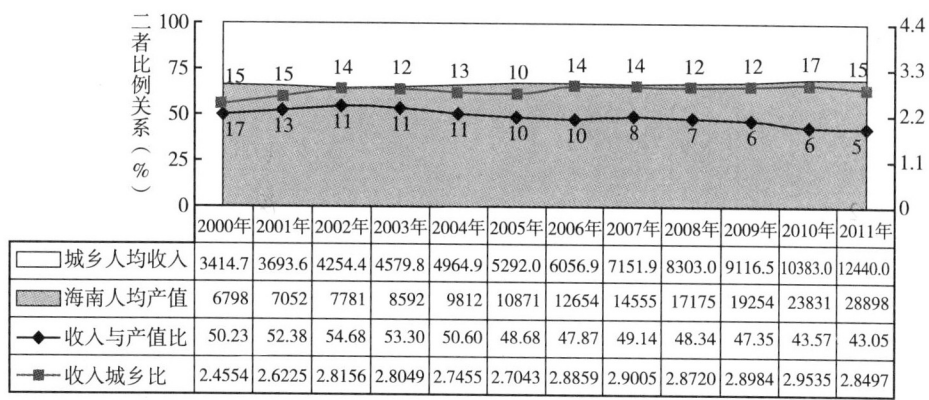

图3　海南城乡人均收入、产值绝对值、比例值和城乡比变动态势

注：左轴为城乡人均收入、产值（元转换为%），二者变动呈面积比例；相互间历年之比形成民生基础系数（%）曲线；右轴为收入城乡比曲线（乡村=1）。标明历年省域排序。

2000~2011年，海南乡村居民人均收入年均增长10.35%，城镇居民人均收入年均增长11.85%，比乡村高出1.50个百分点。作为城乡差距的衡量指标，11年间，海南人均收入城乡比的最小（最佳）值为2000年2.4554，最大值为2010年2.9535。逐年考察，除了2003~2005年、2008年和2011年出现缩减以外，海南此项城乡比逐步扩增，由2000年2.4554扩大至2011年2.8497，城乡比数值处于31个省域里第15位。居民收入的城乡差距呈现扩增趋势，意味着在民生基础层面城乡之间"共享发展成果"的程度有所降低。

如果（1）海南城乡民生基础系数能够保持2002年最佳水平，（2）海南民生基础层面的城乡差距能够保持2000年最小程度，乃至实现民生基础层面的城乡无差距理想状态，那么在"国民收入再分配"演算和城乡综合重新演算当中，海南人均收入应有很大增高，这样随后逐步推演的一切测算值都会发生变化。

（二）民生消费系数检测

2000~2011年海南城乡人均非文消费、收入绝对值、比重值和城乡比变动态势见图4。图中将非文消费、收入绝对值转换为图形面积比例,二者历年之比形成民生消费系数变动曲线,同时附有非文消费城乡比变动曲线。

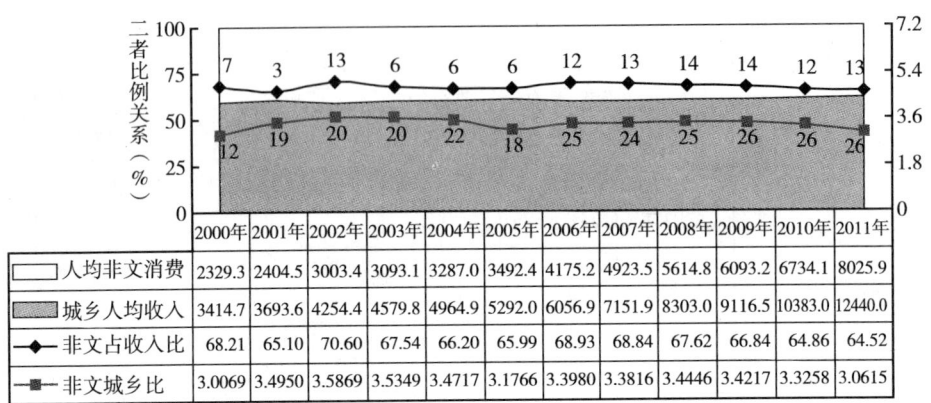

图4 海南城乡人均非文消费、收入绝对值、比重值和城乡比变动态势

注：左轴为城乡人均非文消费、收入（元转换为%），二者变动呈面积比例；相互间历年之比形成民生消费系数（%）曲线；右轴为非文消费城乡比曲线（乡村=1）。标明历年省域排序。

2000~2011年，海南城乡居民人均非文消费年均增长11.90%，人均收入年均增长12.47%，比非文消费年均增幅高出0.57个百分点。11年间，海南城乡居民人均非文消费占人均收入比重的最高值为2002年70.60%，最低（最佳）值为2011年64.52%。逐年考察，除了2002年和2006年出现回升以外，海南城乡此项比值逐步下降，由2000年68.21%降低至2011年64.52%，比重数值处于31个省域里第13位。民生消费系数呈现减低趋势，亦即"必需消费"之外的余钱占收入比重增高，意味着从"基本小康"到"全面小康"建设的民生效应日益得以显现。

2000~2011年，海南乡村居民人均非文消费年均增长10.54%，城镇居民人均非文消费年均增长10.72%，比乡村高出0.18个百分点。作为城乡差距的衡量指标，11年间，海南人均非文消费城乡比的最小（最佳）值为2000年3.0069，最大值为2002年3.5869。逐年考察，除了2003~2005年、2007年和2009~2011年出现缩减以外，海南此项城乡比逐步扩增，由2000年3.0069扩大至2011年3.0615，城乡比数值处于31个省域里第26位。"必需"非文消费的城乡差距呈现扩增趋势，意味着在民生消费层面城乡之间"共享发展成果"的程度有所降低。

如果（1）海南城乡民生消费系数能够保持2011年最佳水平，（2）海南民生消费层面的城乡差距能够保持2000年最小程度，乃至实现民生消费层面的城乡无差距理想状态，那么在"必需消费"占收入比重再度演算和城乡综合重新演算当中，海南人均非文消费应有较大不同，反转则是人均非文消费剩余应有很大增多，这样随后推演的相关数值也会发生变化。

（三）文化需求系数检测

2000～2011年海南城乡人均文化消费、非文消费剩余绝对值、比例值和城乡比变动态势见图5。图中将文化消费、非文消费剩余绝对值转换为图形面积比例，二者历年之比形成文化需求系数变动曲线，同时附有文化消费城乡比变动曲线。

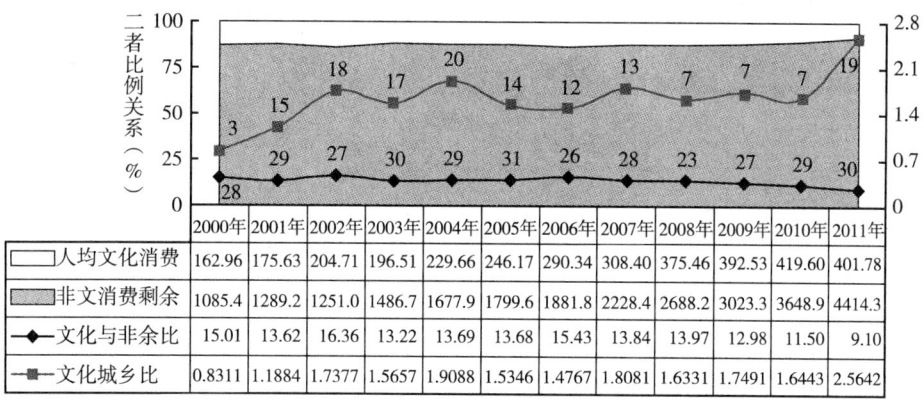

图5　海南城乡人均文化消费、非文消费剩余绝对值、比例值和城乡比变动态势

注：左轴为城乡人均文化消费、非文消费剩余（元转换为%），二者变动呈面积比例；相互间历年之比形成文化需求系数（%）曲线；右轴为文化消费城乡比曲线（乡村=1，小于1为"城乡倒挂"，即城镇人均值低于乡村）。标明历年省域排序。

2000～2011年，海南城乡居民人均文化消费年均增长8.55%，人均非文消费剩余年均增长13.60%，比文化消费年均增幅高出5.05个百分点。11年间，海南城乡居民人均文化消费与人均非文消费剩余比例的最高（最佳）值为2002年16.36%，最低值为2011年9.10%。逐年考察，除了2002年、2004

年、2006年和2008年出现回升以外，海南城乡此项比值逐步下降，由2000年15.01%降低至2011年9.10%，比例数值处于31个省域里第30位。文化需求系数呈现减低趋势，意味着"非必需"的文化消费需求增长依然受到"积蓄增长负相关效应"的反向牵制。

2000～2011年，海南乡村居民人均文化消费年均增长2.34%，城镇居民人均文化消费年均增长13.38%，比乡村高出11.04个百分点。作为城乡差距的衡量指标，11年间，海南人均文化消费城乡比的最小（最佳）值为2000年0.8311，最大值为2011年2.5642。逐年考察，除了2003年、2005～2006年、2008年和2010年出现缩减以外，海南此项城乡比逐步扩增，由2000年0.8311扩大至2011年2.5642，城乡比数值处于31个省域里第19位。文化消费需求的城乡差距呈现扩增趋势，意味着在文化消费需求层面城乡之间"共享发展成果"的程度有所降低。

如果（1）海南城乡文化需求系数能够保持2002年最佳水平，（2）海南文化需求层面的城乡差距能够保持2000年最小程度，乃至实现文化需求层面的城乡无差距理想状态，那么在"非必需"文化消费占余钱比重再度演算和城乡综合重新演算当中，海南人均文化消费应有很大增长。

三 文化需求增长目标暨文化产业发展空间测算

2011～2020年海南城乡人均文化消费需求增长测算见图6，图中提供了文化产业供需协调增长目标的七类测算结果。

（1）历年均增值测算：以海南城乡人均文化消费2000年以来年均增长率测算增长目标，可以得出概率最高的或然增长结果。如果2011～2020年海南城乡保持与2000～2011年相同的年均增长率8.55%（省域间实际增长第29位），那么到2020年城乡人均文化消费将达到840.69元。在相关各方面增长均依此推算的情况下，由于海南城乡文化消费与产值的比例在2000～2011年呈现下降态势，2020年文化消费增长与产值增长测算值之比将继续降低至0.89%。

（2）消除负相关测算：以海南城乡文化需求系数2000年以来最佳比例测

算增长目标，即假设文化消费增长与积蓄增长之间排除负相关关系。如果到 2020 年海南城乡此项比例实现 2000~2011 年最佳状态，那么城乡人均文化消费应达到 2263.54 元，年均增长幅度需达到 21.18%，为以往 11 年实际年均增长率的 2.48 倍（省域间目标距离第 28 位），文化消费增长与产值增长测算值之比将上升至 2.40%。

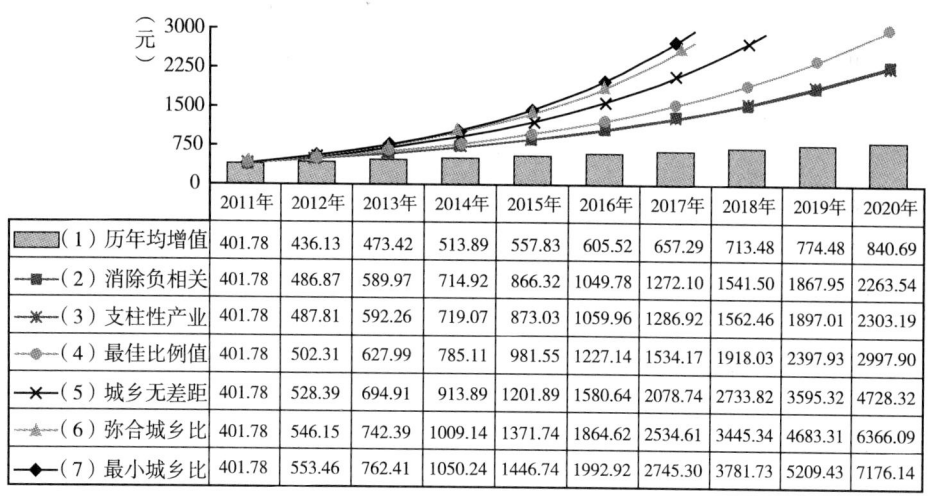

图 6　2011~2020 年海南城乡人均文化消费需求增长测算

注：作为背景因素，2011~2020 年人均产值按 2000~2011 年实际年均增长率推算。2011 年文化消费与产值比实际值 1.39%；2020 年测算值：（1）0.89%；（2）2.40%；（3）2.44%；（4）3.17%；（5）5.01%；（6）6.74%；（7）7.60%。2011~2020 年文化消费年均增长：（1）8.55%（即 2000~2011 年实际值，以下为测算值）；（2）21.18%；（3）21.41%；（4）25.02%；（5）31.51%；（6）35.93%；（7）37.75%。若产值按年均增长率 7% 推算，则 2020 年文化消费与产值比（增量、增幅不变）：（1）1.58%；（2）4.26%。2020 年文化消费（与产值比不变）：（3）1295.89 元，年增 13.90%；（4）1686.77 元，年增 17.28%；（5）2660.38 元，年增 23.37%；（6）3581.88 元，年增 27.52%；（7）4037.65 元，年增 29.23%。

（3）支柱性产业测算：摈弃单纯的"文化 GDP 追逐"，通过文化消费增长空间反推，以生产满足需求测算增长目标，即假设消费需求增长推动生产发展，实现文化产业供需协调增长，达到支柱产业所需占产值比重。各地至 2020 年城乡文化消费与产值之比的测算值各有不同，海南测算值为 2.44%。据此反推，到 2020 年海南城乡人均文化消费应达到 2303.19 元，年均增长幅度需达到 21.41%，为以往 11 年实际年均增长率的 2.50 倍（省域间目标距离第27位）。

（4）最佳比例值测算：以海南城乡民生基础系数、民生消费系数、文化需求系数2000年以来3项最佳比例测算增长目标，即假设"回复"曾有的3项比例关系最佳值。如果到2020年海南城乡3项比例同步实现2000~2011年最佳状态，那么城乡人均文化消费应达到2997.90元，年均增长幅度需达到25.02%，为以往11年实际年均增长率的2.93倍（省域间目标距离第26位），文化消费增长与产值增长测算值之比将上升至3.17%。

（5）城乡无差距测算：在民生基础层面、民生消费层面、文化需求层面3项城乡比的无差距理想状态下实现2000年以来最佳比例测算增长目标，即假设海南乡村相关方面加速增长并与城镇水平持平，同时取城镇标准的3项最佳比例关系进行演算。如果到2020年海南城乡之间在此3个层面已无差距，统一实现按城镇标准衡量的2000~2011年3项最佳比例，那么城乡人均文化消费应达到4728.32元，年均增长幅度需达到31.51%，为以往11年实际年均增长率的3.69倍（省域间目标距离第24位），文化消费增长与产值增长测算值之比将上升至5.01%。

（6）弥合城乡比测算（海南最小城乡比"倒挂"，此类测算可避免矫枉过正）：在3项最佳比例值测算基础上，以海南人均文化消费城乡比的无差距理想值测算增长目标，即假设文化需求层面的城乡差距得以消除演算校正数值。如果到2020年海南城乡同时实现2000~2011年3项最佳比例和乡村人均文化消费绝对值与城镇水平持平，那么城乡人均文化消费应达到6366.09元，年均增长幅度需达到35.93%，为以往11年实际年均增长率的4.20倍（省域间目标距离第27位），文化消费增长与产值增长测算值之比将上升至6.74%。

（7）最小城乡比测算：在3项最佳比例值测算基础上，以海南人均文化消费城乡比2000年以来最小值测算增长目标，即假设"回复"原有的文化消费城乡比最小状态，作为缩小以至消除城乡差距的基础。如果到2020年海南城乡同时实现2000~2011年3项最佳比例和文化消费最小城乡比，那么城乡人均文化消费应达到7176.14元，年均增长幅度需达到37.75%，为以往11年实际年均增长率的4.42倍（省域间目标距离第28位），文化消费增长与产值增长测算值之比将上升至7.60%。

如果按照国家"十二五"规划转变发展方式的要求,在"十二五"期间把海南产值年均增长率控制在7%,并一直延续至2020年,那么在图6中,前两类测算因与产值增长演算间接相关,文化消费人均值增长测算的绝对值不变,其与产值比将分别增高至1.58%和4.26%;后五类测算因与产值增长演算直接相关,文化消费人均值增长测算的绝对值相应减少,其所需年均增长幅度(亦即目标差距)将分别减低至13.90%、17.28%、23.37%、27.52%和29.23%(见图6注),显然更加容易实现。

Hainan: All Measure Distance of Growth Targets had Lagged Obviously Behind

Abstract: The evaluated growth targets of cultural consumption and development space of cultural industry in Hainan are as follows: Ranking of the actual growth among various provinces from 2000 to 2011 is the 29th in the valued average added value over the years; Ranking of the targets distance among various provinces from 2011 to 2020 are the 28th in the valued avoiding negative correlation, the 27th in the valued pillar industry, the 26th in the valued optimal proportion, the 28th in the valued lowest urban-rural ratio, the 27th in the valued closed urban-rural ratio, and the 24th in the valued without urban-rural gap.

Key Words: Hainan's Cultural Industry; Expand Cultural Consumption; Demand and Sharing; Growth Target

中部地区

The Central Regions

B.16
山西：协调性测算距离明显大于实际增长

摘　要：

　　山西文化消费增长目标暨文化产业发展空间测评：省域间2000～2011年实际增长排名，历年均增值测算为第6位；省域间2011～2020年目标距离排名，消除负相关测算为第12位；支柱性产业测算为第12位；最佳比例值测算为第13位；最小城乡比测算为第8位；弥合城乡比测算为第9位；城乡无差距测算为第15位。

关键词：

　　山西文化产业　扩大文化消费　需求与共享　增长目标

一　城乡文化消费需求及相关方面增长态势

2000～2011年山西城乡文化消费总量和人均值增长态势见图1。

2000～2011年，山西城乡文化消费总量从49.95亿元增长至203.66亿元，增加153.71亿元，11年间总增长307.73%，年均增长13.63%。其中，"十

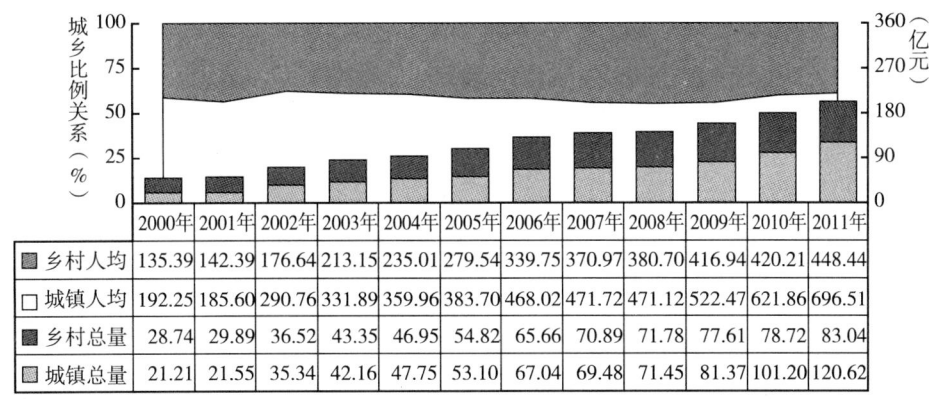

图 1 山西城乡文化消费总量和人均值增长态势

注：左轴为城乡人均文化消费（元转换为%），城乡间历年变动呈面积比例关系；右轴为文化消费总量（亿元），柱形上下之和为城乡总量。

五"期间年均增长 16.66%；"十一五"期间年均增长 10.76%。

同期，山西城镇人均文化消费从 192.25 元增长至 696.51 元，增加 504.26 元，11 年间总增长 262.29%，年均增长 12.41%。其中，"十五"期间年均增长 14.82%；"十一五"期间年均增长 10.14%。乡村人均文化消费从 135.39 元增长至 448.44 元，增加 313.05 元，11 年间总增长 231.22%，年均增长 11.50%。其中，"十五"期间年均增长 15.60%；"十一五"期间年均增长 8.49%。值得注意的是，"十五"期间山西城镇人均值年均增幅比乡村低 0.78 个百分点，城乡差距有所缩小；"十一五"期间山西城镇人均值年均增幅比乡村高出 1.65 个百分点，城乡差距转为扩大。

后续各图表将逐步展示山西相关背景各方面历年增长数据。在此，先把各项绝对值转换为以上一年数值为 100 的年度增长百分指数，可以清晰看出 2000～2011 年山西人均产值、城乡人均收入、非文消费、文化消费和积蓄增长态势见图 2。

在山西人均产值、城乡人均收入、非文消费、文化消费和积蓄的年度增长指数中，选取 3 对具有特定相关关系的数据项，作为文中分析的基础。第一对数据项：（1）柱形系产值历年增长指数，（2）带菱形曲线系收入历年增长指

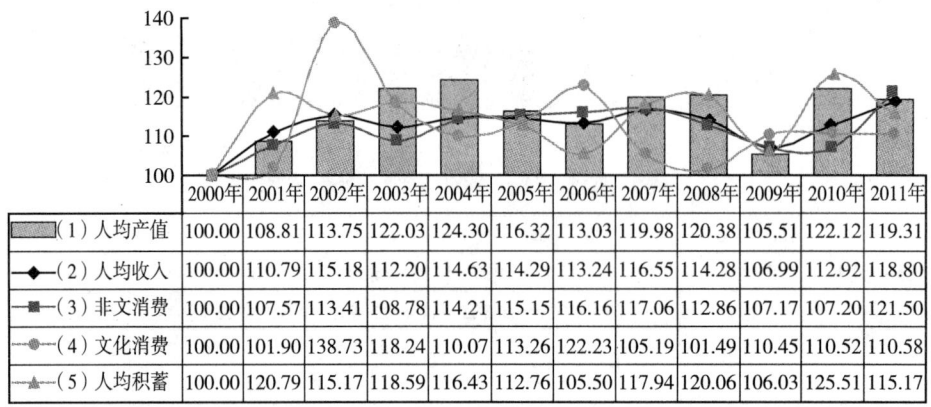

图 2　山西人均产值、城乡人均收入、消费和积蓄增长态势

注：左轴为年增指数（产值为柱形，其余为曲线），上年＝100（小于100为负增长）；2001～2011年增长（2000年为起点不计）相关系数：（1）与（2）0.6265；（2）与（3）0.8479；（4）与（5）－0.3427，其间2003～2008年－0.7305，2004～2009年－0.8147，2005～2009年－0.8375，2006～2010年－0.6179。

数，二者2001～2011年相关系数为0.6265，即这两个方面历年增长在62.65%的程度上保持同步。第二对数据项：（2）收入历年增长指数，（3）带方形曲线系非文消费历年增长指数，二者2001～2011年相关系数为0.8479，即这两个方面历年增长在84.79%的程度上保持同步。第三对数据项：（4）带圆形曲线系文化消费历年增长指数，（5）带三角形曲线系积蓄历年增长指数，二者2001～2011年相关系数为负值0.3427。分时间段深入考察，其间2003～2008年为负值0.7305，2004～2009年为负值0.8147，2005～2009年为负值0.8375，2006～2010年为负值0.6179，分别构成很明显的"负相关"增长反向互动关系。

对比山西城乡人均积蓄与文化消费两条年度增长曲线，大体呈现为横向镜面对应或俗称"水中倒影"的负相关关系。其中，2002年和2006年山西城乡人均积蓄年度增长处于较低值或跌入低谷，与之对应的是人均文化消费年度增长出现高峰；2001年、2007～2008年和2010年山西城乡人均积蓄年度增长三次形成高峰，与之对应的是人均文化消费年度增长陷入低谷，屡近于零增长。山西城乡文化消费的"积蓄增长负相关效应"明显成立。

二 城乡文化消费需求背景的增长协调性分析

（一）民生基础系数检测

2000～2011年山西城乡人均收入、产值绝对值、比例值和城乡比变动态势见图3。图中将收入、产值绝对值转换为图形面积比例，二者历年之比形成民生基础系数变动曲线，同时附有收入城乡比变动曲线。

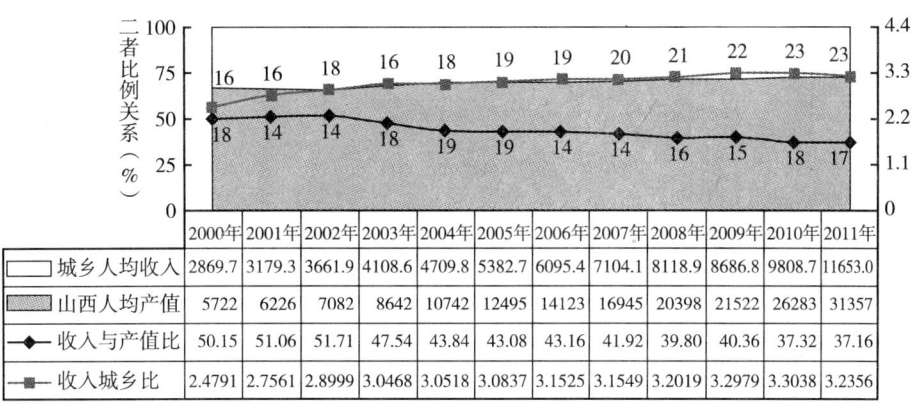

图3 山西城乡人均收入、产值绝对值、比例值和城乡比变动态势

注：左轴为城乡人均收入、产值（元转换为%），二者变动呈面积比例；相互间历年之比形成民生基础系数（%）曲线；右轴为收入城乡比曲线（乡村=1）。标明历年省域排序。

2000～2011年，山西城乡居民人均收入年均增长13.59%，人均产值年均增长16.72%，居民收入年均增幅高出3.13个百分点。11年间，山西城乡居民人均收入与人均产值比例的最高（最佳）值为2002年51.71%，最低值为2011年37.16%。逐年考察，除了2001～2002年、2006年和2009年出现回升以外，山西城乡此项比值逐步下降，由2000年50.15%降低至2011年37.16%，比例数值处于31个省域里第17位。民生基础系数呈现减低趋势，意味着在经济增长的同时"人民共享发展成果"程度逐渐降低。

2000～2011年，山西乡村居民人均收入年均增长10.30%，城镇居民人均收入年均增长13.00%，比乡村高出2.70个百分点。作为城乡差距的衡量指标，11年间，山西人均收入城乡比的最小（最佳）值为2000年2.4791，最大值为2010年3.3038。逐年考察，除了2011年出现缩减以外，山西此项城乡比逐步扩增，由2000年2.4791扩大至2011年3.2356，城乡比数值处于31个省域里第23位。居民收入的城乡差距呈现扩增趋势，意味着在民生基础层面城乡之间"共享发展成果"的程度有所降低。

如果（1）山西城乡民生基础系数能够保持2002年最佳水平，（2）山西民生基础层面的城乡差距能够保持2000年最小程度，乃至实现民生基础层面的城乡无差距理想状态，那么在"国民收入再分配"演算和城乡综合重新演算当中，山西人均收入应有很大增高，这样随后逐步推演的一切测算值都会发生变化。

（二）民生消费系数检测

2000～2011年山西城乡人均非文消费、收入绝对值、比重值和城乡比变动态势见图4。图中将非文消费、收入绝对值转换为图形面积比例，二者历年之比形成民生消费系数变动曲线，同时附有非文消费城乡比变动曲线。

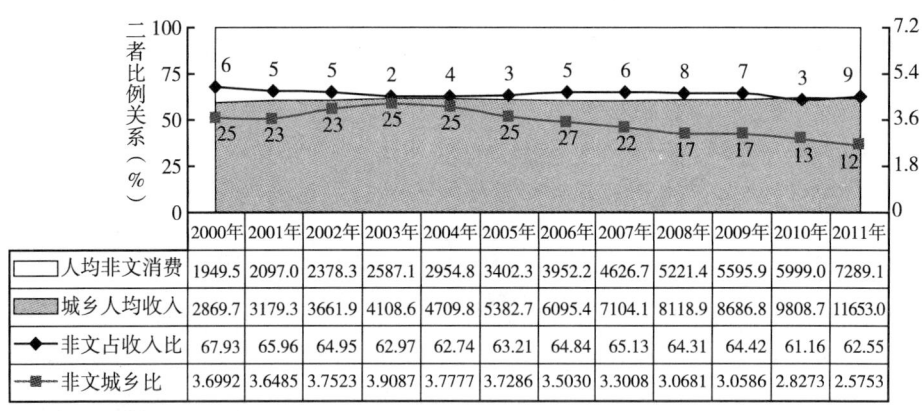

图4 山西城乡人均非文消费、收入绝对值、比重值和城乡比变动态势

注：左轴为城乡人均非文消费、收入（元转换为%），二者变动呈面积比例；相互间历年之比形成民生消费系数（%）曲线；右轴为非文消费城乡比曲线（乡村=1）。标明历年省域排序。

2000～2011年，山西城乡居民人均非文消费年均增长12.74%，人均收入年均增长13.59%，高于非文消费年均增幅度0.85个百分点。11年间，山西城乡居民人均非文消费占人均收入比重的最高值为2000年67.93%，最低（最佳）值为2010年61.16%。逐年考察，除了2005~2007年、2009年和2011年出现回升以外，山西城乡此项比值逐步下降，由2000年67.93%降低至2011年62.55%，比重数值处于31个省域里第9位。民生消费系数呈现出减低趋势，亦即"必需消费"之外的余钱占收入比重增高，意味着从"基本小康"到"全面小康"建设的民生效应日益得以显现。

2000~2011年，山西乡村居民人均非文消费年均增长13.64%，城镇居民人均非文消费年均增长9.96%，比乡村低3.68个百分点。作为城乡差距的衡量指标，11年间，山西人均非文消费城乡比的最大值为2003年3.9087，最小（最佳）值为2011年2.5753。逐年考察，除了2002~2003年出现扩增以外，山西此项城乡比逐步缩减，由2000年3.6992缩小至2011年2.5753，城乡比数值处于31个省域里第12位。"必需"非文消费的城乡差距呈现出缩减趋势，意味着在民生消费层面城乡之间"共享发展成果"的程度有所提高。

如果（1）山西城乡民生消费系数能够保持2010年最佳水平，（2）山西民生消费层面的城乡差距能够保持2011年最小程度，乃至实现民生消费层面的城乡无差距理想状态，那么在"必需消费"占收入比重再度演算和城乡综合重新演算当中，山西人均非文消费应有较大不同，反转则是人均非文消费剩余应有很大增多，这样随后推演的相关数值也会发生变化。

（三）文化需求系数检测

2000~2011年山西城乡人均文化消费、非文消费剩余绝对值、比例值和城乡比变动态势见图5。图中将文化消费、非文消费剩余绝对值转换为图形面积比例，二者历年之比形成文化需求系数变动曲线，同时附有文化消费城乡比变动曲线。

2000~2011年，山西城乡居民人均文化消费年均增长12.55%，人均非文消费剩余年均增长15.20%，比文化消费年均增幅高出2.65个百分点。11年间，山西城乡居民人均文化消费与人均非文消费剩余比例的最高（最佳）值为2006年18.40%，最低值为2011年13.02%。逐年考察，除了2002年、

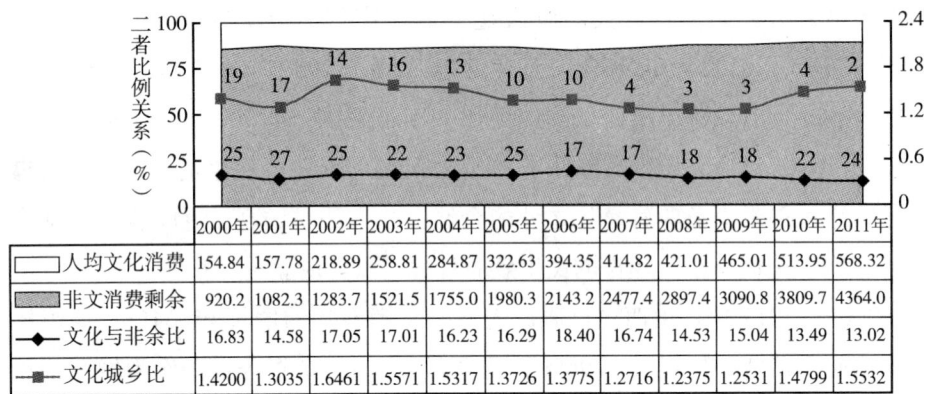

图 5 山西城乡人均文化消费、非文消费剩余绝对值、比例值和城乡比变动态势

注：左轴为城乡人均文化消费、非文消费剩余（元转换为%），二者变动呈面积比例；相互间历年之比形成文化需求系数（%）曲线；右轴为文化消费城乡比曲线（乡村=1）。标明历年省域排序。

2005~2006年和2009年出现回升以外，山西城乡此项比值逐步下降，由2000年16.83%降低至2011年13.02%，比值数值处于31个省域里第24位。文化需求系数呈现减低趋势，意味着"非必需"的文化消费需求增长依然受到"积蓄增长负相关效应"的反向牵制。

2000~2011年，山西乡村居民人均文化消费年均增长11.50%，城镇居民人均文化消费年均增长12.41%，高于乡村0.91个百分点。作为城乡差距的衡量指标，11年间，山西人均文化消费城乡比的最小（最佳）值为2008年1.2375，最大值为2002年1.6461。逐年考察，除了2001年、2003~2005年和2007~2008年出现缩减以外，山西此项城乡比逐步扩增，由2000年1.4200扩大至2011年1.5532，城乡比数值处于31个省域里第2位。文化消费需求的城乡差距呈现扩增趋势，意味着在文化消费需求层面城乡之间"共享发展成果"的程度有所降低。

如果（1）山西城乡文化需求系数能够保持2006年最佳水平，（2）山西文化需求层面的城乡差距能够保持2008年最小程度，乃至实现文化需求层面的城乡无差距理想状态，那么在"非必需"文化消费占余钱比重再度演算和城乡综合重新演算当中，山西人均文化消费应有很大增长。

三 文化需求增长目标暨文化产业发展空间测算

2011～2020年山西城乡人均文化消费需求增长测算见图6，图中提供了文化产业供需协调增长目标的七类测算结果。

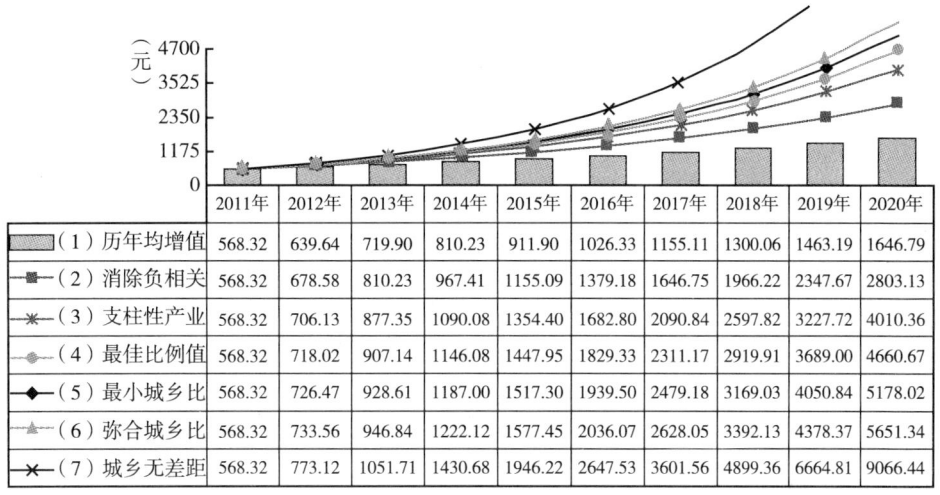

图6 2011～2020年山西城乡人均文化消费需求增长测算

注：作为背景因素，2011～2020年人均产值按2000～2011年实际年均增长率推算。2011年文化消费与产值比实际值1.81%；2020年测算值：（1）1.31%；（2）2.22%；（3）3.18%；（4）3.70%；（5）4.11%；（6）4.48%；（7）7.19%。2011～2020年文化消费年均增长：（1）12.55%（即2000～2011年实际值，以下为测算值）；（2）19.40%；（3）24.25%；（4）26.34%；（5）27.83%；（6）29.07%；（7）36.03%。若产值按年均增长率7%推算，则2020年文化消费与产值比（增量、增幅不变）：（1）2.86%；（2）4.86%。2020年文化消费（与产值比不变）：（3）1833.06元，年增13.90%；（4）2130.30元，年增15.81%；（5）2366.77元，年增17.18%；（6）2583.11元，年增18.32%；（7）4144.09元，年增24.70%。

（1）历年均增值测算：以山西城乡人均文化消费2000年以来年均增长率测算增长目标，可以得出概率最高的或然增长结果。如果2011～2020年山西城乡保持与2000～2011年相同的年均增长率12.55%（省域间实际增长第6位），那么到2020年城乡人均文化消费将达到1646.79元。在相关各方面增长均依此推算的情况下，由于山西城乡文化消费与产值的比例在2000～2011年呈现下降态势，2020年文化消费增长与产值增长测算值之比将继续降低至1.31%。

（2）消除负相关测算：以山西城乡文化需求系数2000年以来最佳比例测算增长目标，即假设文化消费增长与积蓄增长之间排除负相关关系。如果到2020年山西城乡此项比例实现2000～2011年最佳状态，那么城乡人均文化消费应达到2803.13元，年均增长幅度需达到19.40%，为以往11年实际年均增长率的1.55倍（省域间目标距离第12位），文化消费增长与产值增长测算值之比将上升至2.22%。

（3）支柱性产业测算：摒弃单纯的"文化GDP追逐"，通过文化消费增长空间反推，以生产满足需求测算增长目标，即假设消费需求增长推动生产发展，实现文化产业供需协调增长，达到支柱产业所需占产值比重。各地至2020年城乡文化消费与产值之比的测算值各有不同，山西测算值为3.18%。据此反推，到2020年山西城乡人均文化消费应达到4010.36元，年均增长幅度需达到24.25%，为以往11年实际年均增长率的1.93倍（省域间目标距离第12位）。

（4）最佳比例值测算：以山西城乡民生基础系数、民生消费系数、文化需求系数2000年以来3项最佳比例测算增长目标，即假设"回复"曾有的3项比例关系最佳值。如果到2020年山西城乡3项比例同步实现2000～2011年最佳状态，那么城乡人均文化消费应达到4660.67元，年均增长幅度需达到26.34%，为以往11年实际年均增长率的2.10倍（省域间目标距离第12位），文化消费增长与产值增长测算值之比将上升至3.70%。

（5）最小城乡比测算：在3项最佳比例值测算基础上，以山西人均文化消费城乡比2000年以来最小值测算增长目标，即假设"回复"原有的文化消费城乡比最小状态，作为缩小以至消除城乡差距的基础。如果到2020年山西城乡同时实现2000～2011年3项最佳比例和文化消费最小城乡比，那么城乡人均文化消费应达到5178.02元，年均增长幅度需达到27.83%，为以往11年实际年均增长率的2.22倍（省域间目标距离第8位），文化消费增长与产值增长测算值之比将上升至4.11%。

（6）弥合城乡比测算：在3项最佳比例值测算基础上，以山西人均文化消费城乡比的无差距理想值测算增长目标，即假设文化需求层面的城乡差距得以消除演算校正数值。如果到 2020 年山西城乡同时实现 2000~2011 年 3 项最佳比例和乡村人均文化消费绝对值与城镇水平持平，那么城乡人均文化消费应达到 5651.34 元，年均增长幅度需达到 29.07%，为以往 11 年实际年均增长率的 2.32 倍（省域间目标距离第 9 位），文化消费增长与产值增长测算值之比将上升至 4.48%。

（7）城乡无差距测算：在民生基础层面、民生消费层面、文化需求层面 3 项城乡比的无差距理想状态下实现 2000 年以来最佳比例值测算增长目标，即假设山西乡村相关方面加速增长并与城镇水平持平，同时取城镇标准的 3 项最佳比例关系进行演算。如果到 2020 年山西城乡之间在此 3 个层面已无差距，统一实现按城镇标准衡量的 2000~2011 年 3 项最佳比例，那么城乡人均文化消费应达到 9066.44 元，年均增长幅度需达到 36.03%，为以往 11 年实际年均增长率的 2.87 倍（省域间目标距离第 15 位），文化消费增长与产值增长测算值之比将上升至 7.19%。

如果按照国家"十二五"规划转变发展方式的要求，在"十二五"期间把山西产值年均增长率控制在 7%，并一直延续至 2020 年，那么在图 6 中，前两类测算因与产值增长演算间接相关，文化消费人均值增长测算的绝对值不变，其与产值比将分别增高至 2.86% 和 4.86%；后五类测算因与产值增长演算直接相关，文化消费人均值增长测算的绝对值相应减少，其所需年均增长幅度（亦即目标差距）将分别减低至 13.90%、15.81%、17.18%、18.32% 和 24.70%（见图 6 注），显然更加容易实现。

Shanxi: The Measure Distance of Balanced Growth Obviously is Bigger than Actual Growth

Abstract: The evaluated growth targets of cultural consumption and development space of cultural industry in Shanxi are as follows: Ranking of the actual growth among various provinces from 2000 to 2011 is the 6th in the valued average added value over the years; Ranking of the targets distance among various provinces from 2011 to 2020 are the 12th in the valued avoiding negative correlation, the 12th in the valued pillar industry, the 12th in the valued optimal proportion, the 8th in the valued lowest urban-rural ratio, the 9th in the valued closed urban-rural ratio, and the 15th in the valued without urban-rural gap.

Key Words: Shanxi's Cultural Industry; Expand Cultural Consumption; Demand and Sharing; Growth Target

B.17
河南：城乡均衡测算增长目标距离稍大

摘　要：

河南文化消费增长目标暨文化产业发展空间测评：省域间2000～2011年实际增长排名，历年均增值测算为第13位；省域间2011～2020年目标距离排名，消除负相关测算为第13位；支柱性产业测算为第14位；最佳比例值测算为第9位；最小城乡比测算为第16位；弥合城乡比测算为第16位；城乡无差距测算为第13位。

关键词：

河南文化产业　扩大文化消费　需求与共享　增长目标

一　城乡文化消费需求及相关方面增长态势

2000～2011年河南城乡文化消费总量和人均值增长态势见图1。

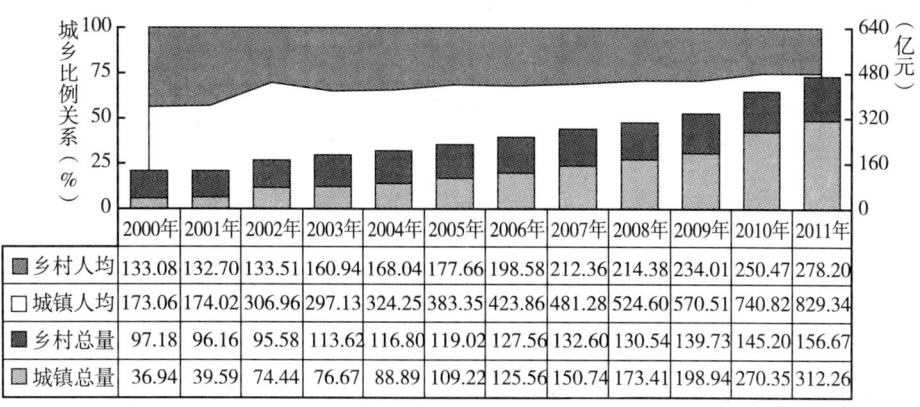

图1　河南城乡文化消费总量和人均值增长态势

注：左轴为城乡人均文化消费（元转换为%），城乡间历年变动呈面积比例关系；右轴为文化消费总量（亿元），柱形上下之和为城乡总量。

2000~2011年,河南城乡文化消费总量从134.12亿元增长至468.93亿元,增加334.81亿元,11年间总增长249.63%,年均增长12.05%。其中,"十五"期间年均增长11.22%;"十一五"期间年均增长12.73%。

同期,河南城镇人均文化消费从173.06元增长至829.34元,增加656.28元,11年间总增长379.22%,年均增长15.31%。其中,"十五"期间年均增长17.24%;"十一五"期间年均增长14.08%。乡村人均文化消费从133.08元增长至278.20元,增加145.12元,11年间总增长109.05%,年均增长6.93%。其中,"十五"期间年均增长5.95%;"十一五"期间年均增长7.11%。值得注意的是,"十五"期间河南城镇人均值年均增幅比乡村高出11.29个百分点,城乡差距有所扩大;"十一五"期间河南城镇人均值年均增幅比乡村高出6.97个百分点,城乡差距持续扩大。

后续各图表将逐步展示河南相关背景各方面历年增长数据。在此,先把各项绝对值转换为以上一年数值为100的年度增长百分指数,可以清晰看出2000~2011年河南人均产值、城乡人均收入、非文消费、文化消费和积蓄增长态势见图2。

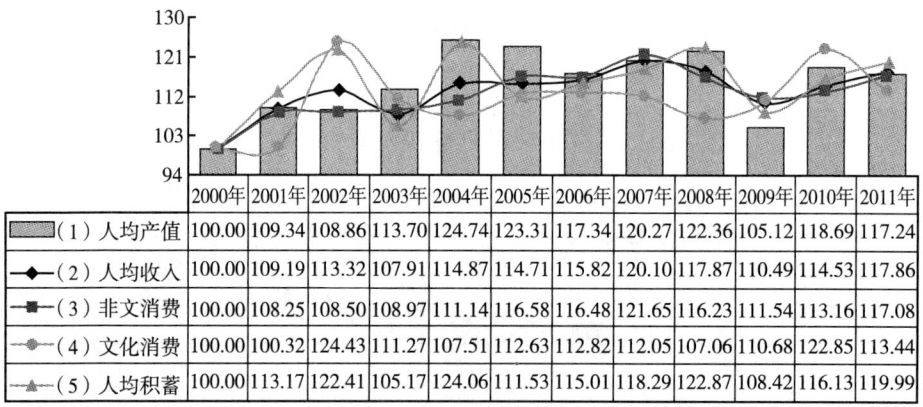

图2 河南人均产值、城乡人均收入、消费和积蓄增长态势

注:左轴为年增指数(产值为柱形,其余为曲线),上年=100(小于100为负增长);2001~2011年增长(2000年为起点不计)相关系数:(1)与(2)0.6534;(2)与(3)0.8650;(4)与(5)0.1538,其间2003~2008年-0.6940,2004~2009年-0.7146,2005~2009年-0.5770。

在河南人均产值、城乡人均收入、非文消费、文化消费和积蓄的年度增长指数中,选取3对具有特定相关关系的数据项,作为文中分析的基础。第一对数据项：(1)柱形系产值历年增长指数，(2)带菱形曲线系收入历年增长指数，二者2001~2011年相关系数为0.6534，即这两个方面历年增长在65.34%的程度上保持同步。第二对数据项：(2)收入历年增长指数，(3)带方形曲线系非文消费历年增长指数，二者2001~2011年相关系数为0.8650，即这两个方面历年增长在86.50%的程度上保持同步。第三对数据项：(4)带圆形曲线系文化消费历年增长指数，(5)带三角形曲线系积蓄历年增长指数，二者2001~2011年相关系数为0.1538。分时间段深入考察，其间2003~2008年为负值0.6940，2004~2009年为负值0.7146，2005~2009年为负值0.5770，分别构成很明显的"负相关"增长反向互动关系。

对比河南城乡人均积蓄与文化消费两条年度增长曲线，只有2002年显得例外，其余年度大体呈现为横向镜面对应或俗称"水中倒影"的负相关关系。其中，2002年和2010年河南城乡人均文化消费年度增长两次出现高峰，与之相对应的人均积蓄年度增长"负相关"关系不甚明显，但2004年和2008年河南城乡人均积蓄年度增长两次形成高峰，与之对应的是人均文化消费年度增长陷入低谷。河南城乡文化消费的"积蓄增长负相关效应"较明显成立。

二 城乡文化消费需求背景的增长协调性分析

(一)民生基础系数检测

2000~2011年河南城乡人均收入、产值绝对值、比例值和城乡比变动态势见图3。图中将收入、产值绝对值转换为图形面积比例，二者历年之比形成民生基础系数变动曲线，同时附有收入城乡比变动曲线。

2000~2011年，河南城乡居民人均收入年均增长14.18%，人均产值年均增长16.29%，比居民收入年均增幅高出2.11个百分点。11年间，河南城乡居民人均收入与人均产值比例的最高（最佳）值为2002年49.88%，最低值为2008年38.50%。逐年考察，除了2002年、2009年和2011年出现回升以外，河南城乡此项比值逐步下降，由2000年47.98%降低至2011年39.25%，比例数值处于31个省域里第14位。民生基础系数呈现减低趋势，意味着在经济增长的同时"人民共享发展成果"程度逐渐降低。

2000~2011年，河南乡村居民人均收入年均增长11.54%，城镇居民人均收入年均增长12.95%，比乡村高出1.41个百分点。作为城乡差距的衡量指标，11年间，河南人均收入城乡比的最小（最佳）值为2000年2.4001，最大值为2003年3.0980。逐年考察，除了2004年、2006~2008年和2010~2011年出现缩减以外，河南此项城乡比逐步扩增，由2000年2.4001扩大至2011年2.7551，城乡比数值处于31个省域里第13位。居民收入的城乡差距呈现扩增趋势，意味着在民生基础层面城乡之间"共享发展成果"的程度有所降低。

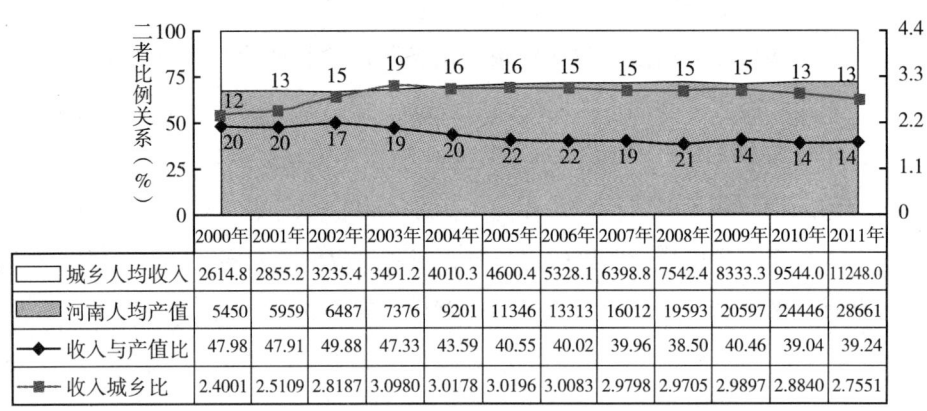

图3　河南城乡人均收入、产值绝对值、比例值和城乡比变动态势

注：左轴为城乡人均收入、产值（元转换为%），二者变动呈面积比例；相互间历年之比形成民生基础系数（%）曲线；右轴为收入城乡比曲线（乡村=1）。标明历年省域排序。

如果（1）河南城乡民生基础系数能够保持2002年最佳水平，（2）河南民生基础层面的城乡差距能够保持2000年最小程度，乃至实现民生基础层面的城乡无差距理想状态，那么在"国民收入再分配"演算和城乡综合重新演算当中，河南人均收入应有很大增高，这样随后逐步推演的一切测算值都会发生变化。

（二）民生消费系数检测

2000~2011年河南城乡人均非文消费、收入绝对值、比重值和城乡比变动态势见图4。图中将非文消费、收入绝对值转换为图形面积比例，二者历年之比形成民生消费系数变动曲线，同时附有非文消费城乡比变动曲线。

2000~2011年，河南城乡居民人均非文消费年均增长13.52%，人均收入年均增长14.18%，比非文消费年均增幅高出0.66个百分点。11年间，河南城乡居民人均非文消费占人均收入比重的最高值为2000年66.64%，最低（最佳）值为2004年61.81%。逐年考察，除了2003年、2005~2007年和2009年出现回升以外，河南城乡此项比值逐步下降，由2000年66.64%降低至2011年62.53%，比值数值处于31个省域里第7位。民生消费系数呈现减低趋势，亦即"必需消费"之外的余钱占收入比重增高，意味着从"基本小康"到"全面小康"建设的民生效应日益得以显现。

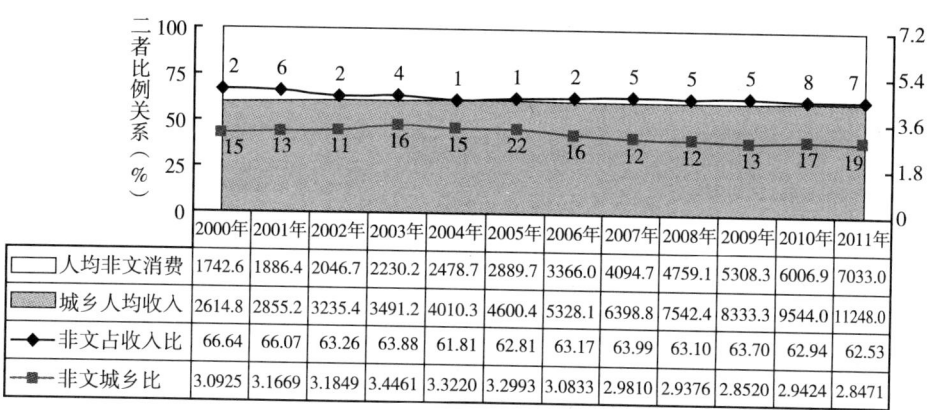

图4 河南城乡人均非文消费、收入绝对值、比重值和城乡比变动态势

注：左轴为城乡人均非文消费、收入（元转换为%），二者变动呈面积比例；相互间历年之比形成民生消费系数（%）曲线；右轴为非文消费城乡比曲线（乡村=1）。标明历年省域排序。

2000~2011年，河南乡村居民人均非文消费年均增长11.82%，城镇居民人均非文消费年均增长10.98%，比乡村低0.84个百分点。作为城乡差距的衡量指标，11年间，河南人均非文消费城乡比的最大值为2003年3.4461，最小（最佳）值为2011年2.8471。逐年考察，除了2001~2003年和2010年出现扩增以外，河南此项城乡比逐步缩减，由2000年3.0925缩小至2011年2.8471，城乡比数值处于31个省域里第19位。"必需"非文消费的城乡差距呈现缩减趋势，意味着在民生消费层面城乡之间"共享发展成果"的程度有所提高。

如果（1）河南城乡民生消费系数能够保持2004年最佳水平，（2）河南民生消费层面的城乡差距能够保持2011年最小程度，乃至实现民生消费层面的城乡无差距理想状态，那么在"必需消费"占收入比重再度演算和城乡综合重新演算当中，河南人均非文消费应有较大不同，反转则是人均非文消费剩余应有很大增多，这样随后推演的相关数值也会发生变化。

（三）文化需求系数检测

2000～2011年河南城乡人均文化消费、非文消费剩余绝对值、比例值和城乡比变动态势见图5。图中将文化消费、非文消费剩余绝对值转换为图形面积比例，二者历年之比形成文化需求系数变动曲线，同时附有文化消费城乡比变动曲线。

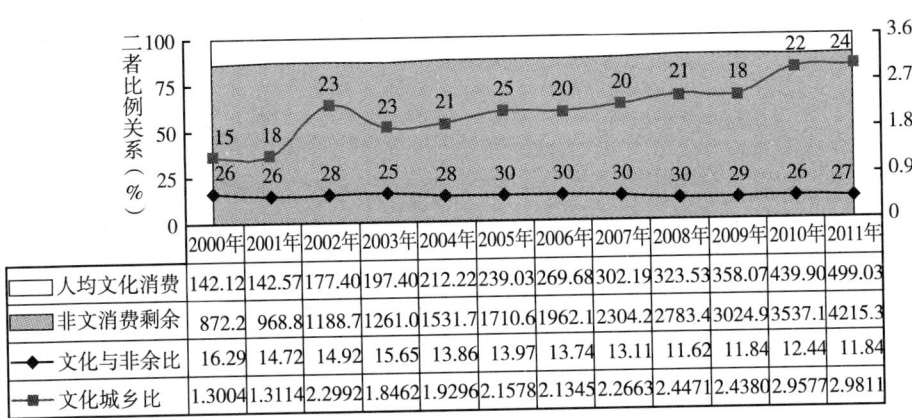

图5　河南城乡人均文化消费、非文消费剩余绝对值、比例值和城乡比变动态势

注：左轴为城乡人均文化消费、非文消费剩余（元转换为%），二者变动呈面积比例；相互间历年之比形成文化需求系数（%）曲线；右轴为文化消费城乡比曲线（乡村=1）。标明历年省域排序。

2000～2011年，河南城乡居民人均文化消费年均增长12.10%，人均非文消费剩余年均增长15.40%，比文化消费年均增幅高出3.30个百分点。11年间，河南城乡居民人均文化消费与人均非文消费剩余比例的最高（最佳）值为2000年16.29%，最低值为2008年11.62%。逐年考察，除了2002～2003年、2005年和2009～2010年出现回升以外，河南城乡此项比值逐步下降，由2000年16.30%降低至2011年11.84%，比例数值处于31个省域里第27位。

文化需求系数呈现出减低趋势,意味着"非必需"的文化消费需求增长依然受到"积蓄增长负相关效应"的反向牵制。

2000~2011年,河南乡村居民人均文化消费年均增长6.93%,城镇居民人均文化消费年均增长15.31%,比乡村高出8.38个百分点。作为城乡差距的衡量指标,11年间,河南人均文化消费城乡比的最小(最佳)值为2000年1.3004,最大值为2011年2.9811。逐年考察,除了2003年、2006年和2009年出现缩减以外,河南此项城乡比逐步扩增,由2000年1.3004扩大至2011年2.9811,城乡比数值处于31个省域里第24位。文化消费需求的城乡差距呈现出扩增趋势,意味着在文化消费需求层面城乡之间"共享发展成果"的程度有所降低。

如果(1)河南城乡文化需求系数能够保持2000年最佳水平,(2)河南文化需求层面的城乡差距能够保持2000年最小程度,乃至实现文化需求层面的城乡无差距理想状态,那么在"非必需"文化消费占余钱比重再度演算和城乡综合重新演算当中,河南人均文化消费应有很大增长。

三 文化需求增长目标暨文化产业发展空间测算

2011~2020年河南城乡人均文化消费需求增长测算见图6,图中提供了文化产业供需协调增长目标的七类测算结果。

(1)历年均增值测算:以河南城乡人均文化消费2000年以来年均增长率测算增长目标,可以得出概率最高的或然增长结果。如果2011~2020年河南城乡保持与2000~2011年相同的年均增长率12.10%(省域间实际增长第13位),那么到2020年城乡人均文化消费将达到1394.50元。在相关各方面增长均依此推算的情况下,由于河南城乡文化消费与产值的比例在2000~2011年间呈现下降态势,2020年文化消费增长与产值增长测算值之比将继续降低至1.25%。

(2)消除负相关测算:以河南城乡文化需求系数2000年以来最佳比例测算增长目标,即假设文化消费增长与积蓄增长之间排除负相关关系。如果到2020年河南城乡此项比例实现2000~2011年最佳状态,那么城乡人均文化消

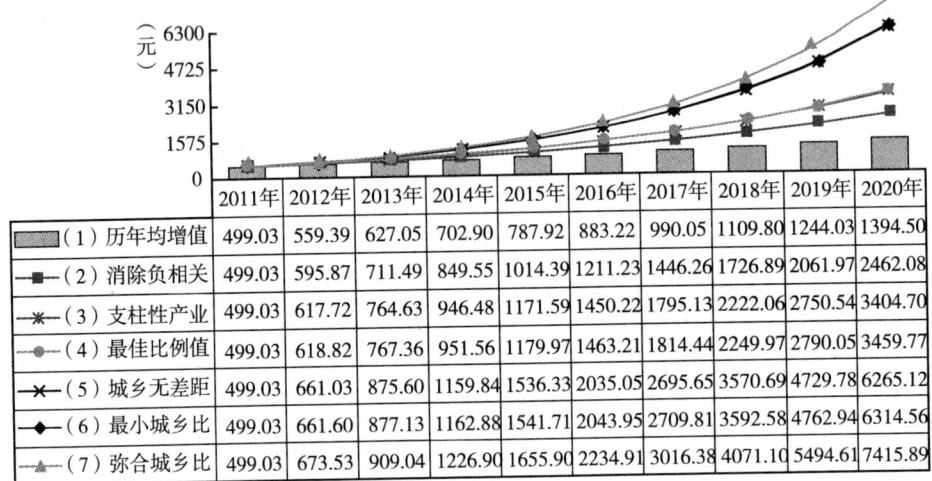

图6 2011~2020年河南城乡人均文化消费需求增长测算

注：作为背景因素，2011~2020年人均产值按2000~2011年实际年均增长率推算。2011年文化消费与产值比实际值1.74%；2020年测算值：（1）1.25%；（2）2.21%；（3）3.05%；（4）3.10%；（5）5.62%；（6）5.67%；（7）6.65%。2011~2020年文化消费年均增长：（1）12.10%（即2000~2011年实际值，以下为测算值）；（2）19.40%；（3）23.78%；（4）24.00%；（5）32.46%；（6）32.58%；（7）34.97%。若产值按年均增长率7%推算，则2020年文化消费与产值比（增量、增幅不变）：（1）2.65%；（2）4.67%。2020年文化消费（与产值比不变）：（3）1609.57元，年增13.90%；（4）1635.60元，年增14.10%；（5）2961.83元，年增21.88%；（6）2985.20元，年增21.99%；（7）3505.86元，年增24.19%。

费应达到2462.08元，年均增长幅度需达到19.40%，为以往11年实际年均增长率的1.60倍（省域间目标距离第13位），文化消费增长与产值增长测算值之比将上升至2.21%。

（3）支柱性产业测算：摒弃单纯的"文化GDP追逐"，通过文化消费增长空间反推，以生产满足需求测算增长目标，即假设消费需求增长推动生产发展，实现文化产业供需协调增长，达到支柱产业所需占产值比重。各地至2020年城乡文化消费与产值之比的测算值各有不同，河南测算值为3.05%。据此反推，到2020年河南城乡人均文化消费应达到3404.70元，年均增长幅度需达到23.78%，为以往11年实际年均增长率的1.97倍（省域间目标距离第14位）。

（4）最佳比例值测算：以河南城乡民生基础系数、民生消费系数、文化需求系数2000年以来3项最佳比例测算增长目标，即假设"回复"曾有的3

项最佳比例关系。如果到2020年河南城乡3项比例同步实现2000~2011年最佳状态，那么城乡人均文化消费应达到3459.77元，年均增长幅度需达到24.00%，为以往11年实际年均增长率的1.98倍（省域间目标距离第9位），文化消费增长与产值增长测算值之比将上升至3.10%。

（5）城乡无差距测算：在民生基础层面、民生消费层面、文化需求层面3项城乡比的无差距理想状态下实现2000年以来最佳比例测算增长目标，即假设河南乡村相关方面加速增长并与城镇水平持平，同时取城镇标准的3项比例关系最佳值进行演算。如果到2020年河南城乡之间在此3个层面已无差距，统一实现按城镇标准衡量的2000~2011年3项最佳比例，那么城乡人均文化消费应达到6265.12元，年均增长幅度需达到32.46%，为以往11年实际年均增长率的2.68倍（省域间目标距离第13位），文化消费增长与产值增长测算值之比将上升至5.62%。

（6）最小城乡比测算：在3项最佳比例值测算基础上，以河南人均文化消费城乡比2000年以来最小值测算增长目标，即假设"回复"原有的文化消费城乡比最小状态，作为缩小以至消除城乡差距的基础。如果到2020年河南城乡同时实现2000~2011年3项最佳比例和文化消费最小城乡比，那么城乡人均文化消费应达到6314.56元，年均增长幅度需达到32.58%，为以往11年实际年均增长率的2.69倍（省域间目标距离第16位），文化消费增长与产值增长测算值之比将上升至5.67%。

（7）弥合城乡比测算：在3项最佳比例值测算基础上，以河南人均文化消费城乡比的无差距理想值测算增长目标，即假设文化需求层面的城乡差距得以消除演算校正数值。如果到2020年河南城乡同时实现2000~2011年3项最佳比例和乡村人均文化消费绝对值与城镇水平持平，那么城乡人均文化消费应达到7415.89元，年均增长幅度需达到34.97%，为以往11年实际年均增长率的2.89倍（省域间目标距离第16位），文化消费增长与产值增长测算值之比将上升至6.65%。

如果按照国家"十二五"规划转变发展方式的要求，在"十二五"期间把河南产值年均增长率控制在7%，并一直延续至2020年，那么在图6中，前两类测算因与产值增长演算间接相关，文化消费人均值增长测算的绝对值不变,其与产值比将分别增高至2.65%和4.67%;后五类测算因与产值增长演算直接相关,文化消费人均值增长测算的绝对值相应减少,其所需年均增长幅度(亦即目标差距)将分别减低至13.90%、14.10%、21.88%、21.99%和24.19%(见图6注),显然更加容易实现。

Henan: The Measure Distance of Uniform Growth Targets in Urban and Rural Areas is Ratherish Big

Abstract: The evaluated growth targets of cultural consumption and development space of cultural industry in Henan are as follows: Ranking of the actual growth among various provinces from 2000 to 2011 is the 13th in the valued average added value over the years; Ranking of the targets distance among various provinces from 2011 to 2020 are the 13th in the valued avoiding negative correlation, the 14th in the valued pillar industry, the 9th in the valued optimal proportion, the 16th in the valued lowest urban-rural ratio, the 16th in the valued closed urban-rural ratio, and the 13th in the valued without urban-rural gap.

Key Words: Henan's Cultural Industry; Expand Cultural Consumption; Demand and Sharing; Growth Target

B.18
安徽：城乡均衡增长相关测算距离稍大

摘　要：

　　安徽文化消费增长目标暨文化产业发展空间测评：省域间2000～2011年实际增长排名，历年均增值测算为第5位；省域间2011～2020年目标距离排名，消除负相关测算为第7位；支柱性产业测算为第8位；最佳比例值测算为第8位；最小城乡比测算为第14位；弥合城乡比测算为第12位；城乡无差距测算为第8位。

关键词：

　　安徽文化产业　扩大文化消费　需求与共享　增长目标

一　城乡文化消费需求及相关方面增长态势

2000～2011年安徽城乡文化消费总量和人均值增长态势见图1。

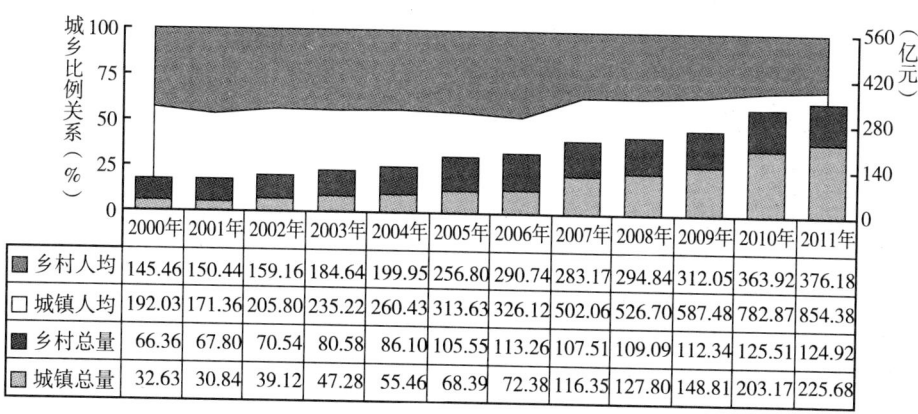

图1　安徽城乡文化消费总量和人均值增长态势

注：左轴为城乡人均文化消费（元转换为%），城乡间历年变动呈面积比例关系；右轴为文化消费总量（亿元），柱形上下之和为城乡总量。

2000~2011年，安徽城乡文化消费总量从98.99亿元增长至350.60亿元，增加251.61亿元，11年间总增长254.18%，年均增长12.18%。其中，"十五"期间年均增长11.93%；"十一五"期间年均增长13.57%。

同期，安徽城镇人均文化消费从192.03元增长至854.38元，增加662.35元，11年间总增长344.92%，年均增长14.53%。其中，"十五"期间年均增长10.31%；"十一五"期间年均增长20.08%。乡村人均文化消费从145.46元增长至376.18元，增加230.72元，11年间总增长158.61%，年均增长9.02%。其中，"十五"期间年均增长12.04%；"十一五"期间年均增长7.22%。值得注意的是，"十五"期间安徽城镇人均值年均增幅比乡村低1.73个百分点，城乡差距有所缩小；"十一五"期间安徽城镇人均值年均增幅比乡村高出12.86个百分点，城乡差距转为扩大。

后续各图表将逐步展示安徽相关背景各方面历年增长数据。在此，先把各项绝对值转换为以上一年数值为100的年度增长百分指数，可以清晰看出2000~2011年安徽人均产值、城乡人均收入、非文消费、文化消费和积蓄增长态势见图2。

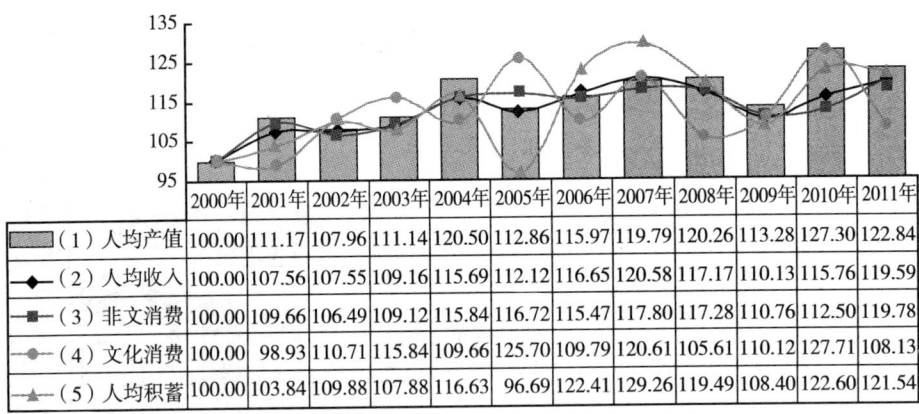

图2　安徽人均产值、城乡人均收入、消费和积蓄增长态势

注：左轴为年增指数（产值为柱形，其余为曲线），上年=100（小于100为负增长）；2001~2011年增长（2000年为起点不计）相关系数：（1）与（2）0.8168；（2）与（3）0.8883；（4）与（5）0.0717，其间2001~2005年-0.4267，2002~2008年-0.4205，2003~2008年-0.4791。

在安徽人均产值、城乡人均收入、非文消费、文化消费和积蓄的年度增长指数中，选取3对具有特定相关关系的数据项，作为文中分析的基础。第一对数据项：(1)柱形系产值历年增长指数，(2)带菱形曲线系收入历年增长指数，二者2001～2011年相关系数为0.8168，即这两个方面历年增长在81.68%的程度上保持同步。第二对数据项：(2)收入历年增长指数，(3)带方形曲线系非文消费历年增长指数，二者2001～2011年相关系数为0.8883，即这两个方面历年增长在88.83%的程度上保持同步。第三对数据项：(4)带圆形曲线系文化消费历年增长指数，(5)带三角形曲线系积蓄历年增长指数，二者2001～2011年相关系数为0.0717。分时间段深入考察，其间2001～2005年为负值0.4267，2002～2008年为负值0.4205，2003～2008年为负值0.4791，分别构成很明显的"负相关"增长反向互动关系。

对比安徽城乡人均积蓄与文化消费两条年度增长曲线，只有2007年和2010年显得例外，其余年度大体呈现为横向镜面对应或俗称"水中倒影"的负相关关系。其中，2005年安徽城乡人均积蓄年度增长跌入低谷，呈现为负增长，与之对应的是人均文化消费年度增长出现高峰；2006～2008年安徽城乡人均积蓄年度增长形成高峰，与之对应的是人均文化消费年度增长陷入低谷（其间2007年例外回升）。安徽城乡文化消费的"积蓄增长负相关效应"较明显成立。

二 城乡文化消费需求背景的增长协调性分析

（一）民生基础系数检测

2000～2011年安徽城乡人均收入、产值绝对值、比例值和城乡比变动态势见图3。图中将收入、产值绝对值转换为图形面积比例，二者历年之比形成民生基础系数变动曲线，同时附有收入城乡比变动曲线。

2000～2011年，安徽城乡居民人均收入年均增长13.73%，人均产值年均增长16.51%，比居民收入年均增幅高出2.78个百分点。11年间，安徽城乡居民人均收入与人均产值比例的最高（最佳）值为2000年59.56%，最低值为2011年45.65%。逐年考察，除了2006～2007年出现回升以外，安徽城乡此项比值逐步下降，由2000年59.56%降低至2011年45.65%，比例数值处于31个省域里第3位。民生基础系数呈现减低趋势，意味着在经济增长的同时"人民共享发展成果"程度逐渐降低。

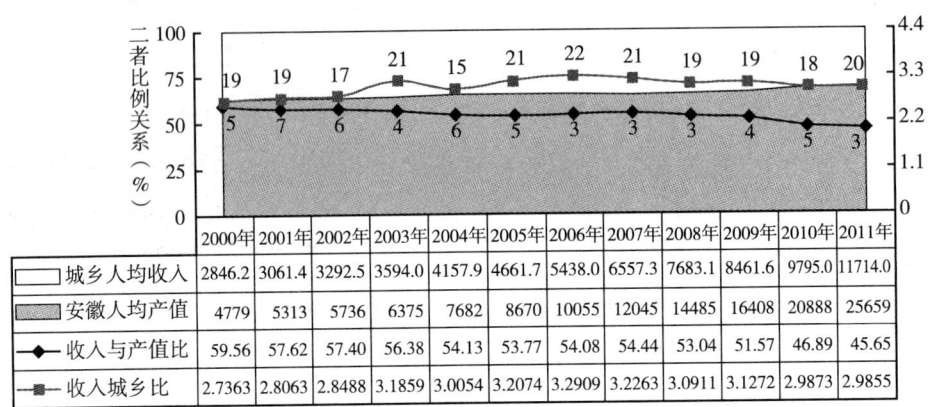

图3 安徽城乡人均收入、产值绝对值、比例值和城乡比变动态势

注：左轴为城乡人均收入、产值（元转换为%），二者变动呈面积比例；相互间历年之比形成民生基础系数（%）曲线；右轴为收入城乡比曲线（乡村=1）。标明历年省域排序。

2000~2011年，安徽乡村居民人均收入年均增长11.22%，城镇居民人均收入年均增长12.11%，比乡村高出0.89个百分点。作为城乡差距的衡量指标，11年间，安徽人均收入城乡比的最小（最佳）值为2000年2.7363，最大值为2006年3.2909。逐年考察，除了2004年、2007~2008年和2010~2011年出现缩减以外，安徽此项城乡比逐步扩增，由2000年2.7363扩大至2011年2.9855，城乡比数值处于31个省域里第20位。居民收入的城乡差距呈现扩增趋势，意味着在民生基础层面城乡之间"共享发展成果"的程度有所降低。

如果（1）安徽城乡民生基础系数能够保持2000年最佳水平，（2）安徽民生基础层面的城乡差距能够保持2000年最小程度，乃至实现民生基础层面的城乡无差距理想状态，那么在"国民收入再分配"演算和城乡综合重新演算当中，安徽人均收入应有很大增高，这样随后逐步推演的一切测算值都会发生变化。

（二）民生消费系数检测

2000~2011年安徽城乡人均非文消费、收入绝对值、比重值和城乡比变动态势见图4。图中将非文消费、收入绝对值转换为图形面积比例，二者历年之比形成民生消费系数变动曲线，同时附有非文消费城乡比变动曲线。

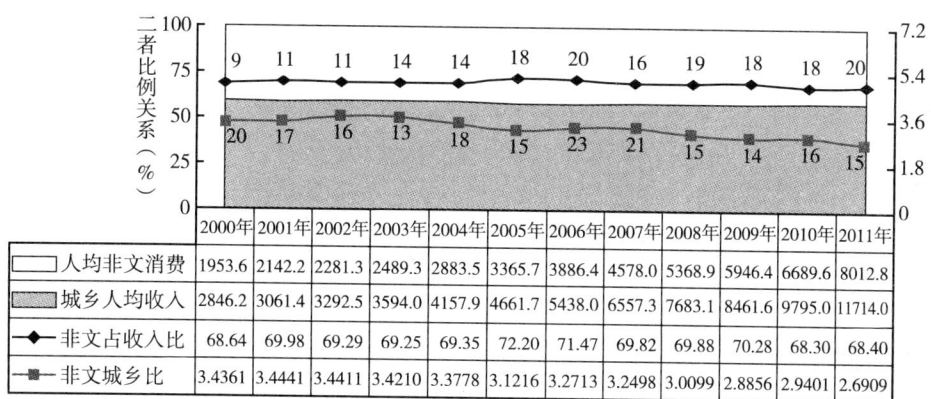

图4 安徽城乡人均非文消费、收入绝对值、比重值和城乡比变动态势

注：左轴为城乡人均非文消费、收入（元转换为%），二者变动呈面积比例；相互间历年之比形成民生消费系数（%）曲线；右轴为非文消费城乡比曲线（乡村=1）。标明历年省域排序。

2000~2011年，安徽城乡居民人均非文消费年均增长13.69%，人均收入年均增长13.73%，比非文消费年均增幅高出0.04个百分点。11年间，安徽城乡居民人均非文消费占人均收入比重的最高值为2005年72.20%，最低（最佳）值为2010年68.30%。逐年考察，除了2001年、2004~2005年、2008~2009年和2011年出现回升以外，安徽城乡此项比值逐步下降，由2000年68.64%降低至2011年68.40%，比重数值处于31个省域里第20位。民生消费系数呈现减低趋势，亦即"必需消费"之外的余钱占收入比重增高，意味着从"基本小康"到"全面小康"建设的民生效应日益得以显现。

2000~2011年，安徽乡村居民人均非文消费年均增长13.16%，城镇居民人均非文消费年均增长10.67%，比乡村低2.49个百分点。作为城乡差距的衡量指标，11年间，安徽人均非文消费城乡比的最大值为2001年3.4441，最小（最佳）值为2011年2.6909。逐年考察，除了2001年、2006年和2010年出现扩增以外，安徽此项城乡比逐步缩减，由2000年3.4361缩小至2011年2.6909，城乡比数值处于31个省域里第15位。"必需"非文消费的城乡差距呈现缩减趋势，意味着在民生消费层面城乡之间"共享发展成果"的程度有所提高。

如果（1）安徽城乡民生消费系数能够保持2010年最佳水平，（2）安徽民生消费层面的城乡差距能够保持2011年最小程度，乃至实现民生消费层面的城乡无差距理想状态，那么在"必需消费"占收入比重再度演算和城乡综合重新演算当中，安徽人均非文消费应有较大不同，反转则是人均非文消费剩余应有很大增多，这样随后推演的相关数值也会发生变化。

（三）文化需求系数检测

2000~2011年安徽城乡人均文化消费、非文消费剩余绝对值、比例值和城乡比变动态势见图5。图中将文化消费、非文消费剩余绝对值转换为图形面积比例，二者历年之比形成文化需求系数变动曲线，同时附有文化消费城乡比变动曲线。

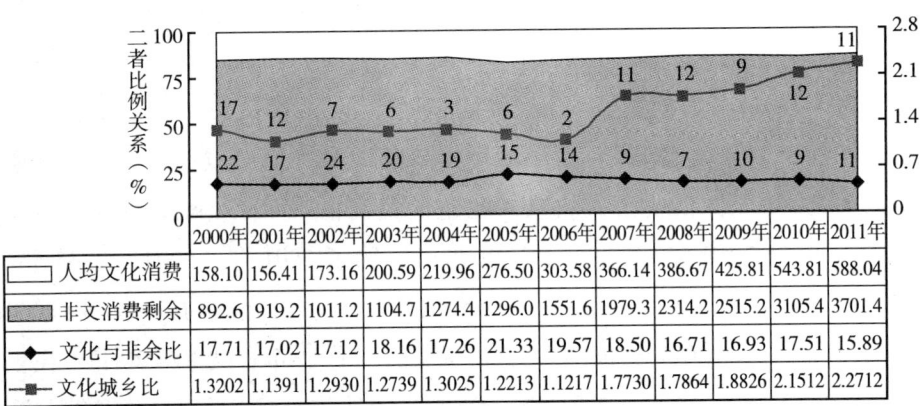

图5 安徽城乡人均文化消费、非文消费剩余绝对值、比例值和城乡比变动态势

注：左轴为城乡人均文化消费、非文消费剩余（元转换为%），二者变动呈面积比例；相互间历年之比形成文化需求系数（%）曲线；右轴为文化消费城乡比曲线（乡村=1）。标明历年省域排序。

2000~2011年，安徽城乡居民人均文化消费年均增长12.68%，人均非文消费剩余年均增长13.80%，比文化消费年均增幅高出1.12个百分点。11年间，安徽城乡居民人均文化消费与人均非文消费剩余比例的最高（最佳）值为2005年21.33%，最低值为2011年15.89%。逐年考察，除了2002~2003年、2005年和2009~2010年出现回升以外，安徽城乡此项比值逐步下降，由

2000年17.71%降低至2011年15.89%，比例数值处于31个省域里第11位。文化需求系数呈现减低趋势，意味着"非必需"的文化消费需求增长依然受到"积蓄增长负相关效应"的反向牵制。

2000~2011年，安徽乡村居民人均文化消费年均增长9.02%，城镇居民人均文化消费年均增长14.53%，比乡村高出5.51个百分点。作为城乡差距的衡量指标，11年间，安徽人均文化消费城乡比的最小（最佳）值为2006年1.1217，最大值为2011年2.2712。逐年考察，除了2001年、2003年和2005~2006年出现缩减以外，安徽此项城乡比逐步扩增，由2000年1.3202扩大至2011年2.2712，城乡比数值处于31个省域里第11位。文化消费需求的城乡差距呈现扩增趋势，意味着在文化消费需求层面城乡之间"共享发展成果"的程度有所降低。

如果（1）安徽城乡文化需求系数能够保持2005年最佳水平，（2）安徽文化需求层面的城乡差距能够保持2006年最小程度，乃至实现文化需求层面的城乡无差距理想状态，那么在"非必需"文化消费占余钱比重再度演算和城乡综合重新演算当中，安徽人均文化消费应有很大增长。

三 文化需求增长目标暨文化产业发展空间测算

2011~2020年安徽城乡人均文化消费需求增长测算见图6，图中提供了文化产业供需协调增长目标的七类测算结果。

（1）历年均增值测算：以安徽城乡人均文化消费2000年以来年均增长率测算增长目标，可以得出概率最高的或然增长结果。如果2011~2020年安徽城乡保持与2000~2011年相同的年均增长率12.68%（省域间实际增长第5位），那么到2020年城乡人均文化消费将达到1722.48元。在相关各方面增长均依此推算的情况下，由于安徽城乡文化消费与产值的比例在2000~2011年呈现下降态势，2020年文化消费增长与产值增长测算值之比将继续降低至1.70%。

（2）消除负相关测算：以安徽城乡文化需求系数2000年以来最佳比例测算增长目标，即假设文化消费增长与积蓄增长之间排除负相关关系。如果到

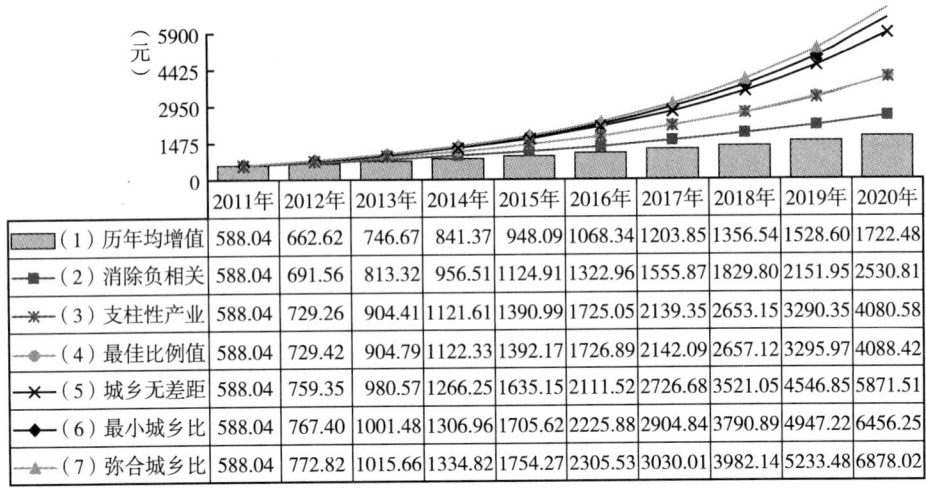

	2011年	2012年	2013年	2014年	2015年	2016年	2017年	2018年	2019年	2020年
（1）历年均增值	588.04	662.62	746.67	841.37	948.09	1068.34	1203.85	1356.54	1528.60	1722.48
（2）消除负相关	588.04	691.56	813.32	956.51	1124.91	1322.96	1555.87	1829.80	2151.95	2530.81
（3）支柱性产业	588.04	729.26	904.41	1121.61	1390.99	1725.05	2139.35	2653.15	3290.35	4080.58
（4）最佳比例值	588.04	729.42	904.79	1122.33	1392.17	1726.89	2142.09	2657.12	3295.97	4088.42
（5）城乡无差距	588.04	759.35	980.57	1266.25	1635.15	2111.52	2726.68	3521.05	4546.85	5871.51
（6）最小城乡比	588.04	767.40	1001.48	1306.96	1705.62	2225.88	2904.84	3790.89	4947.22	6456.25
（7）弥合城乡比	588.04	772.82	1015.66	1334.82	1754.27	2305.53	3030.01	3982.14	5233.48	6878.02

图6 2011～2020年安徽城乡人均文化消费需求增长测算

注：作为背景因素，2011～2020年人均产值按2000～2011年实际年均增长率推算。2011年文化消费与产值比实际值2.29%；2020年测算值：（1）1.70%；（2）2.49%；（3）4.02%；（4）4.03%；（5）5.79%；（6）6.36%；（7）6.78%。2011～2020年文化消费年均增长：（1）12.68%（即2000～2011年实际值，以下为测算值）；（2）17.61%；（3）24.02%；（4）24.04%；（5）29.13%；（6）30.50%；（7）31.42%。若产值按年均增长率7%推算，则2020年文化消费与产值比（增量、增幅不变）：（1）3.65%；（2）5.36%。2020年文化消费（与产值比不变）：（3）1896.63元，年增13.90%；（4）1900.27元，年增13.92%；（5）2729.04元，年增18.60%；（6）3000.83元，年增19.85%；（7）3196.87元，年增20.70%。

2020年安徽城乡此项比例实现2000～2011年最佳状态，那么城乡人均文化消费应达到2530.81元，年均增长幅度需达到17.61%，为以往11年实际年均增长率的1.39倍（省域间目标距离第7位），文化消费增长与产值增长测算值之比将上升至2.49%。

（3）支柱性产业测算：摒弃单纯的"文化GDP追逐"，通过文化消费增长空间反推，以生产满足需求测算增长目标，即假设消费需求增长推动生产发展，实现文化产业供需协调增长，达到支柱产业所需占产值比重。各地至2020年城乡文化消费与产值之比的测算值各有不同，安徽测算值为4.02%。据此反推，到2020年安徽城乡人均文化消费应达到4080.58元，年均增长幅度需达到24.02%，为以往11年实际年均增长率的1.89倍（省域间目标距离第8位）。

（4）最佳比例值测算：以安徽城乡民生基础系数、民生消费系数、文化

安徽：城乡均衡增长相关测算距离稍大

需求系数2000年以来3项最佳比例测算增长目标，即假设"回复"曾有的3项比例关系最佳值。如果到2020年安徽城乡3项比例同步实现2000～2011年最佳状态，那么城乡人均文化消费应达到4088.42元，年均增长幅度需达到24.04%，为以往11年实际年均增长率的1.90倍（省域间目标距离第8位），文化消费增长与产值增长测算值之比将上升至4.03%。

（5）城乡无差距测算：在民生基础层面、民生消费层面、文化需求层面3项城乡比的无差距理想状态下实现2000年以来最佳比例测算增长目标，即假设安徽乡村相关方面加速增长并与城镇水平持平，同时取城镇标准的3项最佳比例关系进行演算。如果到2020年安徽城乡之间在此3个层面已无差距，统一实现按城镇标准衡量的2000～2011年3项最佳比例，那么城乡人均文化消费应达到5871.51元，年均增长幅度需达到29.13%，为以往11年实际年均增长率的2.30倍（省域间目标距离第8位），文化消费增长与产值增长测算值之比将上升至5.79%。

（6）最小城乡比测算：在3项最佳比例值测算基础上，以安徽人均文化消费城乡比2000年以来最小值测算增长目标，即假设"回复"原有的文化消费城乡比最小状态，作为缩小以至消除城乡差距的基础。如果到2020年安徽城乡同时实现2000～2011年3项最佳比例和文化消费最小城乡比，那么城乡人均文化消费应达到6456.25元，年均增长幅度需达到30.50%，为以往11年实际年均增长率的2.41倍（省域间目标距离第14位），文化消费增长与产值增长测算值之比将上升至6.36%。

（7）弥合城乡比测算：在3项最佳比例值测算基础上，以安徽人均文化消费城乡比的无差距理想值测算增长目标，即假设文化需求层面的城乡差距得以消除演算校正数值。如果到2020年安徽城乡同时实现2000～2011年3项最佳比例和乡村人均文化消费绝对值与城镇水平持平，那么城乡人均文化消费应达到6878.02元，年均增长幅度需达到31.42%，为以往11年实际年均增长率的2.48倍（省域间目标距离第12位），文化消费增长与产值增长测算值之比将上升至6.78%。

如果按照国家"十二五"规划转变发展方式的要求，在"十二五"期间把安徽产值年均增长率控制在7%，并一直延续至2020年，那么在图6中，前两类测算因与产值增长演算间接相关，文化消费人均值增长测算的绝对值不变，其与产值比将分别增高至3.65%和5.36%；后五类测算因与产值增长演算直接相关，文化消费人均值增长测算的绝对值相应减少，其所需年均增长幅度（亦即目标差距）将分别减低至13.90%、13.92%、18.60%、19.85%和20.70%（见图6注），显然更加容易实现。

Anhui: The Measure Distance of Uniform Growth in Urban and Rural Areas is Appreciably Big

Abstract: The evaluated growth targets of cultural consumption and development space of cultural industry in Anhui are as follows: Ranking of the actual growth among various provinces from 2000 to 2011 is the 5th in the valued average added value over the years; Ranking of the targets distance among various provinces from 2011 to 2020 are the 7th in the valued avoiding negative correlation, the 8th in the valued pillar industry, the 8th in the valued optimal proportion, the 14th in the valued lowest urban-rural ratio, the 12th in the valued closed urban-rural ratio, and the 8th in the valued without urban-rural gap.

Key Words: Anhui's Cultural Industry; Expand Cultural Consumption; Demand and Sharing; Growth Target

B.19
湖北：实际增长和各项测算目标较为滞后

摘　要：

　　湖北文化消费增长目标暨文化产业发展空间测评：省域间2000～2011年实际增长排名，历年均增值测算为第23位；省域间2011～2020年目标距离排名，消除负相关测算为第25位；支柱性产业测算为第24位；最佳比例值测算为第27位；最小城乡比测算为第27位；弥合城乡比测算为第26位；城乡无差距测算为第23位。

关键词：

　　湖北文化产业　扩大文化消费　需求与共享　增长目标

一　城乡文化消费需求及相关方面增长态势

2000～2011年湖北城乡文化消费总量和人均值增长态势见图1。

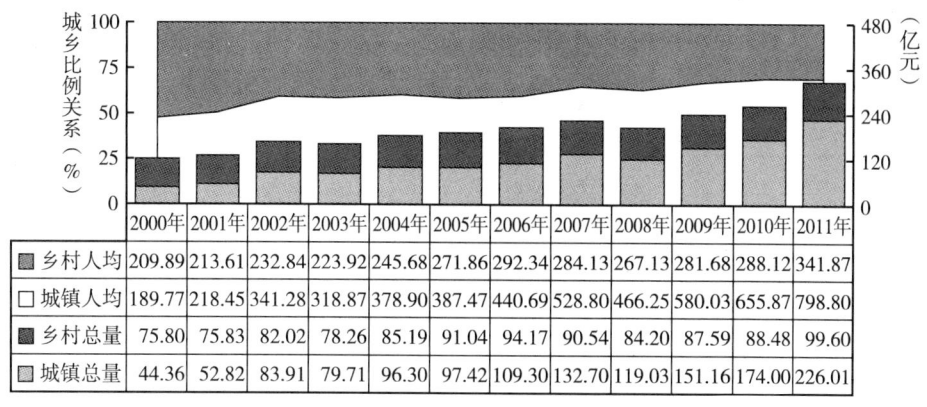

图1　湖北城乡文化消费总量和人均值增长态势

　　注：左轴为城乡人均文化消费（元转换为%），城乡间历年变动呈面积比例关系；右轴为文化消费总量（亿元），柱形上下之和为城乡总量。

2000～2011年，湖北城乡文化消费总量从120.16亿元增长至325.61亿元，增加205.45亿元，11年间总增长170.98%，年均增长9.49%。其中，"十五"期间年均增长9.42%；"十一五"期间年均增长6.85%。

同期，湖北城镇人均文化消费从189.77元增长至798.80元，增加609.03元，11年间总增长320.93%，年均增长13.96%。其中，"十五"期间年均增长15.35%；"十一五"期间年均增长11.10%。乡村人均文化消费从209.89元增长至341.87元，增加131.98元，11年间总增长62.88%，年均增长4.53%。其中，"十五"期间年均增长5.31%；"十一五"期间年均增长1.17%。值得注意的是，"十五"期间湖北城镇人均值年均增幅比乡村高出10.04个百分点，城乡差距有所扩大；"十一五"期间湖北城镇人均值年均增幅比乡村高出9.93个百分点，城乡差距持续扩大。

后续各图表将逐步展示湖北相关背景各方面历年增长数据。在此，先把各项绝对值转换为以上一年数值为100的年度增长百分指数，可以清晰看出2000～2011年湖北人均产值、城乡人均收入、非文消费、文化消费和积蓄增长态势见图2。

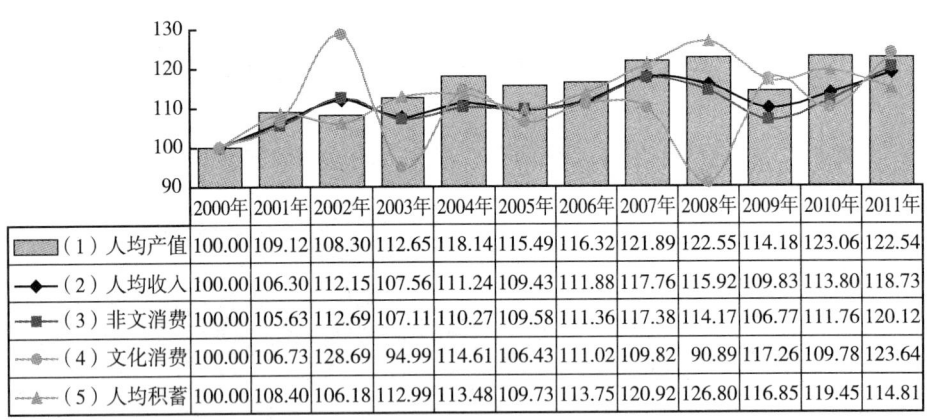

图2 湖北人均产值、城乡人均收入、消费和积蓄增长态势

注：左轴为年增指数（产值为柱形，其余为曲线），上年=100（小于100为负增长）；2001～2011年增长（2000年为起点不计）相关系数：(1)与(2) 0.7917；(2)与(3) 0.9626；(4)与(5) -0.4840，其间2001～2005年 -0.6131，2002～2008年 -0.6755，2006～2011年 -0.8648，2007～2011年 -0.9919。

在湖北人均产值、城乡人均收入、非文消费、文化消费和积蓄的年度增长指数中，选取3对具有特定相关关系的数据项，作为文中分析的基础。第一对数据项：(1) 柱形系产值历年增长指数，(2) 带菱形曲线系收入历年增长指数，二者 2001~2011 年相关系数为 0.7917，即这两个方面历年增长在 79.17% 的程度上保持同步。第二对数据项：(2) 收入历年增长指数，(3) 带方形曲线系非文消费历年增长指数，二者 2001~2011 年相关系数为 0.9626，即这两个方面历年增长在 96.26% 的程度上保持同步。第三对数据项：(4) 带圆形曲线系文化消费历年增长指数，(5) 带三角形曲线系积蓄历年增长指数，二者 2001~2011 年相关系数为负值 0.4840。分时间段深入考察，其间 2001~2005 年为负值 0.6131，2002~2008 年为负值 0.6755，2006~2011 年为负值 0.8648，2007~2011 年为负值 0.9919，分别构成很明显的"负相关"增长反向互动关系。

对比湖北城乡人均积蓄与文化消费两条年度增长曲线，只有 2005~2006 年显得例外，其余年度大体呈现为横向镜面对应或俗称"水中倒影"的负相关关系。其中，2002 年湖北城乡人均积蓄年度增长跌入低谷，与之对应的是人均文化消费年度增长出现高峰；2003 年和 2008 年湖北城乡人均积蓄年度增长两次形成高峰，与之对应的是人均文化消费年度增长陷入低谷，均为负增长。湖北城乡文化消费的"积蓄增长负相关效应"明显成立。

二 城乡文化消费需求背景的增长协调性分析

（一）民生基础系数检测

2000~2011 年湖北城乡人均收入、产值绝对值、比例值和城乡比变动态势见图 3。图中将收入、产值绝对值转换为图形面积比例，二者历年之比形成民生基础系数变动曲线，同时附有收入城乡比变动曲线。

2000~2011 年，湖北城乡居民人均收入年均增长 12.17%，人均产值年均增长 16.64%，比居民收入年均增幅高出 4.47 个百分点。11 年间，湖北城乡居民人均收入与人均产值比例的最高（最佳）值为 2002 年 56.88%，最低值为 2011 年 36.70%。逐年考察，除了 2002 年出现回升以外，湖北城乡此项比值逐步下降，由 2000 年 56.38% 降低至 2011 年 36.70%，比例数值处于 31 个省域里第20位。民生基础系数呈现减低趋势，意味着在经济增长的同时"人民共享发展成果"程度逐渐降低。

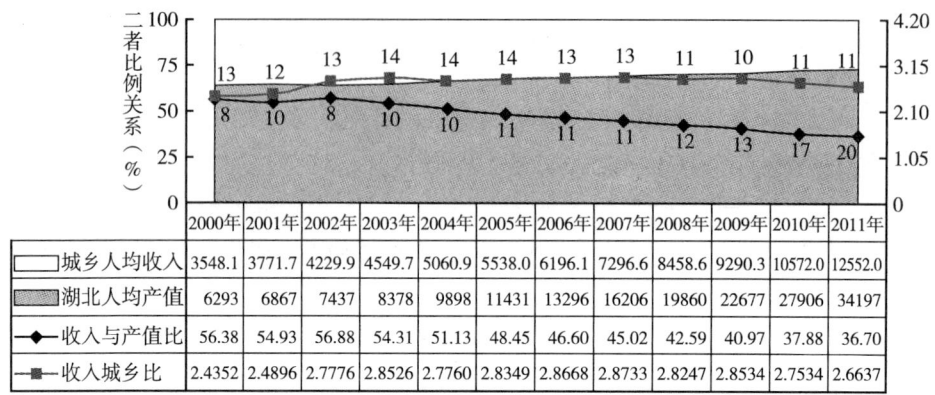

图3 湖北城乡人均收入、产值绝对值、比例值和城乡比变动态势

注：左轴为城乡人均收入、产值（元转换为%），二者变动呈面积比例；相互间历年之比形成民生基础系数（%）曲线；右轴为收入城乡比曲线（乡村＝1）。标明历年省域排序。

2000~2011年，湖北乡村居民人均收入年均增长10.64%，城镇居民人均收入年均增长11.54%，比乡村高出0.90个百分点。作为城乡差距的衡量指标，11年间，湖北人均收入城乡比的最小（最佳）值为2000年2.4352，最大值为2007年2.8733。逐年考察，除了2004年、2008年和2010~2011年出现缩减以外，湖北此项城乡比逐步扩增，由2000年2.4352扩大至2011年2.6637，城乡比数值处于31个省域里第11位。居民收入的城乡差距呈现出扩增趋势，意味着在民生基础层面城乡之间"共享发展成果"的程度有所降低。

如果（1）湖北城乡民生基础系数能够保持2002年最佳水平，（2）湖北民生基础层面的城乡差距能够保持2000年最小程度，乃至实现民生基础层面的城乡无差距理想状态，那么在"国民收入再分配"演算和城乡综合重新演算当中，湖北人均收入应有很大增高，这样随后逐步推演的一切测算值都会发生变化。

（二）民生消费系数检测

2000~2011年湖北城乡人均非文消费、收入绝对值、比重值和城乡比变动态势见图4。图中将非文消费、收入绝对值转换为图形面积比例，二者历年之比形成民生消费系数变动曲线，同时附有非文消费城乡比变动曲线。

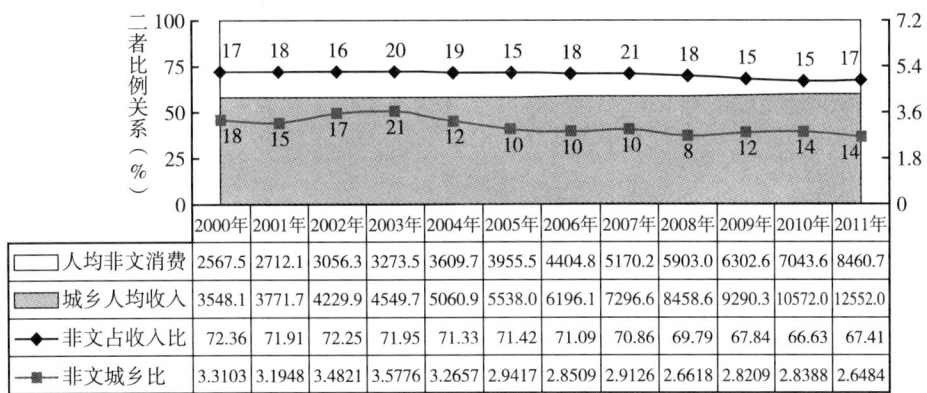

图4　湖北城乡人均非文消费、收入绝对值、比重值和城乡比变动态势

注：左轴为城乡人均非文消费、收入（元转换为%），二者变动呈面积比例；相互间历年之比形成民生消费系数（%）曲线；右轴为非文消费城乡比曲线（乡村=1）。标明历年省域排序。

2000～2011年，湖北城乡居民人均非文消费年均增长11.45%，人均收入年均增长12.17%，高于非文消费年均增幅度0.72个百分点。11年间，湖北城乡居民人均非文消费占人均收入比重的最高值为2000年72.36%，最低（最佳）值为2010年66.63%。逐年考察，除了2002年、2005年和2011年出现回升以外，湖北城乡此项比值逐步下降，由2000年72.36%降低至2011年67.41%，比重数值处于31个省域里第17位。民生消费系数呈现减低趋势，亦即"必需消费"之外的余钱占收入比重增高，意味着从"基本小康"到"全面小康"建设的民生效应日益得以显现。

2000～2011年，湖北乡村居民人均非文消费年均增长11.97%，城镇居民人均非文消费年均增长9.73%，比乡村低2.24个百分点。作为城乡差距的衡量指标，11年间，湖北人均非文消费城乡比的最大值为2003年3.5776，最小（最佳）值为2011年2.6484。逐年考察，除了2002～2003年、2007年和2009～2010年出现扩增以外，湖北此项城乡比逐步缩减，由2000年3.3103缩小至2011年2.6484，城乡比数值处于31个省域里第14位。"必需"非文消费的城乡差距呈现缩减趋势，意味着在民生消费层面城乡之间"共享发展成果"的程度有所提高。

如果(1)湖北城乡民生消费系数能够保持2010年最佳水平,(2)湖北民生消费层面的城乡差距能够保持2011年最小程度,乃至实现民生消费层面的城乡无差距理想状态,那么在"必需消费"占收入比重再度演算和城乡综合重新演算当中,湖北人均非文消费应有较大不同,反转则是人均非文消费剩余应有很大增多,这样随后推演的相关数值也会发生变化。

(三)文化需求系数检测

2000~2011年湖北城乡人均文化消费、非文消费剩余绝对值、比例值和城乡比变动态势见图5。图中将文化消费、非文消费剩余绝对值转换为图形面积比例,二者历年之比形成文化需求系数变动曲线,同时附有文化消费城乡比变动曲线。

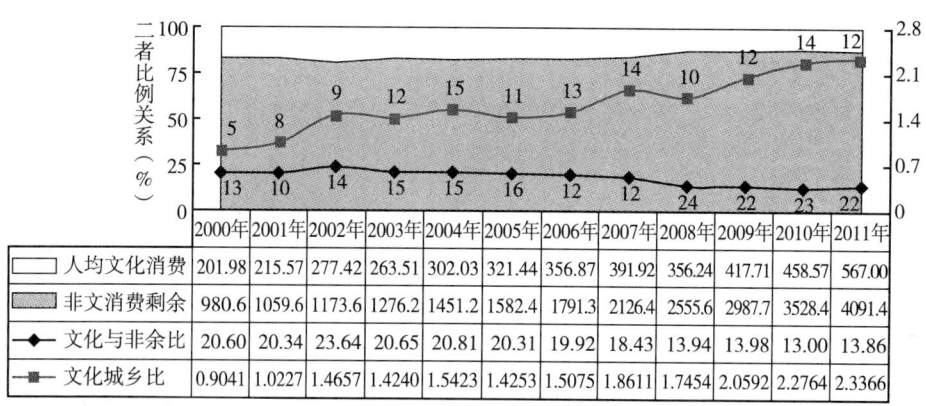

图5 湖北城乡人均文化消费、非文消费剩余绝对值、比例值和城乡比变动态势

注:左轴为城乡人均文化消费、非文消费剩余(元转换为%),二者变动呈面积比例;相互间历年之比形成文化需求系数(%)曲线;右轴为文化消费城乡比曲线(乡村=1,小于1为"城乡倒挂",即城镇人均值低于乡村)。标明历年省域排序。

2000~2011年,湖北城乡居民人均文化消费年均增长9.84%,人均非文消费剩余年均增长13.87%,比文化消费年均增幅高出4.03个百分点。11年间,湖北城乡居民人均文化消费与人均非文消费剩余比例的最高(最佳)值为2002年23.64%,最低值为2010年13.00%。逐年考察,除了2002年、

2004年、2009年和2011年出现回升以外,湖北城乡此项比值逐步下降,由2000年20.60%降低至2011年13.86%,比例数值处于31个省域里第22位。文化需求系数呈现减低趋势,意味着"非必需"的文化消费需求增长依然受到"积蓄增长负相关效应"的反向牵制。

2000~2011年,湖北乡村居民人均文化消费年均增长4.53%,城镇居民人均文化消费年均增长13.96%,比乡村高出9.43个百分点。作为城乡差距的衡量指标,11年间,湖北人均文化消费城乡比的最小(最佳)值为2000年0.9041,最大值为2011年2.3366。逐年考察,除了2003年、2005年和2008年出现缩减以外,湖北此项城乡比逐步扩增,由2000年0.9041扩大至2011年2.3366,城乡比数值处于31个省域里第12位。文化消费需求的城乡差距呈现扩增趋势,意味着在文化消费需求层面城乡之间"共享发展成果"的程度有所降低。

如果(1)湖北城乡文化需求系数能够保持2002年最佳水平,(2)湖北文化需求层面的城乡差距能够保持2000年最小程度,乃至实现文化需求层面的城乡无差距理想状态,那么在"非必需"文化消费占余钱比重再度演算和城乡综合重新演算当中,湖北人均文化消费应有很大增长。

三 文化需求增长目标暨文化产业发展空间测算

2011~2020年湖北城乡人均文化消费需求增长测算见图6,图中提供了文化产业供需协调增长目标的七类测算结果。

(1)历年均增值测算:以湖北城乡人均文化消费2000年以来年均增长率测算增长目标,可以得出概率最高的或然增长结果。如果2011~2020年湖北城乡保持与2000~2011年相同的年均增长率9.84%(省域间实际增长第23位),那么到2020年城乡人均文化消费将达到1319.31元。在相关各方面增长均依此推算的情况下,由于湖北城乡文化消费与产值的比例在2000~2011年呈现下降态势,2020年文化消费增长与产值增长测算值之比将继续降低至0.97%。

(2)消除负相关测算:以湖北城乡文化需求系数2000年以来最佳比例测

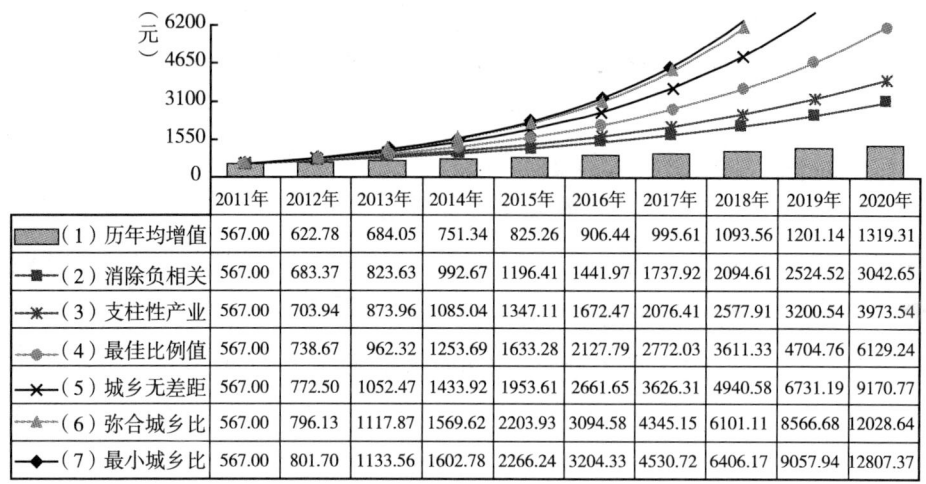

图6　2011～2020年湖北城乡人均文化消费需求增长测算

注：作为背景因素，2011～2020年人均产值按2000～2011年实际年均增长率推算。2011年文化消费与产值比实际值1.66%；2020年测算值：（1）0.97%；（2）2.23%；（3）2.91%；（4）4.49%；（5）6.71%；（6）8.81%；（7）9.38%。2011～2020年文化消费年均增长：（1）9.84%（即2000～2011年实际值，以下为测算值）；（2）20.52%；（3）24.15%；（4）30.28%；（5）36.24%；（6）40.41%；（7）41.39%。若产值按年均增长率7%推算，则2020年文化消费与产值比（增量、增幅不变）：（1）2.10%；（2）4.84%。2020年文化消费（与产值比不变）：（3）1828.78元，年增13.90%；（4）2820.92元，年增19.52%；（5）4220.75元，年增24.99%；（6）5536.05元，年增28.81%；（7）5894.46元，年增29.71%。

算增长目标，即假设文化消费增长与积蓄增长之间排除负相关关系。如果到2020年湖北城乡此项比例实现2000～2011年最佳状态，那么城乡人均文化消费应达到3042.65元，年均增长幅度需达到20.52%，为以往11年实际年均增长率的2.09倍（省域间目标距离第25位），文化消费增长与产值增长测算值之比将上升至2.23%。

（3）支柱性产业测算：摈弃单纯的"文化GDP追逐"，通过文化消费增长空间反推，以生产满足需求测算增长目标，即假设消费需求增长推动生产发展，实现文化产业供需协调增长，达到支柱产业所需占产值比重。各地至2020年城乡文化消费与产值之比的测算值各有不同，湖北测算值为2.91%。据此反推，到2020年湖北城乡人均文化消费应达到3973.54元，年均增长幅度需达到24.15%，为以往11年实际年均增长率的2.45倍（省域间目标距离

湖北：实际增长和各项测算目标较为滞后

第24位）。

（4）最佳比例值测算：以湖北城乡民生基础系数、民生消费系数、文化需求系数2000年以来3项最佳比例测算增长目标，即假设"回复"曾有的3项比例关系最佳值。如果到2020年湖北城乡3项比例同步实现2000~2011年最佳状态，那么城乡人均文化消费应达到6129.24元，年均增长幅度需达到30.28%，为以往11年实际年均增长率的3.08倍（省域间目标距离第27位），文化消费增长与产值增长测算值之比将上升至4.49%。

（5）城乡无差距测算：在民生基础层面、民生消费层面、文化需求层面3项城乡比的无差距理想状态下实现2000年以来最佳比例值测算增长目标，即假设湖北乡村相关方面加速增长并与城镇水平持平，同时取城镇标准的3项最佳比例关系进行演算。如果到2020年湖北城乡之间在此3个层面已无差距，统一实现按城镇标准衡量的2000~2011年3项最佳比例，那么城乡人均文化消费应达到9170.77元，年均增长幅度需达到36.24%，为以往11年实际年均增长率的3.68倍（省域间目标距离第23位），文化消费增长与产值增长测算值之比将上升至6.71%。

（6）弥合城乡比测算（湖北最小城乡比"倒挂"，此类测算可避免矫枉过正）：在3项最佳比例值测算基础上，以湖北人均文化消费城乡比的无差距理想值测算增长目标，即假设文化需求层面的城乡差距得以消除演算校正数值。如果到2020年湖北城乡同时实现2000~2011年3项最佳比例和乡村人均文化消费绝对值与城镇水平持平，那么城乡人均文化消费应达到12028.64元，年均增长幅度需达到40.41%，为以往11年实际年均增长率的4.11倍（省域间目标距离第26位），文化消费增长与产值增长测算值之比将上升至8.81%。

（7）最小城乡比测算：在3项最佳比例值测算基础上，以湖北人均文化消费城乡比2000年以来最小值测算增长目标，即假设"回复"原有的文化消费城乡比最小状态，作为缩小以至消除城乡差距的基础。如果到2020年湖北城乡同时实现2000~2011年3项最佳比例和文化消费最小城乡比，那么城乡人均文化消费应达到12807.37元，年均增长幅度需达到41.39%，为以往11年实际年均增长率的4.21倍（省域间目标距离第27位），文化消费增长与产值增长测算值之比将上升至9.38%。

233

如果按照国家"十二五"规划转变发展方式的要求,在"十二五"期间把湖北产值年均增长率控制在7%,并一直延续至2020年,那么在图6中,前两类测算因与产值增长演算间接相关,文化消费人均值增长测算的绝对值不变,其与产值比将分别增高至2.10%和4.84%;后五类测算因与产值增长演算直接相关,文化消费人均值增长测算的绝对值相应减少,其所需年均增长幅度(亦即目标差距)将分别减低至13.90%、19.52%、24.99%、28.81%和29.71%(见图6注),显然更加容易实现。

Hubei: The Actual Growth and the Measure Targets are Relative Lag Behind

Abstract: The evaluated growth targets of cultural consumption and development space of cultural industry in Hubei are as follows: Ranking of the actual growth among various provinces from 2000 to 2011 is the 23rd in the valued average added value over the years; Ranking of the targets distance among various provinces from 2011 to 2020 are the 25th in the valued avoiding negative correlation, the 24th in the valued pillar industry, the 27th in the valued optimal proportion, the 27th in the valued lowest urban-rural ratio, the 26th in the valued closed urban-rural ratio, and the 23rd in the valued without urban-rural gap.

Key Words: Hubei's Cultural Industry; Expand Cultural Consumption; Demand and Sharing; Growth Target

B.20
江西：城乡均衡增长测算目标明显滞后

摘　要：

　　江西文化消费增长目标暨文化产业发展空间测评：省域间2000～2011年实际增长排名，历年均增值测算为第21位；省域间2011～2020年目标距离排名，消除负相关测算为第18位；支柱性产业测算为第18位；最佳比例值测算为第17位；最小城乡比测算为第26位；弥合城乡比测算为第23位；城乡无差距测算为第14位。

关键词：

　　江西文化产业　扩大文化消费　需求与共享　增长目标

一　城乡文化消费需求及相关方面增长态势

2000～2011年江西城乡文化消费总量和人均值增长态势见图1。

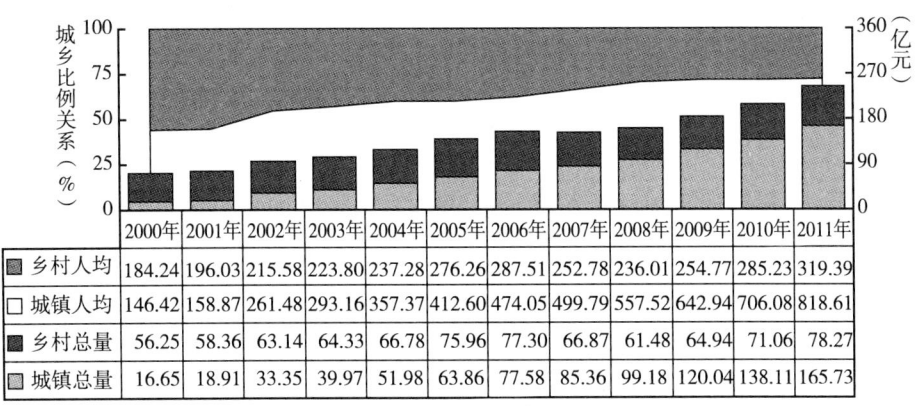

图1　江西城乡文化消费总量和人均值增长态势

注：左轴为城乡人均文化消费（元转换为%），城乡间历年变动呈面积比例关系；右轴为文化消费总量（亿元），柱形上下之和为城乡总量。

2000~2011年，江西城乡文化消费总量从72.90亿元增长至244.00亿元，增加171.10亿元，11年间总增长234.71%，年均增长11.61%。其中，"十五"期间年均增长13.91%；"十一五"期间年均增长8.39%。

同期，江西城镇人均文化消费从146.42元增长至818.61元，增加672.19元，11年间总增长459.08%，年均增长16.94%。其中，"十五"期间年均增长23.02%；"十一五"期间年均增长11.34%。乡村人均文化消费从184.24元增长至319.39元，增加135.15元，11年间总增长73.36%，年均增长5.13%。其中，"十五"期间年均增长8.44%；"十一五"期间年均增长0.64%。值得注意的是，"十五"期间江西城镇人均值年均增幅比乡村高出14.58个百分点，城乡差距有所扩大；"十一五"期间江西城镇人均值年均增幅比乡村高出10.70个百分点，城乡差距持续扩大。

后续各图表将逐步展示江西相关背景各方面历年增长数据。在此，先把各项绝对值转换为以上一年数值为100的年度增长百分指数，可以清晰看出2000~2011年江西人均产值、城乡人均收入、非文消费、文化消费和积蓄增长态势见图2。

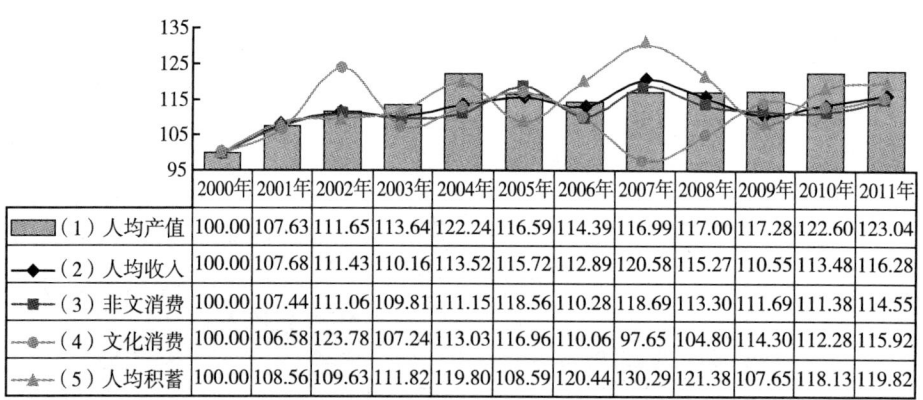

图2 江西人均产值、城乡人均收入、消费和积蓄增长态势

注：左轴为年增指数（产值为柱形，其余为曲线），上年＝100（小于100为负增长）；2001~2011年增长（2000年为起点不计）相关系数：（1）与（2）0.5527；（2）与（3）0.8847；（4）与（5）-0.5982，其间2001~2009年-0.6808，2002~2008年-0.8175，2005~2009年-0.9548，2007~2010年-0.9321。

在江西人均产值、城乡人均收入、非文消费、文化消费和积蓄的年度增长指数中，选取3对具有特定相关关系的数据项，作为文中分析的基础。第一对数据项：（1）柱形系产值历年增长指数，（2）带菱形曲线系收入历年增长指数，二者2001～2011年相关系数为0.5527，即这两个方面历年增长在55.27%的程度上保持同步。第二对数据项：（2）收入历年增长指数，（3）带方形曲线系非文消费历年增长指数，二者2001～2011年相关系数为0.8847，即这两个方面历年增长在88.47%的程度上保持同步。第三对数据项：（4）带圆形曲线系文化消费历年增长指数，（5）带三角形曲线系积蓄历年增长指数，二者2001～2011年相关系数为负值0.5982。分时间段深入考察，其间2001～2009年为负值0.6808，2002～2008年为负值0.8175，2005～2009年为负值0.9548，2007～2010年为负值0.9321，分别构成很明显的"负相关"增长反向互动关系。

对比江西城乡人均积蓄与文化消费两条年度增长曲线，只有2001年显得例外，其余年度大体呈现为横向镜面对应或俗称"水中倒影"的负相关关系。其中，2002年、2005年和2009年江西城乡人均积蓄年度增长3次处于低谷，与之对应的是人均文化消费年度增长出现高峰；最为明显的是，2006～2008年江西城乡人均积蓄年度增长形成高峰，与之对应的是人均文化消费年度增长陷入低谷，甚至为负增长。江西城乡文化消费的"积蓄增长负相关效应"明显成立。

二 城乡文化消费需求背景的增长协调性分析

（一）民生基础系数检测

2000～2011年江西城乡人均收入、产值绝对值、比例值和城乡比变动态势见图3。图中将收入、产值绝对值转换为图形面积比例，二者历年之比形成民生基础系数变动曲线，同时附有收入城乡比变动曲线。

2000～2011年，江西城乡居民人均收入年均增长13.37%，人均产值年均增长16.55%，比居民收入年均增幅高出3.18个百分点。11年间，江西城乡居民人均收入与人均产值比例的最高（最佳）值为2001年60.65%，最低值为2011年44.70%。逐年考察，除了2001年和2007年出现回升以外，江西城乡此项比值逐步下降，由2000年60.62%降低至2011年44.70%，比例数值处于31个省域里第4位。民生基础系数呈现减低趋势，意味着在经济增长的同时"人民共享发展成果"程度逐渐降低。

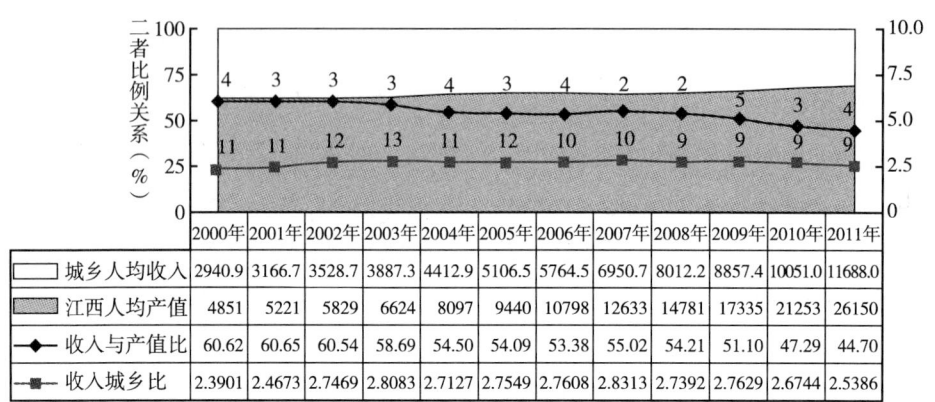

图3　江西城乡人均收入、产值绝对值、比例值和城乡比变动态势

注：左轴为城乡人均收入、产值（元转换为%），二者变动呈面积比例；相互间历年之比形成民生基础系数（%）曲线；右轴为收入城乡比曲线（乡村=1）。标明历年省域排序。

2000~2011年，江西乡村居民人均收入年均增长11.24%，城镇居民人均收入年均增长11.85%，比乡村高出0.61个百分点。作为城乡差距的衡量指标，11年间，江西人均收入城乡比的最小（最佳）值为2000年2.3901，最大值为2007年2.8313。逐年考察，除了2004年、2008年和2010~2011年出现缩减以外，江西此项城乡比逐步扩增，由2000年2.3901扩大至2011年2.5386，城乡比数值处于31个省域里第9位。居民收入的城乡差距呈现扩增趋势，意味着在民生基础层面城乡之间"共享发展成果"的程度有所降低。

如果（1）江西城乡民生基础系数能够保持2001年最佳水平，（2）江西民生基础层面的城乡差距能够保持2000年最小程度，乃至实现民生基础层面的城乡无差距理想状态，那么在"国民收入再分配"演算和城乡综合重新演算当中，江西人均收入应有很大增高，这样随后逐步推演的一切测算值都会发生变化。

（二）民生消费系数检测

2000~2011年江西城乡人均非文消费、收入绝对值、比重值和城乡比变动态势见图4。图中将非文消费、收入绝对值转换为图形面积比例，二者历年之比形成民生消费系数变动曲线，同时附有非文消费城乡比变动曲线。

2000~2011年，江西城乡居民人均非文消费年均增长12.49%，人均收入年均增长13.37%，比非文消费年均增幅高出0.88个百分点。11年间，江西城乡居民人均非文消费占人均收入比重的最高值为2000年68.22%，最低（最佳）值为2011年62.63%。逐年考察，除了2005年和2009年出现回升以外，江西城乡此项比值逐步下降，由2000年68.22%降低至2011年62.64%，比重数值处于31个省域里第10位。民生消费系数呈现减低趋势，亦即"必需消费"之外的余钱占收入比重增高，意味着从"基本小康"到"全面小康"建设的民生效应日益得以显现。

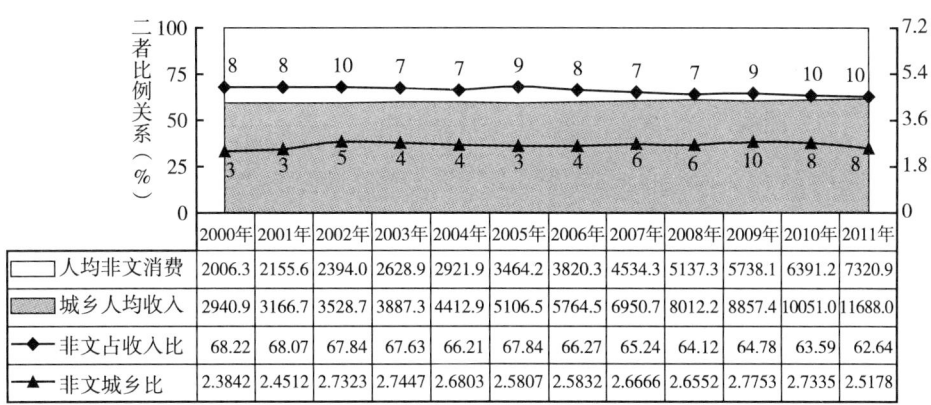

图4　江西城乡人均非文消费、收入绝对值、比重值和城乡比变动态势

注：左轴为城乡人均非文消费、收入（元转换为%），二者变动呈面积比例；相互间历年之比形成民生消费系数（%）曲线；右轴为非文消费城乡比曲线（乡村=1）。标明历年省域排序。

2000~2011年，江西乡村居民人均非文消费年均增长10.42%，城镇居民人均非文消费年均增长10.97%，比乡村高出0.55个百分点。作为城乡差距的衡量指标，11年间，江西人均非文消费城乡比的最小（最佳）值为2000年2.3842，最大值为2009年2.7753。逐年考察，除了2004~2005年、2008年和2010~2011年出现缩减以外，江西此项城乡比逐步扩增，由2000年2.3842扩大至2011年2.5178，城乡比数值处于31个省域里第8位。"必需"非文消费的城乡差距呈现扩增趋势，意味着在民生消费层面城乡之间"共享发展成果"的程度有所降低。

如果(1)江西城乡民生消费系数能够保持2011年最佳水平,(2)江西民生消费层面的城乡差距能够保持2000年最小程度,乃至实现民生消费层面的城乡无差距理想状态,那么在"必需消费"占收入比重再度演算和城乡综合重新演算当中,江西人均非文消费应有较大不同,反转则是人均非文消费剩余应有很大增多,这样随后推演的相关数值也会发生变化。

(三)文化需求系数检测

2000~2011年江西城乡人均文化消费、非文消费剩余绝对值、比例值和城乡比变动态势见图5。图中将文化消费、非文消费剩余绝对值转换为图形面积比例,二者历年之比形成文化需求系数变动曲线,同时附有文化消费城乡比变动曲线。

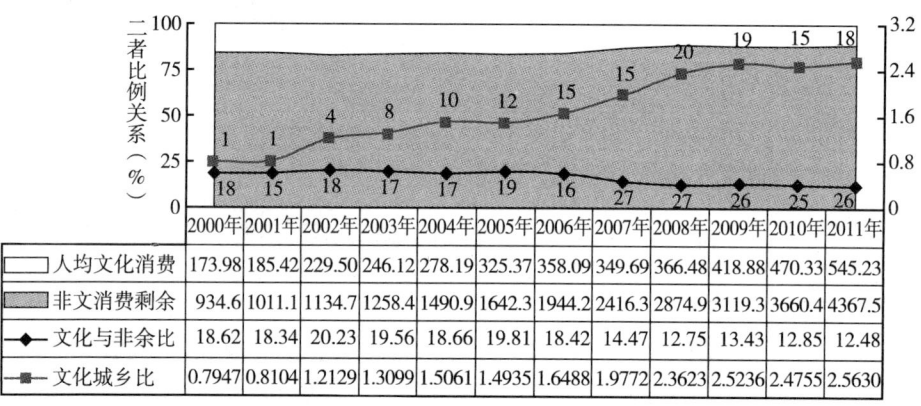

图5 江西城乡人均文化消费、非文消费剩余绝对值、比例值和城乡比变动态势

注:左轴为城乡人均文化消费、非文消费剩余(元转换为%),二者变动呈面积比例;相互间历年之比形成文化需求系数(%)曲线;右轴为文化消费城乡比曲线(乡村=1,小于1为"城乡倒挂",即城镇人均值低于乡村)。标明历年省域排序。

2000~2011年,江西城乡居民人均文化消费年均增长10.94%,人均非文消费剩余年均增长15.05%,比文化消费年均增幅高出4.11个百分点。11年间,江西城乡居民人均文化消费与人均非文消费剩余比例的最高(最佳)值为2002年20.23%,最低值为2011年12.48%。逐年考察,除了2002年、

2005年和2009年出现回升以外，江西城乡此项比值逐步下降，由2000年18.62%降低至2011年12.48%，比例数值处于31个省域里第26位。文化需求系数呈现出减低趋势，意味着"非必需"的文化消费需求增长依然受到"积蓄增长负相关效应"的反向牵制。

2000~2011年，江西乡村居民人均文化消费年均增长5.13%，城镇居民人均文化消费年均增长16.94%，比乡村高出11.81个百分点。作为城乡差距的衡量指标，11年间，江西人均文化消费城乡比的最小（最佳）值为2000年0.7947，最大值为2011年2.5630。逐年考察，除了2005年和2010年出现缩减以外，江西此项城乡比逐步扩增，由2000年0.7947扩大至2011年2.5630，城乡比数值处于31个省域里第18位。文化消费需求的城乡差距呈现扩增趋势，意味着在文化消费需求层面城乡之间"共享发展成果"的程度有所降低。

如果（1）江西城乡文化需求系数能够保持2002年最佳水平，（2）江西文化需求层面的城乡差距能够保持2000年最小程度，乃至实现文化需求层面的城乡无差距理想状态，那么在"非必需"文化消费占余钱比重再度演算和城乡综合重新演算当中，江西人均文化消费应有很大增长。

三 文化需求增长目标暨文化产业发展空间测算

2011~2020年江西城乡人均文化消费需求增长测算见图6，图中提供了文化产业供需协调增长目标的七类测算结果。

（1）历年均增值测算：以江西城乡人均文化消费2000年以来年均增长率测算增长目标，可以得出概率最高的或然增长结果。如果2011~2020年江西城乡保持与2000~2011年相同的年均增长率10.94%（省域间实际增长第21位），那么到2020年城乡人均文化消费将达到1388.27元。在相关各方面增长均依此推算的情况下，由于江西城乡文化消费与产值的比例在2000~2011年呈现下降态势，2020年文化消费增长与产值增长测算值之比将继续降低至1.34%。

（2）消除负相关测算：以江西城乡文化需求系数2000年以来最佳比例测算增长目标，即假设文化消费增长与积蓄增长之间排除负相关关系。如果到

2020年江西城乡此项比例实现2000~2011年最佳状态,那么城乡人均文化消费应达到3046.07元,年均增长幅度需达到21.06%,为以往11年实际年均增长率的1.91倍(省域间目标距离第18位),文化消费增长与产值增长测算值之比将上升至2.94%。

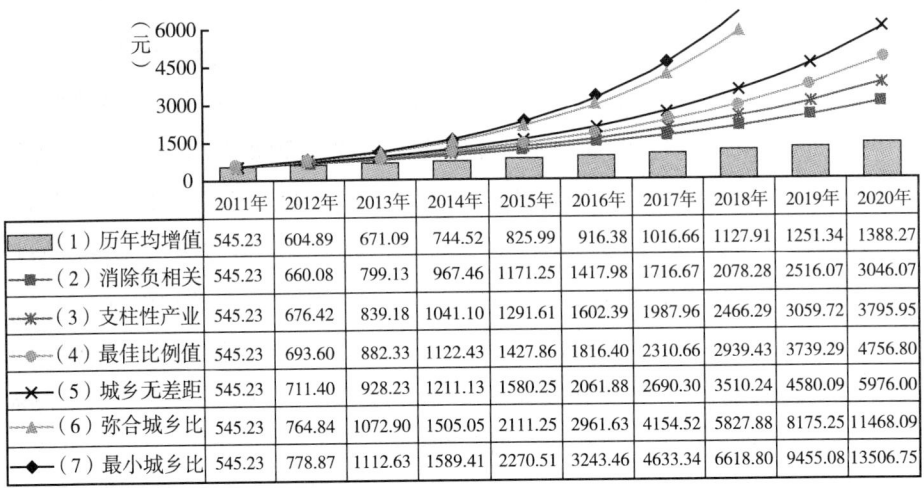

图6 2011~2020年江西城乡人均文化消费需求增长测算

注：作为背景因素,2011~2020年人均产值按2000~2011年实际年均增长率推算。2011年文化消费与产值比实际值2.09%;2020年测算值：(1)1.34%;(2)2.94%;(3)3.66%;(4)4.58%;(5)5.76%;(6)11.05%;(7)13.02%。2011~2020年文化消费年均增长：(1)10.94%(即2000~2011年实际值,以下为测算值);(2)21.06%;(3)24.06%;(4)27.21%;(5)30.48%;(6)40.28%;(7)42.85%。若产值按年均增长率7%推算,则2020年文化消费与产值比(增量、增幅不变):(1)2.89%;(2)6.34%。2020年文化消费(与产值比不变):(3)1758.57元,年增13.90%;(4)2203.71元,年增16.79%;(5)2768.53元,年增19.79%;(6)5312.88元,年增28.78%;(7)6257.34元,年增31.15%。

(3)支柱性产业测算：摈弃单纯的"文化GDP追逐",通过文化消费增长空间反推,以生产满足需求测算增长目标,即假设消费需求增长推动生产发展,实现文化产业供需协调增长,达到支柱产业所需占产值比重。各地至2020年城乡文化消费与产值之比的测算值各有不同,江西测算值为3.66%。据此反推,到2020年江西城乡人均文化消费应达到3795.95元,年均增长幅度需达到24.06%,为以往11年实际年均增长率的2.20倍(省域间目标距离第18位)。

(4) 最佳比例值测算：以江西城乡民生基础系数、民生消费系数、文化需求系数2000年以来3项最佳比例测算增长目标，即假设"回复"曾有的3项比例关系最佳值。如果到2020年江西城乡3项比例同步实现2000～2011年最佳状态，那么城乡人均文化消费应达到4756.80元，年均增长幅度需达到27.21%，为以往11年实际年均增长率的2.49倍（省域间目标距离第17位），文化消费增长与产值增长测算值之比将上升至4.58%。

(5) 城乡无差距测算：在民生基础层面、民生消费层面、文化需求层面3项城乡比的无差距理想状态下实现2000年以来最佳比例值测算增长目标，即假设江西乡村相关方面加速增长并与城镇水平持平，同时取城镇标准的3项最佳比例关系进行演算。如果到2020年江西城乡之间在此3个层面已无差距，统一实现按城镇标准衡量的2000～2011年3项最佳比例，那么城乡人均文化消费应达到5976.00元，年均增长幅度需达到30.48%，为以往11年实际年均增长率的2.79倍（省域间目标距离第14位），文化消费增长与产值增长测算值之比将上升至5.76%。

(6) 弥合城乡比测算（江西最小城乡比"倒挂"，此类测算可避免矫枉过正）：在3项最佳比例值测算基础上，以江西人均文化消费城乡比的无差距理想值测算增长目标，即假设文化需求层面的城乡差距得以消除演算校正数值。如果到2020年江西城乡同时实现2000～2011年3项最佳比例和乡村人均文化消费绝对值与城镇水平持平，那么城乡人均文化消费应达到11468.09元，年均增长幅度需达到40.28%，为以往11年实际年均增长率的3.68倍（省域间目标距离第23位），文化消费增长与产值增长测算值之比将上升至11.05%。

(7) 最小城乡比测算：在3项最佳比例值测算基础上，以江西人均文化消费城乡比2000年以来最小值测算增长目标，即假设"回复"原有的文化消费城乡比最小状态，作为缩小以至消除城乡差距的基础。如果到2020年江西城乡同时实现2000～2011年3项最佳比例和文化消费最小城乡比，那么城乡人均文化消费应达到13506.75元，年均增长幅度需达到42.85%，为以往11年实际年均增长率的3.92倍（省域间目标距离第26位），文化消费增长与产值增长测算值之比将上升至13.02%。

如果按照国家"十二五"规划转变发展方式的要求，在"十二五"期间

把江西产值年均增长率控制在7%，并一直延续至2020年，那么在图6中，前两类测算因与产值增长演算间接相关，文化消费人均值增长测算的绝对值不变，其与产值比将分别增高至2.89%和6.34%；后五类测算因与产值增长演算直接相关，文化消费人均值增长测算的绝对值相应减少，其所需年均增长幅度（亦即目标差距）将分别减低至13.90%、16.79%、19.79%、28.78%和31.15%（见图6注），显然更加容易实现。

Jiangxi: The Measure Targets of Uniform Growth in Urban and Rural Areas had Lagged Obviously Behind

Abstract: The evaluated growth targets of cultural consumption and development space of cultural industry in Jiangxi are as follows: Ranking of the actual growth among various provinces from 2000 to 2011 is the 21st in the valued average added value over the years; Ranking of the targets distance among various provinces from 2011 to 2020 are the 18th in the valued avoiding negative correlation, the 18th in the valued pillar industry, the 17th in the valued optimal proportion, the 26th in the valued lowest urban-rural ratio, the 23rd in the valued closed urban-rural ratio, and the 14th in the valued without urban-rural gap.

Key Words: Jiangxi's Cultural Industry; Expand Cultural Consumption; Demand and Sharing; Growth Target

B.21
湖南：实际增长和协调测算目标严重落后

摘　要：

　　湖南文化消费增长目标暨文化产业发展空间测评：省域间2000～2011年实际增长排名，历年均增值测算为第27位；省域间2011～2020年目标距离排名，消除负相关测算为第30位；支柱性产业测算为第31位；最佳比例值测算为第30位；最小城乡比测算为第30位；弥合城乡比测算为第29位；城乡无差距测算为第29位。

关键词：

　　湖南文化产业　扩大文化消费　需求与共享　增长目标

一　城乡文化消费需求及相关方面增长态势

2000～2011年湖南城乡文化消费总量和人均值增长态势见图1。

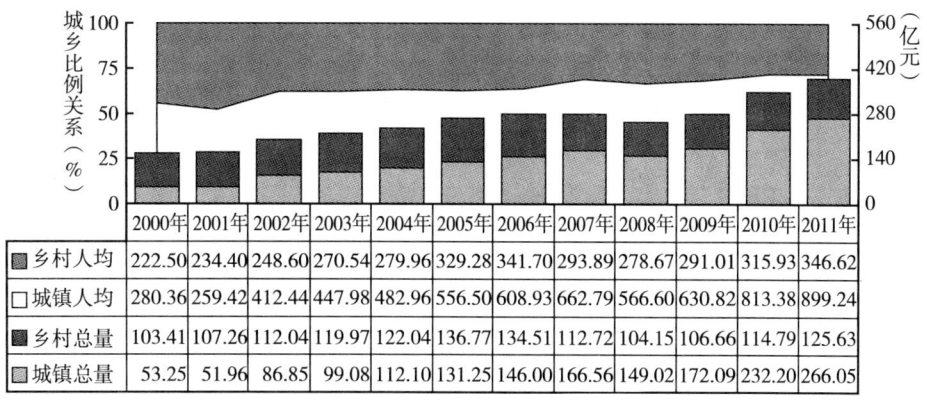

图1　湖南城乡文化消费总量和人均值增长态势

　　注：左轴为城乡人均文化消费（元转换为%），城乡间历年变动呈面积比例关系；右轴为文化消费总量（亿元），柱形上下之和为城乡总量。

2000~2011年，湖南城乡文化消费总量从156.66亿元增长至391.68亿元，增加235.02亿元，11年间总增长150.02%，年均增长8.69%。其中，"十五"期间年均增长11.34%；"十一五"期间年均增长5.30%。

同期，湖南城镇人均文化消费从280.36元增长至899.24元，增加618.88元，11年间总增长220.74%，年均增长11.18%。其中，"十五"期间年均增长14.70%；"十一五"期间年均增长7.89%。乡村人均文化消费从222.50元增长至346.62元，增加124.12元，11年间总增长55.78%，年均增长4.11%。其中，"十五"期间年均增长8.16%；"十一五"期间年均负增长0.82%。值得注意的是，"十五"期间湖南城镇人均值年均增幅比乡村高出6.54个百分点，城乡差距有所扩大；"十一五"期间湖南城镇人均值年均增幅比乡村高出8.71个百分点，城乡差距持续扩大。

后续各图表将逐步展示湖南相关背景各方面历年增长数据。在此，先把各项绝对值转换为以上一年数值为100的年度增长百分指数，可以清晰看出2000~2011年湖南人均产值、城乡人均收入、非文消费、文化消费和积蓄增长态势见图2。

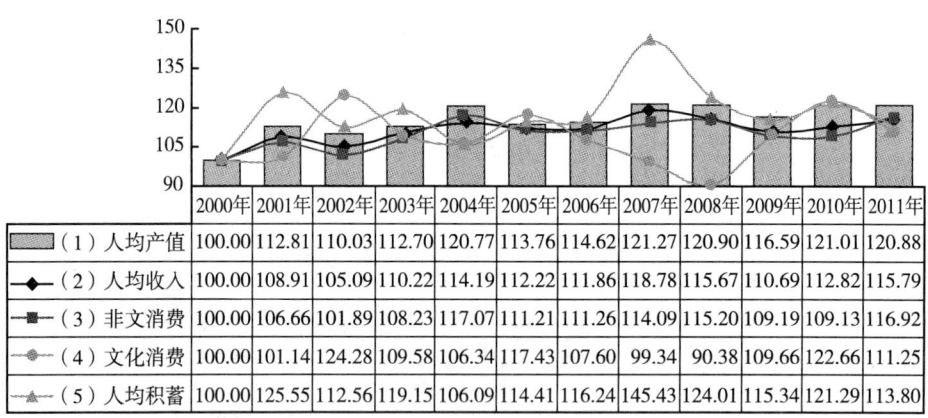

图2　湖南人均产值、城乡人均收入、消费和积蓄增长态势

注：左轴为年增指数（产值为柱形，其余为曲线），上年=100（小于100为负增长）；2001~2011年增长（2000年为起点不计）相关系数：（1）与（2）0.8778；（2）与（3）0.8887；（4）与（5）-0.4695，其间2001~2009年-0.5465，2002~2007年-0.5871，2005~2009年-0.5582。

在湖南人均产值、城乡人均收入、非文消费、文化消费和积蓄的年度增长指数中，选取3对具有特定相关关系的数据项，作为文中分析的基础。第一对数据项：(1) 柱形系产值历年增长指数，(2) 带菱形曲线系收入历年增长指数，二者2001～2011年相关系数为0.8778，即这两个方面历年增长在87.78%的程度上保持同步。第二对数据项：(2) 收入历年增长指数，(3) 带方形曲线系非文消费历年增长指数，二者2001～2011年相关系数为0.8887，即这两个方面历年增长在88.87%的程度上保持同步。第三对数据项：(4) 带圆形曲线系文化消费历年增长指数，(5) 带三角形曲线系积蓄历年增长指数，二者2001～2011年相关系数为负值0.4695。分时间段深入考察，其间2001～2009年为负值0.5465，2002～2007年为负值0.5871，2005～2009年为负值0.5582，分别构成很明显的"负相关"增长反向互动关系。

对比湖南城乡人均积蓄与文化消费两条年度增长曲线，2004～2005年和2010～2011年显得例外，其余年度大体呈现为横向镜面对应或俗称"水中倒影"的负相关关系。其中，2002年湖南城乡人均积蓄年度增长显著降低，与之对应的是人均文化消费年度增长出现高峰；2006～2008年湖南城乡人均积蓄年度增长形成高峰，与之对应的是人均文化消费年度增长陷入低谷，甚至为连年负增长。湖南城乡文化消费的"积蓄增长负相关效应"明显成立。

二　城乡文化消费需求背景的增长协调性分析

（一）民生基础系数检测

2000～2011年湖南城乡人均收入、产值绝对值、比例值和城乡比变动态势见图3。图中将收入、产值绝对值转换为图形面积比例，二者历年之比形成民生基础系数变动曲线，同时附有收入城乡比变动曲线。

2000～2011年，湖南城乡居民人均收入年均增长12.33%，人均产值年均增长16.78%，比居民收入年均增幅高出4.45个百分点。11年间，湖南城乡居民人均收入与人均产值比例的最高（最佳）值为2000年62.01%，最低值为2011年40.44%。逐年考察，从2000～2011年，湖南城乡此项比值一直持续下降，由2000年62.01%降低至2011年40.44%，比例数值处于31个省域里第10位。民生基础系数呈现出减低趋势，意味着在经济增长的同时"人民

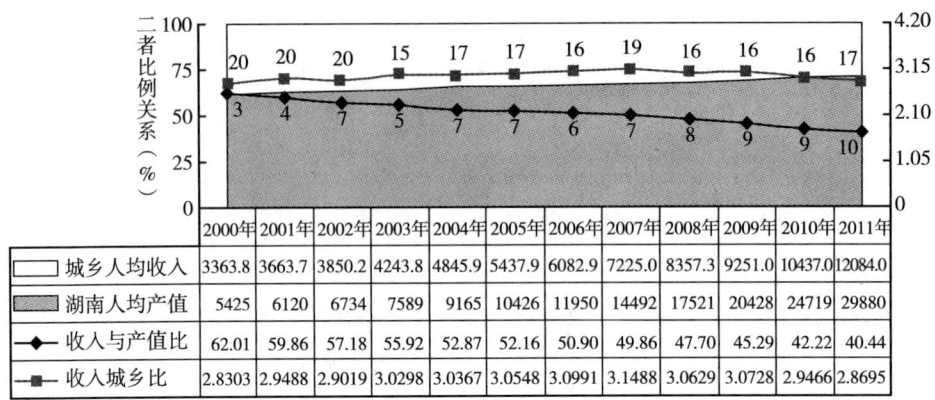

图 3　湖南城乡人均收入、产值绝对值、比例值和城乡比变动态势

注：左轴为城乡人均收入、产值（元转换为%），二者变动呈面积比例；相互间历年之比形成民生基础系数（%）曲线；右轴为收入城乡比曲线（乡村=1）。标明历年省域排序。

共享发展成果"程度逐渐降低。

2000~2011年，湖南乡村居民人均收入年均增长10.47%，城镇居民人均收入年均增长10.60%，比乡村高出0.13个百分点。作为城乡差距的衡量指标，11年间，湖南人均收入城乡比的最小（最佳）值为2000年2.8303，最大值为2007年3.1488。逐年考察，除了2002年、2008年和2010~2011年出现缩减以外，湖南此项城乡比逐步扩增，由2000年2.8303扩大至2011年2.8695，城乡比数值处于31个省域里第17位。居民收入的城乡差距呈现扩增趋势，意味着在民生基础层面城乡之间"共享发展成果"的程度有所降低。

如果（1）湖南城乡民生基础系数能够保持2000年最佳水平，（2）湖南民生基础层面的城乡差距能够保持2000年最小程度，乃至实现民生基础层面的城乡无差距理想状态，那么在"国民收入再分配"演算和城乡综合重新演算当中，湖南人均收入应有很大增高，这样随后逐步推演的一切测算值都会发生变化。

（二）民生消费系数检测

2000~2011年湖南城乡人均非文消费、收入绝对值、比重值和城乡比变动态势见图4。图中将非文消费、收入绝对值转换为图形面积比例，二者历年之比形成民生消费系数变动曲线，同时附有非文消费城乡比变动曲线。

2000~2011年，湖南城乡居民人均非文消费年均增长10.90%，人均收入年均增长12.33%，比非文消费年均增幅高出1.43个百分点。11年间，湖南城乡居民人均非文消费占人均收入比重的最高值为2000年78.90%，最低（最佳）值为2010年67.85%。逐年考察，除了2004年和2011年出现回升以外，湖南城乡此项比值逐步下降，由2000年78.90%降低至2011年68.52%，比重数值处于31个省域里第21位。民生消费系数呈现减低趋势，亦即"必需消费"之外的余钱占收入比重增高，意味着从"基本小康"到"全面小康"建设的民生效应日益得以显现。

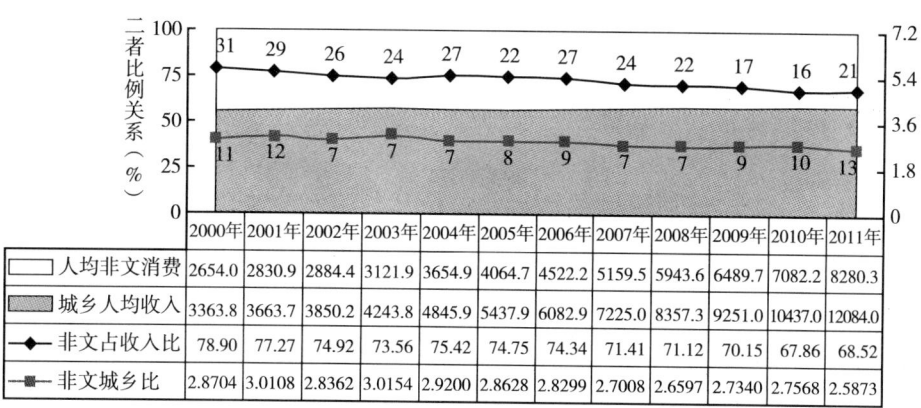

图4 湖南城乡人均非文消费、收入绝对值、比重值和城乡比变动态势

注：左轴为城乡人均非文消费、收入（元转换为%），二者变动呈面积比例；相互间历年之比形成民生消费系数（%）曲线；右轴为非文消费城乡比曲线（乡村=1）。标明历年省域排序。

2000~2011年，湖南乡村居民人均非文消费年均增长9.84%，城镇居民人均非文消费年均增长8.81%，比乡村低1.03个百分点。作为城乡差距的衡量指标，11年间，湖南人均非文消费城乡比的最大值为2003年3.0154，最小（最佳）值为2011年2.5873。逐年考察，除了2001年、2003年和2009~2010年出现扩增以外，湖南此项城乡比逐步缩减，由2000年2.8704缩小至2011年2.5873，城乡比数值处于31个省域里第13位。"必需"非文消费的城乡差距呈现缩减趋势，意味着在民生消费层面城乡之间"共享发展成果"的程度有所提高。

如果（1）湖南城乡民生消费系数能够保持2010年最佳水平，（2）湖南民生消费层面的城乡差距能够保持2011年最小程度，乃至实现民生消费层面的城乡无差距理想状态，那么在"必需消费"占收入比重再度演算和城乡综合重新演算当中，湖南人均非文消费应有较大不同，反转则是人均非文消费剩余应有很大增多，这样随后推演的相关数值也会发生变化。

（三）文化需求系数检测

2000~2011年湖南城乡人均文化消费、非文消费剩余绝对值、比例值和城乡比变动态势见图5。图中将文化消费、非文消费剩余绝对值转换为图形面积比例，二者历年之比形成文化需求系数变动曲线，同时附有文化消费城乡比变动曲线。

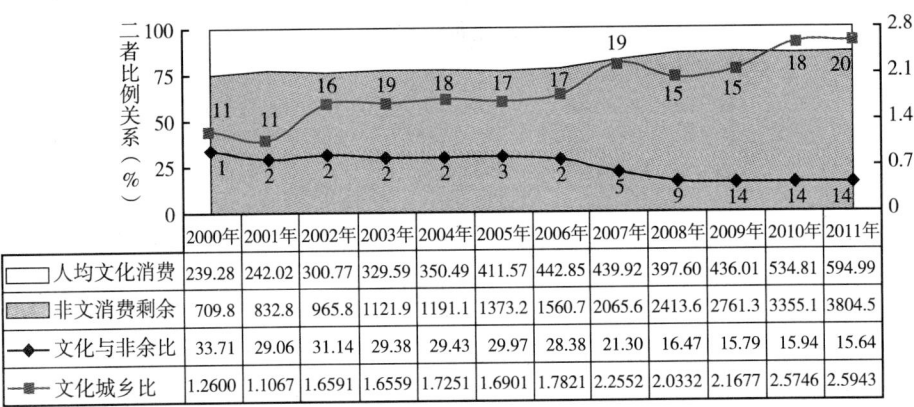

图5 湖南城乡人均文化消费、非文消费剩余绝对值、比例值和城乡比变动态势

注：左轴为城乡人均文化消费、非文消费剩余（元转换为%），二者变动呈面积比例；相互间历年之比形成文化需求系数（%）曲线；右轴为文化消费城乡比曲线（乡村=1）。标明历年省域排序。

2000~2011年，湖南城乡居民人均文化消费年均增长8.63%，人均非文消费剩余年均增长16.49%，比文化消费年均增幅高出7.86个百分点。11年间，湖南城乡居民人均文化消费与人均非文消费剩余比例的最高（最佳）值为2000年33.71%，最低值为2011年15.64%。逐年考察，除了2002年、2004~2005年和2010年出现回升以外，湖南城乡此项比值逐步下降，由2000年33.71%降低至2011年15.64%，比例数值处于31个省域里第14位。文化

湖南：实际增长和协调测算目标严重落后

需求系数呈现减低趋势，表明"非必需"的文化消费需求增长依然受到"积蓄增长负相关效应"的反向牵制。

2000~2011年，湖南乡村居民人均文化消费年均增长4.11%，城镇居民人均文化消费年均增长11.18%，比乡村高出7.07个百分点。作为城乡差距的衡量指标，11年间，湖南人均文化消费城乡比的最小（最佳）值为2001年1.1067，最大值为2011年2.5943。逐年考察，除了2001年、2003年、2005年和2008年出现缩减以外，湖南此项城乡比逐步扩增，由2000年1.2600扩大至2011年2.5943，城乡比数值处于31个省域里第20位。文化消费需求的城乡差距呈现扩增趋势，意味着在文化消费需求层面城乡之间"共享发展成果"的程度有所降低。

如果（1）湖南城乡文化需求系数能够保持2000年最佳水平，（2）湖南文化需求层面的城乡差距能够保持2001年最小程度，乃至实现文化需求层面的城乡无差距理想状态，那么在"非必需"文化消费占余钱比重再度演算和城乡综合重新演算当中，湖南人均文化消费应有很大增长。

三 文化需求增长目标暨文化产业发展空间测算

2011~2020年湖南城乡人均文化消费需求增长测算见图6，图中提供了文化产业供需协调增长目标的七类测算结果。

（1）历年均增值测算：以湖南城乡人均文化消费2000年以来年均增长率测算增长目标，可以得出概率最高的或然增长结果。如果2011~2020年湖南城乡保持与2000~2011年相同的年均增长率8.63%（省域间实际增长第27位），那么到2020年城乡人均文化消费将达到1253.64元。在相关各方面增长均依此推算的情况下，由于湖南城乡文化消费与产值的比例在2000~2011年呈现下降态势，2020年文化消费增长与产值增长测算值之比将继续降低至1.04%。

（2）消除负相关测算：以湖南城乡文化需求系数2000年以来最佳比例测算增长目标，即假设文化消费增长与积蓄增长之间排除负相关关系。如果到2020年湖南城乡此项比例实现2000~2011年最佳状态，那么城乡人均文化消

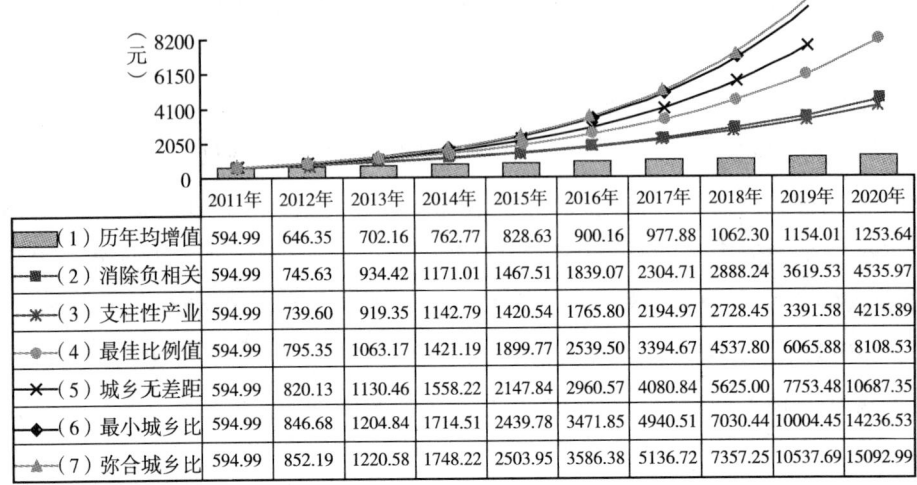

图6 2011~2020年湖南城乡人均文化消费需求增长测算

注：作为背景因素，2011~2020年人均产值按2000~2011年实际年均增长率推算。2011年文化消费与产值比实际值1.99%；2020年测算值：(1) 1.04%；(2) 3.76%；(3) 3.49%；(4) 6.72%；(5) 8.86%；(6) 11.80%；(7) 12.51%。2011~2020年文化消费年均增长：(1) 8.63%（即2000~2011年实际值，以下为测算值）；(2) 25.32%；(3) 24.30%；(4) 33.67%；(5) 37.84%；(6) 42.30%；(7) 43.23%。若产值按年均增长率7%推算，则2020年文化消费与产值比（增量、增幅不变）：(1) 2.28%；(2) 8.26%。2020年文化消费（与产值比不变）：(3) 1919.05元，年增13.90%；(4) 3690.96元，年增22.48%；(5) 4864.82元，年增26.30%；(6) 6480.39元，年增30.39%；(7) 6870.25元，年增31.24%。

费应达到4535.97元，年均增长幅度需达到25.32%，为以往11年实际年均增长率的2.93倍（省域间目标距离第30位），文化消费增长与产值增长测算值之比将上升至3.76%。

(3) 支柱性产业测算：摈弃单纯的"文化GDP追逐"，通过文化消费增长空间反推，以生产满足需求测算增长目标，即假设消费需求增长推动生产发展，实现文化产业供需协调增长，达到支柱产业所需占产值比重。各地至2020年城乡文化消费与产值之比的测算值各有不同，湖南测算值为3.49%。据此反推，到2020年湖南城乡人均文化消费应达到4215.89元，年均增长幅度需达到24.30%，为以往11年实际年均增长率的2.82倍（省域间目标距离第31位）。

(4) 最佳比例测算：以湖南城乡民生基础系数、民生消费系数、文化需求系数2000年以来3项最佳比例值测算增长目标,即假设"回复"曾有的3项比例关系最佳值。如果到2020年湖南城乡3项比例同步实现2000~2011年最佳状态,那么城乡人均文化消费应达到8108.53元,年均增长幅度需达到33.67%,为以往11年实际年均增长率的3.90倍(省域间目标距离第30位),文化消费增长与产值增长测算值之比将上升至6.72%。

(5)城乡无差距测算:在民生基础层面、民生消费层面、文化需求层面3项城乡比的无差距理想状态下实现2000年以来最佳比例测算增长目标,即假设湖南乡村相关方面加速增长并与城镇水平持平,同时取城镇标准的3项最佳比例关系进行演算。如果到2020年湖南城乡之间在此3个层面已无差距,统一实现按城镇标准衡量的2000~2011年3项最佳比例,那么城乡人均文化消费应达到10687.35元,年均增长幅度需达到37.84%,为以往11年实际年均增长率的4.38倍(省域间目标距离第29位),文化消费增长与产值增长测算值之比将上升至8.86%。

(6)最小城乡比测算:在3项最佳比例值测算基础上,以湖南人均文化消费城乡比2000年以来最小值测算增长目标,即假设"回复"原有的文化消费城乡比最小状态,作为缩小以至消除城乡差距的基础。如果到2020年湖南城乡同时实现2000~2011年3项最佳比例和文化消费最小城乡比,那么城乡人均文化消费应达到14236.53元,年均增长幅度需达到42.30%,为以往11年实际年均增长率的4.90倍(省域间目标距离第30位),文化消费增长与产值增长测算值之比将上升至11.80%。

(7)弥合城乡比测算:在3项最佳比例值测算基础上,以湖南人均文化消费城乡比的无差距理想值测算增长目标,即假设文化需求层面的城乡差距得以消除演算校正数值。如果到2020年湖南城乡同时实现2000~2011年3项最佳比例和乡村人均文化消费绝对值与城镇水平持平,那么城乡人均文化消费应达到15092.99元,年均增长幅度需达到43.23%,为以往11年实际年均增长率的5.01倍(省域间目标距离第29位),文化消费增长与产值增长测算值之比将上升至12.51%。

如果按照国家"十二五"规划转变发展方式的要求,在"十二五"期间把湖南产值年均增长率控制在7%,并一直延续至2020年,那么在图6中,前两类测算因与产值增长演算间接相关,文化消费人均值增长测算的绝对值不变,其与产值比将分别增高至2.28%和8.26%;后五类测算因与产值增长演算直接相关,文化消费人均值增长测算的绝对值相应减少,其所需年均增长幅度(亦即目标差距)将分别减低至13.90%、22.48%、26.30%、30.39%和31.24%(见图6注),显然更加容易实现。

Hunan: the Measure Targets of Actual Growth and Balanced Growth are Badly Laggard

Abstract: The evaluated growth targets of cultural consumption and development space of cultural industry in Hunan are as follows: Ranking of the actual growth among various provinces from 2000 to 2011 is the 27th in the valued average added value over the years; Ranking of the targets distance among various provinces from 2011 to 2020 are the 30th in the valued avoiding negative correlation, the 31st in the valued pillar industry, the 30th in the valued optimal proportion, the 30th in the valued lowest urban-rural ratio, the 29th in the valued closed urban-rural ratio, and the 29th in the valued without urban-rural gap.

Key Words: Hunan's Cultural Industry; Expand Cultural Consumption; Demand and Sharing; Growth Target

西部地区

The West Regions

B.22
内蒙古：城乡均衡和支柱目标测算皆滞后

摘　要：

内蒙古文化消费增长目标暨文化产业发展空间测评：省域间2000～2011年实际增长排名，历年均增值测算为第3位；省域间2011～2020年目标距离排名，消除（避免）负相关测算为第2位；支柱性产业测算为第21位；最佳比例值测算为第21位；最小城乡比测算为第24位；弥合城乡比测算为第20位；城乡无差距测算为第16位。

关键词：

内蒙古文化产业　扩大文化消费　需求与共享　增长目标

一　城乡文化消费需求及相关方面增长态势

2000～2011年内蒙古城乡文化消费总量和人均值增长态势见图1。

2000～2011年，内蒙古城乡文化消费总量从50.45亿元增长至205.66亿元，增加155.21亿元，11年间总增长307.65%，年均增长13.63%。其中，

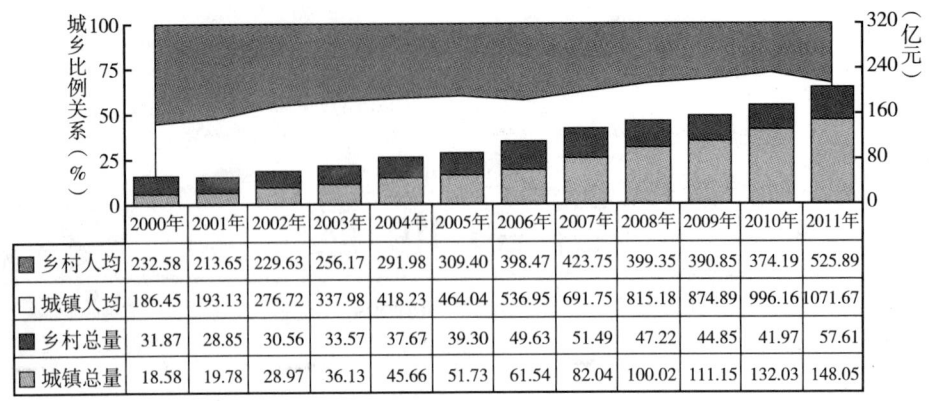

图1 内蒙古城乡文化消费总量和人均值增长态势

注：左轴为城乡人均文化消费（元转换为%），城乡间历年变动呈面积比例关系；右轴为文化消费总量（亿元），柱形上下之和为城乡总量。

"十五"期间年均增长12.53%；"十一五"期间年均增长13.83%。

同期，内蒙古城镇人均文化消费从186.45元增长至1071.67元，增加885.22元，11年间总增长474.78%，年均增长17.23%。其中，"十五"期间年均增长20.00%；"十一五"期间年均增长16.51%。乡村人均文化消费从232.58元增长至525.89元，增加293.31元，11年间总增长126.11%，年均增长7.70%。其中，"十五"期间年均增长5.87%；"十一五"期间年均增长3.88%。值得注意的是，"十五"期间内蒙古城镇人均值年均增幅比乡村高出14.13个百分点，城乡差距有所扩大；"十一五"期间内蒙古城镇人均值年均增幅比乡村高出12.63个百分点，城乡差距持续扩大。

后续各图表将逐步展示内蒙古相关背景各方面历年增长数据。在此，先把各项绝对值转换为以上一年数值为100的年度增长百分指数，可以清晰看出2000～2011年内蒙古人均产值、城乡人均收入、非文消费、文化消费和积蓄增长态势见图2。

在内蒙古人均产值、城乡人均收入、非文消费、文化消费和积蓄的年度增长指数中，选取3对具有特定相关关系的数据项，作为文中分析的基础。第一对数据项：（1）柱形系产值历年增长指数，（2）带菱形曲线系收入历年增长指数，二者2001～2011年相关系数为0.7742，即这两个方面历年增长在77.42%的程度

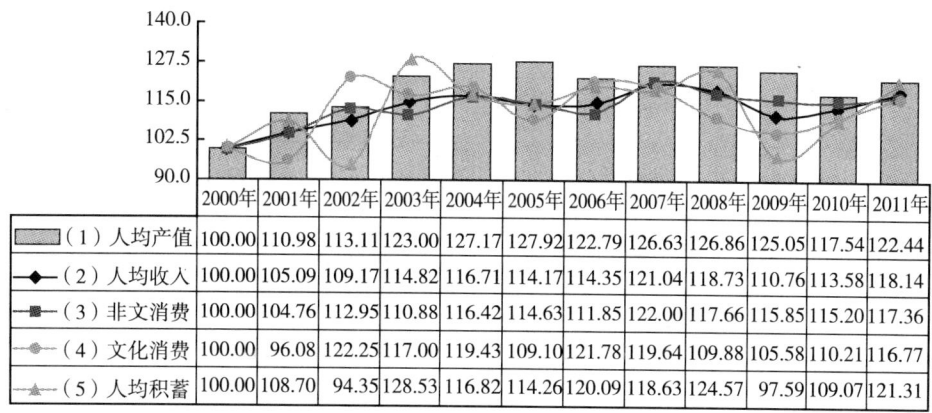

图 2　内蒙古人均产值、城乡人均收入、消费和积蓄增长态势

注：左轴为年增指数（产值为柱形，其余为曲线），上年 = 100（小于 100 为负增长）；2001 ~ 2011 年增长（2000 年为起点不计）相关系数：（1）与（2）0.7742；（2）与（3）0.8361；（4）与（5）0.2286，其间 2002 ~ 2007 年 - 0.2440，2002 ~ 2008 年 - 0.3710。

上保持同步。第二对数据项：（2）带菱形曲线系收入历年增长指数，（3）带方形曲线系非文消费历年增长指数，二者 2001 ~ 2011 年相关系数为 0.8361，即这两个方面历年增长在 83.61% 的程度上保持同步。第三对数据项：（4）带圆形曲线系文化消费历年增长指数，（5）带三角形曲线系积蓄历年增长指数，二者 2001 ~ 2011 年相关系数为 0.2286。分时间段深入考察，其间 2002 ~ 2007 年为负值 0.2440，2002 ~ 2008 年为负值 0.3710，仅构成较弱的"负相关"关系。

在全国及绝大部分省域，城乡文化消费普遍明显呈现"积蓄增长负相关效应"的情况下，内蒙古与吉林一样成为例外。仅在 2001 ~ 2003 年和 2008 年，内蒙古城乡积蓄增长与文化消费增长形成局部的负相关关系。不过，这并不妨碍本项研究测评设置"文化需求系数"检测，文化消费与积蓄之间同样构成此消彼长的关系。对内蒙古而言，消除负相关测算相应成了排除和避免负相关测算。

二　城乡文化消费需求背景的增长协调性分析

（一）民生基础系数检测

2000 ~ 2011 年内蒙古城乡人均收入、产值绝对值、比例值和城乡比变动态势见图3。图中将收入、产值绝对值转换为图形面积比例,二者历年之比形成民生基础系数变动曲线,同时附有收入城乡比变动曲线。

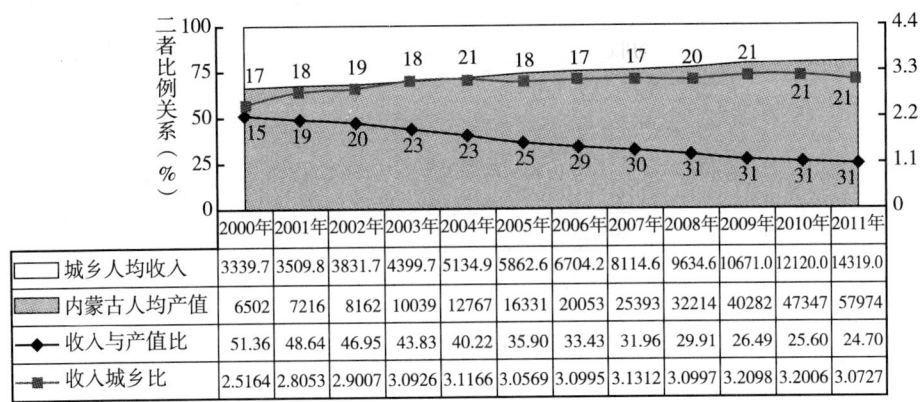

图3 内蒙古城乡人均收入、产值绝对值、比例值和城乡比变动态势

注:左轴为城乡人均收入、产值(元转换为%),二者变动呈面积比例;相互间历年之比形成民生基础系数(%)曲线;右轴为收入城乡比曲线(乡村=1)。标明历年省域排序。

2000~2011年,内蒙古城乡居民人均收入年均增长14.15%,人均产值年均增长22.01%,比居民收入年均增幅高出7.86个百分点。11年间,内蒙古城乡居民人均收入与人均产值比例的最高(最佳)值为2000年51.36%,最低值为2011年24.70%。逐年考察,从2000~2011年,内蒙古城乡此项比值一直持续下降,由2000年51.36%降低至2011年24.70%,比例数值处于31个省域里第31位。民生基础系数呈现减低趋势,意味着在经济增长的同时"人民共享发展成果"程度逐渐降低。

2000~2011年,内蒙古乡村居民人均收入年均增长11.34%,城镇居民人均收入年均增长13.38%,比乡村高出2.04个百分点。作为城乡差距的衡量指标,11年间,内蒙古人均收入城乡比的最小(最佳)值为2000年2.5164,最大值为2009年3.2098。逐年考察,除了2005年、2008年和2010~2011年出现缩减以外,内蒙古此项城乡比逐步扩增,由2000年2.5164扩大至2011年3.0727,城乡比数值处于31个省域里第21位。居民收入的城乡差距呈现扩增趋势,意味着在民生基础层面城乡之间"共享发展成果"的程度有所降低。

如果（1）内蒙古城乡民生基础系数能够保持2000年最佳水平，（2）内蒙古民生基础层面的城乡差距能够保持2000年最小程度，乃至实现民生基础层面的城乡无差距理想状态，那么在"国民收入再分配"演算和城乡综合重新演算当中，内蒙古人均收入应有很大增高，这样随后逐步推演的一切测算值都会发生变化。

（二）民生消费系数检测

2000~2011年内蒙古城乡人均非文消费、收入绝对值、比重值和城乡比变动态势见图4。图中将非文消费、收入绝对值转换为图形面积比例，二者历年之比形成民生消费系数变动曲线，同时附有非文消费城乡比变动曲线。

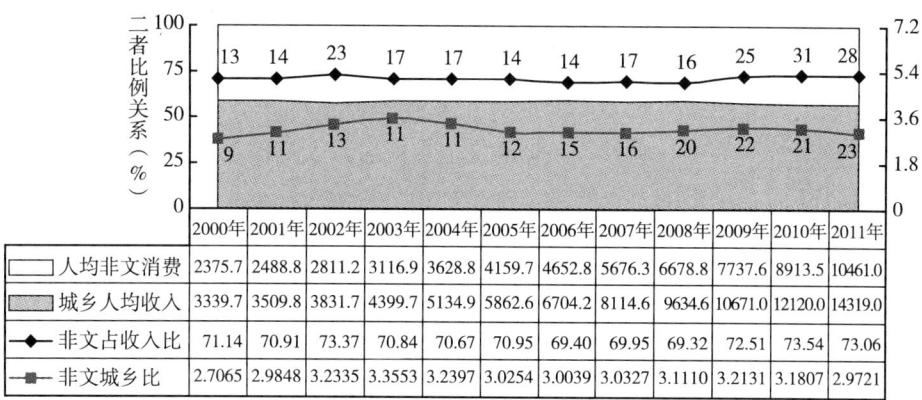

图4 内蒙古城乡人均非文消费、收入绝对值、比重值和城乡比变动态势

注：左轴为城乡人均非文消费、收入（元转换为%），二者变动呈面积比例；相互间历年之比形成民生消费系数（%）曲线；右轴为非文消费城乡比曲线（乡村=1）。标明历年省域排序。

2000~2011年，内蒙古城乡居民人均非文消费年均增长14.43%，人均收入年均增长14.15%，比非文消费年均增幅低0.28个百分点。11年间，内蒙古城乡居民人均非文消费占人均收入比重的最低（最佳）值为2008年69.32%，最高值为2010年73.54%。逐年考察，除了2001年、2003~2004年、2006年、2008年和2011年出现回降以外，内蒙古城乡此项比值逐步上升，由2000年71.14%提高至2011年73.06%，比重数值处于31个省域里第28位。民生消费系数呈现增高趋势，亦即"必需消费"之外的余钱占收入比重减低，意味着从"基本小康"到"全面小康"建设的民生效应尚未得以显现。

2000~2011年，内蒙古乡村居民人均非文消费年均增长12.36%，城镇居民人均非文消费年均增长13.32%，比乡村高出0.96个百分点。作为城乡差距的衡量指标，11年间，内蒙古人均非文消费城乡比的最小（最佳）值为2000年2.7065，最大值为2003年3.3553。逐年考察，除了2004~2006年和2010~2011年出现缩减以外，内蒙古此项城乡比逐步扩增，由2000年2.7065扩大至2011年2.9721，城乡比数值处于31个省域里第23位。"必需"非文消费的城乡差距呈现出扩增趋势，表明在民生消费层面城乡之间"共享发展成果"的程度有所降低。

如果（1）内蒙古城乡民生消费系数能够保持2008年最佳水平，（2）内蒙古民生消费层面的城乡差距能够保持2000年最小程度，乃至实现民生消费层面的城乡无差距理想状态，那么在"必需消费"占收入比重再度演算和城乡综合重新演算当中，内蒙古人均非文消费应有较大不同，反转则是人均非文消费剩余应有很大增多，这样随后推演的相关数值也会发生变化。

（三）文化需求系数检测

2000~2011年内蒙古城乡人均文化消费、非文消费剩余绝对值、比例值和城乡比变动态势见图5。图中将文化消费、非文消费剩余绝对值转换为图形面积比例，二者历年之比形成文化需求系数变动曲线，同时附有文化消费城乡比变动曲线。

2000~2011年，内蒙古城乡居民人均文化消费年均增长13.16%，人均非文消费剩余年均增长13.44%，比文化消费年均增幅高出0.28个百分点。11年间，内蒙古城乡居民人均文化消费与人均非文消费剩余比例的最高（最佳）值为2002年24.53%，最低值为2001年20.06%。逐年考察，除了2002年、2004年、2006~2007年和2009~2010年出现回升以外，内蒙古城乡此项比值逐步下降，由2000年22.11%降低至2011年21.52%，比例数值处于31个省域里第3位。文化需求系数呈现减低趋势，意味着"非必需"的文化消费需求增长依然受到"积蓄增长负相关效应"的反向牵制。

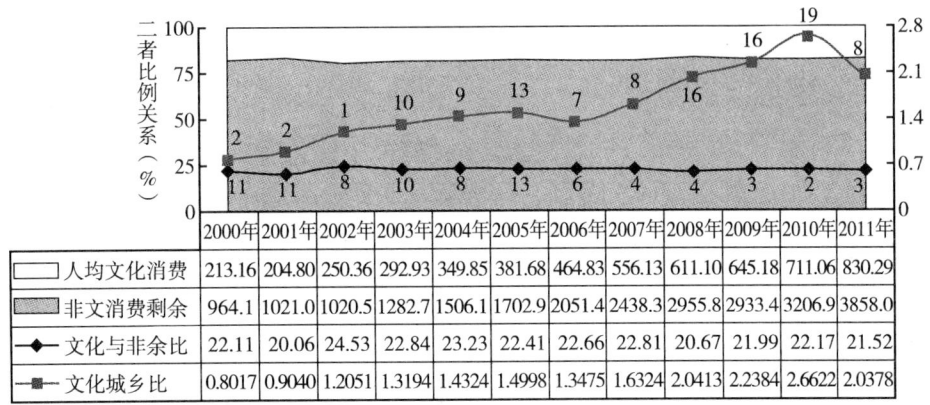

图 5　内蒙古城乡人均文化消费、非文消费剩余绝对值、比例值和城乡比变动态势

注：左轴为城乡人均文化消费、非文消费剩余（元转换为%），二者变动呈面积比例；相互间历年之比形成文化需求系数（%）曲线；右轴为文化消费城乡比曲线（乡村＝1，小于1为"城乡倒挂"，即城镇人均值低于乡村）。标明历年省域排序。

2000～2011年，内蒙古乡村居民人均文化消费年均增长7.70%，城镇居民人均文化消费年均增长17.23%，比乡村高出9.53个百分点。作为城乡差距的衡量指标，11年间，内蒙古人均文化消费城乡比的最小（最佳）值为2000年0.8017，最大值为2010年2.6622。逐年考察，除了2006年和2011年出现缩减以外，内蒙古此项城乡比逐步扩增，由2000年0.8017扩大至2011年2.0378，城乡比数值处于31个省域里第8位。文化消费需求的城乡差距呈现扩增趋势，表明在文化消费需求层面城乡之间"共享发展成果"的程度有所降低。

如果（1）内蒙古城乡文化需求系数能够保持2002年最佳水平，（2）内蒙古文化需求层面的城乡差距能够保持2000年最小程度，乃至实现文化需求层面的城乡无差距理想状态，那么在"非必需"文化消费占余钱比重再度演算和城乡综合重新演算当中，内蒙古人均文化消费应有很大增长。

三　文化需求增长目标暨文化产业发展空间测算

2011～2020年内蒙古城乡人均文化消费需求增长测算见图6，图中提供了文化产业供需协调增长目标的七类测算结果。

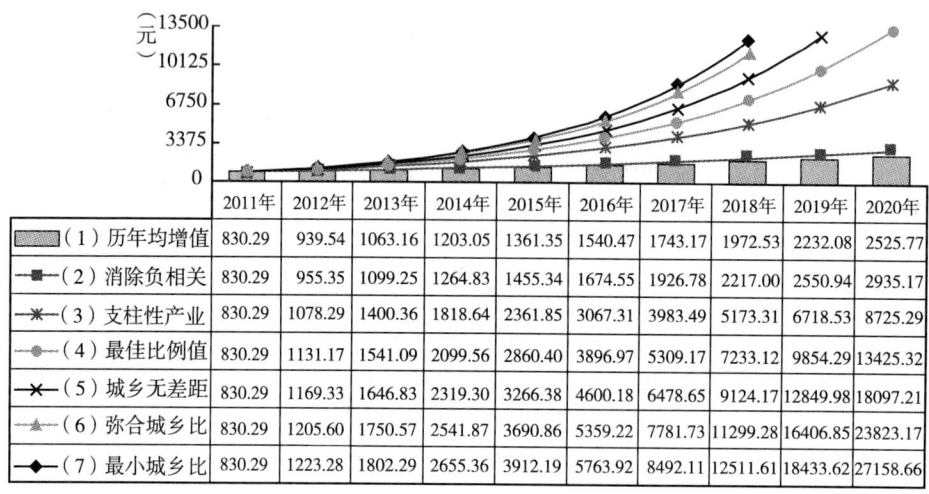

图6 2011～2020年内蒙古城乡人均文化消费需求增长测算

注：作为背景因素，2011～2020年人均产值按2000～2011年实际年均增长率推算。2011年文化消费与产值比实际值1.43%；2020年测算值：（1）0.73%；（2）0.85%；（3）2.51%；（4）3.87%；（5）5.21%；（6）6.86%；（7）7.82%。2011～2020年文化消费年均增长：（1）13.16%（即2000～2011年实际值，以下为测算值）；（2）15.06%；（3）29.87%；（4）36.24%；（5）40.83%；（6）45.20%；（7）47.33%。若产值按年均增长率7%推算，则2020年文化消费与产值比（增量、增幅不变）：（1）2.37%；（2）2.75%。2020年文化消费（与产值比不变）：（3）2677.99元，年增13.90%；（4）4120.53元，年增19.48%；（5）5554.44元，年增23.51%；（6）7311.87元，年增27.34%；（7）8335.61元，年增29.21%。

（1）历年均增值测算：以内蒙古城乡人均文化消费2000年以来年均增长率测算增长目标，可以得出概率最高的或然增长结果。如果2011～2020年内蒙古城乡保持与2000～2011年相同的年均增长率13.16%（省域间实际增长第3位），那么到2020年城乡人均文化消费将达到2525.77元。在相关各方面增长均依此推算的情况下，由于内蒙古城乡文化消费与产值的比例在2000～2011年呈现下降态势，2020年文化消费增长与产值增长测算值之比将继续降低至0.73%。

（2）消除负相关测算：以内蒙古城乡文化需求系数2000年以来最佳比例测算增长目标，即假设文化消费增长与积蓄增长之间排除负相关关系。如果到2020年内蒙古城乡此项比例实现2000～2011年最佳状态，那么城乡人均文化消费应达到2935.17元，年均增长幅度需达到15.06%，为以往11年实际年均增长率的 1.14 倍（省域间目标距离第 2 位），文化消费增长与产值增长测算值之比将上升至 0.85%。

（3）支柱性产业测算：摈弃单纯的"文化 GDP 追逐"，通过文化消费增长空间反推，以生产满足需求测算增长目标，即假设消费需求增长推动生产发展，实现文化产业供需协调增长，达到支柱产业所需占产值比重。各地至 2020 年城乡文化消费与产值之比的测算值各有不同，内蒙古测算值为 2.51%。据此反推，到 2020 年内蒙古城乡人均文化消费应达到 8725.29 元，年均增长幅度需达到 29.87%，为以往 11 年实际年均增长率的 2.27 倍（省域间目标距离第 21 位）。

（4）最佳比例值测算：以内蒙古城乡民生基础系数、民生消费系数、文化需求系数 2000 年以来 3 项最佳比例测算增长目标，即假设"回复"曾有的 3 项比例关系最佳值。如果到 2020 年内蒙古城乡 3 项比例同步实现 2000～2011 年最佳状态，那么城乡人均文化消费应达到 13425.32 元，年均增长幅度需达到 36.24%，为以往 11 年实际年均增长率的 2.75 倍（省域间目标距离第 21 位），文化消费增长与产值增长测算值之比将上升至 3.87%。

（5）城乡无差距测算：在民生基础层面、民生消费层面、文化需求层面 3 项城乡比的无差距理想状态下实现 2000 年以来最佳比例测算增长目标，即假设内蒙古乡村相关方面加速增长并与城镇水平持平，同时取城镇标准的 3 项最佳比例关系进行演算。如果到 2020 年内蒙古城乡之间在此 3 个层面已无差距，统一实现按城镇标准衡量的 2000～2011 年 3 项最佳比例，那么城乡人均文化消费应达到 18097.21 元，年均增长幅度需达到 40.83%，为以往 11 年实际年均增长率的 3.10 倍（省域间目标距离第 16 位），文化消费增长与产值增长测算值之比将上升至 5.21%。

（6）弥合城乡比测算（内蒙古最小城乡比"倒挂"，此类测算可避免矫枉过正）：在 3 项最佳比例值测算基础上，以内蒙古人均文化消费城乡比的无差距理想值测算增长目标，即假设文化需求层面的城乡差距得以消除演算校正数值。如果到 2020 年内蒙古城乡同时实现 2000～2011 年 3 项最佳比例和乡村人均文化消费绝对值与城镇水平持平，那么城乡人均文化消费应达到 23823.17 元，年均增长幅度需达到 45.20%，为以往 11 年实际年均增长率的 3.43 倍（省域间目标距离第 20 位），文化消费增长与产值增长测算值之比将上升至 6.86%。

(7) 最小城乡比测算：在 3 项最佳比例值测算基础上，以内蒙古人均文化消费城乡比 2000 年以来最小值测算增长目标，即假设"回复"原有的文化消费城乡比最小状态，作为缩小以至消除城乡差距的基础。如果到 2020 年内蒙古城乡同时实现 2000~2011 年 3 项最佳比例和文化消费最小城乡比，那么城乡人均文化消费应达到 27158.66 元，年均增长幅度需达到 47.33%，为以往 11 年实际年均增长率的 3.60 倍（省域间目标距离第 24 位），文化消费增长与产值增长测算值之比将上升至 7.82%。

如果按照国家"十二五"规划转变发展方式的要求，在"十二五"期间把内蒙古产值年均增长率控制在 7%，并一直延续至 2020 年，那么在图 6 中，前两类测算因与产值增长演算间接相关，文化消费人均值增长测算的绝对值不变，其与产值比将分别增高至 2.37% 和 2.75%；后五类测算因与产值增长演算直接相关，文化消费人均值增长测算的绝对值相应减少，其所需年均增长幅度（亦即目标差距）将分别减低至 13.90%、19.48%、23.51%、27.34% 和 29.21%（见图 6 注），显然更加容易实现。

Inner Mongolia: Both Measure Targets of Uniform Growth in Urban and Rural Areas and Pillar Industry are Laggard

Abstract: The evaluated growth targets of cultural consumption and development space of cultural industry in Inner Mongolia are as follows: Ranking of the actual growth among various provinces from 2000 to 2011 is the 3rd in the valued average added value over the years; Ranking of the targets distance among various provinces from 2011 to 2020 are the 2nd in the valued avoiding negative correlation, the 21st in the valued pillar industry, the 21st in the valued optimal proportion, the 24th in the valued lowest urban-rural ratio, the 20th in the valued closed urban-rural ratio, and the 16th in the valued without urban-rural gap.

Key Words: Inner Mongolia's Cultural Industry; Expand Cultural Consumption; Demand and Sharing; Growth Target

B.23
陕西：协调增长测算落后于实际增速位次

摘　要：

陕西文化消费增长目标暨文化产业发展空间测评：省域间2000~2011年实际增长排名，历年均增值测算为第14位；省域间2011~2020年目标距离排名，消除负相关测算为第22位；支柱性产业测算为第20位；最佳比例值测算为第22位；最小城乡比测算为第23位；弥合城乡比测算为第22位；城乡无差距测算为第18位。

关键词：

陕西文化产业　扩大文化消费　需求与共享　增长目标

一　城乡文化消费需求及相关方面增长态势

2000~2011年陕西城乡文化消费总量和人均值增长态势见图1。

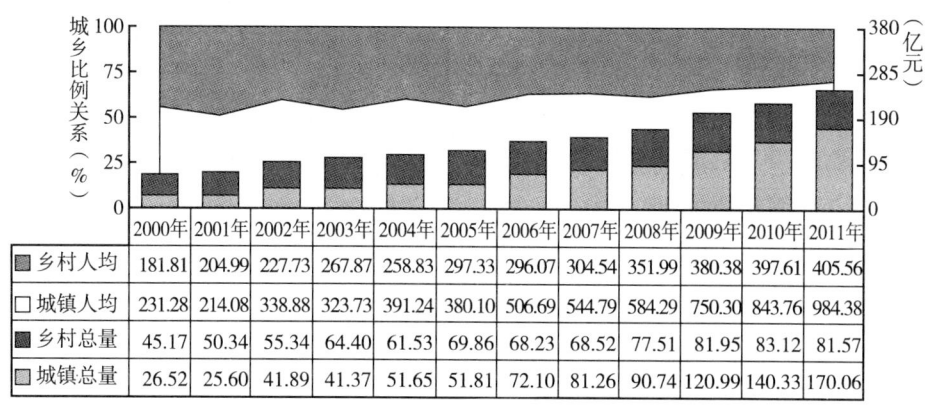

图1　陕西城乡文化消费总量和人均值增长态势

注：左轴为城乡人均文化消费（元转换为%），城乡间历年变动呈面积比例关系；右轴为文化消费总量（亿元），柱形上下之和为城乡总量。

2000~2011年，陕西城乡文化消费总量从71.69亿元增长至251.63亿元，增加179.94亿元，11年间总增长251.00%，年均增长12.09%。其中，"十五"期间年均增长11.16%；"十一五"期间年均增长12.93%。

同期，陕西城镇人均文化消费从231.28元增长至984.38元，增加753.10元，11年间总增长325.62%，年均增长14.07%。其中，"十五"期间年均增长10.45%；"十一五"期间年均增长17.29%。乡村人均文化消费从181.81元增长至405.56元，增加223.75元，11年间总增长123.07%，年均增长7.57%。其中，"十五"期间年均增长10.34%；"十一五"期间年均增长5.98%。值得注意的是，"十五"期间陕西城镇人均值年均增幅比乡村高出0.11个百分点，城乡差距有所扩大；"十一五"期间陕西城镇人均值年均增幅比乡村高出11.31个百分点，城乡差距持续扩大。

后续各图表将逐步展示陕西相关背景各方面历年增长数据。在此，先把各项绝对值转换为以上一年数值为100的年度增长百分指数，可以清晰看出2000~2011年陕西人均产值、城乡人均收入、非文消费、文化消费和积蓄增长态势见图2。

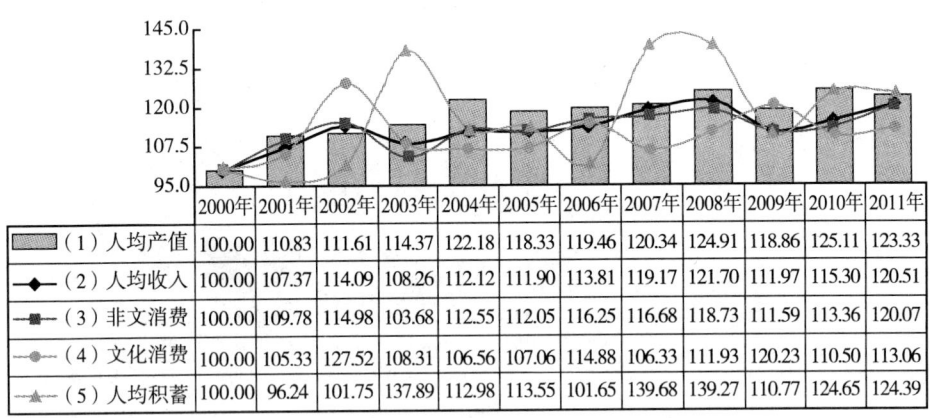

图2　陕西人均产值、城乡人均收入、消费和积蓄增长态势

注：左轴为年增指数（产值为柱形，其余为曲线），上年=100（小于100为负增长）；2001~2011年增长（2000年为起点不计）相关系数：(1)与(2) 0.7075；(2)与(3) 0.8852；(4)与(5) -0.3388，其间2002~2007年 -0.6295，2006~2010年 -0.7422，2007~2010年 -0.8479。

在陕西人均产值、城乡人均收入、非文消费、文化消费和积蓄的年度增长指数中，选取3对具有特定相关关系的数据项，作为文中分析的基础。第一对数据项：（1）柱形系产值历年增长指数，（2）带菱形曲线系收入历年增长指数，二者2001~2011年相关系数为0.7075，即这两个方面历年增长在70.75%的程度上保持同步。第二对数据项：（2）带菱形曲线系收入历年增长指数，（3）带方形曲线系非文消费历年增长指数，二者2001~2011年相关系数为0.8852，即这两个方面历年增长在88.52%的程度上保持同步。第三对数据项：（4）带圆形曲线系文化消费历年增长指数，（5）带三角形曲线系积蓄历年增长指数，二者2001~2011年相关系数为负值0.3388。分时间段深入考察，其间2002~2007年为负值0.6295，2006~2010年为负值0.7422，2007~2010年为负值0.8479，分别构成很明显的"负相关"增长反向互动关系。

对比陕西城乡人均积蓄与文化消费两条年度增长曲线，大体呈现为横向镜面对应或俗称"水中倒影"的负相关关系。其中，2002年陕西城乡人均积蓄年度增长跌入低谷，呈现为负增长，与之对应的是人均文化消费年度增长出现高峰；2003年和2007~2008年陕西城乡人均积蓄年度增长两次形成高峰，与之对应的是人均文化消费年度增长陷入低谷。陕西城乡文化消费的"积蓄增长负相关效应"明显成立。

二 城乡文化消费需求背景的增长协调性分析

（一）民生基础系数检测

2000~2011年陕西城乡人均收入、产值绝对值、比例值和城乡比变动态势见图3。图中将收入、产值绝对值转换为图形面积比例，二者历年之比形成民生基础系数变动曲线，同时附有收入城乡比变动曲线。

2000~2011年，陕西城乡居民人均收入年均增长14.11%，人均产值年均增长18.93%，比居民收入年均增幅高出4.82个百分点。11年间，陕西城乡居民人均收入与人均产值比例的最高（最佳）值为2000年52.46%，最低值为2011年33.27%。逐年考察，除了2002年出现回升以外，陕西城乡此项比

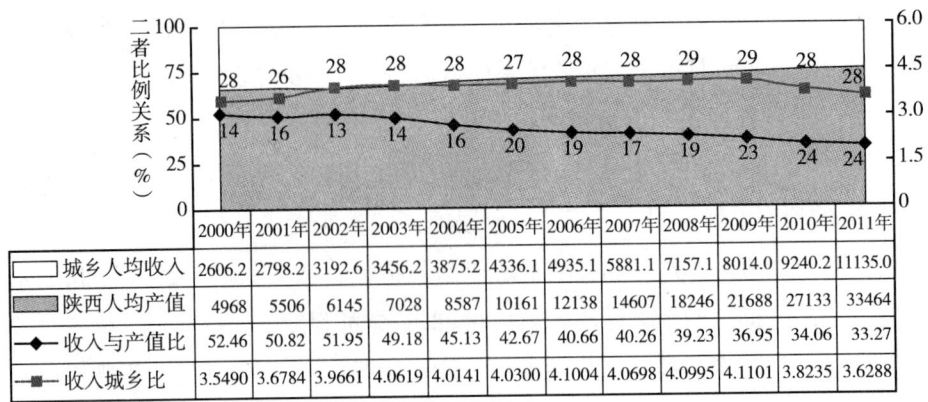

图3 陕西城乡人均收入、产值绝对值、比例值和城乡比变动态势

注：左轴为城乡人均收入、产值（元转换为%），二者变动呈面积比例；相互间历年之比形成民生基础系数（%）曲线；右轴为收入城乡比曲线（乡村=1）。标明历年省域排序。

值逐步下降，由2000年52.46%降低至2011年33.27%，比例数值处于31个省域里第24位。民生基础系数呈现减低趋势，意味着在经济增长的同时"人民共享发展成果"程度逐渐降低。

2000~2011年，陕西乡村居民人均收入年均增长12.01%，城镇居民人均收入年均增长12.24%，高于乡村0.23个百分点。作为城乡差距的衡量指标，11年间，陕西人均收入城乡比的最小（最佳）值为2000年3.5490，最大值为2009年4.1101。逐年考察，除了2004年、2007年和2010~2011年出现缩减以外，陕西此项城乡比逐步扩增，由2000年3.5490扩大至2011年3.6288，城乡比数值处于31个省域里第28位。居民收入的城乡差距呈现扩增趋势，意味着在民生基础层面城乡之间"共享发展成果"的程度有所降低。

如果（1）陕西城乡民生基础系数能够保持2000年最佳水平，（2）陕西民生基础层面的城乡差距能够保持2000年最小程度，乃至实现民生基础层面的城乡无差距理想状态，那么在"国民收入再分配"演算和城乡综合重新演算当中，陕西人均收入应有很大增高，这样随后逐步推演的一切测算值都会发生变化。

（二）民生消费系数检测

2000~2011年陕西城乡人均非文消费、收入绝对值、比重值和城乡比变动态势见图4。图中将非文消费、收入绝对值转换为图形面积比例，二者历年之比形成民生消费系数变动曲线，同时附有非文消费城乡比变动曲线。

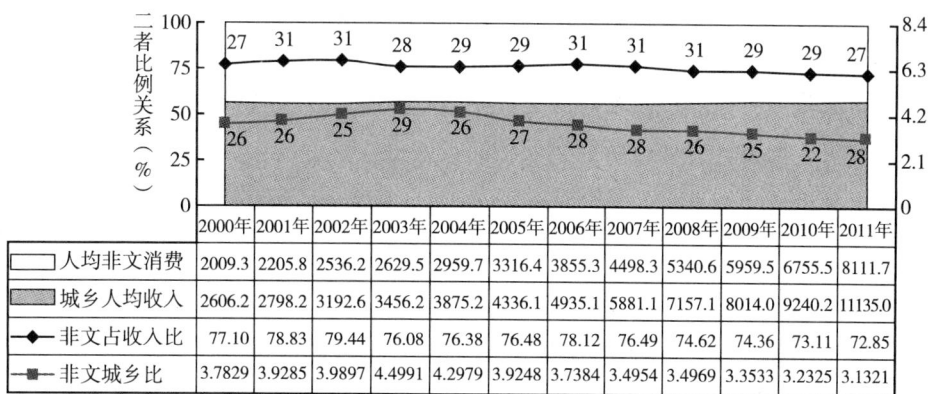

图4 陕西城乡人均非文消费、收入绝对值、比重值和城乡比变动态势

注：左轴为城乡人均非文消费、收入（元转换为%），二者变动呈面积比例；相互间历年之比形成民生消费系数（%）曲线；右轴为非文消费城乡比曲线（乡村＝1）。标明历年省域排序。

2000～2011年，陕西城乡居民人均非文消费年均增长13.53%，人均收入年均增长14.11%，比非文消费年均增幅高出0.58个百分点。11年间，陕西城乡居民人均非文消费占人均收入比重的最高值为2002年79.44%，最低（最佳）值为2011年72.85%。逐年考察，除了2001～2002年和2004～2006年出现回升以外，陕西城乡此项比值逐步下降，由2000年77.10%降低至2011年72.85%，比重数值处于31个省域里第27位。民生消费系数呈现减低趋势，亦即"必需消费"之外的余钱占收入比重增高，意味着从"基本小康"到"全面小康"建设的民生效应日益得以显现。

2000～2011年，陕西乡村居民人均非文消费年均增长12.96%，城镇居民人均非文消费年均增长11.04%，比乡村低1.92个百分点。作为城乡差距的衡量指标，11年间，陕西人均非文消费城乡比的最大值为2003年4.4991，最小（最佳）值为2011年3.1321。逐年考察，除了2001～2003年和2008年出现扩增以外，陕西此项城乡比逐步缩减，由2000年3.7829缩小至2011年3.1321，城乡比数值处于31个省域里第28位。"必需"非文消费的城乡差距呈现出缩减趋势，意味着在民生消费层面城乡之间"共享发展成果"的程度有所提高。

如果(1)陕西城乡民生消费系数能够保持2011年最佳水平,(2)陕西民生消费层面的城乡差距能够保持2011年最小程度,乃至实现民生消费层面的城乡无差距理想状态,那么在"必需消费"占收入比重再度演算和城乡综合重新演算当中,陕西人均非文消费应有较大不同,反转则是人均非文消费剩余应有很大增多,这样随后推演的相关数值也会发生变化。

(三)文化需求系数检测

2000~2011年陕西城乡人均文化消费、非文消费剩余绝对值、比例值和城乡比变动态势见图5。图中将文化消费、非文消费剩余绝对值转换为图形面积比例,二者历年之比形成文化需求系数变动曲线,同时附有文化消费城乡比变动曲线。

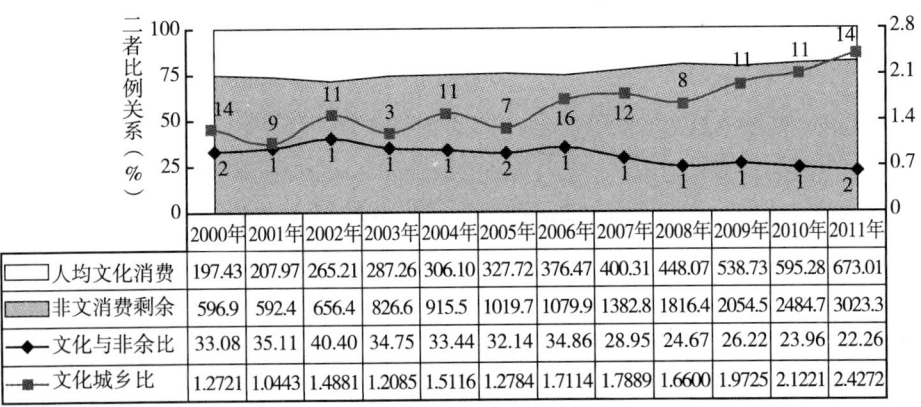

图5 陕西城乡人均文化消费、非文消费剩余绝对值、比例值和城乡比变动态势

注:左轴为城乡人均文化消费、非文消费剩余(元转换为%),二者变动呈面积比例;相互间历年之比形成文化需求系数(%)曲线;右轴为文化消费城乡比曲线(乡村=1)。标明历年省域排序。

2000~2011年,陕西城乡居民人均文化消费年均增长11.79%,人均非文消费剩余年均增长15.89%,比文化消费年均增幅高出4.10个百分点。11年间,陕西城乡居民人均文化消费与人均非文消费剩余比例的最高(最佳)值为2002年40.40%,最低值为2011年22.26%。逐年考察,除了2001~2002年、2006年和2009年出现回升以外,陕西城乡此项比值逐步下降,由2000

年33.08%降低至2011年22.26%，比例数值处于31个省域里第2位。文化需求系数呈现减低趋势，意味着"非必需"的文化消费需求增长依然受到"积蓄增长负相关效应"的反向牵制。

2000~2011年，陕西乡村居民人均文化消费年均增长7.57%，城镇居民人均文化消费年均增长14.07%，比乡村高出6.50个百分点。作为城乡差距的衡量指标，11年间，陕西人均文化消费城乡比的最小（最佳）值为2001年1.0443，最大值为2011年2.4272。逐年考察，除了2001年、2003年、2005年和2008年出现缩减以外，陕西此项城乡比逐步扩增，由2000年1.2721扩大至2011年2.4272，城乡比数值处于31个省域里第14位。文化消费需求的城乡差距呈现扩增趋势，意味着在文化消费需求层面城乡之间"共享发展成果"的程度有所降低。

如果（1）陕西城乡文化需求系数能够保持2002年最佳水平，（2）陕西文化需求层面的城乡差距能够保持2001年最小程度，乃至实现文化需求层面的城乡无差距理想状态，那么在"非必需"文化消费占余钱比重再度演算和城乡综合重新演算当中，陕西人均文化消费应有很大增长。

三 文化需求增长目标暨文化产业发展空间测算

2011~2020年陕西城乡人均文化消费需求增长测算见图6，图中提供了文化产业供需协调增长目标的七类测算结果。

（1）历年均增值测算：以陕西城乡人均文化消费2000年以来年均增长率测算增长目标，可以得出概率最高的或然增长结果。如果2011~2020年陕西城乡保持与2000~2011年相同的年均增长率11.79%（省域间实际增长第14位），那么到2020年城乡人均文化消费将达到1835.61元。在相关各方面增长均依此推算的情况下，由于陕西城乡文化消费与产值的比例在2000~2011年呈现下降态势，2020年文化消费增长与产值增长测算值之比将继续降低至1.15%。

（2）消除负相关测算：以陕西城乡文化需求系数2000年以来最佳比例测算增长目标，即假设文化消费增长与积蓄增长之间排除负相关关系。如果到

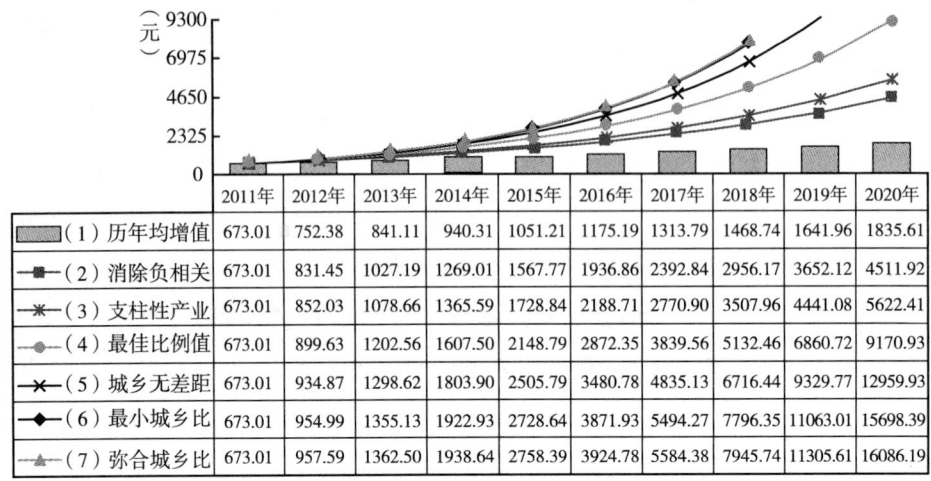

图6 2011~2020年陕西城乡人均文化消费需求增长测算

注：作为背景因素，2011~2020年人均产值按2000~2011年实际年均增长率推算。2011年文化消费与产值比实际值2.01%；2020年测算值：（1）1.15%；（2）2.83%；（3）3.53%；（4）5.76%；（5）8.13%；（6）9.85%；（7）10.09%。2011~2020年文化消费年均增长：（1）11.79%（即2000~2011年实际值，以下为测算值）；（2）23.54%；（3）26.60%；（4）33.67%；（5）38.91%；（6）41.90%；（7）42.29%。若产值按年均增长率7%推算，则2020年文化消费与产值比（增量、增幅不变）：（1）2.98%；（2）7.33%。2020年文化消费（与产值比不变）：（3）2170.69元，年增13.90%；（4）3540.70元，年增20.26%；（5）5003.54元，年增24.97%；（6）6060.81元，年增27.66%；（7）6210.53元，年增28.01%。

2020年陕西城乡此项比例实现2000~2011年最佳状态，那么城乡人均文化消费应达到4511.92元，年均增长幅度需达到23.54%，为以往11年实际年均增长率的2.00倍（省域间目标距离第22位），文化消费增长与产值增长测算值之比将上升至2.83%。

（3）支柱性产业测算：摒弃单纯的"文化GDP追逐"，通过文化消费增长空间反推，以生产满足需求测算增长目标，即假设消费需求增长推动生产发展，实现文化产业供需协调增长，达到支柱产业所需占产值比重。各地至2020年城乡文化消费与产值之比的测算值各有不同，陕西测算值为3.53%。据此反推，到2020年陕西城乡人均文化消费应达到5622.41元，年均增长幅度需达到26.60%，为以往11年实际年均增长率的2.26倍（省域间目标距离第20位）。

（4）最佳比例值测算：以陕西城乡民生基础系数、民生消费系数、文化需求系数 2000 年以来 3 项最佳比例测算增长目标,即假设"回复"曾有的 3 项比例关系最佳值。如果到 2020 年陕西城乡 3 项比例同步实现 2000~2011 年最佳状态,那么城乡人均文化消费应达到 9170.93 元,年均增长幅度需达到 33.67%,为以往 11 年实际年均增长率的 2.86 倍(省域间目标距离第 22 位),文化消费增长与产值增长测算值之比将上升至 5.76%。

(5) 城乡无差距测算:在民生基础层面、民生消费层面、文化需求层面 3 项城乡比的无差距理想状态下实现 2000 年以来最佳比例测算增长目标,即假设陕西乡村相关方面加速增长并与城镇水平持平,同时取城镇标准的 3 项最佳比例关系进行演算。如果到 2020 年陕西城乡之间在此 3 个层面已无差距,统一实现按城镇标准衡量的 2000~2011 年 3 项最佳比例,那么城乡人均文化消费应达到 12959.93 元,年均增长幅度需达到 38.91%,为以往 11 年实际年均增长率的 3.30 倍(省域间目标距离第 18 位),文化消费增长与产值增长测算值之比将上升至 8.13%。

(6) 最小城乡比测算:在 3 项最佳比例值测算基础上,以陕西人均文化消费城乡比 2000 年以来最小值测算增长目标,即假设"回复"原有的文化消费城乡比最小状态,作为缩小以至消除城乡差距的基础。如果到 2020 年陕西城乡同时实现 2000~2011 年 3 项最佳比例和文化消费最小城乡比,那么城乡人均文化消费应达到 15698.39 元,年均增长幅度需达到 41.90%,为以往 11 年实际年均增长率的 3.55 倍(省域间目标距离第 23 位),文化消费增长与产值增长测算值之比将上升至 9.85%。

(7) 弥合城乡比测算:在 3 项最佳比例值测算基础上,以陕西人均文化消费城乡比的无差距理想值测算增长目标,即假设文化需求层面的城乡差距得以消除演算校正数值。如果到 2020 年陕西城乡同时实现 2000~2011 年 3 项最佳比例和乡村人均文化消费绝对值与城镇水平持平,那么城乡人均文化消费应达到 16086.19 元,年均增长幅度需达到 42.29%,为以往 11 年实际年均增长率的 3.59 倍(省域间目标距离第 22 位),文化消费增长与产值增长测算值之比将上升至 10.09%。

如果按照国家"十二五"规划转变发展方式的要求,在"十二五"期间把陕西产值年均增长率控制在 7%,并一直延续至 2020 年,那么在图 6 中,前两类测算因与产值增长演算间接相关，文化消费人均值增长测算的绝对值不变，其与产值比将分别增高至2.98%和7.33%；后五类测算因与产值增长演算直接相关，文化消费人均值增长测算的绝对值相应减少，其所需年均增长幅度（亦即目标差距）将分别减低至13.90%、20.26%、24.97%、27.66%和28.01%（见图6注），显然更加容易实现。

Shaanxi: The Measure Balanced Growth Trails the Actual Increase

Abstract: The evaluated growth targets of cultural consumption and development space of cultural industry in Shaanxi are as follows: Ranking of the actual growth among various provinces from 2000 to 2011 is the 14th in the valued average added value over the years; Ranking of the targets distance among various provinces from 2011 to 2020 are the 22nd in the valued avoiding negative correlation, the 20th in the valued pillar industry, the 22nd in the valued optimal proportionment, the 23rd in the valued lowest urban-rural ratio, the 22nd in the valued closed urban-rural ratio, and the 18th in the valued without urban-rural gap.

Key Words: Shaanxi's Cultural Industry; Expand Cultural Consumption; Demand and Sharing; Growth Target

B.24
宁夏：协调增长测算略微滞后于实际增速

摘　要：

宁夏文化消费增长目标暨文化产业发展空间测评：省域间2000~2011年实际增长排名，历年均增值测算为第20位；省域间2011~2020年目标距离排名，消除负相关测算为第23位；支柱性产业测算为第22位；最佳比例值测算为第23位；最小城乡比测算为第20位；弥合城乡比测算为第19位；城乡无差距测算为第22位。

关键词：

宁夏文化产业　扩大文化消费　需求与共享　增长目标

一　城乡文化消费需求及相关方面增长态势

2000~2011年宁夏城乡文化消费总量和人均值增长态势见图1。

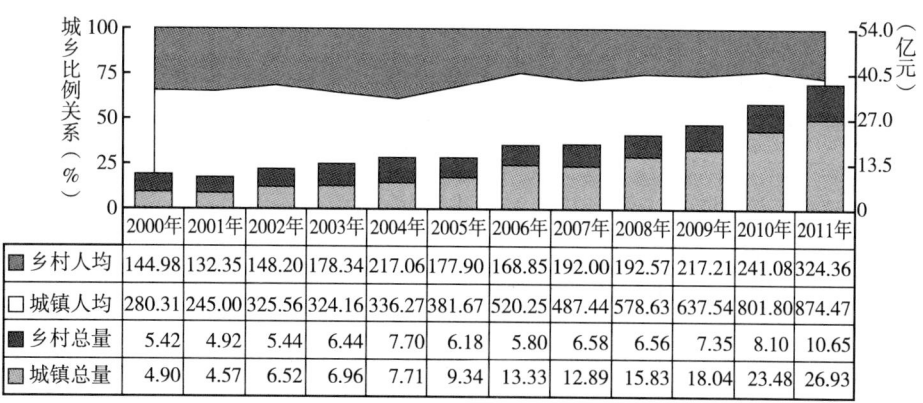

图1　宁夏城乡文化消费总量和人均值增长态势

注：左轴为城乡人均文化消费（元转换为%），城乡间历年变动呈面积比例关系；右轴为文化消费总量（亿元），柱形上下之和为城乡总量。

2000~2011年，宁夏城乡文化消费总量从10.32亿元增长至37.58亿元，增加27.26亿元，11年间总增长264.15%，年均增长12.47%。其中，"十五"期间年均增长8.50%；"十一五"期间年均增长15.27%。

同期，宁夏城镇人均文化消费从280.31元增长至874.47元，增加594.16元，11年间总增长211.97%，年均增长10.90%。其中，"十五"期间年均增长6.37%；"十一五"期间年均增长16.00%。乡村人均文化消费从144.98元增长至324.36元，增加179.38元，11年间总增长123.73%，年均增长7.60%。其中，"十五"期间年均增长4.18%；"十一五"期间年均增长6.27%。值得注意的是，"十五"期间宁夏城镇人均值年均增幅比乡村高出2.19个百分点，城乡差距有所扩大；"十一五"期间宁夏城镇人均值年均增幅比乡村高出9.73个百分点，城乡差距持续扩大。

后续各图表将逐步展示宁夏相关背景各方面历年增长数据。在此，先把各项绝对值转换为以上一年数值为100的年度增长百分指数，可以清晰看出2000~2011年宁夏人均产值、城乡人均收入、非文消费、文化消费和积蓄增长态势见图2。

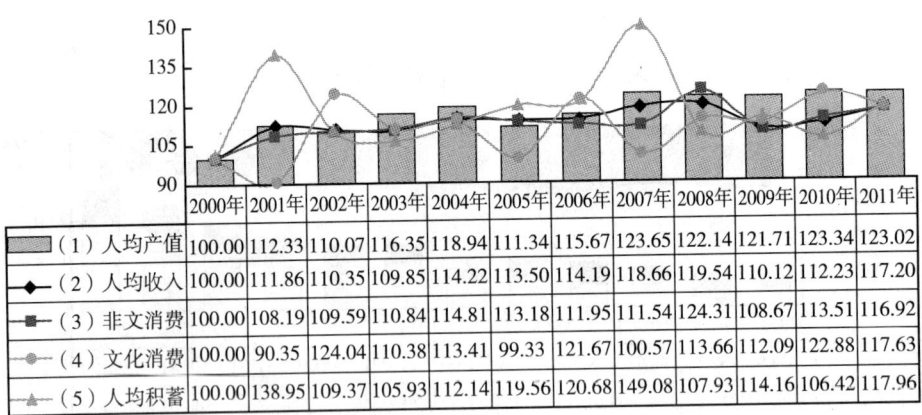

图2 宁夏人均产值、城乡人均收入、消费和积蓄增长态势

注：左轴为年增指数（产值为柱形，其余为曲线），上年=100（小于100为负增长）；2001~2011年增长（2000年为起点不计）相关系数：（1）与（2）0.5286；（2）与（3）0.7484；（4）与（5）-0.6969，其间2001~2005年-0.8527，2006~2010年-0.7860，2007~2010年-0.9069。

在宁夏人均产值、城乡人均收入、非文消费、文化消费和积蓄的年度增长指数中，选取3对具有特定相关关系的数据项，作为文中分析的基础。第一对数据项：（1）柱形系产值历年增长指数，（2）带菱形曲线系收入历年增长指数，二者2001~2011年相关系数为0.5286，即这两个方面历年增长在52.86%的程度上保持同步。第二对数据项：（2）收入历年增长指数，（3）带方形曲线系非文消费历年增长指数，二者2001~2011年相关系数为0.7484，即这两个方面历年增长在74.84%的程度上保持同步。第三对数据项：（4）带圆形曲线系文化消费历年增长指数，（5）带三角形曲线系积蓄历年增长指数，二者2001~2011年相关系数为负值0.6969。分时间段深入考察，其间2001~2005年为负值0.8527，2006~2010年为负值0.7860，2007~2010年为负值0.9069，分别构成很明显的"负相关"增长反向互动关系。

对比宁夏城乡人均积蓄与文化消费两条年度增长曲线，只有2003~2004年显得例外，其余年度大体呈现为横向镜面对应或俗称"水中倒影"的负相关关系。其中，2002年和2010年宁夏城乡人均积蓄年度增长显著下降或跌入低谷，与之对应的是人均文化消费年度增长出现高峰；2001年和2007年宁夏城乡人均积蓄年度增长两次形成高峰，与之对应的是人均文化消费年度增长陷入低谷，甚至为负增长。宁夏城乡文化消费的"积蓄增长负相关效应"明显成立。

二 城乡文化消费需求背景的增长协调性分析

（一）民生基础系数检测

2000~2011年宁夏城乡人均收入、产值绝对值、比例值和城乡比变动态势见图3。图中将收入、产值绝对值转换为图形面积比例，二者历年之比形成民生基础系数变动曲线，同时附有收入城乡比变动曲线。

2000~2011年，宁夏城乡居民人均收入年均增长13.75%，人均产值年均增长17.95%，比居民收入年均增幅高出4.20个百分点。11年间，宁夏城乡居民人均收入与人均产值比例的最高（最佳）值为2000年50.97%，最低值

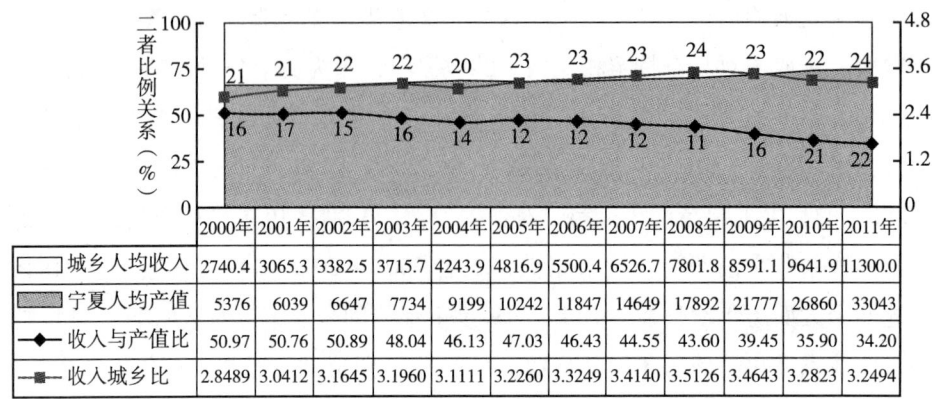

图3 宁夏城乡人均收入、产值绝对值、比例值和城乡比变动态势

注：左轴为城乡人均收入、产值（元转换为%），二者变动呈面积比例；相互间历年之比形成民生基础系数（%）曲线；右轴为收入城乡比曲线（乡村=1）。标明历年省域排序。

为2011年34.20%。逐年考察，除了2002年和2005年出现回升以外，宁夏城乡此项比值逐步下降，由2000年50.97%降低至2011年34.20%，比例数值处于31个省域里第22位。民生基础系数呈现减低趋势，意味着在经济增长的同时"人民共享发展成果"程度逐渐降低。

2000~2011年，宁夏乡村居民人均收入年均增长10.95%，城镇居民人均收入年均增长12.29%，比乡村高出1.34个百分点。作为城乡差距的衡量指标，11年间，宁夏人均收入城乡比的最小（最佳）值为2000年2.8489，最大值为2008年3.5126。逐年考察，除了2004年和2009~2011年出现缩减以外，宁夏此项城乡比逐步扩增，由2000年2.8489扩大至2011年3.2494，城乡比数值处于31个省域里第24位。居民收入的城乡差距呈现出扩增趋势，意味着在民生基础层面城乡之间"共享发展成果"的程度有所降低。

如果（1）宁夏城乡民生基础系数能够保持2000年最佳水平，（2）宁夏民生基础层面的城乡差距能够保持2000年最小程度，乃至实现民生基础层面的城乡无差距理想状态，那么在"国民收入再分配"演算和城乡综合重新演算当中，宁夏人均收入应有很大增高，这样随后逐步推演的一切测算值都会发生变化。

（二）民生消费系数检测

2000~2011年宁夏城乡人均非文消费、收入绝对值、比重值和城乡比变动态势见图4。图中将非文消费、收入绝对值转换为图形面积比例，二者历年之比形成民生消费系数变动曲线，同时附有非文消费城乡比变动曲线。

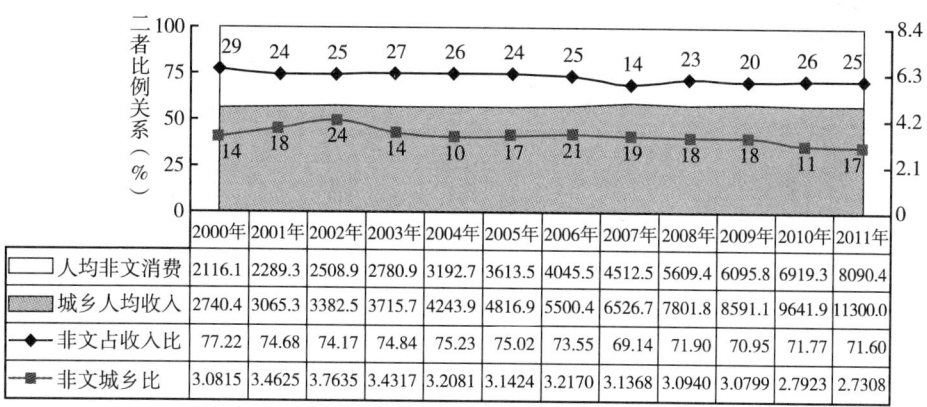

图4 宁夏城乡人均非文消费、收入绝对值、比重值和城乡比变动态势

注：左轴为城乡人均非文消费、收入（元转换为%），二者变动呈面积比例；相互间历年之比形成民生消费系数（%）曲线；右轴为非文消费城乡比曲线（乡村=1）。标明历年省域排序。

2000~2011年，宁夏城乡居民人均非文消费年均增长12.97%，人均收入年均增长13.75%，比非文消费年均增幅高出0.78个百分点。11年间，宁夏城乡居民人均非文消费占人均收入比重的最高值为2000年77.22%，最低（最佳）值为2007年69.14%。逐年考察，除了2003~2004年、2008年和2010年出现回升以外，宁夏城乡此项比值逐步下降，由2000年77.22%降低至2011年71.60%，比重数值处于31个省域里第25位。民生消费系数呈现减低趋势，亦即"必需消费"之外的余钱占收入比重增高，意味着从"基本小康"到"全面小康"建设的民生效应日益得以显现。

2000~2011年，宁夏乡村居民人均非文消费年均增长11.95%，城镇居民人均非文消费年均增长10.72%，比乡村低1.23个百分点。作为城乡差距的衡量指标，11年间，宁夏人均非文消费城乡比的最大值为2002年3.7635，最小（最佳）值为2011年2.7308。逐年考察，除了2001~2002年和2006年出现扩增以外,宁夏此项城乡比逐步缩减,由 2000 年 3.0815 缩小至 2011 年 2.7308,城乡比数值处于 31 个省域里第 17 位。"必需"非文消费的城乡差距呈现缩减趋势,意味着在民生消费层面城乡之间"共享发展成果"的程度有所提高。

如果(1)宁夏城乡民生消费系数能够保持 2007 年最佳水平,(2)宁夏民生消费层面的城乡差距能够保持 2011 年最小程度,乃至实现民生消费层面的城乡无差距理想状态,那么在"必需消费"占收入比重再度演算和城乡综合重新演算当中,宁夏人均非文消费应有较大不同,反转则是人均非文消费剩余应有很大增多,这样随后推演的相关数值也会发生变化。

(三)文化需求系数检测

2000～2011 年宁夏城乡人均文化消费、非文消费剩余绝对值、比例值和城乡比变动态势见图 5。图中将文化消费、非文消费剩余绝对值转换为图形面积比例,二者历年之比形成文化需求系数变动曲线,同时附有文化消费城乡比变动曲线。

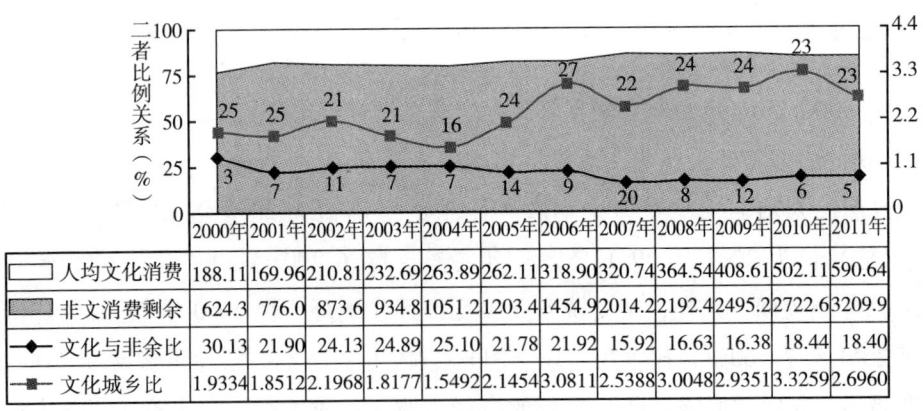

图 5　宁夏城乡人均文化消费、非文消费剩余绝对值、比例值和城乡比变动态势

注:左轴为城乡人均文化消费、非文消费剩余(元转换为%),二者变动呈面积比例;相互间历年之比形成文化需求系数(%)曲线;右轴为文化消费城乡比曲线(乡村=1)。标明历年省域排序。

2000～2011 年,宁夏城乡居民人均文化消费年均增长 10.96%,人均非文消费剩余年均增长 16.05%,比文化消费年增幅高出 5.09 个百分点。11 年间,宁夏城乡居民人均文化消费与人均非文消费剩余比例值的最高（最佳）值为2000年30.13%，最低值为2007年15.92%。逐年考察，除了2002～2004年、2006年、2008年和2010年出现回升以外，宁夏城乡此项比值逐步下降，由2000年30.13%降低至2011年18.40%，比例数值处于31个省域里第5位。文化需求系数呈现减低趋势，意味着"非必需"的文化消费需求增长依然受到"积蓄增长负相关效应"的反向牵制。

2000～2011年，宁夏乡村居民人均文化消费年均增长7.60%，城镇居民人均文化消费年均增长10.90%，比乡村高出3.30个百分点。作为城乡差距的衡量指标，11年间，宁夏人均文化消费城乡比的最小（最佳）值为2004年1.5492，最大值为2010年3.3259。逐年考察，除了2001年、2003～2004年、2007年、2009年和2011年出现缩减以外，宁夏此项城乡比逐步扩增，由2000年1.9334扩大至2011年2.6960，城乡比数值处于31个省域里第23位。文化消费需求的城乡差距呈现扩增趋势，意味着在文化消费需求层面城乡之间"共享发展成果"的程度有所降低。

如果（1）宁夏城乡文化需求系数能够保持2000年最佳水平，（2）宁夏文化需求层面的城乡差距能够保持2004年最小程度，乃至实现文化需求层面的城乡无差距理想状态，那么在"非必需"文化消费占余钱比重再度演算和城乡综合重新演算当中，宁夏人均文化消费应有很大增长。

三　文化需求增长目标暨文化产业发展空间测算

2011～2020年宁夏城乡人均文化消费需求增长测算见图6，图中提供了文化产业供需协调增长目标的七类测算结果。

（1）历年均增值测算：以宁夏城乡人均文化消费2000年以来年均增长率测算增长目标，可以得出概率最高的或然增长结果。如果2011～2020年宁夏城乡保持与2000～2011年相同的年均增长率10.96%（省域间实际增长第20位），那么到2020年城乡人均文化消费将达到1506.20元。在相关各方面增长均依此推算的情况下，由于宁夏城乡文化消费与产值的比例在2000～2011年呈现下降态势，2020年文化消费增长与产值增长测算值之比将继续降低至1.03%。

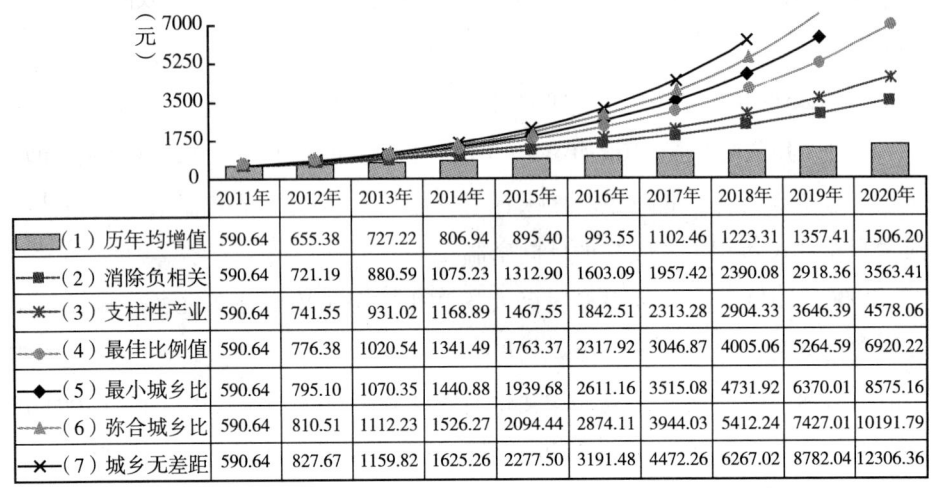

图6 2011～2020年宁夏城乡人均文化消费需求增长测算

注：作为背景因素，2011～2020年人均产值按2000～2011年实际年均增长率推算。2011年文化消费与产值比实际值1.79%；2020年测算值：（1）1.03%；（2）2.44%；（3）3.14%；（4）4.74%；（5）5.87%；（6）6.98%；（7）8.43%。2011～2020年文化消费年均增长：（1）10.96%（即2000～2011年实际值，以下为测算值）；（2）22.10%；（3）25.55%；（4）31.45%；（5）34.62%；（6）37.23%；（7）40.13%。若产值按年均增长率7%推算，则2020年文化消费与产值比（增量、增幅不变）：（1）2.48%；（2）5.87%。2020年文化消费（与产值比不变）：（3）1905.02元，年增13.90%；（4）2879.65元，年增19.25%；（5）3568.30元，年增22.12%；（6）4241.01元，年增24.49%；（7）5120.93元，年增27.12%。

（2）消除负相关测算：以宁夏城乡文化需求系数2000年以来最佳比例测算增长目标，即假设文化消费增长与积蓄增长之间排除负相关关系。如果到2020年宁夏城乡此项比例实现2000～2011年最佳状态，那么城乡人均文化消费应达到3563.41元，年均增长幅度需达到22.10%，为以往11年实际年均增长率的2.02倍（省域间目标距离第23位），文化消费增长与产值增长测算值之比将上升至2.44%。

（3）支柱性产业测算：摒弃单纯的"文化GDP追逐"，通过文化消费增长空间反推，以生产满足需求测算增长目标，即假设消费需求增长推动生产发展，实现文化产业供需协调增长，达到支柱产业所需占产值比重。各地至2020年城乡文化消费与产值之比的测算值各有不同，宁夏测算值为3.14%。据此反推，到2020年宁夏城乡人均文化消费应达到4578.06元，年均增长幅度需达到25.55%，为以往11年实际年均增长率的2.33倍（省域间目标距离第22位）。

（4）最佳比例值测算：以宁夏城乡民生基础系数、民生消费系数、文化需求系数2000年以来3项最佳比例测算增长目标，即假设"回复"曾有的3项比例关系最佳值。如果到2020年宁夏城乡3项比例同步实现2000～2011年最佳状态，那么城乡人均文化消费应达到6920.22元，年均增长幅度需达到31.45%，为以往11年实际年均增长率的2.87倍（省域间目标距离第23位），文化消费增长与产值增长测算值之比将上升至4.74%。

（5）最小城乡比测算：在3项最佳比例值测算基础上，以宁夏人均文化消费城乡比2000年以来最小值测算增长目标，即假设"回复"原有的文化消费城乡比最小状态，作为缩小以至消除城乡差距的基础。如果到2020年宁夏城乡同时实现2000～2011年3项最佳比例和文化消费最小城乡比，那么城乡人均文化消费应达到8575.16元，年均增长幅度需达到34.62%，为以往11年实际年均增长率的3.16倍（省域间目标距离第20位），文化消费增长与产值增长测算值之比将上升至5.87%。

（6）弥合城乡比测算：在3项最佳比例值测算基础上，以宁夏人均文化消费城乡比的无差距理想值测算增长目标，即假设文化需求层面的城乡差距得以消除演算校正数值。如果到2020年宁夏城乡同时实现2000～2011年3项最佳比例和乡村人均文化消费绝对值与城镇水平持平，那么城乡人均文化消费应达到10191.79元，年均增长幅度需达到37.23%，为以往11年实际年均增长率的3.40倍（省域间目标距离第19位），文化消费增长与产值增长测算值之比将上升至6.98%。

（7）城乡无差距测算：在民生基础层面、民生消费层面、文化需求层面3项城乡比的无差距理想状态下实现2000年以来最佳比例测算增长目标，即假设宁夏乡村相关方面加速增长并与城镇水平持平，同时取城镇标准的3项最佳比例关系进行演算。如果到2020年宁夏城乡之间在此3个层面已无差距，统一实现按城镇标准衡量的2000～2011年3项最佳比例，那么城乡人均文化消费应达到12306.36元，年均增长幅度需达到40.13%，为以往11年实际年均增长率的3.66倍（省域间目标距离第22位），文化消费增长与产值增长测算值之比将上升至8.43%。

如果按照国家"十二五"规划转变发展方式的要求，在"十二五"期间把宁夏产值年均增长率控制在7%，并一直延续至2020年，那么在图6中，前两类测算因与产值增长演算间接相关，文化消费人均值增长测算的绝对值不变，其与产值比将分别增高至2.48%和5.87%；后五类测算因与产值增长演算直接相关，文化消费人均值增长测算的绝对值相应减少，其所需年均增长幅度（亦即目标差距）将分别减低至13.90%、19.25%、22.12%、24.49%和27.12%（见图6注），显然更加容易实现。

Ningxia: The Measure Balanced Growth Appreciably Lags behind the Actual Increase

Abstract: The evaluated growth targets of cultural consumption and development space of cultural industry in Ningxia are as follows: Ranking of the actual growth among various provinces from 2000 to 2011 is the 20th in the valued average added value over the years; Ranking of the targets distance among various provinces from 2011 to 2020 are the 23rd in the valued avoiding negative correlation, the 22nd in the valued pillar industry, the 23rd in the valued optimal proportion, the 20th in the valued lowest urban-rural ratio, the 19th in the valued closed urban-rural ratio, and the 22nd in the valued without urban-rural gap.

Key Words: Ningxia's Cultural Industry; Expand Cultural Consumption; Demand and Sharing; Growth Target

B.25
甘肃：实际增长及各项测算目标严重滞后

摘　要：

甘肃文化消费增长目标暨文化产业发展空间测评：省域间2000～2011年实际增长排名，历年均增值测算为第30位；省域间2011～2020年目标距离排名，消除负相关测算为第19位；支柱性产业测算为第29位；最佳比例值测算为第28位；最小城乡比测算为第25位；弥合城乡比测算为第27位；城乡无差距测算为第30位。

关键词：

甘肃文化产业　扩大文化消费　需求与共享　增长目标

一　城乡文化消费需求及相关方面增长态势

2000～2011年甘肃城乡文化消费总量和人均值增长态势见图1。

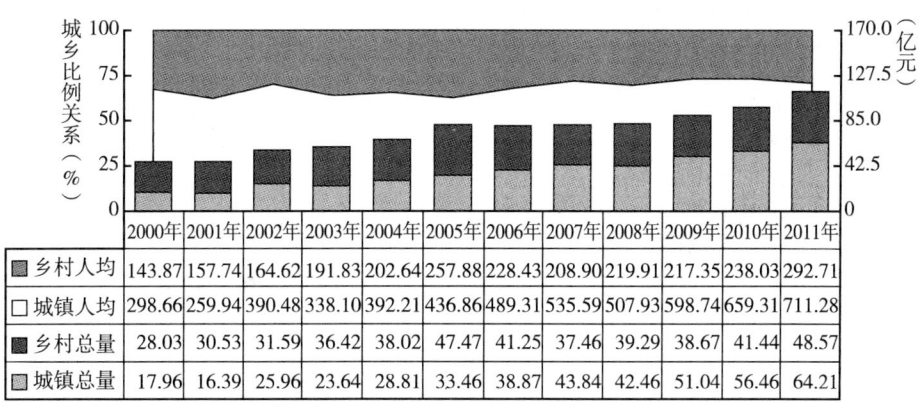

图1　甘肃城乡文化消费总量和人均值增长态势

注：左轴为城乡人均文化消费（元转换为%），城乡间历年变动呈面积比例关系；右轴为文化消费总量（亿元），柱形上下之和为城乡总量。

2000~2011年,甘肃城乡文化消费总量从45.99亿元增长至112.78亿元,增加66.79亿元,11年间总增长145.23%,年均增长8.50%。其中,"十五"期间年均增长11.97%;"十一五"期间年均增长3.88%。

同期,甘肃城镇人均文化消费从298.66元增长至711.28元,增加412.62元,11年间总增长138.16%,年均增长8.21%。其中,"十五"期间年均增长7.90%;"十一五"期间年均增长8.58%。乡村人均文化消费从143.87元增长至292.71元,增加148.84元,11年间总增长103.45%,年均增长6.67%。其中,"十五"期间年均增长12.38%;"十一五"期间年均负增长1.59%。值得注意的是,"十五"期间甘肃城镇人均值年均增幅比乡村低4.48个百分点,城乡差距有所缩小;"十一五"期间甘肃城镇人均值年均增幅比乡村高出10.17个百分点,城乡差距转为扩大。

后续各图表将逐步展示甘肃相关背景各方面历年增长数据。在此,先把各项绝对值转换为以上一年数值为100的年度增长百分指数,可以清晰看出2000~2011年甘肃人均产值、城乡人均收入、非文消费、文化消费和积蓄增长态势见图2。

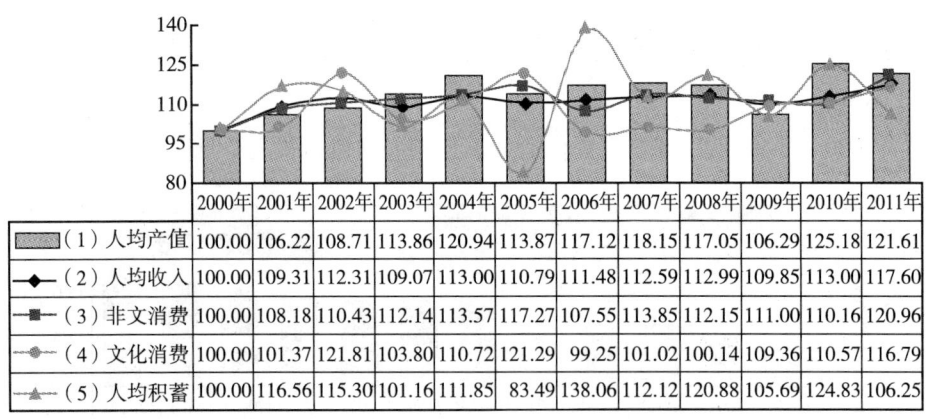

图2 甘肃人均产值、城乡人均收入、消费和积蓄增长态势

注:左轴为年增指数(产值为柱形,其余为曲线),上年=100(小于100为负增长);2001~2011年增长(2000年为起点不计)相关系数:(1)与(2)0.6734;(2)与(3)0.6286;(4)与(5) -0.5514,其间2003~2009年 -0.8201,2004~2009年 -0.8936,2005~2009年 -0.9140。

在甘肃人均产值、城乡人均收入、非文消费、文化消费和积蓄的年度增长指数中,选取3对具有特定相关关系的数据项,作为文中分析的基础。第一对数据项：(1) 柱形系产值历年增长指数，(2) 带菱形曲线系收入历年增长指数，二者 2001～2011 年相关系数为 0.6734，即这两个方面历年增长在 67.34% 的程度上保持同步。第二对数据项：(2) 收入历年增长指数，(3) 带方形曲线系非文消费历年增长指数，二者 2001～2011 年相关系数为 0.6286，即这两个方面历年增长在 62.86% 的程度上保持同步。第三对数据项：(4) 带圆形曲线系文化消费历年增长指数，(5) 带三角形曲线系积蓄历年增长指数，二者 2001～2011 年相关系数为负值 0.5514。分时间段深入考察，其间 2003～2009 年为负值 0.8201，2004～2009 年为负值 0.8936，2005～2009 年为负值 0.9140，分别构成很明显的"负相关"增长反向互动关系。

对比甘肃城乡人均积蓄与文化消费两条年度增长曲线，只有 2003 年前后显得例外，其余年度大体呈现为横向镜面对应或俗称"水中倒影"的负相关关系。其中，2005 年甘肃城乡人均积蓄年度增长跌入低谷，呈现为负增长，与之对应的是人均文化消费年度增长出现高峰；2006～2008 年甘肃城乡人均积蓄年度增长形成高峰，与之对应的是人均文化消费年度增长陷入低谷，甚至为负增长。甘肃城乡文化消费的"积蓄增长负相关效应"明显成立。

二 城乡文化消费需求背景的增长协调性分析

（一）民生基础系数检测

2000～2011 年甘肃城乡人均收入、产值绝对值、比例值和城乡比变动态势见图 3。图中将收入、产值绝对值转换为图形面积比例，二者历年之比形成民生基础系数变动曲线，同时附有收入城乡比变动曲线。

2000～2011 年，甘肃城乡居民人均收入年均增长 11.98%，人均产值年均增长 15.21%，比居民收入年均增幅高出 3.23 个百分点。11 年间，甘肃城乡居民人均收入与人均产值比例的最高（最佳）值为 2002 年 57.97%，最低值为 2011 年 39.87%。逐年考察，除了 2001～2002 年和 2009 年出现回升以外，甘肃城乡此项比值逐步下降，由 2000 年 54.52% 降低至 2011 年 39.87%，比

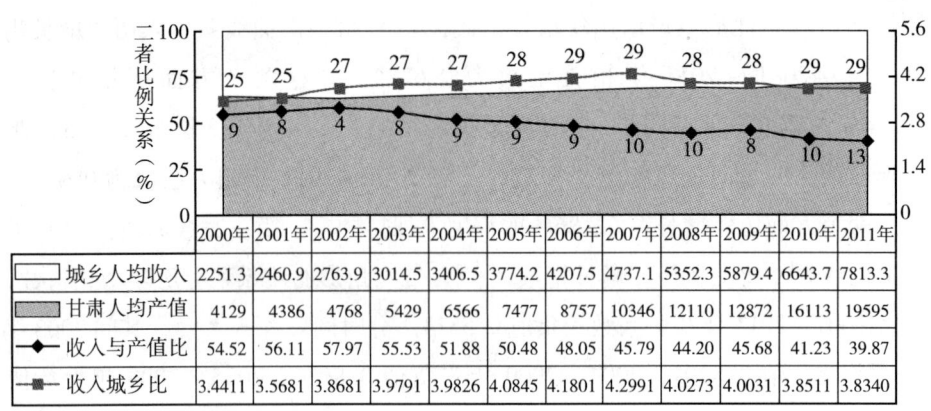

图 3 甘肃城乡人均收入、产值绝对值、比例值和城乡比变动态势

注：左轴为城乡人均收入、产值（元转换为%），二者变动呈面积比例；相互间历年之比形成民生基础系数（%）曲线；右轴为收入城乡比曲线（乡村=1）。标明历年省域排序。

例数值处于 31 个省域里第 13 位。民生基础系数呈现减低趋势，意味着在经济增长的同时"人民共享发展成果"程度逐渐降低。

2000~2011 年，甘肃乡村居民人均收入年均增长 9.58%，城镇居民人均收入年均增长 10.67%，比乡村高出 1.09 个百分点。作为城乡差距的衡量指标，11 年间，甘肃人均收入城乡比的最小（最佳）值为 2000 年 3.4411，最大值为 2007 年 4.2991。逐年考察，除了 2008~2011 年出现缩减以外，甘肃此项城乡比逐步扩增，由 2000 年 3.4411 扩大至 2011 年 3.8340，城乡比数值处于 31 省域里第 29 位。居民收入的城乡差距呈现扩增趋势，意味着在民生基础层面城乡之间"共享发展成果"的程度有所降低。

如果（1）甘肃城乡民生基础系数能够保持 2002 年最佳水平，（2）甘肃民生基础层面的城乡差距能够保持 2000 年最小程度，乃至实现民生基础层面的城乡无差距理想状态，那么在"国民收入再分配"演算和城乡综合重新演算当中，甘肃人均收入应有很大增高，这样随后逐步推演的一切测算值都会发生变化。

（二）民生消费系数检测

2000~2011 年甘肃城乡人均非文消费、收入绝对值、比重值和城乡比变动态势见图 4。图中将非文消费、收入绝对值转换为图形面积比例，二者历年之比形成民生消费系数变动曲线，同时附有非文消费城乡比变动曲线。

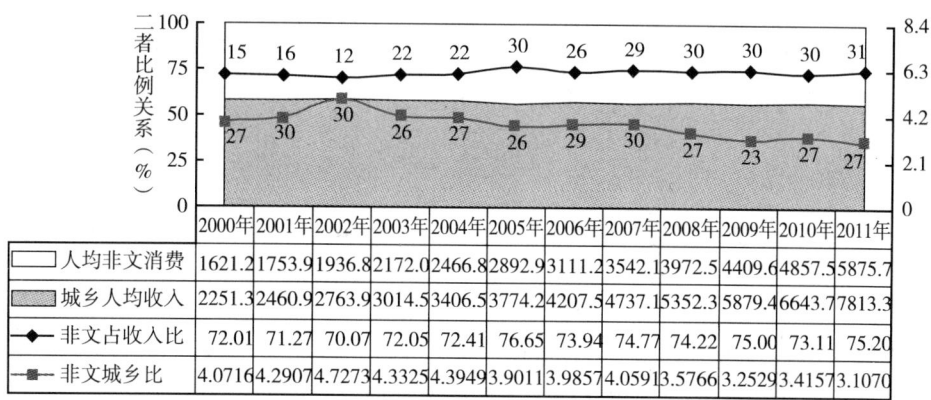

图 4　甘肃城乡人均非文消费、收入绝对值、比重值和城乡比变动态势

注：左轴为城乡人均非文消费、收入（元转换为%），二者变动呈面积比例；相互间历年之比形成民生消费系数（%）曲线；右轴为非文消费城乡比曲线（乡村=1）。标明历年省域排序。

2000～2011 年，甘肃城乡居民人均非文消费年均增长 12.42%，人均收入年均增长 11.98%，比非文消费年均增幅低 0.44 个百分点。11 年间，甘肃城乡居民人均非文消费占人均收入比重的最低（最佳）值为 2002 年 70.08%，最高值为 2005 年 76.65%。逐年考察，除了 2001～2002 年、2006 年、2008 年和 2010 年出现回降以外，甘肃城乡此项比值逐步上升，由 2000 年 72.01% 提高至 2011 年 75.20%，比重数值处于 31 个省域里第 31 位。民生消费系数呈现增高趋势，亦即"必需消费"之外的余钱占收入比重减低，意味着从"基本小康"到"全面小康"建设的民生效应尚未得以显现。

2000～2011 年，甘肃乡村居民人均非文消费年均增长 12.31%，城镇居民人均非文消费年均增长 9.59%，比乡村低 2.72 个百分点。作为城乡差距的衡量指标，11 年间，甘肃人均非文消费城乡比的最大值为 2002 年 4.7273，最小（最佳）值为 2011 年 3.1070。逐年考察，除了 2001～2002 年、2004 年、2006～2007 年和 2010 年出现扩增以外，甘肃此项城乡比逐步缩减，由 2000 年 4.0716 缩小至 2011 年 3.1070，城乡比数值处于 31 个省域里第 27 位。"必需"非文消费的城乡差距呈现缩减趋势，意味着在民生消费层面城乡之间"共享发展成果"的程度有所提高。

如果（1）甘肃城乡民生消费系数能够保持2002年最佳水平，（2）甘肃民生消费层面的城乡差距能够保持2011年最小程度，乃至实现民生消费层面的城乡无差距理想状态，那么在"必需消费"占收入比重再度演算和城乡综合重新演算当中，甘肃人均非文消费应有较大不同，反转则是人均非文消费剩余应有很大增多，这样随后推演的相关数值也会发生变化。

（三）文化需求系数检测

2000～2011年甘肃城乡人均文化消费、非文消费剩余绝对值、比例值和城乡比变动态势见图5。图中将文化消费、非文消费剩余绝对值转换为图形面积比例，二者历年之比形成文化需求系数变动曲线，同时附有文化消费城乡比变动曲线。

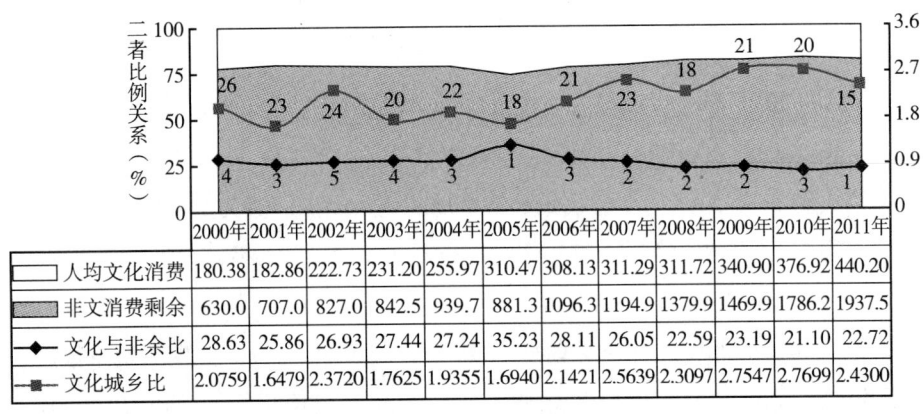

图5 甘肃城乡人均文化消费、非文消费剩余绝对值、比例值和城乡比变动态势

注：左轴为城乡人均文化消费、非文消费剩余（元转换为%），二者变动呈面积比例；相互间历年之比形成文化需求系数（%）曲线；右轴为文化消费城乡比曲线（乡村=1）。标明历年省域排序。

2000～2011年，甘肃城乡居民人均文化消费年均增长8.45%，人均非文消费剩余年均增长10.75%，比文化消费年均增幅高出2.30个百分点。11年间，甘肃城乡居民人均文化消费与人均非文消费剩余比例的最高（最佳）值为2005年35.23%，最低值为2010年21.10%。逐年考察，除了2002～2003年、2005年、2009年和2011年出现回升以外，甘肃城乡此项比值逐步下降，由2000年28.63%降低至2011年22.72%,比例数值处于31个省域里第1位。文化需求系数呈现减低趋势,意味着"非必需"的文化消费需求增长依然受到"积蓄增长负相关效应"的反向牵制。

2000~2011年,甘肃乡村居民人均文化消费年均增长6.67%,城镇居民人均文化消费年均增长8.21%,高于乡村1.54个百分点。作为城乡差距的衡量指标,11年间,甘肃人均文化消费城乡比的最小(最佳)值为2001年1.6479,最大值为2010年2.7699。逐年考察,除了2001年、2003年、2005年、2008年和2011年出现缩减以外,甘肃此项城乡比逐步扩增,由2000年2.0759扩大至2011年2.4300,城乡比数值处于31个省域里第15位。文化消费需求的城乡差距呈现扩增趋势,意味着在文化消费需求层面城乡之间"共享发展成果"的程度有所降低。

如果(1)甘肃城乡文化需求系数能够保持2005年最佳水平,(2)甘肃文化需求层面的城乡差距能够保持2001年最小程度,乃至实现文化需求层面的城乡无差距理想状态,那么在"非必需"文化消费占余钱比重再度演算和城乡综合重新演算当中,甘肃人均文化消费应有很大增长。

三 文化需求增长目标暨文化产业发展空间测算

2011~2020年甘肃城乡人均文化消费需求增长测算见图6,图中提供了文化产业供需协调增长目标的七类测算结果。

(1)历年均增值测算:以甘肃城乡人均文化消费2000年以来年均增长率测算增长目标,可以得出概率最高的或然增长结果。如果2011~2020年甘肃城乡保持与2000~2011年相同的年均增长率8.45%(省域间实际增长第30位),那么到2020年城乡人均文化消费将达到913.40元。在相关各方面增长均依此推算的情况下,由于甘肃城乡文化消费与产值的比例在2000~2011年呈现下降态势,2020年文化消费增长与产值增长测算值之比将继续降低至1.30%。

(2)消除负相关测算:以甘肃城乡文化需求系数2000年以来最佳比例测算增长目标,即假设文化消费增长与积蓄增长之间排除负相关关系。如果到

2020年甘肃城乡此项比例实现2000~2011年最佳状态，那么城乡人均文化消费应达到1730.79元，年均增长幅度需达到16.43%，为以往11年实际年均增长率的1.94倍（省域间目标距离第19位），文化消费增长与产值增长测算值之比将上升至2.47%。

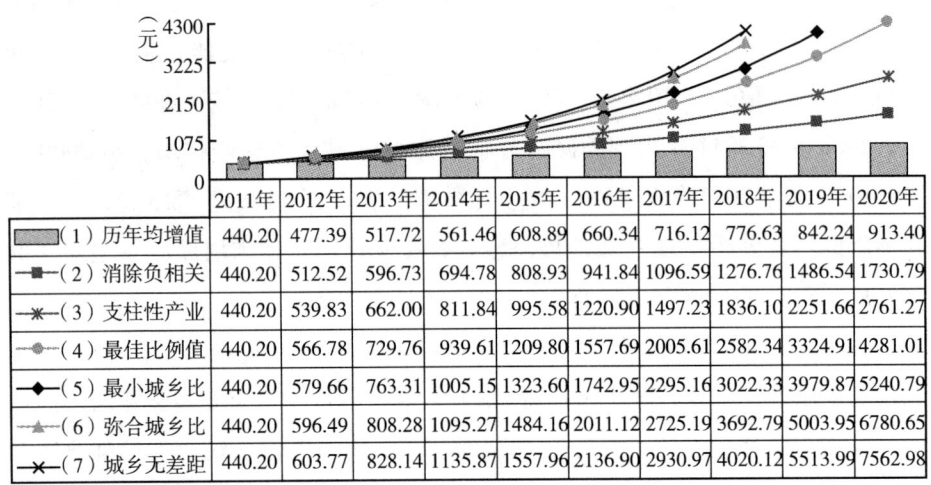

图6　2011~2020年甘肃城乡人均文化消费需求增长测算

注：作为背景因素，2011~2020年人均产值按2000~2011年实际年均增长率推算。2011年文化消费与产值比实际值2.25%；2020年测算值：（1）1.30%；（2）2.47%；（3）3.94%；（4）6.11%；（5）7.48%；（6）9.68%；（7）10.79%。2011~2020年文化消费年均增长：（1）8.45%（即2000~2011年实际值，以下为测算值）；（2）16.43%；（3）22.63%；（4）28.76%；（5）31.68%；（6）35.51%；（7）37.16%。若产值按年均增长率7%推算，则2020年文化消费与产值比（增量、增幅不变）：（1）2.54%；（2）4.80%。2020年文化消费（与产值比不变）：（3）1419.80元，年增13.90%；（4）2201.22元，年增19.58%；（5）2694.72元，年增22.30%；（6）3486.49元，年增25.85%；（7）3888.75元，年增27.39%。

（3）支柱性产业测算：摒弃单纯的"文化GDP追逐"，通过文化消费增长空间反推，以生产满足需求测算增长目标，即假设消费需求增长推动生产发展，实现文化产业供需协调增长，达到支柱产业所需占产值比重。各地至2020年城乡文化消费与产值之比的测算值各有不同，甘肃测算值为3.94%。据此反推，到2020年甘肃城乡人均文化消费应达到2761.27元，年均增长幅度需达到22.63%，为以往11年实际年均增长率的2.68倍（省域间目标距离第29位）。

(4) 最佳比例值测算：以甘肃城乡民生基础系数、民生消费系数、文化需求系数2000年以来3项最佳比例测算增长目标，即假设"回复"曾有的3项比例关系最佳值。如果到2020年甘肃城乡3项比例同步实现2000～2011年最佳状态，那么城乡人均文化消费应达到4281.01元，年均增长幅度需达到28.76%，为以往11年实际年均增长率的3.40倍（省域间目标距离第28位），文化消费增长与产值增长测算值之比将上升至6.11%。

(5) 最小城乡比测算：在3项最佳比例值测算基础上，以甘肃人均文化消费城乡比2000年以来最小值测算增长目标，即假设"回复"原有的文化消费城乡比最小状态，作为缩小以至消除城乡差距的基础。如果到2020年甘肃城乡同时实现2000～2011年3项最佳比例和文化消费最小城乡比，那么城乡人均文化消费应达到5240.79元，年均增长幅度需达到31.68%，为以往11年实际年均增长率的3.75倍（省域间目标距离第25位），文化消费增长与产值增长测算值之比将上升至7.48%。

(6) 弥合城乡比测算：在3项最佳比例值测算基础上，以甘肃人均文化消费城乡比的无差距理想值测算增长目标，即假设文化需求层面的城乡差距得以消除演算校正数值。如果到2020年甘肃城乡同时实现2000～2011年3项最佳比例和乡村人均文化消费绝对值与城镇水平持平，那么城乡人均文化消费应达到6780.65元，年均增长幅度需达到35.51%，为以往11年实际年均增长率的4.20倍（省域间目标距离第28位），文化消费增长与产值增长测算值之比将上升至9.68%。

(7) 城乡无差距测算：在民生基础层面、民生消费层面、文化需求层面3项城乡比的无差距理想状态下实现2000年以来最佳比例测算增长目标，即假设甘肃乡村相关方面加速增长并与城镇水平持平，同时取城镇标准的3项最佳比例关系进行演算。如果到2020年甘肃城乡之间在此3个层面已无差距，统一实现按城镇标准衡量的2000～2011年3项最佳比例，那么城乡人均文化消费应达到7562.98元，年均增长幅度需达到37.16%，为以往11年实际年均增长率的4.40倍（省域间目标距离第30位），文化消费增长与产值增长测算值之比将上升至10.79%。

如果按照国家"十二五"规划转变发展方式的要求，在"十二五"期间

把甘肃产值年均增长率控制在7%，并一直延续至2020年，那么在图6中，前两类测算因与产值增长演算间接相关，文化消费人均值增长测算的绝对值不变，其与产值比将分别增高至2.54%和4.80%；后五类测算因与产值增长演算直接相关，文化消费人均值增长测算的绝对值相应减少，其所需年均增长幅度（亦即目标差距）将分别减低至13.90%、19.58%、22.30%、25.85%和27.39%（见图6注），显然更加容易实现。

Gansu：The Actual Growth and Various Measure Targets Lag behind Seriously

Abstract：The evaluated growth targets of cultural consumption and development space of cultural industry in Gansu are as follows：Ranking of the actual growth among various provinces from 2000 to 2011 is the 30th in the valued average added value over the years；Ranking of the targets distance among various provinces from 2011 to 2020 are the 19th in the valued avoiding negative correlation, the 29th in the valued pillar industry, the 28th in the valued optimal proportion, the 25th in the valued lowest urban-rural ratio, the 28th in the valued closed urban-rural ratio, and the 30th in the valued without urban-rural gap.

Key Words：Gansu's Cultural Industry；Expand Cultural Consumption；Demand and Sharing；Growth Target

B.26
青海：协调增长测算距离远大于实际增长

摘　要：

　　青海文化消费增长目标暨文化产业发展空间测评：省域间2000～2011年实际增长排名，历年均增值测算为第4位；省域间2011～2020年目标距离排名，消除负相关测算为第8位；支柱性产业测算为第11位；最佳比例值测算为第16位；最小城乡比测算为第12位；弥合城乡比测算为第14位；城乡无差距测算为第17位。

关键词：

　　青海文化产业　扩大文化消费　需求与共享　增长目标

一　城乡文化消费需求及相关方面增长态势

2000～2011年青海城乡文化消费总量和人均值增长态势见图1。

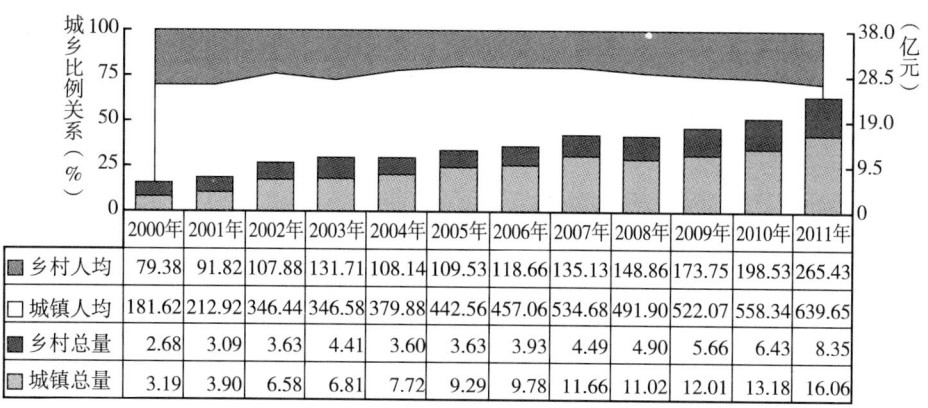

图1　青海城乡文化消费总量和人均值增长态势

注：左轴为城乡人均文化消费（元转换为%），城乡间历年变动呈面积比例关系；右轴为文化消费总量（亿元），柱形上下之和为城乡总量。

2000~2011年，青海城乡文化消费总量从5.87亿元增长至24.41亿元，增加18.54亿元，11年间总增长315.84%，年均增长13.83%。其中，"十五"期间年均增长17.09%；"十一五"期间年均增长8.70%。

同期，青海城镇人均文化消费从181.62元增长至639.65元，增加458.03元，11年间总增长252.19%，年均增长12.13%。其中，"十五"期间年均增长19.50%；"十一五"期间年均增长4.76%。乡村人均文化消费从79.38元增长至265.43元，增加186.05元，11年间总增长234.38%，年均增长11.60%。其中，"十五"期间年均增长6.65%；"十一五"期间年均增长12.63%。值得注意的是，"十五"期间青海城镇人均值年均增幅比乡村高出12.85个百分点，城乡差距有所扩大；"十一五"期间青海城镇人均值年均增幅比乡村低7.87个百分点，城乡差距转为缩小。

后续各图表将逐步展示青海相关背景各方面历年增长数据。在此，先把各项绝对值转换为以上一年数值为100的年度增长百分指数，可以清晰看出2000~2011年青海人均产值、城乡人均收入、非文消费、文化消费和积蓄增长态势见图2。

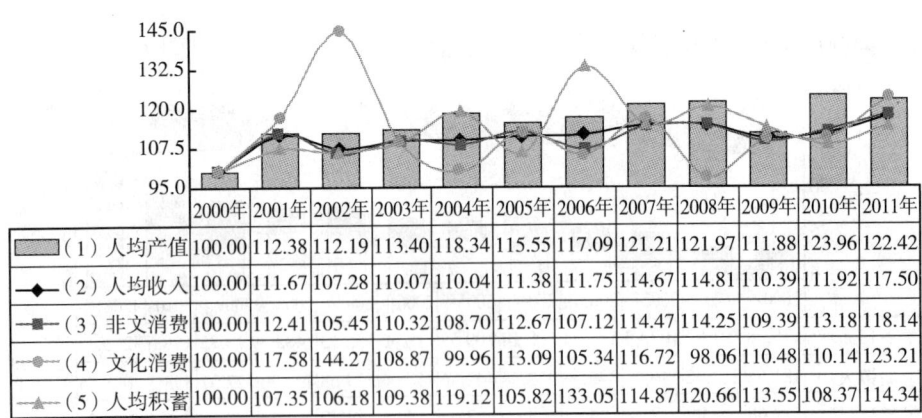

图2　青海人均产值、城乡人均收入、消费和积蓄增长态势

注：左轴为年增指数（产值为柱形，其余为曲线），上年=100（小于100为负增长）；2001~2011年增长（2000年为起点不计）相关系数：（1）与（2）0.7252；（2）与（3）0.8932；（4）与（5）-0.5303，其间2001~2005年-0.6523，2007~2010年-0.6176。

在青海人均产值、城乡人均收入、非文消费、文化消费和积蓄的年度增长指数中,选取3对具有特定相关关系的数据项,作为文中分析的基础。第一对数据项:(1)柱形系产值历年增长指数,(2)带菱形曲线系收入历年增长指数,二者2001~2011年相关系数为0.7252,即这两个方面历年增长在72.52%的程度上保持同步。第二对数据项:(2)收入历年增长指数,(3)带方形曲线系非文消费历年增长指数,二者2001~2011年相关系数为0.8932,即这两个方面历年增长在89.32%的程度上保持同步。第三对数据项:(4)带圆形曲线系文化消费历年增长指数,(5)带三角形曲线系积蓄历年增长指数,二者2001~2011年相关系数为负值0.5303。分时间段深入考察,其间2001~2005年为负值0.6523,2007~2010年为负值0.6176,分别构成很明显的"负相关"增长反向互动关系。

对比青海城乡人均积蓄与文化消费两条年度增长曲线,只有2010年以来显得例外,其余年度大体呈现为横向镜面对应或俗称"水中倒影"的负相关关系。其中,2002年青海城乡人均积蓄年度增长跌入低谷,与之对应的是人均文化消费年度增长出现高峰;2004年、2006年和2008年青海城乡人均积蓄年度增长三次形成高峰,与之对应的是人均文化消费年度增长陷入低谷,甚至屡为负增长。青海城乡文化消费的"积蓄增长负相关效应"明显成立。

二 城乡文化消费需求背景的增长协调性分析

(一)民生基础系数检测

2000~2011年青海城乡人均收入、产值绝对值、比例值和城乡比变动态势见图3。图中将收入、产值绝对值转换为图形面积比例,二者历年之比形成民生基础系数变动曲线,同时附有收入城乡比变动曲线。

2000~2011年,青海城乡居民人均收入年均增长11.92%,人均产值年均增长17.23%,比居民收入年均增幅高出5.31个百分点。11年间,青海城乡居民人均收入与人均产值比例的最高(最佳)值为2000年53.50%,最低值

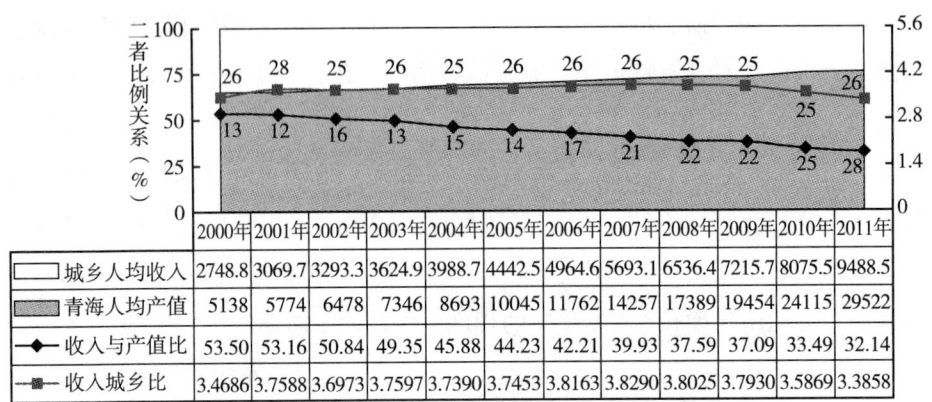

图 3 青海城乡人均收入、产值绝对值、比例值和城乡比变动态势

注：左轴为城乡人均收入、产值（元转换为%），二者变动呈面积比例；相互间历年之比形成民生基础系数（%）曲线；右轴为收入城乡比曲线（乡村=1）。标明历年省域排序。

为 2011 年 32.14%。逐年考察，从 2000～2011 年，青海城乡此项比值一直持续下降，由 2000 年 53.50% 降低至 2011 年 32.14%，比例数值处于 31 个省域里第 28 位。民生基础系数呈现减低趋势，意味着在经济增长的同时"人民共享发展成果"程度逐渐降低。

2000～2011 年，青海乡村居民人均收入年均增长 10.81%，城镇居民人均收入年均增长 10.56%，比乡村低 0.25 个百分点。作为城乡差距的衡量指标，11 年间，青海人均收入城乡比的最大值为 2007 年 3.8290，最小（最佳）值为 2011 年 3.3858。逐年考察，除了 2001 年、2003 年和 2005～2007 年出现扩增以外，青海此项城乡比逐步缩减，由 2000 年 3.4686 缩小至 2011 年 3.3858，城乡比数值处于 31 个省域里第 26 位。居民收入的城乡差距呈现缩减趋势，意味着在民生基础层面城乡之间"共享发展成果"的程度有所提高。

如果（1）青海城乡民生基础系数能够保持 2000 年最佳水平，（2）青海民生基础层面的城乡差距能够保持 2011 年最小程度，乃至实现民生基础层面的城乡无差距理想状态，那么在"国民收入再分配"演算和城乡综合重新演算当中，青海人均收入应有很大增高，这样随后逐步推演的一切测算值都会发生变化。

（二）民生消费系数检测

2000～2011年青海城乡人均非文消费、收入绝对值、比重值和城乡比变动态势见图4。图中将非文消费、收入绝对值转换为图形面积比例，二者历年之比形成民生消费系数变动曲线，同时附有非文消费城乡比变动曲线。

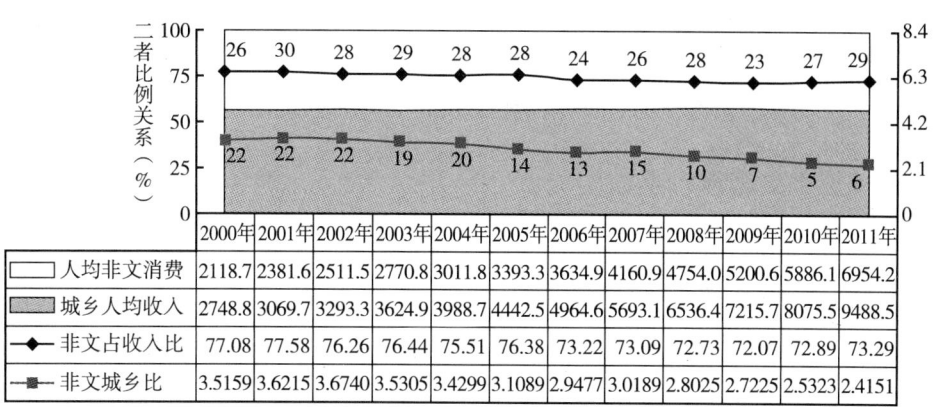

图4　青海城乡人均非文消费、收入绝对值、比重值和城乡比变动态势

注：左轴为城乡人均非文消费、收入（元转换为%），二者变动呈面积比例；相互间历年之比形成民生消费系数（%）曲线；右轴为非文消费城乡比曲线（乡村=1）。标明历年省域排序。

2000～2011年，青海城乡居民人均非文消费年均增长11.41%，人均收入年均增长11.92%，比非文消费年均增幅高出0.51个百分点。11年间，青海城乡居民人均非文消费占人均收入比重的最高值为2001年77.58%，最低（最佳）值为2009年72.07%。逐年考察，除了2001年、2003年、2005年和2010～2011年出现回升以外，青海城乡此项比值逐步下降，由2000年77.08%降低至2011年73.29%，比重数值处于31个省域里第29位。民生消费系数呈现减低趋势，亦即"必需消费"之外的余钱占收入比重增高，意味着从"基本小康"到"全面小康"建设的民生效应日益得以显现。

2000～2011年，青海乡村居民人均非文消费年均增长12.77%，城镇居民人均非文消费年均增长8.98%，比乡村低3.79个百分点。作为城乡差距的衡量指标，11年间，青海人均非文消费城乡比的最大值为2002年3.6740，最小（最佳）值为2011年2.4151。逐年考察，除了2001～2002年和2007年出现扩增以外，青海此项城乡比逐步缩减，由2000年3.5159缩小至2011年2.4151，城乡比数值处于31个省域里第6位。"必需"非文消费的城乡差距呈现缩减趋势，意味着在民生消费层面城乡之间"共享发展成果"的程度有所提高。

如果（1）青海城乡民生消费系数能够保持2009年最佳水平，（2）青海民生消费层面的城乡差距能够保持2011年最小程度，乃至实现民生消费层面的城乡无差距理想状态，那么在"必需消费"占收入比重再度演算和城乡综合重新演算当中，青海人均非文消费应有较大不同，反转则是人均非文消费剩余应有很大增多，这样随后推演的相关数值也会发生变化。

（三）文化需求系数检测

2000~2011年青海城乡人均文化消费、非文消费剩余绝对值、比例值和城乡比变动态势见图5。图中将文化消费、非文消费剩余绝对值转换为图形面积比例，二者历年之比形成文化需求系数变动曲线，同时附有文化消费城乡比变动曲线。

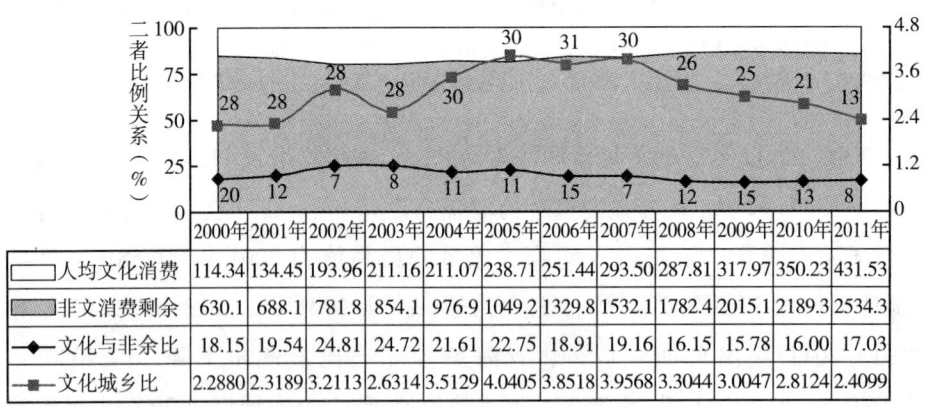

图5 青海城乡人均文化消费、非文消费剩余绝对值、比例值和城乡比变动态势

注：左轴为城乡人均文化消费、非文消费剩余（元转换为%），二者变动呈面积比例；相互间历年之比形成文化需求系数（%）曲线；右轴为文化消费城乡比曲线（乡村=1）。标明历年省域排序。

2000~2011年，青海城乡居民人均文化消费年均增长12.83%，人均非文消费剩余年均增长13.49%，比文化消费年均增幅高出0.66个百分点。11年间，青海城乡居民人均文化消费与人均非文消费剩余比例值的最高（最佳）

值为 2002 年 24.81%，最低值为 2009 年 15.78%。逐年考察，除了 2001～2002 年、2005 年、2007 年和 2010～2011 年出现回升以外，青海城乡此项比值逐步下降，由 2000 年 18.15% 降低至 2011 年 17.03%，比例数值处于 31 个省域里第 8 位。文化需求系数呈现减低趋势，意味着"非必需"的文化消费需求增长依然受到"积蓄增长负相关效应"的反向牵制。

2000～2011 年，青海乡村居民人均文化消费年均增长 11.60%，城镇居民人均文化消费年均增长 12.13%，比乡村高出 0.53 个百分点。作为城乡差距的衡量指标，11 年间，青海人均文化消费城乡比的最小（最佳）值为 2000 年 2.2880，最大值为 2005 年 4.0405。逐年考察，除了 2003 年、2006 年和 2008～2011 年出现缩减以外，青海此项城乡比逐步扩增，由 2000 年 2.2880 扩大至 2011 年 2.4099，城乡比数值处于 31 个省域里第 13 位。文化消费需求的城乡差距呈现扩增趋势，意味着在文化消费需求层面城乡之间"共享发展成果"的程度有所降低。

如果（1）青海城乡文化需求系数能够保持 2002 年最佳水平，（2）青海文化需求层面的城乡差距能够保持 2000 年最小程度，乃至实现文化需求层面的城乡无差距理想状态，那么在"非必需"文化消费占余钱比重再度演算和城乡综合重新演算当中，青海人均文化消费应有很大增长。

三 文化需求增长目标暨文化产业发展空间测算

2011～2020 年青海城乡人均文化消费需求增长测算见图 6，图中提供了文化产业供需协调增长目标的七类测算结果。

（1）历年均增值测算：以青海城乡人均文化消费 2000 年以来年均增长率测算增长目标，可以得出概率最高的或然增长结果。如果 2011～2020 年青海城乡保持与 2000～2011 年相同的年均增长率 12.83%（省域间实际增长第 4 位），那么到 2020 年城乡人均文化消费将达到 1279.16 元。在相关各方面增长均依此推算的情况下，由于青海城乡文化消费与产值的比例在 2000～2011 年呈现下降态势，2020 年文化消费增长与产值增长测算值之比将继续降低至 1.04%。

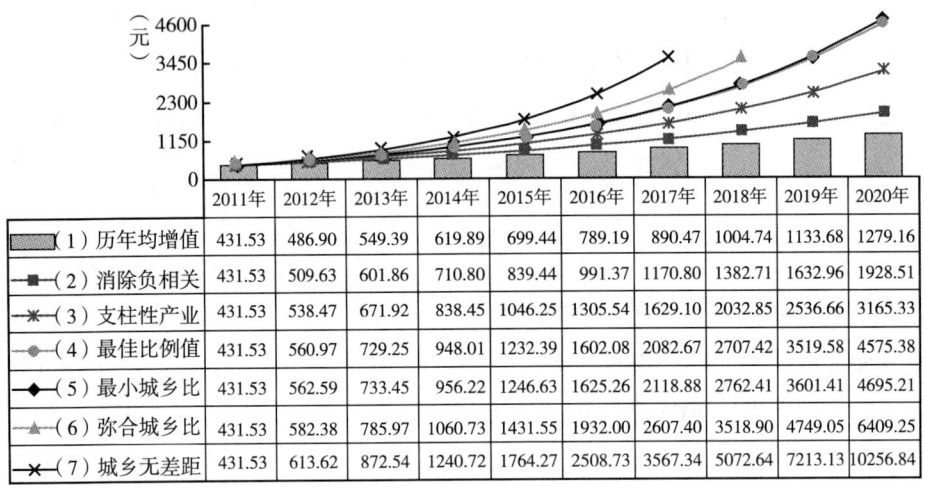

图6 2011～2020年青海城乡人均文化消费需求增长测算

注：作为背景因素，2011～2020年人均产值按2000～2011年实际年均增长率推算。2011年文化消费与产值比实际值1.46%；2020年测算值：（1）1.04%；（2）1.56%；（3）2.56%；（4）3.71%；（5）3.80%；（6）5.19%；（7）8.31%。2011～2020年文化消费年均增长：（1）12.83%（即2000～2011年实际值，以下为测算值）；（2）18.10%；（3）24.78%；（4）30.00%；（5）30.37%；（6）34.96%；（7）42.20%。若产值按年均增长率7%推算，则2020年文化消费与产值比（增量、增幅不变）：（1）2.36%；（2）3.55%。2020年文化消费（与产值比不变）：（3）1391.83元，年增13.90%；（4）2011.84元，年增18.66%；（5）2064.53元，年增19.00%；（6）2818.21元，年增23.18%；（7）4510.03元，年增29.79%。

（2）消除负相关测算：以青海城乡文化需求系数2000年以来最佳比例测算增长目标，即假设文化消费增长与积蓄增长之间排除负相关关系。如果到2020年青海城乡此项比例实现2000～2011年最佳状态，那么城乡人均文化消费应达到1928.51元，年均增长幅度需达到18.10%，为以往11年实际年均增长率的1.40倍（省域间目标距离第8位），文化消费增长与产值增长测算值之比将上升至1.56%。

（3）支柱性产业测算：摒弃单纯的"文化GDP追逐"，通过文化消费增长空间反推，以生产满足需求测算增长目标，即假设消费需求增长推动生产发展，实现文化产业供需协调增长，达到支柱产业所需占产值比重。各地至2020年城乡文化消费与产值之比的测算值各有不同，青海测算值为2.56%。据此反推，到2020年青海城乡人均文化消费应达到3165.33元，年均增长幅度需达到24.78%，为以往11年实际年均增长率的1.93倍（省域间目标距离第 11 位)。

(4) 最佳比例值测算：以青海城乡民生基础系数、民生消费系数、文化需求系数 2000 年以来 3 项最佳比例测算增长目标，即假设"回复"曾有的 3 项比例关系最佳值。如果到 2020 年青海城乡 3 项比例同步实现 2000～2011 年最佳状态，那么城乡人均文化消费应达到 4575.38 元，年均增长幅度需达到 30.00%，为以往 11 年实际年均增长率的 2.34 倍（省域间目标距离第 16 位），文化消费增长与产值增长测算值之比将上升至 3.71%。

(5) 最小城乡比测算：在 3 项最佳比例值测算基础上，以青海人均文化消费城乡比 2000 年以来最小值测算增长目标，即假设"回复"原有的文化消费城乡比最小状态，作为缩小以至消除城乡差距的基础。如果到 2020 年青海城乡同时实现 2000～2011 年 3 项最佳比例和文化消费最小城乡比，那么城乡人均文化消费应达到 4695.21 元，年均增长幅度需达到 30.37%，为以往 11 年实际年均增长率的 2.37 倍（省域间目标距离第 12 位），文化消费增长与产值增长测算值之比将上升至 3.80%。

(6) 弥合城乡比测算：在 3 项最佳比例值测算基础上，以青海人均文化消费城乡比的无差距理想值测算增长目标，即假设文化需求层面的城乡差距得以消除演算校正数值。如果到 2020 年青海城乡同时实现 2000～2011 年 3 项最佳比例和乡村人均文化消费绝对值与城镇水平持平，那么城乡人均文化消费应达到 6409.25 元，年均增长幅度需达到 34.96%，为以往 11 年实际年均增长率的 2.72 倍（省域间目标距离第 14 位），文化消费增长与产值增长测算值之比将上升至 5.19%。

(7) 城乡无差距测算：在民生基础层面、民生消费层面、文化需求层面 3 项城乡比的无差距理想状态下实现 2000 年以来最佳比例测算增长目标，即假设青海乡村相关方面加速增长并与城镇水平持平，同时取城镇标准的 3 项最佳比例关系进行演算。如果到 2020 年青海城乡之间在此 3 个层面已无差距，统一实现按城镇标准衡量的 2000～2011 年 3 项最佳比例，那么城乡人均文化消费应达到 10256.84 元，年均增长幅度需达到 42.20%，为以往 11 年实际年均增长率的 3.29 倍（省域间目标距离第 17 位），文化消费增长与产值增长测算值之比将上升至 8.31%。

如果按照国家"十二五"规划转变发展方式的要求,在"十二五"期间把青海产值年均增长率控制在7%,并一直延续至2020年,那么在图6中,前两类测算因与产值增长演算间接相关,文化消费人均值增长测算的绝对值不变,其与产值比将分别增高至2.36%和3.55%;后五类测算因与产值增长演算直接相关,文化消费人均值增长测算的绝对值相应减少,其所需年均增长幅度(亦即目标差距)将分别减低至13.90%、18.66%、19.00%、23.18%和29.79%(见图6注),显然更加容易实现。

Qinghai: The Measure Distance of Coordinated Growth is Much Bigger than the Actual Increase

Abstract: The evaluated growth targets of cultural consumption and development space of cultural industry in Qinghai are as follows: Ranking of the actual growth among various provinces from 2000 to 2011 is the 4th in the valued average added value over the years; Ranking of the targets distance among various provinces from 2011 to 2020 are the 8th in the valued avoiding negative correlation, the 11th in the valued pillar industry, the 16th in the valued optimal proportion, the 12th in the valued lowest urban-rural ratio, the 14th in the valued closed urban-rural ratio, and the 17th in the valued without urban-rural gap.

Key Words: Qinghai's Cultural Industry; Expand Cultural Consumption; Demand and Sharing; Growth Target

B.27
新疆：实际增长和多数测算目标严重滞后

摘　要：

新疆文化消费增长目标暨文化产业发展空间测评：省域间2000～2011年实际增长排名，历年均增值测算为第31位；省域间2011～2020年目标距离排名，消除负相关测算为第17位；支柱性产业测算为第26位；最佳比例值测算为第24位；最小城乡比测算为第19位；弥合城乡比测算为第21位；城乡无差距测算为第27位。

关键词：

新疆文化产业　扩大文化消费　需求与共享　增长目标

一　城乡文化消费需求及相关方面增长态势

2000～2011年新疆城乡文化消费总量和人均值增长态势见图1。

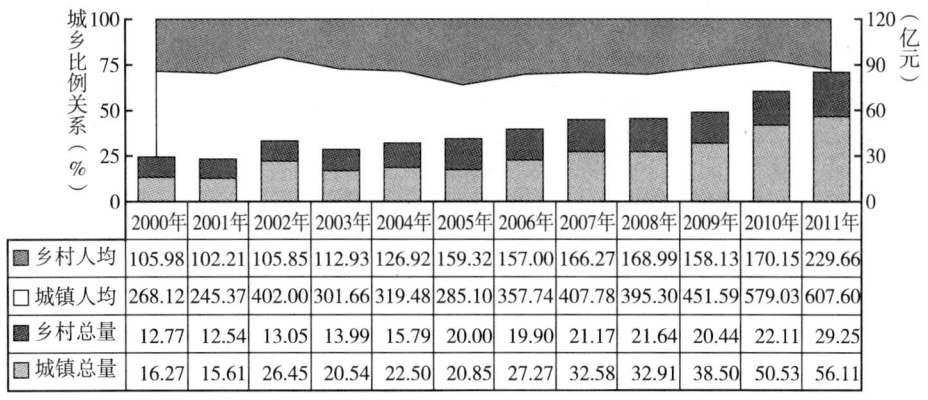

图1　新疆城乡文化消费总量和人均值增长态势

注：左轴为城乡人均文化消费（元转换为%），城乡间历年变动呈面积比例关系；右轴为文化消费总量（亿元），柱形上下之和为城乡总量。

2000～2011年，新疆城乡文化消费总量从29.04亿元增长至85.36亿元，增加56.32亿元，11年间总增长193.94%，年均增长10.30%。其中，"十五"期间年均增长7.06%；"十一五"期间年均增长12.20%。

同期，新疆城镇人均文化消费从268.12元增长至607.60元，增加339.48元，11年间总增长126.61%，年均增长7.72%。其中，"十五"期间年均增长1.24%；"十一五"期间年均增长15.22%。乡村人均文化消费从105.98元增长至229.66元，增加123.68元，11年间总增长116.70%，年均增长7.28%。其中，"十五"期间年均增长8.49%；"十一五"期间年均增长1.32%。值得注意的是，"十五"期间新疆城镇人均值年均增幅比乡村低7.25个百分点，城乡差距有所缩小；"十一五"期间新疆城镇人均值年均增幅比乡村高出13.90个百分点，城乡差距转为扩大。

后续各图表将逐步展示新疆相关背景各方面历年增长数据。在此，先把各项绝对值转换为以上一年数值为100的年度增长百分指数，可以清晰看出2000～2011年新疆人均产值、城乡人均收入、非文消费、文化消费和积蓄增长态势见图2。

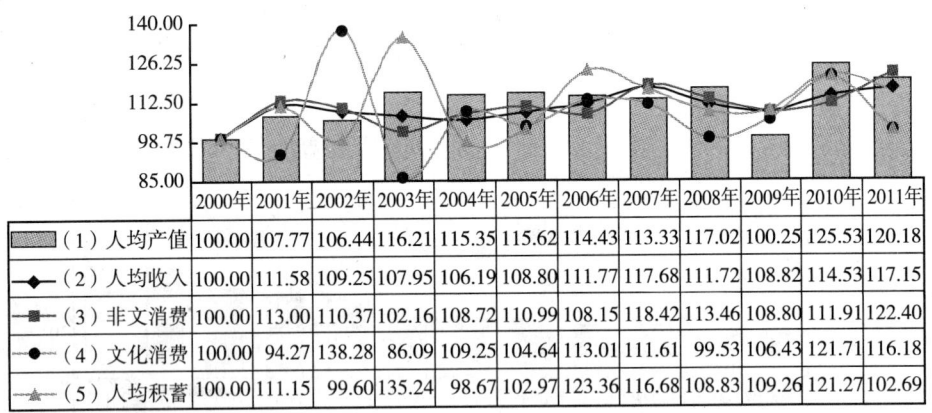

图2 新疆人均产值、城乡人均收入、消费和积蓄增长态势

注：左轴为年增指数（产值为柱形，其余为曲线），上年=100（小于100为负增长）；2001～2011年增长（2000年为起点不计）相关系数：（1）与（2）0.3893；（2）与（3）0.8208；（4）与（5）-0.4410，其间2001～2005年-0.7252，2002～2007年-0.6487。

在新疆人均产值、城乡人均收入、非文消费、文化消费和积蓄的年度增长指数中，选取3对具有特定相关关系的数据项，作为文中分析的基础。第一对数据项：(1)柱形系产值历年增长指数，(2)带菱形曲线系收入历年增长指数，二者2001～2011年相关系数为0.3893，即这两个方面历年增长在38.93%的程度上保持同步。第二对数据项：(2)收入历年增长指数，(3)带方形曲线系非文消费历年增长指数，二者2001～2011年相关系数为0.8208，即这两个方面历年增长在82.08%的程度上保持同步。第三对数据项：(4)带圆形曲线系文化消费历年增长指数，(5)带三角形曲线系积蓄历年增长指数，二者2001～2011年相关系数为负值0.4410。分时间段深入考察，其间2001～2005年为负值0.7252，2002～2007年为负值0.6487，分别构成很明显的"负相关"增长反向互动关系。

对比新疆城乡人均积蓄与文化消费两条年度增长曲线，只有2009年以来显得例外，其余年度大体呈现为横向镜面对应或俗称"水中倒影"的负相关关系。其中，2002年新疆城乡人均积蓄年度增长跌入低谷，呈现负增长，与之对应的是人均文化消费年度增长出现高峰；2003年新疆城乡人均积蓄年度增长形成高峰，与之对应的是人均文化消费年度增长陷入低谷，甚至为大幅负增长。新疆城乡文化消费的"积蓄增长负相关效应"明显成立。

二 城乡文化消费需求背景的增长协调性分析

（一）民生基础系数检测

2000～2011年新疆城乡人均收入、产值绝对值、比例值和城乡比变动态势见图3。图中将收入、产值绝对值转换为图形面积比例，二者历年之比形成民生基础系数变动曲线，同时附有收入城乡比变动曲线。

2000～2011年，新疆城乡居民人均收入年均增长11.35%，人均产值年均增长13.64%，比居民收入年均增幅高出2.29个百分点。11年间，新疆城乡居民人均收入与人均产值比例的最高（最佳）值为2002年42.76%，最低值为2011年32.16%。逐年考察，除了2001～2002年、2007年和2009年出现回升以外，新疆城乡此项比值逐步下降，由2000年40.24%降低至2011年

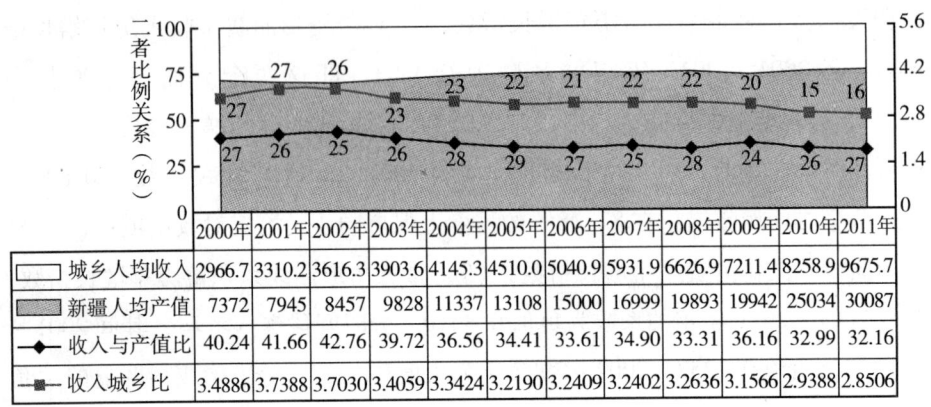

图3 新疆城乡人均收入、产值绝对值、比例值和城乡比变动态势

注：左轴为城乡人均收入、产值（元转换为％），二者变动呈面积比例；相互间历年之比形成民生基础系数（％）曲线；右轴为收入城乡比曲线（乡村=1）。标明历年省域排序。

32.16％，比例数值处于31个省域里第27位。民生基础系数呈现减低趋势，意味着在经济增长的同时"人民共享发展成果"程度逐渐降低。

2000～2011年，新疆乡村居民人均收入年均增长11.66％，城镇居民人均收入年均增长9.63％，比乡村低2.03个百分点。作为城乡差距的衡量指标，11年间，新疆人均收入城乡比的最大值为2001年3.7388，最小（最佳）值为2011年2.8506。逐年考察，除了2001年、2006年和2008年出现扩增以外，新疆此项城乡比逐步缩减，由2000年3.4886缩小至2011年2.8506，城乡比数值处于31个省域里第16位。居民收入的城乡差距呈现缩减趋势，意味着在民生基础层面城乡之间"共享发展成果"的程度有所提高。

如果（1）新疆城乡民生基础系数能够保持2002年最佳水平，（2）新疆民生基础层面的城乡差距能够保持2011年最小程度，乃至实现民生基础层面的城乡无差距理想状态，那么在"国民收入再分配"演算和城乡综合重新演算当中，新疆人均收入应有很大增高，这样随后逐步推演的一切测算值都会发生变化。

（二）民生消费系数检测

2000～2011年新疆城乡人均非文消费、收入绝对值、比重值和城乡比变动态势见图4。图中将非文消费、收入绝对值转换为图形面积比例，二者历年之比形成民生消费系数变动曲线，同时附有非文消费城乡比变动曲线。

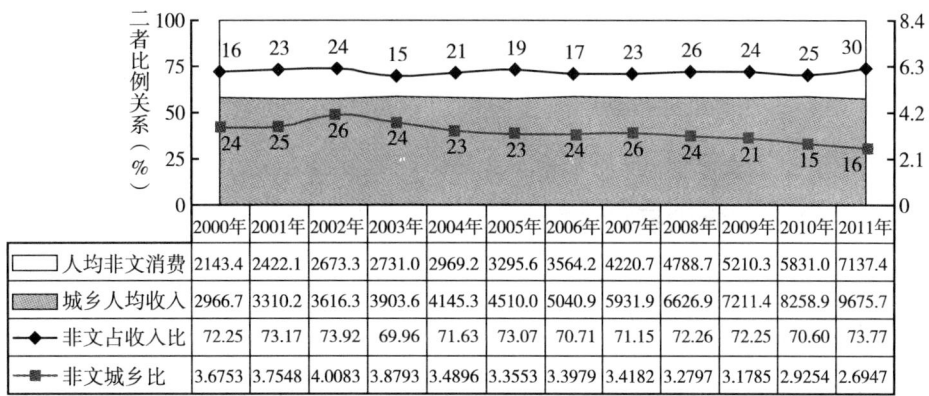

图4　新疆城乡人均非文消费、收入绝对值、比重值和城乡比变动态势

注：左轴为城乡人均非文消费、收入（元转换为%），二者变动呈面积比例；相互间历年之比形成民生消费系数（%）曲线；右轴为非文消费城乡比曲线（乡村=1）。标明历年省域排序。

2000~2011年，新疆城乡居民人均非文消费年均增长11.56%，人均收入年均增长11.35%，比非文消费年均增幅低0.21个百分点。11年间，新疆城乡居民人均非文消费占人均收入比重的最低（最佳）值为2003年69.96%，最高值为2002年73.92%。逐年考察，除了2003年、2006年和2009~2010年出现回降以外，新疆城乡此项比值逐步上升，由2000年72.25%提高至2011年73.77%，比重数值处于31个省域里第30位。民生消费系数呈现增高趋势，亦即"必需消费"之外的余钱占收入比重减低，意味着从"基本小康"到"全面小康"建设的民生效应尚未得以显现。

2000~2011年，新疆乡村居民人均非文消费年均增长12.59%，城镇居民人均非文消费年均增长9.46%，比乡村低3.13个百分点。作为城乡差距的衡量指标，11年间，新疆人均非文消费城乡比的最大值为2002年4.0083，最小（最佳）值为2011年2.6947。逐年考察，除了2001~2002年和2006~2007年出现扩增以外，新疆此项城乡比逐步缩减，由2000年3.6753缩小至2011年2.6947，城乡比数值处于31个省域里第16位。"必需"非文消费的城乡差距呈现缩减趋势，意味着在民生消费层面城乡之间"共享发展成果"的程度有所提高。

如果（1）新疆城乡民生消费系数能够保持2003年最佳水平，（2）新疆民生消费层面的城乡差距能够保持2011年最小程度，乃至实现民生消费层面的城乡无差距理想状态，那么在"必需消费"占收入比重再度演算和城乡综合重新演算当中，新疆人均非文消费应有较大不同，反转则是人均非文消费剩余应有很大增多，这样随后推演的相关数值也会发生变化。

（三）文化需求系数检测

2000~2011年新疆城乡人均文化消费、非文消费剩余绝对值、比例值和城乡比变动态势见图5。图中将文化消费、非文消费剩余绝对值转换为图形面积比例，二者历年之比形成文化需求系数变动曲线，同时附有文化消费城乡比变动曲线。

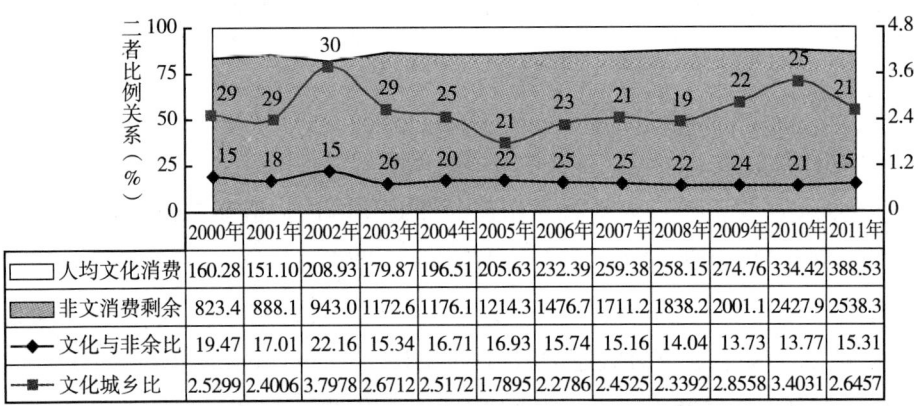

图5 新疆城乡人均文化消费、非文消费剩余绝对值、比例值和城乡比变动态势

注：左轴为城乡人均文化消费、非文消费剩余（元转换为%），二者变动呈面积比例；相互间历年之比形成文化需求系数（%）曲线；右轴为文化消费城乡比曲线（乡村=1）。标明历年省域排序。

2000~2011年，新疆城乡居民人均文化消费年均增长8.38%，人均非文消费剩余年均增长10.78%，比文化消费年均增幅高出2.40个百分点。11年间，新疆城乡居民人均文化消费与人均非文消费剩余比例值的最高（最佳）值为2002年22.16%，最低值为2009年13.73%。逐年考察，除了2002年、2004~2005年和2010~2011年出现回升以外，新疆城乡此项比值逐步下降，由 2000 年 19.47% 降低至 2011 年 15.31%，比例数值处于 31 个省域里第 15 位。文化需求系数呈现减低趋势，意味着"非必需"的文化消费需求增长依然受到"积蓄增长负相关效应"的反向牵制。

2000～2011 年，新疆乡村居民人均文化消费年均增长 7.28%，城镇居民人均文化消费年均增长 7.72%，比乡村高出 0.44 个百分点。作为城乡差距的衡量指标，11 年间，新疆人均文化消费城乡比的最小（最佳）值为 2005 年 1.7895，最大值为 2002 年 3.7978。逐年考察，除了 2001 年、2003～2005 年、2008 年和 2011 年出现缩减以外，新疆此项城乡比逐步扩增，由 2000 年 2.5299 扩大至 2011 年 2.6457，城乡比数值处于 31 个省域里第 21 位。文化消费需求的城乡差距呈现扩增趋势，意味着在文化消费需求层面城乡之间"共享发展成果"的程度有所降低。

如果（1）新疆城乡文化需求系数能够保持 2002 年最佳水平，（2）新疆文化需求层面的城乡差距能够保持 2005 年最小程度，乃至实现文化需求层面的城乡无差距理想状态，那么在"非必需"文化消费占余钱比重再度演算和城乡综合重新演算当中，新疆人均文化消费应有很大增长。

三 文化需求增长目标暨文化产业发展空间测算

2011～2020 年新疆城乡人均文化消费需求增长测算见图 6，图中提供了文化产业供需协调增长目标的七类测算结果。

（1）历年均增值测算：以新疆城乡人均文化消费 2000 年以来年均增长率测算增长目标，可以得出概率最高的或然增长结果。如果 2011～2020 年新疆城乡保持与 2000～2011 年相同的年均增长率 8.38%（省域间实际增长第 31 位），那么到 2020 年城乡人均文化消费将达到 801.75 元。在相关各方面增长均依此推算的情况下，由于新疆城乡文化消费与产值的比例在 2000～2011 年呈现下降态势，2020 年文化消费增长与产值增长测算值之比将继续降低至 0.84%。

（2）消除负相关测算：以新疆城乡文化需求系数 2000 年以来最佳比例测算增长目标，即假设文化消费增长与积蓄增长之间排除负相关关系。如果到

2020年新疆城乡此项比例实现2000~2011年最佳状态，那么城乡人均文化消费应达到1424.57元，年均增长幅度需达到15.53%，为以往11年实际年均增长率的1.85倍（省域间目标距离第17位），文化消费增长与产值增长测算值之比将上升至1.50%。

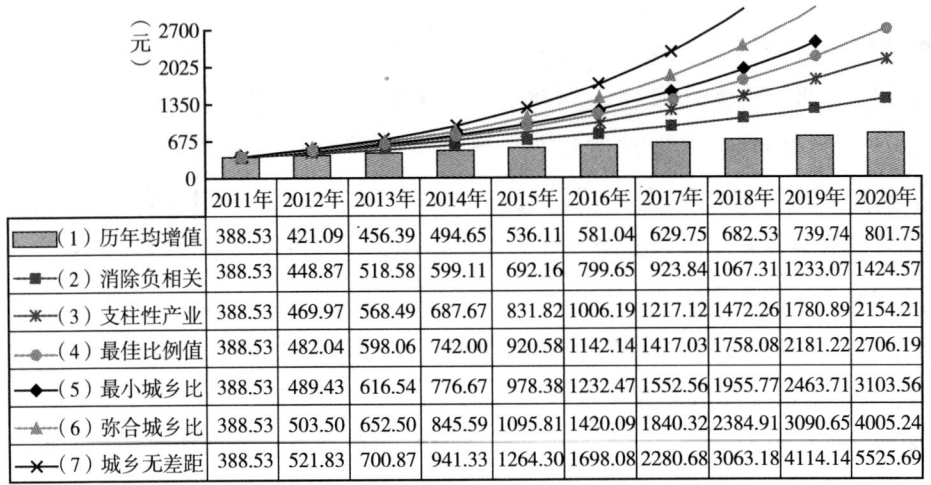

图6 2011~2020年新疆城乡人均文化消费需求增长测算

注：作为背景因素，2011~2020年人均产值按2000~2011年实际年均增长率推算。2011年文化消费与产值比实际值1.29%；2020年测算值：（1）0.84%；（2）1.50%；（3）2.27%；（4）2.85%；（5）3.26%；（6）4.21%；（7）5.81%。2011~2020年文化消费年均增长：（1）8.38%（即2000~2011年实际值，以下为测算值）；（2）15.53%；（3）20.96%；（4）24.07%；（5）25.97%；（6）29.59%；（7）34.31%。若产值按年均增长率7%推算，则2020年文化消费与产值比（增量、增幅不变）：（1）1.45%；（2）2.58%。2020年文化消费（与产值比不变）：（3）1253.15元，年增13.90%；（4）1574.25元，年增16.82%；（5）1805.40元，年增18.61%；（6）2329.93元，年增22.02%；（7）3214.40元，年增26.46%。

（3）支柱性产业测算：摈弃单纯的"文化GDP追逐"，通过文化消费增长空间反推，以生产满足需求测算增长目标，即假设消费需求增长推动生产发展，实现文化产业供需协调增长，达到支柱产业所需占产值比重。各地至2020年城乡文化消费与产值之比的测算值各有不同，新疆测算值为2.27%。据此反推，到2020年新疆城乡人均文化消费应达到2154.21元，年均增长幅度需达到20.96%，为以往11年实际年均增长率的2.50倍（省域间目标距离第26位）。

(4) 最佳比例值测算：以新疆城乡民生基础系数、民生消费系数、文化需求系数2000年以来3项最佳比例测算增长目标，即假设"回复"曾有的3项比例关系最佳值。如果到2020年新疆城乡3项比例同步实现2000~2011年最佳状态，那么城乡人均文化消费应达到2706.19元，年均增长幅度需达到24.07%，为以往11年实际年均增长率的2.87倍（省域间目标距离第24位），文化消费增长与产值增长测算值之比将上升至2.85%。

(5) 最小城乡比测算：在3项最佳比例值测算基础上，以新疆人均文化消费城乡比2000年以来最小值测算增长目标，即假设"回复"原有的文化消费城乡比最小状态，作为缩小以至消除城乡差距的基础。如果到2020年新疆城乡同时实现2000~2011年3项最佳比例和文化消费最小城乡比，那么城乡人均文化消费应达到3103.56元，年均增长幅度需达到25.97%，为以往11年实际年均增长率的3.10倍（省域间目标距离第19位），文化消费增长与产值增长测算值之比将上升至3.26%。

(6) 弥合城乡比测算：在3项最佳比例值测算基础上，以新疆人均文化消费城乡比的无差距理想值测算增长目标，即假设文化需求层面的城乡差距得以消除演算校正数值。如果到2020年新疆城乡同时实现2000~2011年3项最佳比例和乡村人均文化消费绝对值与城镇水平持平，那么城乡人均文化消费应达到4005.24元，年均增长幅度需达到29.59%，为以往11年实际年均增长率的3.53倍（省域间目标距离第21位），文化消费增长与产值增长测算值之比将上升至4.21%。

(7) 城乡无差距测算：在民生基础层面、民生消费层面、文化需求层面3项城乡比的无差距理想状态下实现2000年以来最佳比例测算增长目标，即假设新疆乡村相关方面加速增长并与城镇水平持平，同时取城镇标准的3项最佳比例关系进行演算。如果到2020年新疆城乡之间在此3个层面已无差距，统一实现按城镇标准衡量的2000~2011年3项最佳比例，那么城乡人均文化消费应达到5525.69元，年均增长幅度需达到34.31%，为以往11年实际年均增长率的4.09倍（省域间目标距离第27位），文化消费增长与产值增长测算值之比将上升至5.81%。

如果按照国家"十二五"规划转变发展方式的要求，在"十二五"期间

把新疆产值年均增长率控制在7%，并一直延续至2020年，那么在图6中，前两类测算因与产值增长演算间接相关，文化消费人均值增长测算的绝对值不变，其与产值比将分别增高至1.45%和2.58%；后五类测算因与产值增长演算直接相关，文化消费人均值增长测算的绝对值相应减少，其所需年均增长幅度（亦即目标差距）将分别减低至13.90%、16.82%、18.61%、22.02%和26.46%（见图6注），显然更加容易实现。

Xinjiang: The Actual Growth and Most of the Measure Targets Lag behind Seriously

Abstract: The evaluated growth targets of cultural consumption and development space of cultural industry in Xinjiang are as follows: Ranking of the actual growth among various provinces from 2000 to 2011 is the 31st in the valued average added value over the years; Ranking of the targets distance among various provinces from 2011 to 2020 are the 17th in the valued avoiding negative correlation, the 26th in the valued pillar industry, the 24th in the valued optimal proportion, the 19th in the valued lowest urban-rural ratio, the 21st in the valued closed urban-rural ratio, and the 27th in the valued without urban-rural gap.

Key Words: Xinjiang's Cultural Industry; Expand Cultural Consumption; Demand and Sharing; Growth Target

B.28
重庆：协调增长相关测算目标距离皆较大

摘　要：

　　重庆文化消费增长目标暨文化产业发展空间测评：省域间2000～2011年实际增长排名，历年均增值测算为第11位；省域间2011～2020年目标距离排名，消除负相关测算为第20位；支柱性产业测算为第17位；最佳比例值测算为第18位；最小城乡比测算为第17位；弥合城乡比测算为第17位；城乡无差距测算为第21位。

关键词：

　　重庆文化产业　扩大文化消费　需求与共享　增长目标

一　城乡文化消费需求及相关方面增长态势

2000～2011年重庆城乡文化消费总量和人均值增长态势见图1。

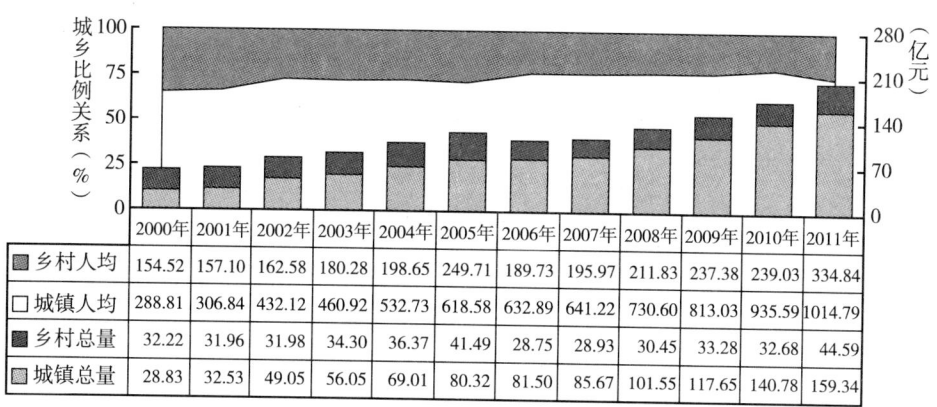

	2000年	2001年	2002年	2003年	2004年	2005年	2006年	2007年	2008年	2009年	2010年	2011年
■乡村人均	154.52	157.10	162.58	180.28	198.65	249.71	189.73	195.97	211.83	237.38	239.03	334.84
□城镇人均	288.81	306.84	432.12	460.92	532.73	618.58	632.89	641.22	730.60	813.03	935.59	1014.79
■乡村总量	32.22	31.96	31.98	34.30	36.37	41.49	28.75	28.93	30.45	33.28	32.68	44.59
■城镇总量	28.83	32.53	49.05	56.05	69.01	80.32	81.50	85.67	101.55	117.65	140.78	159.34

图1　重庆城乡文化消费总量和人均值增长态势

注：左轴为城乡人均文化消费（元转换为%），城乡间历年变动呈面积比例关系；右轴为文化消费总量（亿元），柱形上下之和为城乡总量。

2000~2011年，重庆城乡文化消费总量从61.05亿元增长至203.93亿元，增加142.88亿元，11年间总增长234.04%，年均增长11.59%。其中，"十五"期间年均增长14.82%；"十一五"期间年均增长7.33%。

同期，重庆城镇人均文化消费从288.81元增长至1014.79元，增加725.98元，11年间总增长251.37%，年均增长12.10%。其中，"十五"期间年均增长16.45%；"十一五"期间年均增长8.63%。乡村人均文化消费从154.52元增长至334.84元，增加180.32元，11年间总增长116.70%，年均增长7.28%。其中，"十五"期间年均增长10.08%；"十一五"期间年均负增长0.87%。值得注意的是，"十五"期间重庆城镇人均值年均增幅比乡村高出6.37个百分点，城乡差距有所扩大；"十一五"期间重庆城镇人均值年均增幅比乡村高出9.50个百分点，城乡差距持续扩大。

后续各图表将逐步展示重庆相关背景各方面历年增长数据。在此，先把各项绝对值转换为以上一年数值为100的年度增长百分指数，可以清晰看出2000~2011年重庆人均产值、城乡人均收入、非文消费、文化消费和积蓄增长态势见图2。

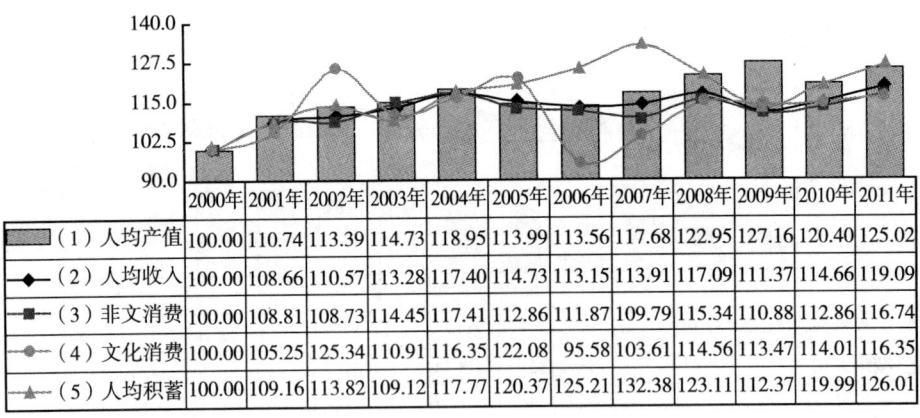

图2 重庆人均产值、城乡人均收入、消费和积蓄增长态势

注：左轴为年增指数（产值为柱形，其余为曲线），上年＝100（小于100为负增长）；2001~2011年增长（2000年为起点不计）相关系数：（1）与（2）0.5405；（2）与（3）0.8907；（4）与（5）－0.2619，其间2002~2007年－0.5682，2004~2010年－0.5760，2006~2010年－0.5846，2007~2010年－0.7905。

在重庆人均产值、城乡人均收入、非文消费、文化消费和积蓄的年度增长指数中,选取3对具有特定相关关系的数据项,作为文中分析的基础。第一对数据项:(1)柱形系产值历年增长指数,(2)带菱形曲线系收入历年增长指数,二者2001~2011年相关系数为0.5405,即这两个方面历年增长在54.05%的程度上保持同步。第二对数据项:(2)收入历年增长指数,(3)带方形曲线系非文消费历年增长指数,二者2001~2011年相关系数为0.8907,即这两个方面历年增长在89.07%的程度上保持同步。第三对数据项:(4)带圆形曲线系文化消费历年增长指数,(5)带三角形曲线系积蓄历年增长指数,二者2001~2011年相关系数为负值0.2619。分时间段深入考察,其间2002~2007年为负值0.5682,2004~2010年为负值0.5760,2006~2010年为负值0.5846,2007~2010年为负值0.7905,分别构成较明显的"负相关"增长反向互动关系。

对比重庆城乡人均积蓄与文化消费两条年度增长曲线,局部呈现为横向镜面对应或俗称"水中倒影"的负相关关系。其中,2002年重庆城乡人均积蓄年度增长处于较低位,与之对应的是人均文化消费年度增长出现高峰;2006~2007年重庆城乡人均积蓄年度增长形成高峰,与之对应的是人均文化消费年度增长陷入低谷,甚至为负增长。重庆城乡文化消费的"积蓄增长负相关效应"基本成立。

二 城乡文化消费需求背景的增长协调性分析

(一)民生基础系数检测

2000~2011年重庆城乡人均收入、产值绝对值、比例值和城乡比变动态势见图3。图中将收入、产值绝对值转换为图形面积比例,二者历年之比形成民生基础系数变动曲线,同时附有收入城乡比变动曲线。

2000~2011年,重庆城乡居民人均收入年均增长13.95%,人均产值年均增长17.94%,比居民收入年均增幅高出3.99个百分点。11年间,重庆城乡居民人均收入与人均产值比例的最高(最佳)值为2000年58.97%,最低值

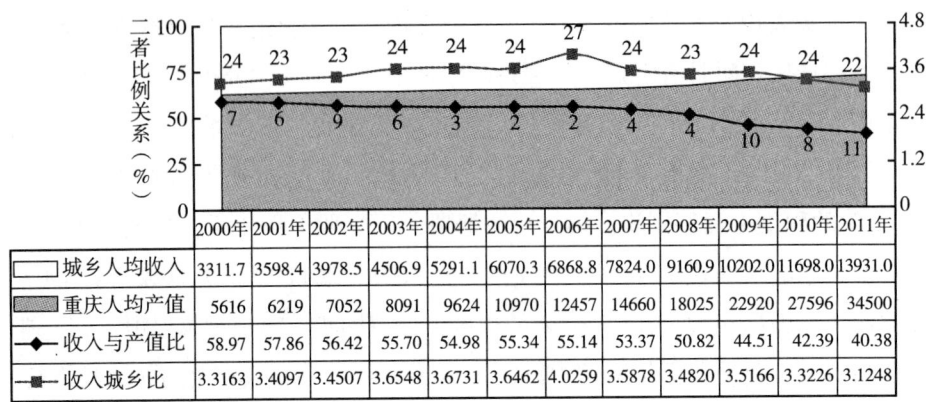

图3 重庆城乡人均收入、产值绝对值、比例值和城乡比变动态势

注：左轴为城乡人均收入、产值（元转换为%），二者变动呈面积比例；相互间历年之比形成民生基础系数（%）曲线；右轴为收入城乡比曲线（乡村=1）。标明历年省域排序。

为2011年40.38%。逐年考察，除了2005年出现回升以外，重庆城乡此项比值逐步下降，由2000年58.97%降低至2011年40.38%，比例数值处于31个省域里第11位。民生基础系数呈现减低趋势，意味着在经济增长的同时"人民共享发展成果"程度逐渐降低。

2000~2011年，重庆乡村居民人均收入年均增长11.84%，城镇居民人均收入年均增长11.24%，比乡村低0.60个百分点。作为城乡差距的衡量指标，11年间，重庆人均收入城乡比的最大值为2006年4.0259，最小（最佳）值为2011年3.1248。逐年考察，除了2001~2004年、2006年和2009年出现扩增以外，重庆此项城乡比逐步缩减，由2000年3.3163缩小至2011年3.1248，城乡比数值处于31个省域里第22位。居民收入的城乡差距呈现缩减趋势，意味着在民生基础层面城乡之间"共享发展成果"的程度有所提高。

如果（1）重庆城乡民生基础系数能够保持2000年最佳水平，（2）重庆民生基础层面的城乡差距能够保持2011年最小程度，乃至实现民生基础层面的城乡无差距理想状态，那么在"国民收入再分配"演算和城乡综合重新演算当中，重庆人均收入应有很大增高，这样随后逐步推演的一切测算值都会发生变化。

（二）民生消费系数检测

2000~2011年重庆城乡人均非文消费、收入绝对值、比重值和城乡比变动态势见图4。图中将非文消费、收入绝对值转换为图形面积比例，二者历年之比形成民生消费系数变动曲线，同时附有非文消费城乡比变动曲线。

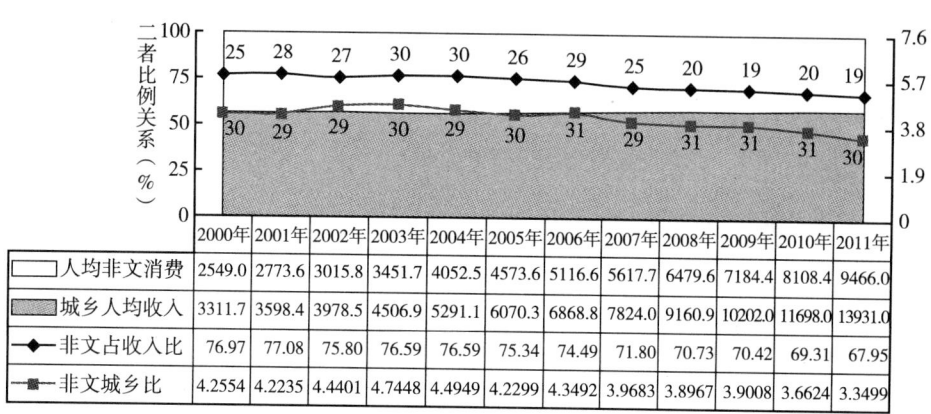

图4　重庆城乡人均非文消费、收入绝对值、比重值和城乡比变动态势

注：左轴为城乡人均非文消费、收入（元转换为%），二者变动呈面积比例；相互间历年之比形成民生消费系数（%）曲线；右轴为非文消费城乡比曲线（乡村=1）。标明历年省域排序。

2000~2011年，重庆城乡居民人均非文消费年均增长12.67%，人均收入年均增长13.95%，比非文消费年均增幅高出1.28个百分点。11年间，重庆城乡居民人均非文消费占人均收入比重的最高值为2001年77.08%，最低（最佳）值为2011年67.95%。逐年考察，除了2001年和2003~2004年出现回升以外，重庆城乡此项比值逐步下降，由2000年76.97%降低至2011年67.95%，比重数值处于31个省域里第19位。民生消费系数呈现减低趋势，亦即"必需消费"之外的余钱占收入比重增高，意味着从"基本小康"到"全面小康"建设的民生效应日益得以显现。

2000~2011年，重庆乡村居民人均非文消费年均增长11.64%，城镇居民人均非文消费年均增长9.24%，比乡村低2.40个百分点。作为城乡差距的衡量指标，11年间，重庆人均非文消费城乡比的最大值为2003年4.7448，最小（最佳）值为2011年3.3499。逐年考察，除了2002~2003年、2006年和2009

年出现扩增以外,重庆此项城乡比逐步缩减,由2000年4.2554缩小至2011年3.3499,城乡比数值处于31个省域里第30位。"必需"非文消费的城乡差距呈现缩减趋势,意味着在民生消费层面城乡之间"共享发展成果"的程度有所提高。

如果(1)重庆城乡民生消费系数能够保持2011年最佳水平,(2)重庆民生消费层面的城乡差距能够保持2011年最小程度,乃至实现民生消费层面的城乡无差距理想状态,那么在"必需消费"占收入比重再度演算和城乡综合重新演算当中,重庆人均非文消费应有较大不同,反转则是人均非文消费剩余应有很大增多,这样随后推演的相关数值也会发生变化。

(三)文化需求系数检测

2000~2011年重庆城乡人均文化消费、非文消费剩余绝对值、比例值和城乡比变动态势见图5。图中将文化消费、非文消费剩余绝对值转换为图形面积比例,二者历年之比形成文化需求系数变动曲线,同时附有文化消费城乡比变动曲线。

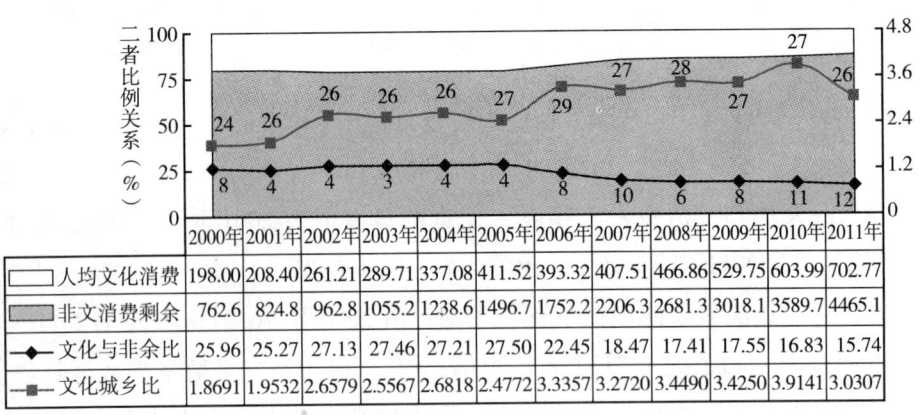

图5 重庆城乡人均文化消费、非文消费剩余绝对值、比例值和城乡比变动态势

注:左轴为城乡人均文化消费、非文消费剩余(元转换为%),二者变动呈面积比例;相互间历年之比形成文化需求系数(%)曲线;右轴为文化消费城乡比曲线(乡村=1)。标明历年省域排序。

2000~2011年,重庆城乡居民人均文化消费年均增长12.21%,人均非文消费剩余年均增长17.43%,比文化消费年均增幅高出5.22个百分点。11年间，重庆城乡居民人均文化消费与人均非文消费剩余比例的最高（最佳）值为 2005 年 27.50%，最低值为 2011 年 15.74%。逐年考察，除了 2002～2003 年、2005 年和 2009 年出现回升以外，重庆城乡此项比值逐步下降，由 2000 年 25.96% 降低至 2011 年 15.74%，比例数值处于 31 个省域里第 12 位。文化需求系数呈现减低趋势，意味着"非必需"的文化消费需求增长依然受到"积蓄增长负相关效应"的反向牵制。

2000～2011 年，重庆乡村居民人均文化消费年均增长 7.28%，城镇居民人均文化消费年均增长 12.10%，比乡村高出 4.82 个百分点。作为城乡差距的衡量指标，11 年间，重庆人均文化消费城乡比的最小（最佳）值为 2000 年 1.8691，最大值为 2010 年 3.9141。逐年考察，除了 2003 年、2005 年、2007 年、2009 年和 2011 年出现缩减以外，重庆此项城乡比逐步扩增，由 2000 年 1.8691 扩大至 2011 年 3.0307，城乡比数值处于 31 个省域里第 26 位。文化消费需求的城乡差距呈现扩增趋势，意味着在文化消费需求层面城乡之间"共享发展成果"的程度有所降低。

如果（1）重庆城乡文化需求系数能够保持 2005 年最佳水平，（2）重庆文化需求层面的城乡差距能够保持 2000 年最小程度，乃至实现文化需求层面的城乡无差距理想状态，那么在"非必需"文化消费占余钱比重再度演算和城乡综合重新演算当中，重庆人均文化消费应有很大增长。

三 文化需求增长目标暨文化产业发展空间测算

2011～2020 年重庆城乡人均文化消费需求增长测算见图 6，图中提供了文化产业供需协调增长目标的七类测算结果。

（1）历年均增值测算：以重庆城乡人均文化消费 2000 年以来年均增长率测算增长目标，可以得出概率最高的或然增长结果。如果 2011～2020 年重庆城乡保持与 2000～2011 年相同的年均增长率 12.21%（省域间实际增长第 11 位），那么到 2020 年城乡人均文化消费将达到 1981.24 元。在相关各方面增长均依此推算的情况下，由于重庆城乡文化消费与产值的比例在 2000～2011 年呈现下降态势，2020 年文化消费增长与产值增长测算值之比将继续降低至 1.30%。

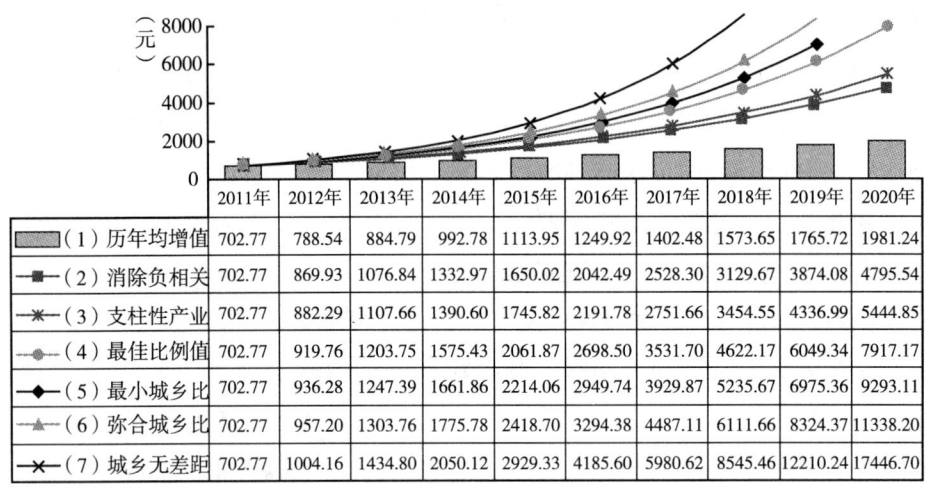

图6　2011～2020年重庆城乡人均文化消费需求增长测算

注：2011～2020年人均产值按2000～2011年实际年均增长推算，文化消费与产值比：2011年实值2.04%；2020年测算值（1）1.30%；（2）3.15%；（3）3.57%；（4）5.20%；（5）6.10%；（6）7.44%；（7）11.45%。2011～2020年城乡人均文化消费年均增长：（1）12.21%（2000～2011年实值）；（2）23.79%；（3）25.54%；（4）30.88%；（5）33.23%；（6）36.20%；（7）42.89%。若产值按年均增长7%推算，则2020年文化消费与产值比测算值：（1）3.12%；（2）7.56%。2020年城乡人均文化消费：（3）2266.69元，年增13.90%；（4）3295.92元，年增18.73%；（5）3868.72元，年增20.87%；（6）4720.09元，年增23.57%；（7）7263.05元，年增29.63%。

（2）消除负相关测算：以重庆城乡文化需求系数2000年以来最佳比例值测算增长目标，即假设文化消费增长与积蓄增长之间排除负相关关系。如果到2020年重庆城乡此项比例实现2000～2011年最佳状态，那么城乡人均文化消费应达到4795.54元，年均增长幅度需达到23.79%，为以往11年实际年均增长率的1.95倍（省域间目标距离第20位），文化消费增长与产值增长测算值之比将上升至3.15%。

（3）支柱性产业测算：摈弃单纯的"文化GDP追逐"，通过文化消费增长空间反推，以生产满足需求测算增长目标，即假设消费需求增长推动生产发展，实现文化产业供需协调增长，达到支柱产业所需占产值比重。各地至2020年城乡文化消费与产值之比的测算值各有不同，重庆测算值为3.57%。据此反推，到2020年重庆城乡人均文化消费应达到5444.85元，年均增长幅度需达到25.54%，为以往11年实际年均增长率的2.09倍（省域间目标距离第 17 位)。

(4) 最佳比例值测算：以重庆城乡民生基础系数、民生消费系数、文化需求系数 2000 年以来 3 项最佳比例测算增长目标，即假设"回复"曾有的 3 项比例关系最佳值。如果到 2020 年重庆城乡 3 项比例同步实现 2000～2011 年最佳状态，那么城乡人均文化消费应达到 7917.17 元，年均增长幅度需达到 30.88%，为以往 11 年实际年均增长率的 2.53 倍（省域间目标距离第 18 位），文化消费增长与产值增长测算值之比将上升至 5.20%。

(5) 最小城乡比测算：在 3 项最佳比例值测算基础上，以重庆人均文化消费城乡比 2000 年以来最小值测算增长目标，即假设"回复"原有的文化消费城乡比最小状态，作为缩小以至消除城乡差距的基础。如果到 2020 年重庆城乡同时实现 2000～2011 年 3 项最佳比例和文化消费最小城乡比，那么城乡人均文化消费应达到 9293.11 元，年均增长幅度需达到 33.23%，为以往 11 年实际年均增长率的 2.72 倍（省域间目标距离第 17 位），文化消费增长与产值增长测算值之比将上升至 6.10%。

(6) 弥合城乡比测算：在 3 项最佳比例值测算基础上，以重庆人均文化消费城乡比的无差距理想值测算增长目标，即假设文化需求层面的城乡差距得以消除演算校正数值。如果到 2020 年重庆城乡同时实现 2000～2011 年 3 项最佳比例和乡村人均文化消费绝对值与城镇水平持平，那么城乡人均文化消费应达到 11338.20 元，年均增长幅度需达到 36.20%，为以往 11 年实际年均增长率的 2.96 倍（省域间目标距离第 17 位），文化消费增长与产值增长测算值之比将上升至 7.44%。

(7) 城乡无差距测算：在民生基础层面、民生消费层面、文化需求层面 3 项城乡比的无差距理想状态下实现 2000 年以来最佳比例测算增长目标，即假设重庆乡村相关方面加速增长并与城镇水平持平，同时取城镇标准的 3 项最佳比例关系进行演算。如果到 2020 年重庆城乡之间在此 3 个层面已无差距，统一实现按城镇标准衡量的 2000～2011 年 3 项最佳比例，那么城乡人均文化消费应达到 17446.70 元，年均增长幅度需达到 42.89%，为以往 11 年实际年均增长率的 3.51 倍（省域间目标距离第 21 位），文化消费增长与产值增长测算值之比将上升至 11.45%。

如果按照国家"十二五"规划转变发展方式的要求,在"十二五"期间把重庆产值年均增长率控制在7%,并一直延续至2020年,那么在图6中,前两类测算因与产值增长演算间接相关,文化消费人均值增长测算的绝对值不变,其与产值比将分别增高至3.12%和7.56%;后五类测算因与产值增长演算直接相关,文化消费人均值增长测算的绝对值相应减少,其所需年均增长幅度(亦即目标差距)将分别减低至13.90%、18.73%、20.87%、23.57%和29.63%(见图6注),显然更加容易实现。

Chongqing: All Measure Distance of Coordinated Growth Targets are Biggish

Abstract: The evaluated growth targets of cultural consumption and development space of cultural industry in Chongqing are as follows: Ranking of the actual growth among various provinces from 2000 to 2011 is the 11th in the valued average added value over the years; Ranking of the targets distance among various provinces from 2011 to 2020 are the 20th in the valued avoiding negative correlation, the 17th in the valued pillar industry, the 18th in the valued optimal proportion, the 17th in the valued lowest urban-rural ratio, the 17th in the valued closed urban-rural ratio, and the 21st in the valued without urban-rural gap.

Key Words: Chongqing's Cultural Industry; Expand Cultural Consumption; Demand and Sharing; Growth Target

B.29
四川：全部各项测算增长目标距离均较大

摘　要：

四川文化消费增长目标暨文化产业发展空间测评：省域间2000～2011年实际增长排名，历年均增值测算为第25位；省域间2011～2020年目标距离排名，消除负相关测算为第24位；支柱性产业测算为第25位；最佳比例值测算为第25位；最小城乡比测算为第22位；弥合城乡比测算为第24位；城乡无差距测算为第26位。

关键词：

四川文化产业　扩大文化消费　需求与共享　增长目标

一　城乡文化消费需求及相关方面增长态势

2000～2011年四川城乡文化消费总量和人均值增长态势见图1。

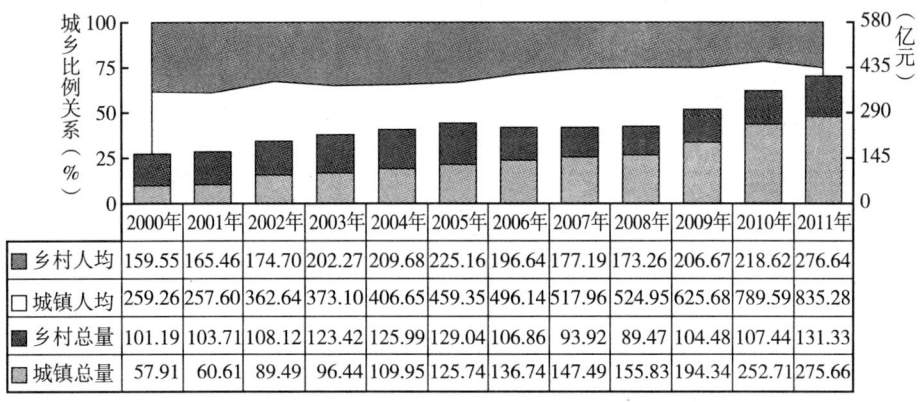

图1　四川城乡文化消费总量和人均值增长态势

注：左轴为城乡人均文化消费（元转换为%），城乡间历年变动呈面积比例关系；右轴为文化消费总量（亿元），柱形上下之和为城乡总量。

2000~2011年，四川城乡文化消费总量从159.10亿元增长至406.99亿元，增加247.89亿元，11年间总增长155.81%，年均增长8.91%。其中，"十五"期间年均增长9.88%；"十一五"期间年均增长7.17%。

同期，四川城镇人均文化消费从259.26元增长至835.28元，增加576.02元，11年间总增长222.18%，年均增长11.22%。其中，"十五"期间年均增长12.12%；"十一五"期间年均增长11.44%。乡村人均文化消费从159.55元增长至276.64元，增加117.09元，11年间总增长73.39%，年均增长5.13%。其中，"十五"期间年均增长7.13%；"十一五"期间年均负增长0.59%。值得注意的是，"十五"期间四川城镇人均值年均增幅比乡村高出4.99个百分点，城乡差距有所扩大；"十一五"期间四川城镇人均值年均增幅比乡村高出12.03个百分点，城乡差距持续扩大。

后续各图表将逐步展示四川相关背景各方面历年增长数据。在此，先把各项绝对值转换为以上一年数值为100的年度增长百分指数，可以清晰看出2000~2011年四川人均产值、城乡人均收入、非文消费、文化消费和积蓄增长态势见图2。

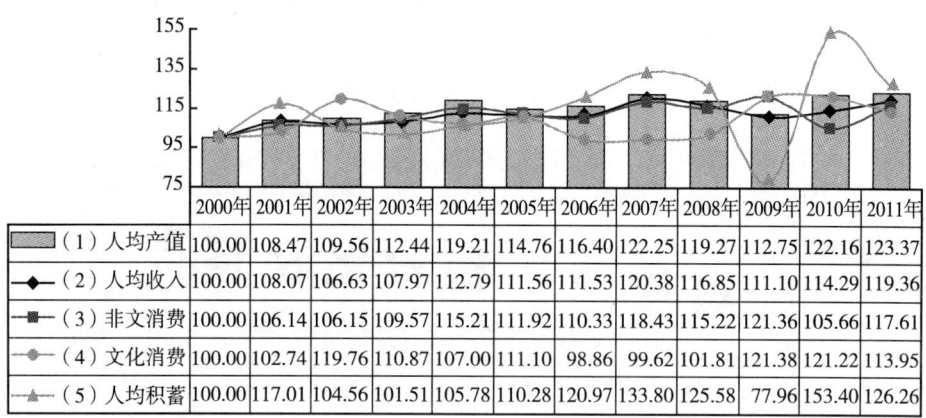

	2000年	2001年	2002年	2003年	2004年	2005年	2006年	2007年	2008年	2009年	2010年	2011年
（1）人均产值	100.00	108.47	109.56	112.44	119.21	114.76	116.40	122.25	119.27	112.75	122.16	123.37
（2）人均收入	100.00	108.07	106.63	107.97	112.79	111.56	111.53	120.38	116.85	111.10	114.29	119.36
（3）非文消费	100.00	106.14	106.15	109.57	115.21	111.92	110.33	118.43	115.22	121.36	105.66	117.61
（4）文化消费	100.00	102.74	119.76	110.87	107.00	111.10	98.86	99.62	101.81	121.38	121.22	113.95
（5）人均积蓄	100.00	117.01	104.56	101.51	105.78	110.28	120.97	133.80	125.58	77.96	153.40	126.26

图2 四川人均产值、城乡人均收入、消费和积蓄增长态势

注：左轴为年增指数（产值为柱形，其余为曲线），上年=100（小于100为负增长）；2001~2011年增长（2000年为起点不计）相关系数：（1）与（2）0.9092；（2）与（3）0.6079；（4）与（5）-0.2376，其间2001~2009年-0.8718，2003~2009年-0.9462，2004~2009年-0.9440，2005~2009年-0.9537。

在四川人均产值、城乡人均收入、非文消费、文化消费和积蓄的年度增长指数中，选取3对具有特定相关关系的数据项，作为文中分析的基础。第一对数据项：(1)柱形系产值历年增长指数，(2)带菱形曲线系收入历年增长指数，二者2001～2011年相关系数为0.9092，即这两个方面历年增长在90.92%的程度上保持同步。第二对数据项：(2)收入历年增长指数，(3)带方形曲线系非文消费历年增长指数，二者2001～2011年相关系数为0.6079，即这两个方面历年增长在60.79%的程度上保持同步。第三对数据项：(4)带圆形曲线系文化消费历年增长指数，(5)带三角形曲线系积蓄历年增长指数，二者2001～2011年相关系数为负值0.2376。分时间段深入考察，其间2001～2009年为负值0.8718，2003～2009年为负值0.9462，2004～2009年为负值0.9440，2005～2009年为负值0.9537，分别构成很明显的"负相关"增长反向互动关系。

对比四川城乡人均积蓄与文化消费两条年度增长曲线，大体呈现为横向镜面对应或俗称"水中倒影"的负相关关系。其中，2006～2008年四川城乡人均积蓄年度增长形成高峰，与之对应的是人均文化消费年度增长陷入低谷，并持续负增长；2009年四川城乡人均积蓄年度增长跌入低谷，呈现负增长，与之对应的是人均文化消费年度增长出现高峰。四川城乡文化消费的"积蓄增长负相关效应"明显成立。

二 城乡文化消费需求背景的增长协调性分析

（一）民生基础系数检测

2000～2011年四川城乡人均收入、产值绝对值、比例值和城乡比变动态势见图3。图中将收入、产值绝对值转换为图形面积比例，二者历年之比形成民生基础系数变动曲线，同时附有收入城乡比变动曲线。

2000～2011年，四川城乡居民人均收入年均增长12.69%，人均产值年均增长16.32%，比居民收入年均增幅高出3.63个百分点。11年间，四川城乡居民人均收入与人均产值比例的最高（最佳）值为2000年59.38%，最低值

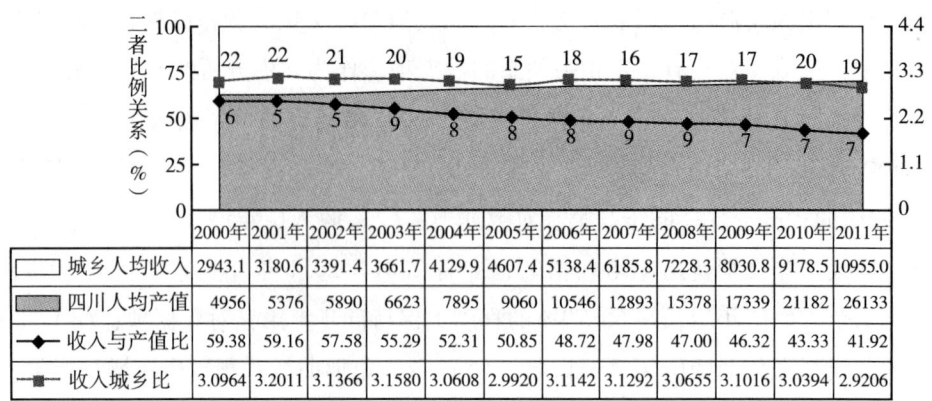

图3　四川城乡人均收入、产值绝对值、比例值和城乡比变动态势

注：左轴为城乡人均收入、产值（元转换为%），二者变动呈面积比例；相互间历年之比形成民生基础系数（%）曲线；右轴为收入城乡比曲线（乡村=1）。标明历年省域排序。

为2011年41.92%。逐年考察，从2000~2011年，四川城乡此项比值一直持续下降，由2000年59.38%降低至2011年41.92%，比例数值处于31个省域里第7位。民生基础系数呈现减低趋势，意味着在经济增长的同时"人民共享发展成果"程度逐渐降低。

2000~2011年，四川乡村居民人均收入年均增长11.21%，城镇居民人均收入年均增长10.63%，比乡村低0.58个百分点。作为城乡差距的衡量指标，11年间，四川人均收入城乡比的最大值为2001年3.2011，最小（最佳）值为2011年2.9206。逐年考察，除了2001年、2003年、2006~2007年和2009年出现扩增以外，四川此项城乡比逐步缩减，由2000年3.0964缩小至2011年2.9206，城乡比数值处于31个省域里第19位。居民收入的城乡差距呈现缩减趋势，意味着在民生基础层面城乡之间"共享发展成果"的程度有所提高。

如果（1）四川城乡民生基础系数能够保持2000年最佳水平，（2）四川民生基础层面的城乡差距能够保持2011年最小程度，乃至实现民生基础层面的城乡无差距理想状态，那么在"国民收入再分配"演算和城乡综合重新演算当中，四川人均收入应有很大增高，这样随后逐步推演的一切测算值都会发生变化。

（二）民生消费系数检测

2000~2011年四川城乡人均非文消费、收入绝对值、比重值和城乡比变动态势见图4。图中将非文消费、收入绝对值转换为图形面积比例，二者历年之比形成民生消费系数变动曲线，同时附有非文消费城乡比变动曲线。

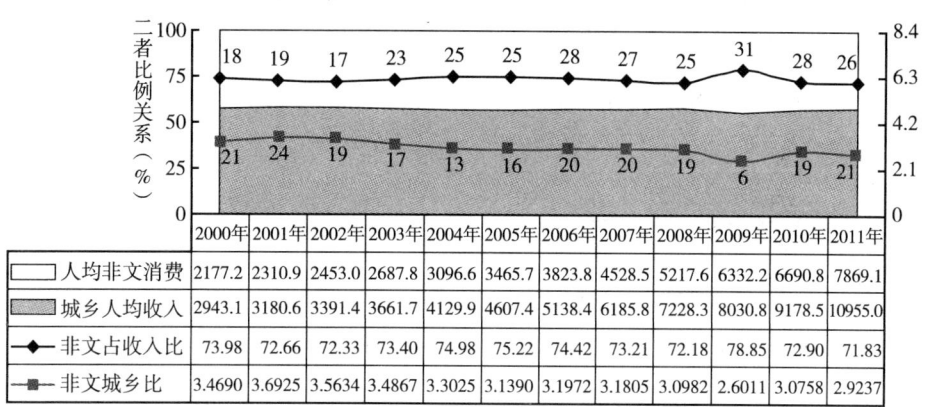

图4　四川城乡人均非文消费、收入绝对值、比重值和城乡比变动态势

注：左轴为城乡人均非文消费、收入（元转换为%），二者变动呈面积比例；相互间历年之比形成民生消费系数（%）曲线；右轴为非文消费城乡比曲线（乡村=1）。标明历年省域排序。

2000~2011年，四川城乡居民人均非文消费年均增长12.39%，人均收入年均增长12.69%，比非文消费年均增幅高出0.30个百分点。11年间，四川城乡居民人均非文消费占人均收入比重的最高值为2009年78.85%，最低（最佳）值为2011年71.83%。逐年考察，除了2003~2005年和2009年出现回升以外，四川城乡此项比值逐步下降，由2000年73.98%降低至2011年71.83%，比重数值处于31个省域里第26位。民生消费系数呈现减低趋势，亦即"必需消费"之外的余钱占收入比重增高，意味着从"基本小康"到"全面小康"建设的民生效应日益得以显现。

2000~2011年，四川乡村居民人均非文消费年均增长11.53%，城镇居民人均非文消费年均增长9.81%，比乡村低1.72个百分点。作为城乡差距的衡量指标，11年间，四川人均非文消费城乡比的最大值为2001年3.6925，最小（最佳）值为2009年2.6011。逐年考察，除了2001年、2006年和2010年出现扩增以外,四川此项城乡比逐步缩减,由2000年3.4690缩小至2011年2.9237,城乡比数值处于31个省域里第21位。"必需"非文消费的城乡差距呈现缩减趋势,意味着在民生消费层面城乡之间"共享发展成果"的程度有所提高。

如果(1)四川城乡民生消费系数能够保持2011年最佳水平,(2)四川民生消费层面的城乡差距能够保持2009年最小程度,乃至实现民生消费层面的城乡无差距理想状态,那么在"必需消费"占收入比重再度演算和城乡综合重新演算当中,四川人均非文消费应有较大不同,反转则是人均非文消费剩余应有很大增多,这样随后推演的相关数值也会发生变化。

(三)文化需求系数检测

2000~2011年四川城乡人均文化消费、非文消费剩余绝对值、比例值和城乡比变动态势见图5。图中将文化消费、非文消费剩余绝对值转换为图形面积比例,二者历年之比形成文化需求系数变动曲线,同时附有文化消费城乡比变动曲线。

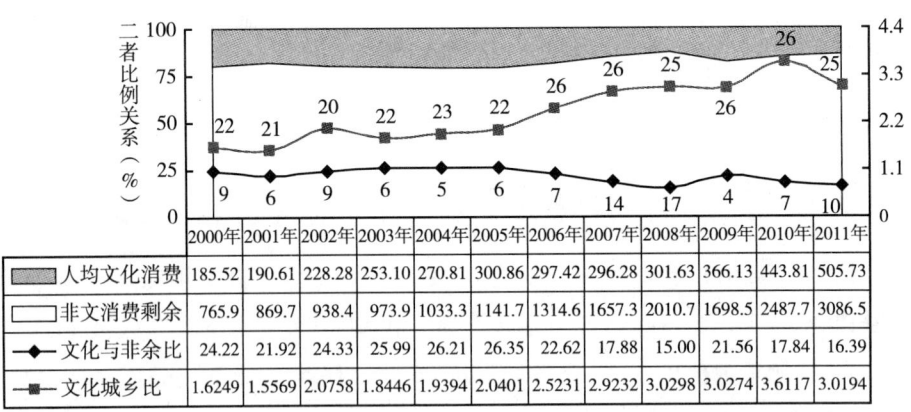

图5 四川城乡人均文化消费、非文消费剩余绝对值、比例值和城乡比变动态势

注:左轴为城乡人均文化消费、非文消费剩余(元转换为%),二者变动呈面积比例;相互间历年之比形成文化需求系数(%)曲线;右轴为文化消费城乡比曲线(乡村=1)。标明历年省域排序。

2000~2011年,四川城乡居民人均文化消费年均增长9.55%,人均非文消费剩余年均增长13.51%,比文化消费年均增幅高出3.96个百分点。11年间，四川城乡居民人均文化消费与人均非文消费剩余比例的最高（最佳）值为2005年26.35%，最低值为2008年15.00%。逐年考察，除了2002~2005年和2009年出现回升以外，四川城乡此项比值逐步下降，由2000年24.22%降低至2011年16.39%，比例数值处于31个省域里第10位。文化需求系数呈现减低趋势，意味着"非必需"的文化消费需求增长依然受到"积蓄增长负相关效应"的反向牵制。

2000~2011年，四川乡村居民人均文化消费年均增长5.13%，城镇居民人均文化消费年均增长11.22%，比乡村高出6.09个百分点。作为城乡差距的衡量指标，11年间，四川人均文化消费城乡比的最小（最佳）值为2001年1.5569，最大值为2010年3.6117。逐年考察，除了2001年、2003年、2009年和2011年出现缩减以外，四川此项城乡比逐步扩增，由2000年1.6249扩大至2011年3.0194，城乡比数值处于31个省域里第25位。文化消费需求的城乡差距呈现扩增趋势，意味着在文化消费需求层面城乡之间"共享发展成果"的程度有所降低。

如果（1）四川城乡文化需求系数能够保持2005年最佳水平，（2）四川文化需求层面的城乡差距能够保持2001年最小程度，乃至实现文化需求层面的城乡无差距理想状态，那么在"非必需"文化消费占余钱比重再度演算和城乡综合重新演算当中，四川人均文化消费应有很大增长。

三 文化需求增长目标暨文化产业发展空间测算

2011~2020年四川城乡人均文化消费需求增长测算见图6，图中提供了文化产业供需协调增长目标的七类测算结果。

（1）历年均增值测算：以四川城乡人均文化消费2000年以来年均增长率测算增长目标，可以得出概率最高的或然增长结果。如果2011~2020年四川城乡保持与2000~2011年相同的年均增长率9.55%（省域间实际增长第25位），那么到2020年城乡人均文化消费将达到1148.84元。在相关各方面增长均依此推算的情况下，由于四川城乡文化消费与产值的比例在2000~2011年呈现下降态势，2020年文化消费增长与产值增长测算值之比将继续降低至1.13%。

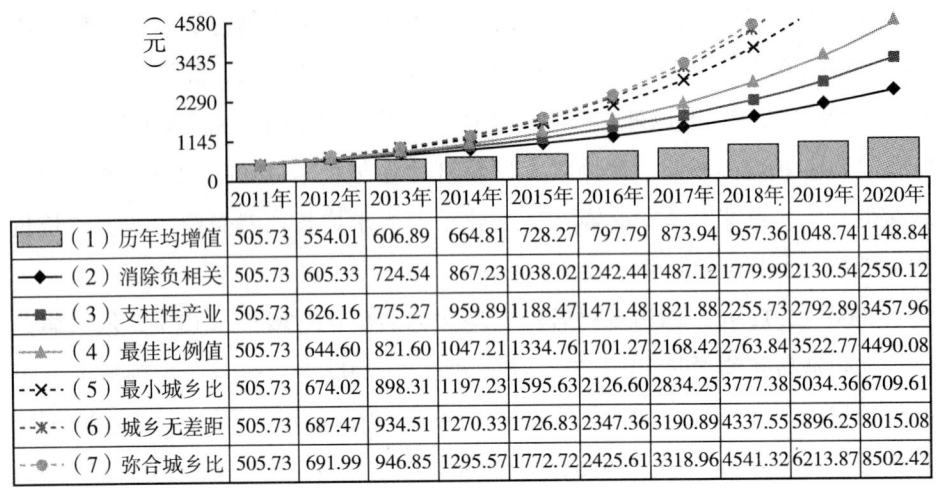

图6　2011~2020年四川城乡人均文化消费需求增长测算

注：作为背景因素，2011~2020年人均产值按2000~2011年实际年均增长率推算。2011年文化消费与产值比实际值1.94%；2020年测算值：（1）1.13%；（2）2.50%；（3）3.40%；（4）4.41%；（5）6.59%；（6）7.87%；（7）8.35%。2011~2020年文化消费年均增长：（1）9.55%（即2000~2011年实际值，以下为测算值）；（2）19.69%；（3）23.81%；（4）27.46%；（5）33.28%；（6）35.94%；（7）36.83%。若产值按年均增长率7%推算，则2020年文化消费与产值比（增量、增幅不变）：（1）2.39%；（2）5.31%。2020年文化消费（与产值比不变）：（3）1631.17元，年增13.90%；（4）2118.04元，年增17.25%；（5）3165.02元，年增22.60%；（6）3780.83元，年增25.05%；（7）4010.71元，年增25.87%。

（2）消除负相关测算：以四川城乡文化需求系数2000年以来最佳比例测算增长目标，即假设文化消费增长与积蓄增长之间排除负相关关系。如果到2020年四川城乡此项比例实现2000~2011年最佳状态，那么城乡人均文化消费应达到2550.12元，年均增长幅度需达到19.69%，为以往11年实际年均增长率的2.06倍（省域间目标距离第24位），文化消费增长与产值增长测算值之比将上升至2.50%。

（3）支柱性产业测算：摈弃单纯的"文化GDP追逐"，通过文化消费增长空间反推，以生产满足需求测算增长目标，即假设消费需求增长推动生产发展，实现文化产业供需协调增长，达到支柱产业所需占产值比重。各地至2020年城乡文化消费与产值之比的测算值各有不同，四川测算值为3.40%。据此反推，到2020年四川城乡人均文化消费应达到3457.96元，年均增长幅

四川：全部各项测算增长目标距离均较大

度需达到23.81%，为以往11年实际年均增长率的2.49倍（省域间目标距离第25位）。

（4）最佳比例值测算：以四川城乡民生基础系数、民生消费系数、文化需求系数2000年以来3项最佳比例测算增长目标，即假设"回复"曾有的三项比例关系最佳值。如果到2020年四川城乡3项比例同步实现2000~2011年最佳状态，那么城乡人均文化消费应达到4490.08元，年均增长幅度需达到27.46%，为以往11年实际年均增长率的2.88倍（省域间目标距离第25位），文化消费增长与产值增长测算值之比将上升至4.41%。

（5）最小城乡比测算：在3项最佳比例值测算基础上，以四川人均文化消费城乡比2000年以来最小值测算增长目标，即假设"回复"原有的文化消费城乡比最小状态，作为缩小以至消除城乡差距的基础。如果到2020年四川城乡同时实现2000~2011年3项最佳比例和文化消费最小城乡比，那么城乡人均文化消费应达到6709.61元，年均增长幅度需达到33.28%，为以往11年实际年均增长率的3.48倍（省域间目标距离第22位），文化消费增长与产值增长测算值之比将上升至6.59%。

（6）城乡无差距测算：在民生基础层面、民生消费层面、文化需求层面3项城乡比的无差距理想状态下实现2000年以来最佳比例测算增长目标，即假设四川乡村相关方面加速增长并与城镇水平持平，同时取城镇标准的3项最佳比例关系进行演算。如果到2020年四川城乡之间在此3个层面已无差距，统一实现按城镇标准衡量的2000~2011年3项最佳比例，那么城乡人均文化消费应达到8015.08元，年均增长幅度需达到35.94%，为以往11年实际年均增长率的3.76倍（省域间目标距离第26位），文化消费增长与产值增长测算值之比将上升至7.87%。

（7）弥合城乡比测算：在3项最佳比例值测算基础上，以四川人均文化消费城乡比的无差距理想值测算增长目标，即假设文化需求层面的城乡差距得以消除演算校正数值。如果到2020年四川城乡同时实现2000~2011年3项最佳比例和乡村人均文化消费绝对值与城镇水平持平，那么城乡人均文化消费应达到8502.42元，年均增长幅度需达到36.83%，为以往11年实际年均增长率的3.86倍（省域间目标距离第24位），文化消费增长与产值增长测算值之比将上升至 8.35%。

如果按照国家"十二五"规划转变发展方式的要求,在"十二五"期间把四川产值年均增长率控制在 7%,并一直延续至 2020 年,那么在图 6 中,前两类测算因与产值增长演算间接相关,文化消费人均值增长测算的绝对值不变,其与产值比将分别增高至 2.39% 和 5.31%;后五类测算因与产值增长演算直接相关,文化消费人均值增长测算的绝对值相应减少,其所需年均增长幅度(亦即目标差距)将分别减低至 13.90%、17.25%、22.60%、25.05% 和 25.87%(见图 6 注),显然更加容易实现。

Sichuan: All of the Measure Distance of Growth Targets are Biggish

Abstract: The evaluated growth targets of cultural consumption and development space of cultural industry in Sichuan are as follows: Ranking of the actual growth among various provinces from 2000 to 2011 is the 25th in the valued average added value over the years; Ranking of the targets distance among various provinces from 2011 to 2020 are the 24th in the valued avoiding negative correlation, the 25th in the valued pillar industry, the 25th in the valued optimal proportion, the 22nd in the valued lowest urban-rural ratio, the 24th in the valued closed urban-rural ratio, and the 26th in the valued without urban-rural gap.

Key Words: Sichuan's Cultural Industry; Expand Cultural Consumption; Demand and Sharing; Growth Target

B.30
贵州：城乡均衡相关测算目标明显滞后

摘　要：

　　贵州文化消费增长目标暨文化产业发展空间测评：省域间2000～2011年实际增长排名，历年均增值测算为第17位；省域间2011～2020年目标距离排名，消除负相关测算为第15位；支柱性产业测算为第19位；最佳比例值测算为第19位；最小城乡比测算为第21位；弥合城乡比测算为第25位；城乡无差距测算为第25位。

关键词：

　　贵州文化产业　扩大文化消费　需求与共享　增长目标

一　城乡文化消费需求及相关方面增长态势

2000～2011年贵州城乡文化消费总量和人均值增长态势见图1。

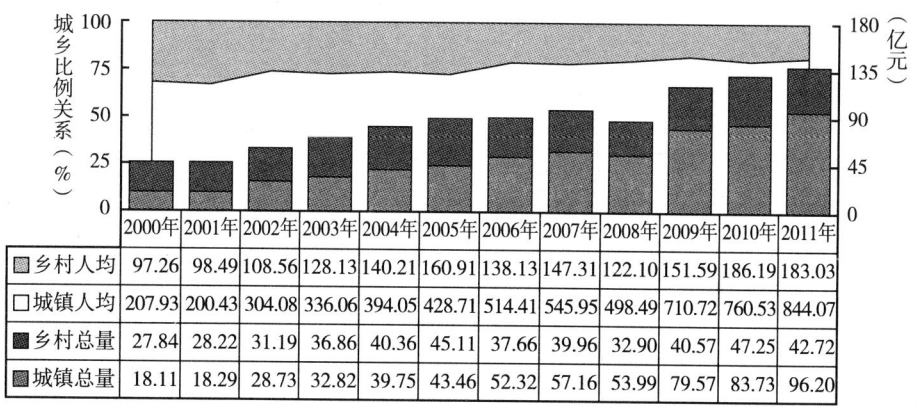

图1　贵州城乡文化消费总量和人均值增长态势

注：左轴为城乡人均文化消费（元转换为％），城乡间历年变动呈面积比例关系；右轴为文化消费总量（亿元），柱形上下之和为城乡总量。

2000~2011年，贵州城乡文化消费总量从45.95亿元增长至138.92亿元，增加92.97亿元，11年间总增长202.33%，年均增长10.58%。其中，"十五"期间年均增长14.03%；"十一五"期间年均增长8.14%。

同期，贵州城镇人均文化消费从207.93元增长至844.07元，增加636.14元，11年间总增长305.94%，年均增长13.58%。其中，"十五"期间年均增长15.57%；"十一五"期间年均增长12.15%。乡村人均文化消费从97.26元增长至183.03元，增加85.77元，11年间总增长88.19%，年均增长5.92%。其中，"十五"期间年均增长10.59%；"十一五"期间年均增长2.96%。值得注意的是，"十五"期间贵州城镇人均值年均增幅比乡村高出4.98个百分点，城乡差距有所扩大；"十一五"期间贵州城镇人均值年均增幅比乡村高出9.19个百分点，城乡差距持续扩大。

后续各图表将逐步展示贵州相关背景各方面历年增长数据。在此，先把各项绝对值转换为以上一年数值为100的年度增长百分指数，可以清晰看出2000~2011年贵州人均产值、城乡人均收入、非文消费、文化消费和积蓄增长态势见图2。

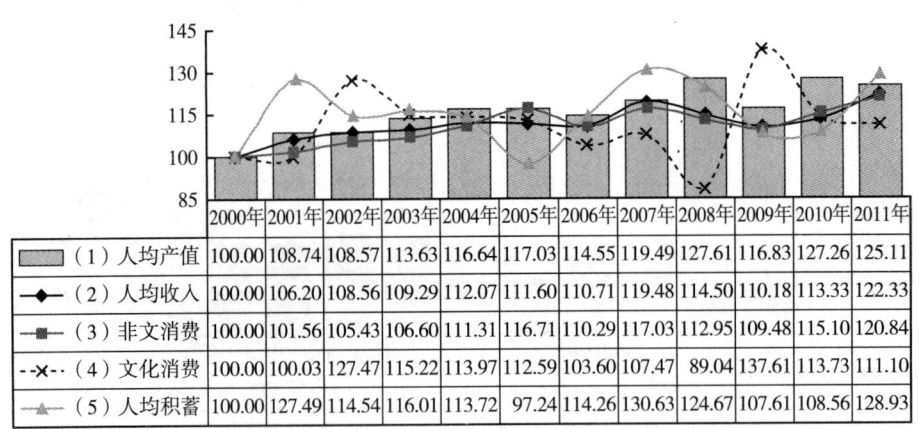

	2000年	2001年	2002年	2003年	2004年	2005年	2006年	2007年	2008年	2009年	2010年	2011年
（1）人均产值	100.00	108.74	108.57	113.63	116.64	117.03	114.55	119.49	127.61	116.83	127.26	125.11
（2）人均收入	100.00	106.20	108.56	109.29	112.07	111.60	110.71	119.48	114.50	110.18	113.33	122.33
（3）非文消费	100.00	101.56	105.43	106.60	111.31	116.71	110.29	117.03	112.95	109.48	115.10	120.84
（4）文化消费	100.00	100.03	127.47	115.22	113.97	112.59	103.60	107.47	89.04	137.61	113.73	111.10
（5）人均积蓄	100.00	127.49	114.54	116.01	113.72	97.24	114.26	130.63	124.67	107.61	108.56	128.93

图2　贵州人均产值、城乡人均收入、消费和积蓄增长态势

注：左轴为年增指数（产值为柱形，其余为曲线），上年＝100（小于100为负增长）；2001~2011年增长（2000年为起点不计）相关系数：（1）与（2）0.7220；（2）与（3）0.8900；（4）与（5）－0.4969，其间2006~2010年－0.6504，2007~2010年－0.7086。

在贵州人均产值、城乡人均收入、非文消费、文化消费和积蓄的年度增长指数中，选取3对具有特定相关关系的数据项，作为文中分析的基础。第一对数据项：（1）柱形系产值历年增长指数，（2）带菱形曲线系收入历年增长指数，二者2001～2011年相关系数为0.7220，即这两个方面历年增长在72.20%的程度上保持同步。第二对数据项：（2）收入历年增长指数，（3）带方形曲线系非文消费历年增长指数，二者2001～2011年相关系数为0.8900，即这两个方面历年增长在89.00%的程度上保持同步。第三对数据项：（4）带圆形曲线系文化消费历年增长指数，（5）带三角形曲线系积蓄历年增长指数，二者2001～2011年相关系数为负值0.4969。分时间段深入考察，其间2006～2010年为负值0.6504，2007～2010年为负值0.7086，分别构成明显的"负相关"增长反向互动关系。

对比贵州城乡人均积蓄与文化消费两条年度增长曲线，只有2003～2004年间显得例外，其余年度大体呈现为横向镜面对应或俗称"水中倒影"的负相关关系。其中，2006～2008年贵州城乡人均积蓄年度增长形成高峰，与之对应的是人均文化消费年度增长陷入低谷，甚至为负增长；2009年贵州城乡人均积蓄年度增长值跌至低谷，与之对应的是人均文化消费年度增长出现高峰。贵州城乡文化消费的"积蓄增长负相关效应"明显成立。

二 城乡文化消费需求背景的增长协调性分析

（一）民生基础系数检测

2000～2011年贵州城乡人均收入、产值绝对值、比例值和城乡比变动态势见图3。图中将收入、产值绝对值转换为图形面积比例，二者历年之比形成民生基础系数变动曲线，同时附有收入城乡比变动曲线。

2000～2011年，贵州城乡居民人均收入年均增长12.48%，人均产值年均增长17.60%，比居民收入年均增幅高出5.12个百分点。11年间，贵州城乡居民人均收入与人均产值比例的最高（最佳）值为2000年81.50%，最低值为2011年49.94%。逐年考察，从2000～2011年，贵州城乡此项比值一直持

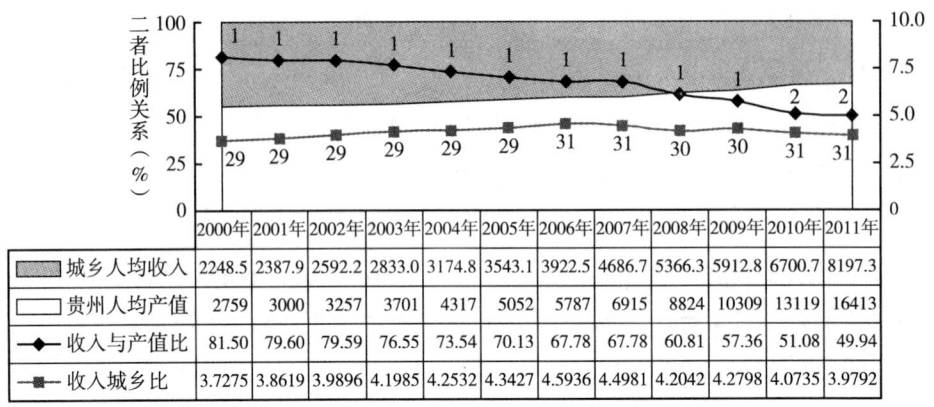

图 3　贵州城乡人均收入、产值绝对值、比例值和城乡比变动态势

注：左轴为城乡人均收入、产值（元转换为%），二者变动呈面积比例；相互间历年之比形成民生基础系数（%）曲线；右轴为收入城乡比曲线（乡村=1）。标明历年省域排序。

续下降，由2000年81.50%降低至2011年49.94%，比例数值处于31个省域里第2位。民生基础系数呈现减低趋势，意味着在经济增长的同时"人民共享发展成果"程度逐渐降低。

2000~2011年，贵州乡村居民人均收入年均增长10.56%，城镇居民人均收入年均增长11.22%，比乡村高出0.66个百分点。作为城乡差距的衡量指标，11年间，贵州人均收入城乡比的最小（最佳）值为2000年3.7275，最大值为2006年4.5936。逐年考察，除了2007~2008年和2010~2011年出现缩减以外，贵州此项城乡比逐步扩增，由2000年3.7275扩大至2011年3.9792，城乡比数值处于31个省域里第31位。居民收入的城乡差距呈现扩增趋势，意味着在民生基础层面城乡之间"共享发展成果"的程度有所降低。

如果（1）贵州城乡民生基础系数能够保持2000年最佳水平，（2）贵州民生基础层面的城乡差距能够保持2000年最小程度，乃至实现民生基础层面的城乡无差距理想状态，那么在"国民收入再分配"演算和城乡综合重新演算当中，贵州人均收入应有很大增高，这样随后逐步推演的一切测算值都会发生变化。

（二）民生消费系数检测

2000~2011年贵州城乡人均非文消费、收入绝对值、比重值和城乡比变动态势见图4。图中将非文消费、收入绝对值转换为图形面积比例，二者历年之比形成民生消费系数变动曲线，同时附有非文消费城乡比变动曲线。

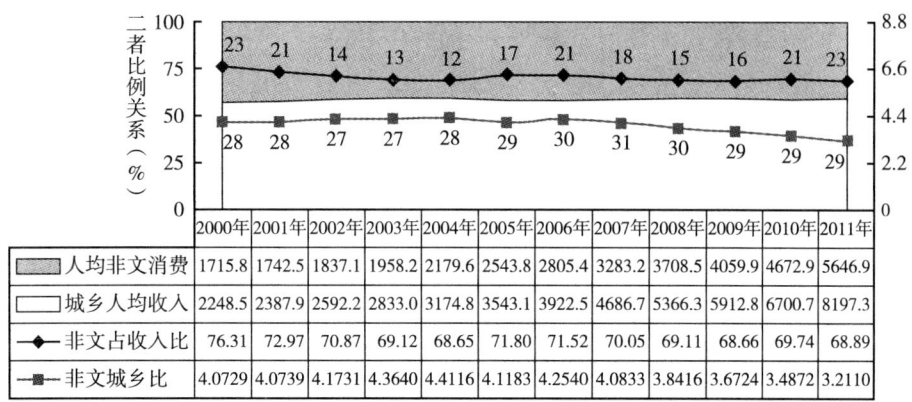

图4 贵州城乡人均非文消费、收入绝对值、比重值和城乡比变动态势

注：左轴为城乡人均非文消费、收入（元转换为%），二者变动呈面积比例；相互间历年之比形成民生消费系数（%）曲线；右轴为非文消费城乡比曲线（乡村=1）。标明历年省域排序。

2000~2011年，贵州城乡居民人均非文消费年均增长11.44%，人均收入年均增长12.48%，比非文消费年均增幅高出1.04个百分点。11年间，贵州城乡居民人均非文消费占人均收入比重的最高值为2000年76.31%，最低（最佳）值为2004年68.65%。逐年考察，除了2005年和2010年出现回升以外，贵州城乡此项比值逐步下降，由2000年76.31%降低至2011年68.89%，比重数值处于31个省域里第23位。民生消费系数呈现减低趋势，亦即"必需消费"之外的余钱占收入比重增高，意味着从"基本小康"到"全面小康"建设的民生效应日益得以显现。

2000~2011年，贵州乡村居民人均非文消费年均增长11.39%，城镇居民人均非文消费年均增长9.01%，比乡村低2.38个百分点。作为城乡差距的衡量指标，11年间，贵州人均非文消费城乡比的最大值为2004年4.4116，最小（最佳）值为2011年3.2110。逐年考察，除了2001~2004年和2006年出现扩增以外，贵州此项城乡比逐步缩减，由2000年4.0729缩小至2011年3.2110，城乡比数值处于31个省域里第29位。"必需"非文消费的城乡差距呈现缩减趋势，意味着在民生消费层面城乡之间"共享发展成果"的程度有所提高。

如果（1）贵州城乡民生消费系数能够保持2004年最佳水平，（2）贵州民生消费层面的城乡差距能够保持2011年最小程度，乃至实现民生消费层面的城乡无差距理想状态，那么在"必需消费"占收入比重再度演算和城乡综合重新演算当中，贵州人均非文消费应有较大不同，反转则是人均非文消费剩余应有很大增多，这样随后推演的相关数值也会发生变化。

（三）文化需求系数检测

2000~2011年贵州城乡人均文化消费、非文消费剩余绝对值、比例值和城乡比变动态势见图5。图中将文化消费、非文消费剩余绝对值转换为图形面积比例，二者历年之比形成文化需求系数变动曲线，同时附有文化消费城乡比变动曲线。

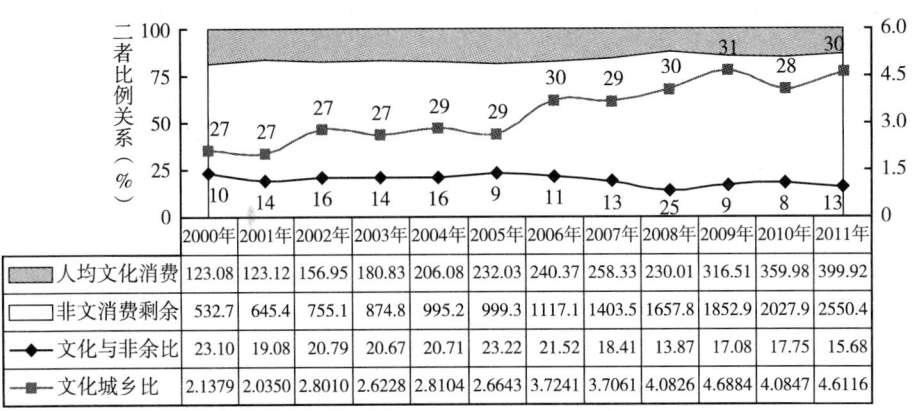

图5 贵州城乡人均文化消费、非文消费剩余绝对值、比例值和城乡比变动态势

注：左轴为城乡人均文化消费、非文消费剩余（元转换为%），二者变动呈面积比例；相互间历年之比形成文化需求系数（%）曲线；右轴为文化消费城乡比曲线（乡村=1）。标明历年省域排序。

2000~2011年，贵州城乡居民人均文化消费年均增长11.31%，人均非文消费剩余年均增长15.30%，比文化消费年均增幅高出3.99个百分点。11年间，贵州城乡居民人均文化消费与人均非文消费剩余比例的最高（最佳）值为2005年23.22%，最低值为2008年13.87%。逐年考察，除了2002年、2004~2005年和2009~2010年出现回升以外，贵州城乡此项比值逐步下降，由2000年23.10%降低至2011年15.68%，比例数值处于31个省域里第13位。文化需求系数呈现出减低趋势，意味着"非必需"的文化消费需求增长依然受到"积蓄增长负相关效应"的反向牵制。

2000~2011年，贵州乡村居民人均文化消费年均增长5.92%，城镇居民人均文化消费年均增长13.58%，比乡村高出7.66个百分点。作为城乡差距的衡量指标，11年间，贵州人均文化消费城乡比的最小（最佳）值为2001年2.0350，最大值为2009年4.6884。逐年考察，除了2001年、2003年、2005年、2007年和2010年出现缩减以外，贵州此项城乡比逐步扩增，由2000年2.1379扩大至2011年4.6116，城乡比数值处于31个省域里第30位。文化消费需求的城乡差距呈现扩增趋势，意味着在文化消费需求层面城乡之间"共享发展成果"的程度有所降低。

如果（1）贵州城乡文化需求系数能够保持2005年最佳水平，（2）贵州文化需求层面的城乡差距能够保持2001年最小程度，乃至实现文化需求层面的城乡无差距理想状态，那么在"非必需"文化消费占余钱比重再度演算和城乡综合重新演算当中，贵州人均文化消费应有很大增长。

三 文化需求增长目标暨文化产业发展空间测算

2011~2020年贵州城乡人均文化消费需求增长测算见图6，图中提供了文化产业供需协调增长目标的七类测算结果。

（1）历年均增值测算：以贵州城乡人均文化消费2000年以来年均增长率测算增长目标，可以得出概率最高的或然增长结果。如果2011~2020年贵州城乡保持与2000~2011年相同的年均增长率11.31%（省域间实际增长第17位），那么到2020年城乡人均文化消费将达到1048.85元。在相关各方面增长均依此推算的情况下，由于贵州城乡文化消费与产值的比例在2000~2011年呈现下降态势，2020年文化消费增长与产值增长测算值之比将继续降低至1.49%。

（2）消除负相关测算：以贵州城乡文化需求系数2000年以来最佳比例测算增长目标，即假设文化消费增长与积蓄增长之间排除负相关关系。如果到

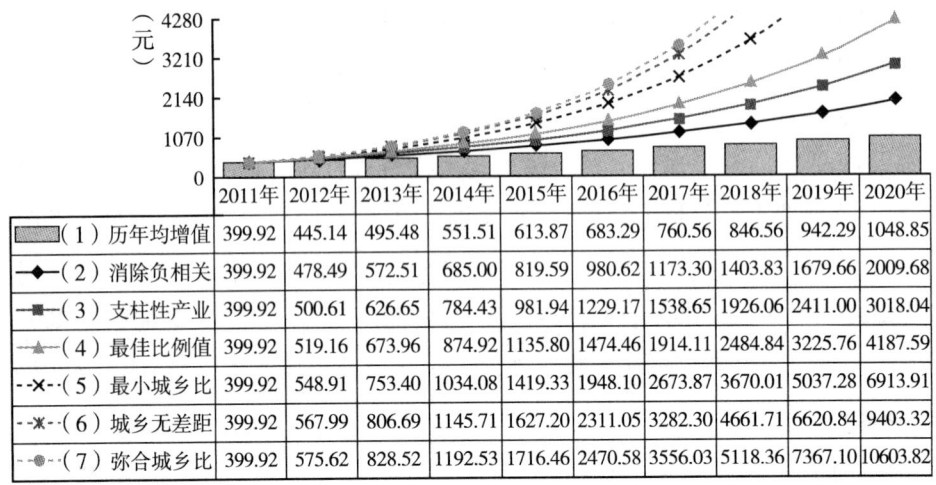

图6 2011~2020年贵州城乡人均文化消费需求增长测算

注：作为背景因素，2011~2020年人均产值按2000~2011年实际年均增长率推算。2011年文化消费与产值比实际值2.44%；2020年测算值：（1）1.49%；（2）2.85%；（3）4.27%；（4）5.93%；（5）9.79%；（6）13.32%；（7）15.02%。2011~2020年文化消费年均增长：（1）11.31%（即2000~2011年实际值，以下为测算值）；（2）19.65%；（3）25.18%；（4）29.82%；（5）37.25%；（6）42.03%；（7）43.93%。若产值按年均增长率7%推算，则2020年文化消费与产值比（增量、增幅不变）：（1）3.48%；（2）6.66%。2020年文化消费（与产值比不变）：（3）1289.88元，年增13.90%；（4）1789.73元，年增18.12%；（5）2954.94元，年增24.88%；（6）4018.88元，年增29.23%；（7）4531.96元,年增30.96%。

2020年贵州城乡此项比例实现2000~2011年最佳状态，那么城乡人均文化消费应达到2009.68元，年均增长幅度需达到19.65%，为以往11年实际年均增长率的1.74倍（省域间目标距离第15位），文化消费增长与产值增长测算值之比将上升至2.85%。

（3）支柱性产业测算：摈弃单纯的"文化GDP追逐"，通过文化消费增长空间反推，以生产满足需求测算增长目标，即假设消费需求增长推动生产发展，实现文化产业供需协调增长，达到支柱产业所需占产值比重。各地至2020年城乡文化消费与产值之比的测算值各有不同，贵州测算值为4.27%。据此反推，到2020年贵州城乡人均文化消费应达到3018.04元，年均增长幅度需达到25.18%，为以往11年实际年均增长率的2.23倍（省域间目标距离第19位）。

（4）最佳比例值测算：以贵州城乡民生基础系数、民生消费系数、文化需求系数2000年以来3项最佳比例测算增长目标,即假设"回复"曾有的3项比例关系最佳值。如果到2020年贵州城乡3项比例同步实现2000~2011年最佳状态,那么城乡人均文化消费应达到4187.59元,年均增长幅度需达到29.82%,为以往11年实际年均增长率的2.64倍(省域间目标距离第19位),文化消费增长与产值增长测算值之比将上升至5.93%。

(5)最小城乡比测算:在3项最佳比例值测算基础上,以贵州人均文化消费城乡比2000年以来最小值测算增长目标,即假设"回复"原有的文化消费城乡比最小状态,作为缩小以至消除城乡差距的基础。如果到2020年贵州城乡同时实现2000~2011年3项最佳比例和文化消费最小城乡比,那么城乡人均文化消费应达到6913.91元,年均增长幅度需达到37.25%,为以往11年实际年均增长率的3.29倍(省域间目标距离第21位),文化消费增长与产值增长测算值之比将上升至9.79%。

(6)城乡无差距测算:在民生基础层面、民生消费层面、文化需求层面3项城乡比的无差距理想状态下实现2000年以来最佳比例测算增长目标,即假设贵州乡村相关方面加速增长并与城镇水平持平,同时取城镇标准的3项最佳比例关系进行演算。如果到2020年贵州城乡之间在此3个层面已无差距,统一实现按城镇标准衡量的2000~2011年3项最佳比例,那么城乡人均文化消费应达到9403.32元,年均增长幅度需达到42.03%,为以往11年实际年均增长率的3.72倍(省域间目标距离第25位),文化消费增长与产值增长测算值之比将上升至13.32%。

(7)弥合城乡比测算:在3项最佳比例值测算基础上,以贵州人均文化消费城乡比的无差距理想值测算增长目标,即假设文化需求层面的城乡差距得以消除演算校正数值。如果到2020年贵州城乡同时实现2000~2011年3项最佳比例值和乡村人均文化消费绝对值与城镇水平持平,那么城乡人均文化消费应达到10603.82元,年均增长幅度需达到43.93%,为以往11年实际年均增长率的3.88倍(省域间目标距离第25位),文化消费增长与产值增长测算值之比将上升至15.02%。

如果按照国家"十二五"规划转变发展方式的要求,在"十二五"期间把贵州产值年均增长率控制在7%,并一直延续至2020年,那么在图6中,前两类测算因与产值增长演算间接相关,文化消费人均值增长测算的绝对值不变,其与产值比将分别增高至3.48%和6.66%;后五类测算因与产值增长演算直接相关,文化消费人均值增长测算的绝对值相应减少,其所需年均增长幅度(亦即目标差距)将分别减低至13.90%、18.12%、24.88%、29.23%和30.96%(见图6注),显然更加容易实现。

Guizhou：The Measure Targets of Uniform Growth in Urban and Rural Areas is Evidently Lag behind

Abstract：The evaluated growth targets of cultural consumption and development space of cultural industry in Guizhou are as follows：Ranking of the actual growth among various provinces from 2000 to 2011 is the 17th in the valued average added value over the years；Ranking of the targets distance among various provinces from 2011 to 2020 are the 15th in the valued avoiding negative correlation, the 19th in the valued pillar industry, the 19th in the valued optimal proportion, the 21st in the valued lowest urban-rural ratio, the 25th in the valued closed urban-rural ratio, and the 25th in the valued without urban-rural gap.

Key Words：Guizhou's Cultural Industry；Expand Cultural Consumption；Demand and Sharing；Growth Target

B.31
广西：协调增长各项测算目标皆严重滞后

摘　要：

广西文化消费增长目标暨文化产业发展空间测评：省域间2000～2011年实际增长排名，历年均增值测算为第26位；省域间2011～2020年目标距离排名，消除负相关测算为第29位；支柱性产业测算为第30位；最佳比例值测算为第29位；最小城乡比测算为第29位；弥合城乡比测算为第30位；城乡无差距测算为第28位。

关键词：

广西文化产业　扩大文化消费　需求与共享　增长目标

一　城乡文化消费需求及相关方面增长态势

2000～2011年广西城乡文化消费总量和人均值增长态势见图1。

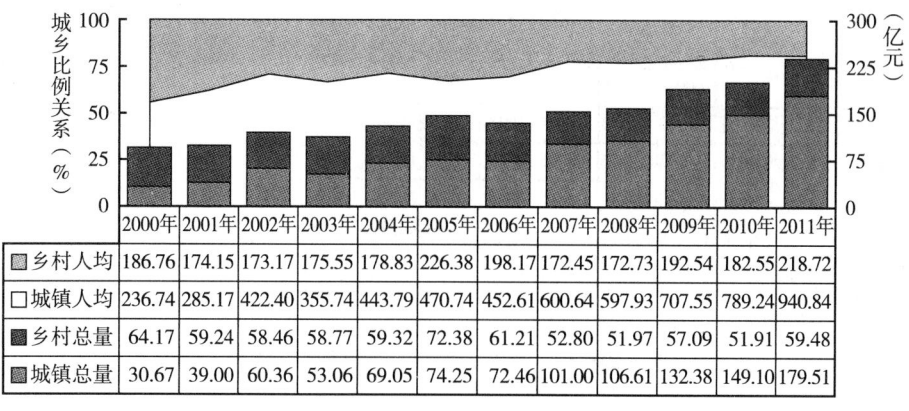

图1　广西城乡文化消费总量和人均值增长态势

注：左轴为城乡人均文化消费（元转换为%），城乡间历年变动呈面积比例关系；右轴为文化消费总量（亿元），柱形上下之和为城乡总量。

2000~2011年,广西城乡文化消费总量从94.84亿元增长至238.99亿元,增加144.15亿元,11年间总增长151.99%,年均增长8.77%。其中,"十五"期间年均增长9.11%;"十一五"期间年均增长6.51%。

同期,广西城镇人均文化消费从236.74元增长至940.84元,增加704.10元,11年间总增长297.41%,年均增长13.36%。其中,"十五"期间年均增长14.74%;"十一五"期间年均增长10.89%。乡村人均文化消费从186.76元增长至218.72元,增加31.96元,11年间总增长17.11%,年均增长1.45%。其中,"十五"期间年均增长3.92%;"十一五"期间年均负增长4.21%。值得注意的是,"十五"期间广西城镇人均值年均增幅比乡村高出10.82个百分点,城乡差距有所扩大;"十一五"期间广西城镇人均值年均增幅比乡村高出15.10个百分点,城乡差距持续扩大。

后续各图表将逐步展示广西相关背景各方面历年增长数据。在此,先把各项绝对值转换为以上一年数值为100的年度增长百分指数,可以清晰看出2000~2011年广西人均产值、城乡人均收入、非文消费、文化消费和积蓄增长态势见图2。

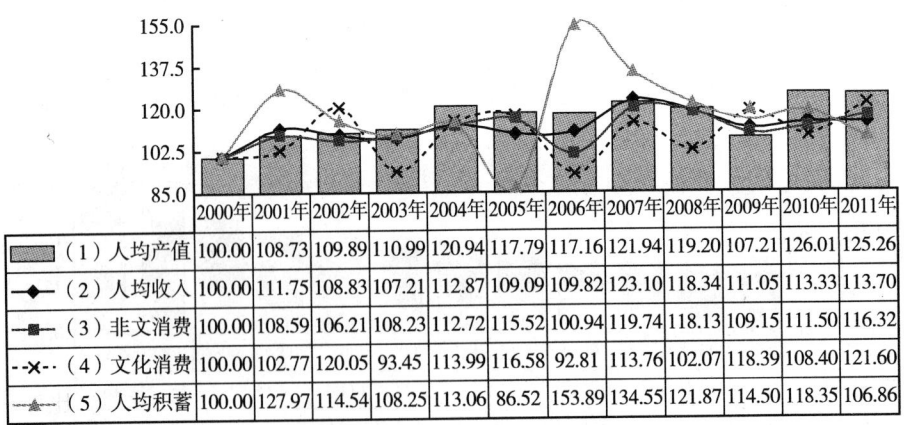

图2 广西人均产值、城乡人均收入、消费和积蓄增长态势

注:左轴为年增指数(产值为柱形,其余为曲线),上年=100(小于100为负增长);2001~2011年增长(2000年为起点不计)相关系数:(1)与(2)0.5198;(2)与(3)0.7307;(4)与(5)−0.5184,其间2004~2011年−0.7444,2005~2011年−0.7406,2006~2011年−0.7987。

在广西人均产值、城乡人均收入、非文消费、文化消费和积蓄的年度增长指数中，选取3对具有特定相关关系的数据项，作为文中分析的基础。第一对数据项：(1) 柱形系产值历年增长指数，(2) 带菱形曲线系收入历年增长指数，二者2001~2011年相关系数为0.5198，即这两个方面历年增长在51.98%的程度上保持同步。第二对数据项：(2) 收入历年增长指数，(3) 带方形曲线系非文消费历年增长指数，二者2001~2011年相关系数为0.7307，即这两个方面历年增长在73.07%的程度上保持同步。第三对数据项：(4) 带圆形曲线系文化消费历年增长指数，(5) 带三角形曲线系积蓄历年增长指数，二者2001~2011年相关系数为负值0.5184。分时间段深入考察，其间2004~2011年为负值0.7444，2005~2011年为负值0.7406，2006~2011年为负值0.7987，分别构成很明显的"负相关"增长反向互动关系。

对比广西城乡人均积蓄与文化消费两条年度增长曲线，大体呈现为横向镜面对应或俗称"水中倒影"的负相关关系。其中，2005年广西城乡人均积蓄年度增长跌入低谷，呈大幅负增长，与之对应的是人均文化消费年度增长出现较高峰值；2006年广西城乡人均积蓄年度增长形成高峰，与之对应的是人均文化消费年度增长陷入低谷，成为负增长。广西城乡文化消费的"积蓄增长负相关效应"明显成立。

二 城乡文化消费需求背景的增长协调性分析

(一)民生基础系数检测

2000~2011年广西城乡人均收入、产值绝对值、比例值和城乡比变动态势见图3。图中将收入、产值绝对值转换为图形面积比例，二者历年之比形成民生基础系数变动曲线，同时附有收入城乡比变动曲线。

2000~2011年，广西城乡居民人均收入年均增长12.56%，人均产值年均增长16.65%，比居民收入年均增幅高出4.09个百分点。11年间，广西城乡居民人均收入与人均产值比例的最高（最佳）值为2001年65.21%，最低值为2011年42.83%。逐年考察，除了2001年、2007年和2009年出现回升以

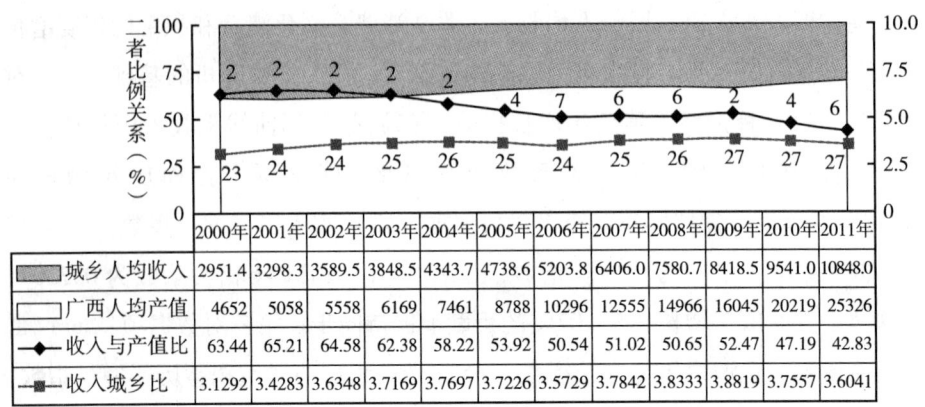

图3　广西城乡人均收入、产值绝对值、比例值和城乡比变动态势

注：左轴为城乡人均收入、产值（元转换为%），二者变动呈面积比例；相互间历年之比形成民生基础系数（%）曲线；右轴为收入城乡比曲线（乡村=1）。标明历年省域排序。

外，广西城乡此项比值逐步下降，由2000年63.44%降低至2011年42.83%，比例数值处于31个省域里第6位。民生基础系数呈现减低趋势，意味着在经济增长的同时"人民共享发展成果"程度逐渐降低。

2000～2011年，广西乡村居民人均收入年均增长9.83%，城镇居民人均收入年均增长11.25%，比乡村高出1.42个百分点。作为城乡差距的衡量指标，11年间，广西人均收入城乡比的最小（最佳）值为2000年3.1292，最大值为2009年3.8819。逐年考察，除了2005～2006年和2010～2011年出现缩减以外，广西此项城乡比逐步扩增，由2000年3.1292扩大至2011年3.6041，城乡比数值处于31个省域里第27位。居民收入的城乡差距呈现扩增趋势，意味着在民生基础层面城乡之间"共享发展成果"的程度有所降低。

如果（1）广西城乡民生基础系数能够保持2001年最佳水平，（2）广西民生基础层面的城乡差距能够保持2000年最小程度，乃至实现民生基础层面的城乡无差距理想状态，那么在"国民收入再分配"演算和城乡综合重新演算当中，广西人均收入应有很大增高，这样随后逐步推演的一切测算值都会发生变化。

（二）民生消费系数检测

2000～2011年广西城乡人均非文消费、收入绝对值、比重值和城乡比变动态势见图4。图中将非文消费、收入绝对值转换为图形面积比例,二者历年之比形成民生消费系数变动曲线,同时附有非文消费城乡比变动曲线。

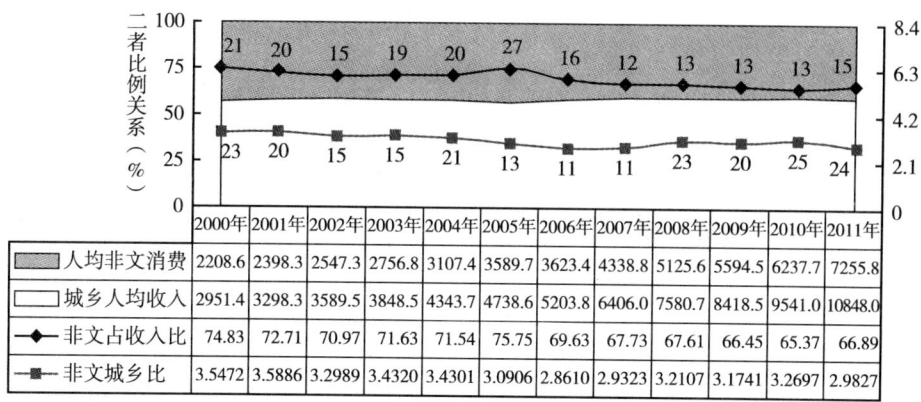

图4 广西城乡人均非文消费、收入绝对值、比重值和城乡比变动态势

注:左轴为城乡人均非文消费、收入(元转换为%),二者变动呈面积比例;相互间历年之比形成民生消费系数(%)曲线;右轴为非文消费城乡比曲线(乡村=1)。标明历年省域排序。

2000~2011年,广西城乡居民人均非文消费年均增长11.42%,人均收入年均增长12.56%,比非文消费年均增幅高出1.14个百分点。11年间,广西城乡居民人均非文消费占人均收入比重的最高值为2005年75.75%,最低(最佳)值为2010年65.37%。逐年考察,除了2003年、2005年和2011年出现回升以外,广西城乡此项比值逐步下降,由2000年74.83%降低至2011年66.89%,比重数值处于31个省域里第15位。民生消费系数呈现减低趋势,亦即"必需消费"之外的余钱占收入比重增高,意味着从"基本小康"到"全面小康"建设的民生效应日益得以显现。

2000~2011年,广西乡村居民人均非文消费年均增长10.73%,城镇居民人均非文消费年均增长9.00%,比乡村低1.73个百分点。作为城乡差距的衡量指标,11年间,广西人均非文消费城乡比的最大值为2001年3.5886,最小(最佳)值为2006年2.8610。逐年考察,除了2001年、2003年、2007~2008年和2010年出现扩增以外,广西此项城乡比逐步缩减,由2000年3.5472缩小至2011年2.9827,城乡比数值处于31个省域里第24位。"必需"非文消费的城乡差距呈现缩减趋势,意味着在民生消费层面城乡之间"共享发展成果"的程度有所提高。

如果(1)广西城乡民生消费系数能够保持2010年最佳水平,(2)广西民生消费层面的城乡差距能够保持2006年最小程度,乃至实现民生消费层面的城乡无差距理想状态,那么在"必需消费"占收入比重再度演算和城乡综合重新演算当中,广西人均非文消费应有较大不同,反转则是人均非文消费剩余应有很大增多,这样随后推演的相关数值也会发生变化。

(三)文化需求系数检测

2000~2011年广西城乡人均文化消费、非文消费剩余绝对值、比例值和城乡比变动态势见图5。图中将文化消费、非文消费剩余绝对值转换为图形面积比例,二者历年之比形成文化需求系数变动曲线,同时附有文化消费城乡比变动曲线。

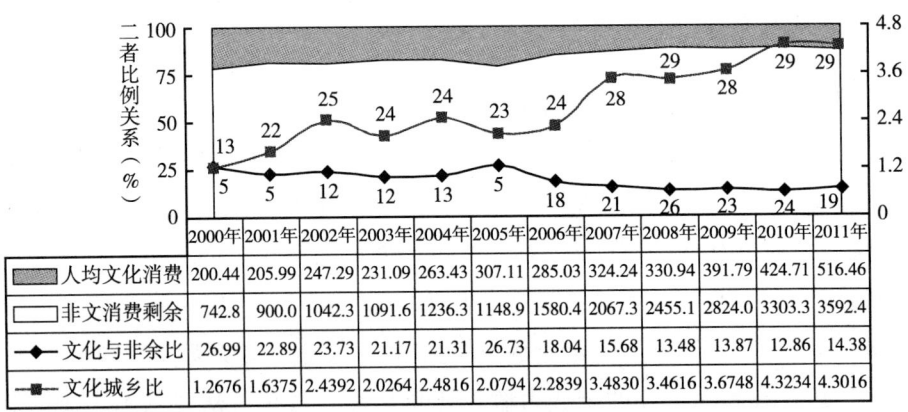

图5 广西城乡人均文化消费、非文消费剩余绝对值、比例值和城乡比变动态势

注:左轴为城乡人均文化消费、非文消费剩余(元转换为%),二者变动呈面积比例;相互间历年之比形成文化需求系数(%)曲线;右轴为文化消费城乡比曲线(乡村=1)。标明历年省域排序。

2000~2011年,广西城乡居民人均文化消费年均增长8.99%,人均非文消费剩余年均增长15.41%,比文化消费年均增幅高出6.42个百分点。11年间,广西城乡居民人均文化消费与人均非文消费剩余比例的最高(最佳)值为2000年26.99%,最低值为2010年12.86%。逐年考察,除了2002年、

2004~2005年、2009年和2011年出现回升以外,广西城乡此项比值逐步下降,由2000年26.99%降低至2011年14.38%,比例数值处于31个省域里第19位。文化需求系数呈现出减低趋势,意味着"非必需"的文化消费需求增长依然受到"积蓄增长负相关效应"的反向牵制。

2000~2011年,广西乡村居民人均文化消费年均增长1.45%,城镇居民人均文化消费年均增长13.36%,比乡村高出11.91个百分点。作为城乡差距的衡量指标,11年间,广西人均文化消费城乡比的最小(最佳)值为2000年1.2676,最大值为2010年4.3234。逐年考察,除了2003年、2005年、2008年和2011年出现缩减以外,广西此项城乡比逐步扩增,由2000年1.2676扩大至2011年4.3016,城乡比数值处于31个省域里第29位。文化消费需求的城乡差距呈现出扩增趋势,意味着在文化消费需求层面城乡之间"共享发展成果"的程度有所降低。

如果(1)广西城乡文化需求系数能够保持2000年最佳水平,(2)广西文化需求层面的城乡差距能够保持2000年最小程度,乃至实现文化需求层面的城乡无差距理想状态,那么在"非必需"文化消费占余钱比重再度演算和城乡综合重新演算当中,广西人均文化消费应有很大增长。

三 文化需求增长目标暨文化产业发展空间测算

2011~2020年广西城乡人均文化消费需求增长测算见图6,图中提供了文化产业供需协调增长目标的七类测算结果。

(1)历年均增值测算:以广西城乡人均文化消费2000年以来年均增长率测算增长目标,可以得出概率最高的或然增长结果。如果2011~2020年广西城乡保持与2000~2011年相同的年均增长率8.99%(省域间实际增长第26位),那么到2020年城乡人均文化消费将达到1120.33元。在相关各方面增长均依此推算的情况下,由于广西城乡文化消费与产值的比例在2000~2011年呈现下降态势,2020年文化消费增长与产值增长测算值之比将继续降低至1.11%。

(2)消除负相关测算:以广西城乡文化需求系数2000年以来最佳比例测

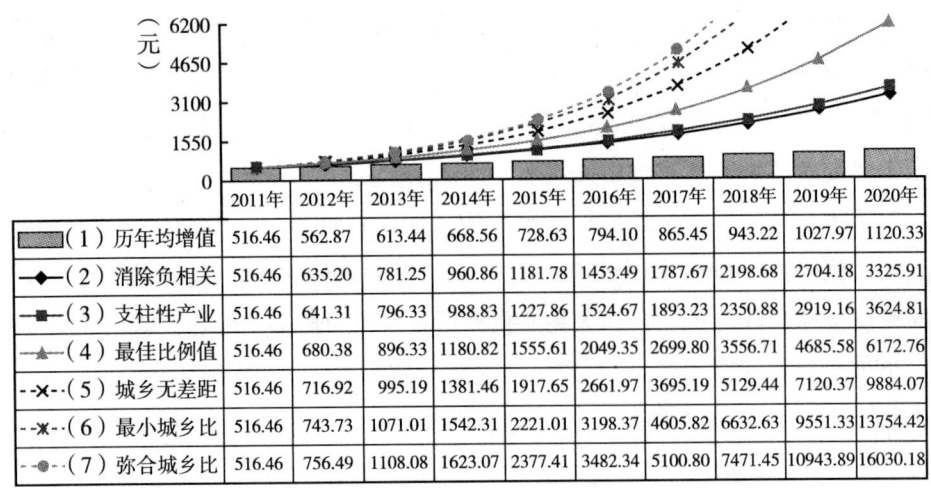

图6　2011～2020年广西城乡人均文化消费需求增长测算

注：作为背景因素，2011～2020年人均产值按2000～2011年实际年均增长率推算。2011年文化消费与产值比实际值2.04%；2020年测算值：（1）1.11%；（2）3.28%；（3）3.58%；（4）6.09%；（5）9.76%；（6）13.58%；（7）15.82%。2011～2020年文化消费年均增长：（1）8.99%（即2000～2011年实际值，以下为测算值）；（2）22.99%（3）24.17%；（4）31.74%；（5）38.81%；（6）44.01%；（7）46.48%。若产值按年均增长率7%推算，则2020年文化消费与产值比（增量、增幅不变）：（1）2.41%；（2）7.14%。2020年文化消费（与产值比不变）：（3）1665.78元，年增13.90%；（4）2836.69元，年增20.84%；（5）4542.22元，年增27.33%；（6）6320.83元，年增32.09%；（7）7366.66元，年增34.35%。

算增长目标，即假设文化消费增长与积蓄增长之间排除负相关关系。如果到2020年广西城乡此项比例实现2000～2011年最佳状态，那么城乡人均文化消费应达到3325.91元，年均增长幅度需达到22.99%，为以往11年实际年均增长率的2.56倍（省域间目标距离第29位），文化消费增长与产值增长测算值之比将上升至3.28%。

（3）支柱性产业测算：摈弃单纯的"文化GDP追逐"，通过文化消费增长空间反推，以生产满足需求测算增长目标，即假设消费需求增长推动生产发展，实现文化产业供需协调增长，达到支柱产业所需占产值比重。各地至2020年城乡文化消费与产值之比的测算值各有不同，广西测算值为3.58%。据此反推，到2020年广西城乡人均文化消费应达到3624.81元，年均增长幅度需达到24.17%，为以往11年实际年均增长率的2.69倍（省域间目标距离第30位）。

(4) 最佳比例值测算：以广西城乡民生基础系数、民生消费系数、文化需求系数 2000 年以来 3 项最佳比例测算增长目标，即假设"回复"曾有的 3 项比例关系最佳值。如果到 2020 年广西城乡 3 项比例同步实现 2000~2011 年最佳状态，那么城乡人均文化消费应达到 6172.76 元，年均增长幅度需达到 31.74%，为以往 11 年实际年均增长率的 3.53 倍（省域间目标距离第 29 位），文化消费增长与产值增长测算值之比将上升至 6.09%。

(5) 城乡无差距测算：在民生基础层面、民生消费层面、文化需求层面 3 项城乡比的无差距理想状态下实现 2000 年以来最佳比例测算增长目标，即假设广西乡村相关方面加速增长并与城镇水平持平，同时取城镇标准的 3 项最佳比例关系进行演算。如果到 2020 年广西城乡之间在此 3 个层面已无差距，统一实现按城镇标准衡量的 2000~2011 年 3 项最佳比例，那么城乡人均文化消费应达到 9884.07 元，年均增长幅度需达到 38.81%，为以往 11 年实际年均增长率的 4.32 倍（省域间目标距离第 28 位），文化消费增长与产值增长测算值之比将上升至 9.76%。

(6) 最小城乡比测算：在 3 项最佳比例值测算基础上，以广西人均文化消费城乡比 2000 年以来最小值测算增长目标，即假设"回复"原有的文化消费城乡比最小状态，作为缩小以至消除城乡差距的基础。如果到 2020 年广西城乡同时实现 2000~2011 年 3 项最佳比例和文化消费最小城乡比，那么城乡人均文化消费应达到 13754.42 元，年均增长幅度需达到 44.01%，为以往 11 年实际年均增长率的 4.90 倍（省域间目标距离第 29 位），文化消费增长与产值增长测算值之比将上升至 13.58%。

(7) 弥合城乡比测算：在 3 项最佳比例值测算基础上，以广西人均文化消费城乡比的无差距理想值测算增长目标，即假设文化需求层面的城乡差距得以消除演算校正数值。如果到 2020 年广西城乡同时实现 2000~2011 年 3 项最佳比例和乡村人均文化消费绝对值与城镇水平持平，那么城乡人均文化消费应达到 16030.18 元，年均增长幅度需达到 46.48%，为以往 11 年实际年均增长率的 5.17 倍（省域间目标距离第 30 位），文化消费增长与产值增长测算值之比将上升至 15.82%。

如果按照国家"十二五"规划转变发展方式的要求，在"十二五"期间

把广西产值年均增长率控制在7%，并一直延续至2020年，那么在图6中，前两类测算因与产值增长演算间接相关，文化消费人均值增长测算的绝对值不变，其与产值比将分别增高至2.41%和7.14%；后五类测算因与产值增长演算直接相关，文化消费人均值增长测算的绝对值相应减少，其所需年均增长幅度（亦即目标差距）将分别减低至13.90%、20.84%、27.33%、32.09%和34.35%（见图6注），显然更加容易实现。

Guangxi：All of the Measure Targets of Balanced Growth Badly Lag Behind

Abstract：The evaluated growth targets of cultural consumption and development space of cultural industry in Guangxi are as follows：Ranking of the actual growth among various provinces from 2000 to 2011 is the 26th in the valued average added value over the years；Ranking of the targets distance among various provinces from 2011 to 2020 are the 29th in the valued avoiding negative correlation, the 30th in the valued pillar industry, the 29th in the valued optimal proportion, the 29th in the valued lowest urban-rural ratio, the 30th in the valued closed urban-rural ratio, and the 28th in the valued without urban-rural gap.

Key Words：Guangxi's Cultural Industry；Expand Cultural Consumption；Demand and Sharing；Growth Target

B.32
云南：支柱产业测算领先于协调增长目标

摘　要：

　　云南文化消费增长目标暨文化产业发展空间测评：省域间2000～2011年实际增长排名，历年均增值测算为第22位；省域间2011～2020年目标距离排名，消除负相关测算为第27位；支柱性产业测算为第13位；最佳比例值测算为第14位；最小城乡比测算为第13位；弥合城乡比测算为第15位；城乡无差距测算为第19位。

关键词：

　　云南文化产业　扩大文化消费　需求与共享　增长目标

一　城乡文化消费需求及相关方面增长态势

2000～2011年云南城乡文化消费总量和人均值增长态势见图1。

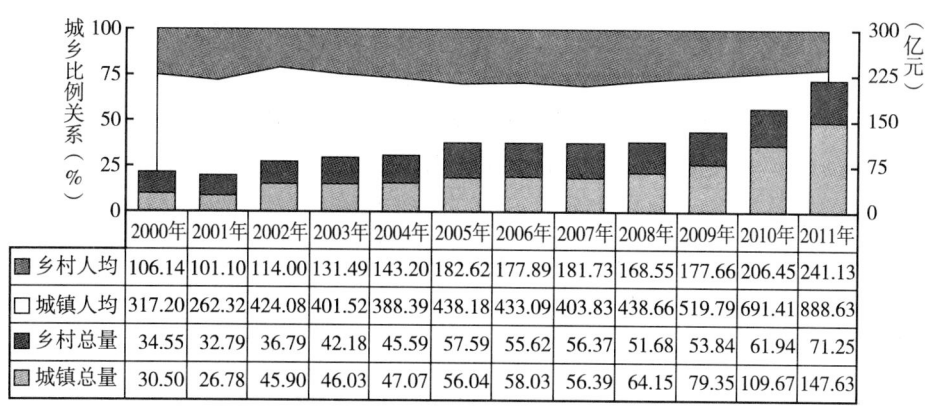

图1　云南城乡文化消费总量和人均值增长态势

注：左轴为城乡人均文化消费（元转换为%），城乡间历年变动呈面积比例关系；右轴为文化消费总量（亿元），柱形上下之和为城乡总量。

2000～2011年，云南城乡文化消费总量从65.05亿元增长至218.88亿元，增加153.83亿元，11年间总增长236.48%，年均增长11.66%。其中，"十五"期间年均增长11.80%；"十一五"期间年均增长8.60%。

同期，云南城镇人均文化消费从317.20元增长至888.63元，增加571.43元，11年间总增长180.15%，年均增长9.82%。其中，"十五"期间年均增长6.68%；"十一五"期间年均增长9.55%。乡村人均文化消费从106.14元增长至241.13元，增加134.99元，11年间总增长127.18%，年均增长7.75%。其中，"十五"期间年均增长11.46%；"十一五"期间年均增长2.48%。值得注意的是，"十五"期间云南城镇人均值年均增幅比乡村低4.78个百分点，城乡差距有所缩小；"十一五"期间云南城镇人均值年均增幅比乡村高出7.07个百分点，城乡差距转为扩大。

后续各图表将逐步展示云南相关背景各方面历年增长数据。在此，先把各项绝对值转换为以上一年数值为100的年度增长百分指数，可以清晰看出2000～2011年云南人均产值、城乡人均收入、非文消费、文化消费与积蓄增长态势见图2。

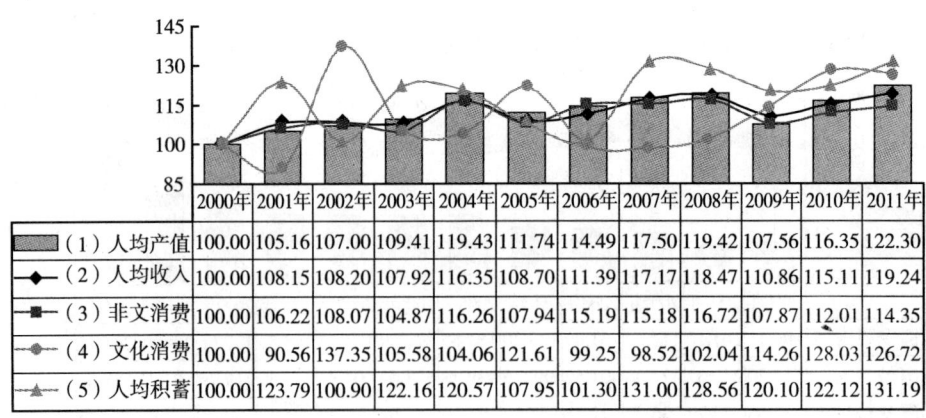

图2 云南人均产值、城乡人均收入、消费和积蓄增长态势

注：左轴为年增指数（产值为柱形，其余为曲线），上年＝100（小于100为负增长）；2001～2011年增长（2000年为起点不计）相关系数：(1)与(2) 0.9266；(2)与(3) 0.8693；(4)与(5) －0.3070，其间2001～2005年－0.9667，2002～2008年－0.6197，2007～2010年－0.8259。

在云南人均产值、城乡人均收入、非文消费、文化消费与积蓄的年度增长指数中，选取3对具有特定相关关系的数据项，作为文中分析的基础。第一对数据项：（1）柱形系产值历年增长指数，（2）带菱形曲线系收入历年增长指数，二者2001～2011年相关系数为0.9266，即这两个方面历年增长在92.66%的程度上保持同步。第二对数据项：（2）收入历年增长指数，（3）带方形曲线系非文消费历年增长指数，二者2001～2011年相关系数为0.8693，即这两个方面历年增长在86.93%的程度上保持同步。第三对数据项：（4）带圆形曲线系文化消费历年增长指数，（5）带三角形曲线系积蓄历年增长指数，二者2001～2011年相关系数为负值0.3070。分时间段深入考察，其间2001～2005年为负值0.9667，2002～2008年为负值0.6197，2007～2010年为负值0.8259，分别构成很明显的"负相关"增长反向互动关系。

对比云南城乡人均积蓄与文化消费两条年度增长曲线，只有2006年显得例外，其余年度大体呈现为横向镜面对应或俗称"水中倒影"的负相关关系。其中，2002年云南城乡人均积蓄年度增长跌入低谷，与之对应的是人均文化消费年度增长出现高峰；2001年、2003～2004年和2007～2008年云南城乡人均积蓄年度增长三次形成高峰，与之对应的是人均文化消费年度增长陷入低谷，甚至出现负增长。云南城乡文化消费的"积蓄增长负相关效应"明显成立。

二 城乡文化消费需求背景的增长协调性分析

（一）民生基础系数检测

2000～2011年云南城乡人均收入、产值绝对值、比例值和城乡比变动态势见图3。图中将收入、产值绝对值转换为图形面积比例，二者历年之比形成民生基础系数变动曲线，同时附有收入城乡比变动曲线。

2000～2011年，云南城乡居民人均收入年均增长12.79%，人均产值年均增长13.53%，比居民收入年均增幅高出0.74个百分点。11年间，云南城乡居民人均收入与人均产值比例的最高（最佳）值为2002年56.34%，最低值

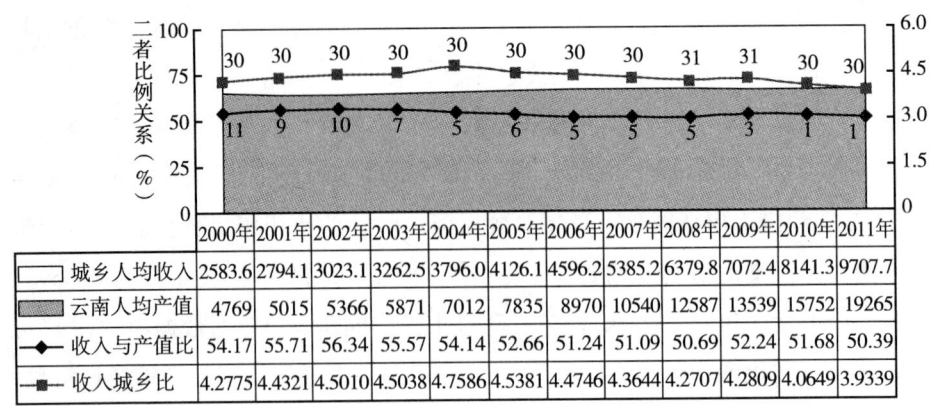

图3 云南城乡人均收入、产值绝对值、比例值和城乡比变动态势

注：左轴为城乡人均收入、产值（元转换为%），二者变动呈面积比例；相互间历年之比形成民生基础系数（%）曲线；右轴为收入城乡比曲线（乡村=1）。标明历年省域排序。

为2011年50.39%。逐年考察，除了2001~2002年和2009年出现回升以外，云南城乡此项比值逐步下降，由2000年54.17%降低至2011年50.39%，比例数值处于31个省域里第1位。民生基础系数呈现出减低趋势，意味着在经济增长的同时"人民共享发展成果"程度逐渐降低。

2000~2011年，云南乡村居民人均收入年均增长11.13%，城镇居民人均收入年均增长10.29%，比乡村低0.84个百分点。作为城乡差距的衡量指标，11年间，云南人均收入城乡比的最大值为2004年4.7586，最小（最佳）值为2011年3.9339。逐年考察，除了2001~2004年和2009年出现扩增以外，云南此项城乡比逐步缩减，由2000年4.2775缩小至2011年3.9339，城乡比数值处于31个省域里第30位。居民收入的城乡差距呈现出缩减趋势，意味着在民生基础层面城乡之间"共享发展成果"的程度有所提高。

如果（1）云南城乡民生基础系数能够保持2002年最佳水平，（2）云南民生基础层面的城乡差距能够保持2011年最小程度，乃至实现民生基础层面的城乡无差距理想状态，那么在"国民收入再分配"演算和城乡综合重新演算当中，云南人均收入应有很大增高，这样随后逐步推演的一切测算值都会发生变化。

（二）民生消费系数检测

2000~2011年云南城乡人均非文消费、收入绝对值、比重值和城乡比变动态势见图4。图中将非文消费、收入绝对值转换为图形面积比例，二者历年之比形成民生消费系数变动曲线，同时附有非文消费城乡比变动曲线。

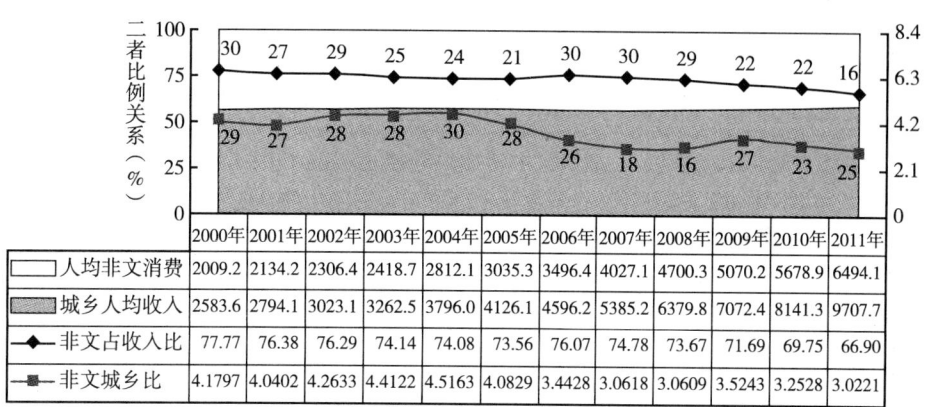

图4 云南城乡人均非文消费、收入绝对值、比重值和城乡比变动态势

注：左轴为城乡人均非文消费、收入（元转换为%），二者变动呈面积比例；相互间历年之比形成民生消费系数（%）曲线；右轴为非文消费城乡比曲线（乡村=1）。标明历年省域排序。

2000~2011年，云南城乡居民人均非文消费年均增长11.25%，人均收入年均增长12.79%，比非文消费年均增幅高出1.54个百分点。11年间，云南城乡居民人均非文消费占人均收入比重值的最高值为2000年77.77%，最低（最佳）值为2011年66.90%。逐年考察，除了2006年出现回升以外，云南城乡此项比值逐步下降，由2000年77.77%降低至2011年66.90%，比重数值处于31个省域里第16位。民生消费系数呈现出减低趋势，亦即"必需消费"之外的余钱占收入比重增高，意味着从"基本小康"到"全面小康"建设的民生效应日益得以显现。

2000~2011年，云南乡村居民人均非文消费年均增长11.24%，城镇居民人均非文消费年均增长8.01%，比乡村低3.23个百分点。作为城乡差距的衡量指标，11年间，云南人均非文消费城乡比的最大值为2004年4.5163，最小（最佳）值为2011年3.0221。逐年考察，除了2002~2004年和2009年出现扩增以外，云南此项城乡比逐步缩减，由2000年4.1797缩小至2011年3.0221，城乡比数值处于31个省域里第25位。"必需"非文消费的城乡差距呈现出缩减趋势，意味着在民生消费层面城乡之间"共享发展成果"的程度有所提高。

如果（1）云南城乡民生消费系数能够保持2011年最佳水平，（2）云南民生消费层面的城乡差距能够保持2011年最小程度，乃至实现民生消费层面的城乡无差距理想状态，那么在"必需消费"占收入比重再度演算和城乡综合重新演算当中，云南人均非文消费应有较大不同，反转则是人均非文消费剩余应有很大增多，这样随后推演的相关数值也会发生变化。

（三）文化需求系数检测

2000~2011年云南城乡人均文化消费、非文消费剩余绝对值、比例值和城乡比变动态势见图5。图中将文化消费、非文消费剩余绝对值转换为图形面积比例，二者历年之比形成文化需求系数变动曲线，同时附有文化消费城乡比变动曲线。

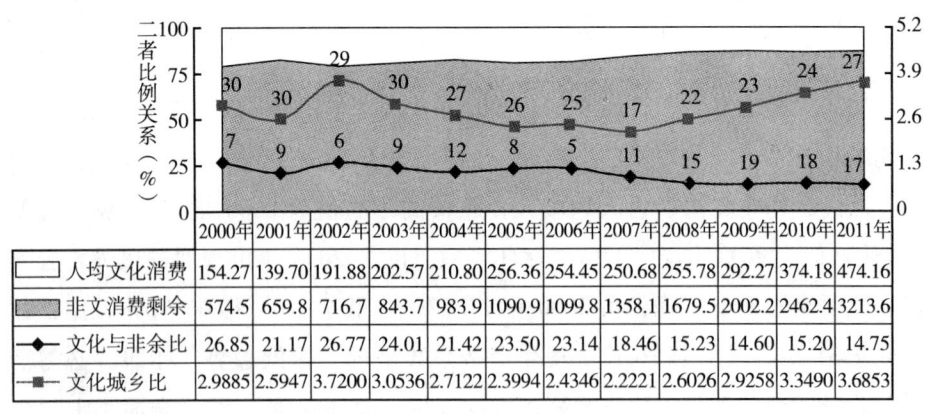

图5 云南城乡人均文化消费、非文消费剩余绝对值、比例值和城乡比变动态势

注：左轴为城乡人均文化消费、非文消费剩余（元转换为%），二者变动呈面积比例；相互间历年之比形成文化需求系数（%）曲线；右轴为文化消费城乡比曲线（乡村=1）。标明历年省域排序。

2000~2011年，云南城乡居民人均文化消费年均增长10.75%，人均非文消费剩余年均增长16.94%，比文化消费年均增幅高出6.19个百分点。11年间，云南城乡居民人均文化消费与人均非文消费剩余比例值的最高（最佳）值为 2000 年 26.85%，最低值为 2009 年 14.60%。逐年考察，除了 2002 年、2005 年和 2010 年出现回升以外，云南城乡此项比值逐步下降，由 2000 年 26.85% 降低至 2011 年 14.75%，比例数值处于 31 个省域里第 17 位。文化需求系数呈现出减低趋势，意味着"非必需"的文化消费需求增长依然受到"积蓄增长负相关效应"的反向牵制。

2000~2011 年，云南乡村居民人均文化消费年均增长 7.75%，城镇居民人均文化消费年均增长 9.82%，比乡村高出 2.07 个百分点。作为城乡差距的衡量指标，11 年间，云南人均文化消费城乡比的最小（最佳）值为 2007 年 2.2221，最大值为 2002 年 3.7200。逐年考察，除了 2001 年、2003~2005 年和 2007 年出现缩减以外，云南此项城乡比逐步扩增，由 2000 年 2.9885 扩大至 2011 年 3.6853，城乡比数值处于 31 个省域里第 27 位。文化消费需求的城乡差距呈现出扩增趋势，意味着在文化消费需求层面城乡之间"共享发展成果"的程度有所降低。

如果（1）云南城乡文化需求系数能够保持 2000 年最佳水平，（2）云南文化需求层面的城乡差距能够保持 2007 年最小程度，乃至实现文化需求层面的城乡无差距理想状态，那么在"非必需"文化消费占余钱比重再度演算和城乡综合重新演算当中，云南人均文化消费应有很大增长。

三　文化需求增长目标暨文化产业发展空间测算

2011~2020 年云南城乡人均文化消费需求增长测算见图 6，图中提供了文化产业供需协调增长目标的七类测算结果。

（1）历年均增值测算：以云南城乡人均文化消费 2000 年以来年均增长率测算增长目标，可以得出概率最高的或然增长结果。如果 2011~2020 年云南城乡保持与 2000~2011 年相同的年均增长率 10.75%（省域间实际增长第 22 位），那么到 2020 年城乡人均文化消费将达到 1188.24 元。在相关各方面增长均依此推算的情况下，由于云南城乡文化消费与产值的比例在 2000~2011 年呈现下降态势，2020 年文化消费增长与产值增长测算值之比将继续降低至 1.97%。

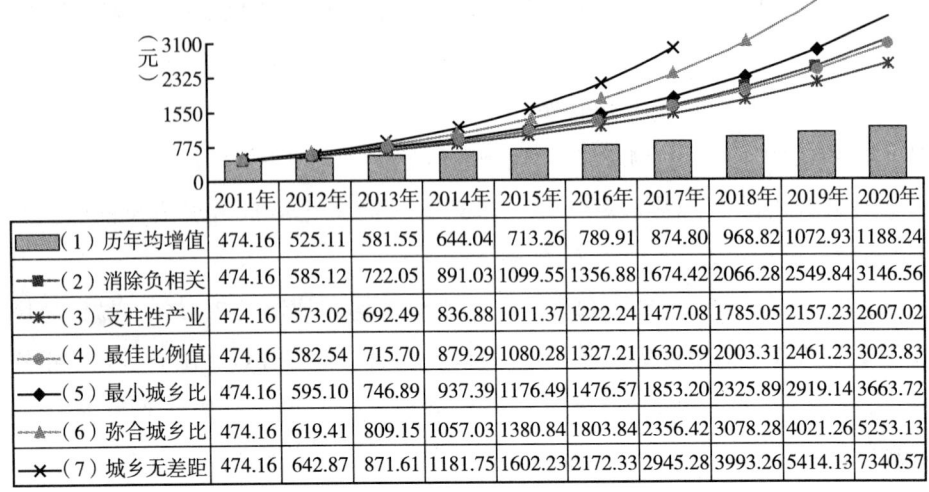

图6 2011～2020年云南城乡人均文化消费需求增长测算

注：作为背景因素，2011～2020年人均产值按2000～2011年实际年均增长率推算。2011年文化消费与产值比实际值2.46%；2020年测算值：（1）1.97%；（2）5.21%；（3）4.32%；（4）5.01%；（5）6.07%；（6）8.70%；（7）12.16%。2011～2020年文化消费年均增长：（1）10.75%（即2000～2011年实际值，以下为测算值）；（2）23.40%；（3）20.85%；（4）22.86%；（5）25.51%；（6）30.63%；（7）35.58%。若产值按年均增长率7%推算，则2020年文化消费与产值比（增量、增幅不变）：（1）3.35%；（2）8.88%。2020年文化消费（与产值比不变）：（3）1529.33元，年增13.90%；（4）1773.84元，年增15.79%；（5）2149.21元，年增18.28%；（6）3081.58元，年增23.12%；（7）4306.12元，年增27.78%。

（2）消除负相关测算：以云南城乡文化需求系数2000年以来最佳比例测算增长目标，即假设文化消费增长与积蓄增长之间排除负相关关系。如果到2020年城乡此项比例实现2000～2011年最佳状态，那么云南人均文化消费应达到3146.56元，年均增长幅度需达到23.40%，为以往11年实际年均增长率的2.18倍（省域间目标距离第27位），文化消费增长与产值增长测算值之比将上升至5.21%。

（3）支柱性产业测算：摈弃单纯的"文化GDP追逐"，通过文化消费增长空间反推，以生产满足需求测算增长目标，即假设消费需求增长推动生产发展，实现文化产业供需协调增长，达到支柱产业所需占产值比重。各地至2020年城乡文化消费与产值之比的测算值各有不同，云南测算值为4.32%。据此反推，到2020年云南城乡人均文化消费应达到2607.02元，年均增长幅度需达到20.85%,为以往11年实际年均增长率的1.94倍(省域间目标距离第13位)。

(4) 最佳比例值测算：以云南城乡民生基础系数、民生消费系数、文化需求系数2000年以来3项最佳比例测算增长目标,即假设"回复"曾有的3项比例关系最佳值。如果到2020年云南城乡3项比例同步实现2000～2011年最佳状态,那么城乡人均文化消费应达到3023.83元,年均增长幅度需达到22.86%,为以往11年实际年均增长率的2.13倍(省域间目标距离第14位),文化消费增长与产值增长测算值之比将上升至5.01%。

(5) 最小城乡比测算：在3项最佳比例值测算基础上,以云南人均文化消费城乡比2000年以来最小值测算增长目标,即假设"回复"原有的文化消费城乡比最小状态,作为缩小以至消除城乡差距的基础。如果到2020年云南城乡同时实现2000～2011年3项最佳比例和文化消费最小城乡比,那么城乡人均文化消费应达到3663.72元,年均增长幅度需达到25.51%,为以往11年实际年均增长率的2.37倍(省域间目标距离第13位),文化消费增长与产值增长测算值之比将上升至6.07%。

(6) 弥合城乡比测算：在3项最佳比例值测算基础上,以云南人均文化消费城乡比的无差距理想值测算增长目标,即假设文化需求层面的城乡差距得以消除演算校正数值。如果到2020年云南城乡同时实现2000～2011年3项最佳比例和乡村人均文化消费绝对值与城镇水平持平,那么城乡人均文化消费应达到5253.13元,年均增长幅度需达到30.63%,为以往11年实际年均增长率的2.85倍(省域间目标距离第15位),文化消费增长与产值增长测算值之比将上升至8.70%。

(7) 城乡无差距测算：在民生基础层面、民生消费层面、文化需求层面3项城乡比的无差距理想状态下实现2000年以来最佳比例测算增长目标,即假设云南乡村相关方面加速增长并与城镇水平持平,同时取城镇标准的3项最佳比例关系进行演算。如果到2020年云南城乡之间在此3个层面已无差距,统一实现按城镇标准衡量的2000～2011年3项最佳比例,那么城乡人均文化消费应达到7340.57元,年均增长幅度需达到35.58%,为以往11年实际年均增长率的3.31倍(省域间目标距离第19位),文化消费增长与产值增长测算值之比将上升至12.16%。

如果按照国家"十二五"规划转变发展方式的要求,在"十二五"期间把云南产值年均增长率控制在7%,并一直延续至2020年,那么在图6中,前两类测算因与产值增长演算间接相关,文化消费人均值增长测算的绝对值不变,其与产值比将分别增高至3.35%和8.88%;后五类测算因与产值增长演算直接相关,文化消费人均值增长测算的绝对值相应减少,其所需年均增长幅度(亦即目标差距)将分别减低至13.90%、15.79%、18.28%、23.12%和27.78%(见图6注),显然更加容易实现。

Yunnan：The Measure of Pillar Industry Keeps ahead of the Coordinated Growth Targets

Abstract：The evaluated growth targets of cultural consumption and development space of cultural industry in Yunnan are as follows：Ranking of the actual growth among various provinces from 2000 to 2011 is the 22nd in the valued average added value over the years；Ranking of the targets distance among various provinces from 2011 to 2020 are the 27th in the valued avoiding negative correlation, the 13th in the valued pillar industry, the 14th in the valued optimal proportion, the 13th in the valued lowest urban-rural ratio, the 15th in the valued closed urban-rural ratio, and the 19th in the valued without urban-rural gap.

Key Words：Yunnan's Cultural Industry; Expand Cultural Consumption; Demand and Sharing; Growth Target

B.33
西藏：多数增长目标测算距离均处于末位

摘　要：

西藏文化消费增长目标暨文化产业发展空间测评：省域间2000～2011年实际增长排名，历年均增值测算为第28位；省域间2011～2020年目标距离排名，消除负相关测算为第31位；支柱性产业测算为第28位；最佳比例值测算为第31位；最小城乡比测算为第31位；弥合城乡比测算为第31位；城乡无差距测算为第31位。

关键词：

西藏文化产业　扩大文化消费　需求与共享　增长目标

一 城乡文化消费需求及相关方面增长态势

2000～2011年西藏城乡文化消费总量和人均值增长态势见图1。

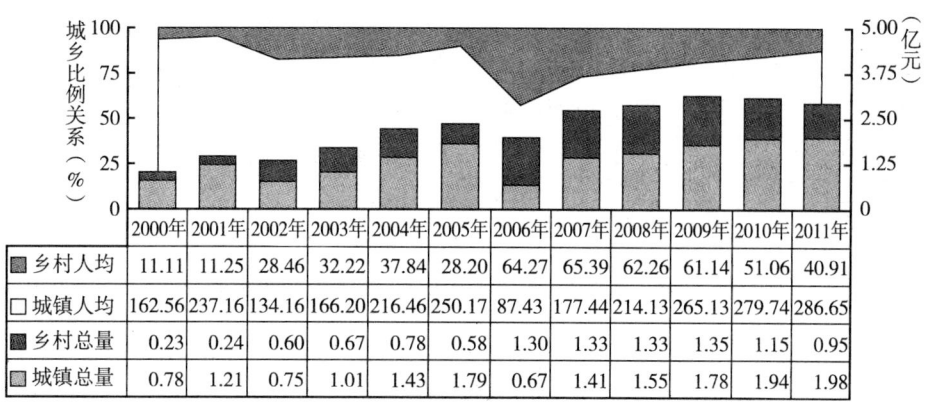

图1　西藏城乡文化消费总量和人均值增长态势

注：左轴为城乡人均文化消费（元转换为%），城乡间历年变动呈面积比例关系；右轴为文化消费总量（亿元），柱形上下之和为城乡总量。

2000~2011年，西藏城乡文化消费总量从1.01亿元增长至2.93亿元，增加1.92亿元，11年间总增长190.10%，年均增长10.17%。其中，"十五"期间年均增长18.60%；"十一五"期间年均增长5.45%。

同期，西藏城镇人均文化消费从162.56元增长至286.65元，增加124.09元，11年间总增长76.33%，年均增长5.29%。其中，"十五"期间年均增长9.00%；"十一五"期间年均增长2.26%。乡村人均文化消费从11.11元增长至40.91元，增加29.80元，11年间总增长268.23%，年均增长12.58%。其中，"十五"期间年均增长20.48%；"十一五"期间年均增长12.61%。值得注意的是，"十五"期间西藏城镇人均值年均增幅比乡村低11.48个百分点，城乡差距有所缩小；"十一五"期间西藏城镇人均值年均增幅比乡村低10.35个百分点，城乡差距持续缩小。

后续各图表将逐步展示西藏相关背景各方面历年增长数据。在此，先把各项绝对值转换为以上一年数值为100的年度增长百分指数，可以清晰看出2000~2011年西藏人均产值、城乡人均收入、非文消费、文化消费和积蓄增长态势见图2。

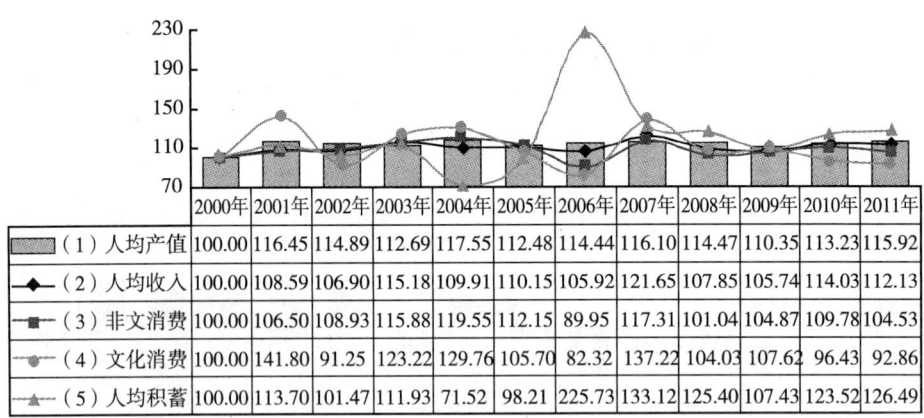

图2　西藏人均产值、城乡人均收入、消费和积蓄增长态势

注：左轴为年增指数（产值为柱形，其余为曲线），上年＝100（小于100为负增长）；2001~2011年增长（2000年为起点不计）相关系数：（1）与（2）0.2122；（2）与（3）0.6198；（4）与（5）－0.4636,其间2001~2006年－0.6037,2003~2008年－0.7017,2004~2009年－0.6646。

在西藏人均产值、城乡人均收入、非文消费、文化消费和积蓄的年度增长指数中，选取3对具有特定相关关系的数据项，作为文中分析的基础。第一对数据项：（1）柱形系产值历年增长指数，（2）带菱形曲线系收入历年增长指数，二者2001~2011年相关系数为0.2122，即这两个方面历年增长在21.22%的程度上保持同步。第二对数据项：（2）收入历年增长指数，（3）带方形曲线系非文消费历年增长指数，二者2001~2011年相关系数为0.6198，即这两个方面历年增长在61.98%的程度上保持同步。第三对数据项：（4）带圆形曲线系文化消费历年增长指数，（5）带三角形曲线系积蓄历年增长指数，二者2001~2011年相关系数为负值0.4636。分时间段深入考察，其间2001~2006年为负值0.6037，2003~2008年为负值0.7017，2004~2009年为负值0.6646，分别构成很明显的"负相关"增长反向互动关系。

对比西藏城乡人均积蓄与文化消费两条年度增长曲线，大体呈现为横向镜面对应或俗称"水中倒影"的负相关关系。其中，2004年西藏城乡人均积蓄年度增长跌入低谷，呈大幅负增长，与之对应的是人均文化消费年度增长出现较高峰值；2006年西藏城乡人均积蓄年度增长形成高峰，与之对应的是人均文化消费年度增长陷入低谷，甚至为负增长。西藏城乡文化消费的"积蓄增长负相关效应"明显成立。

二 城乡文化消费需求背景的增长协调性分析

（一）民生基础系数检测

2000~2011年西藏城乡人均收入、产值绝对值、比例值和城乡比变动态势见图3。图中将收入、产值绝对值转换为图形面积比例，二者历年之比形成民生基础系数变动曲线，同时附有收入城乡比变动曲线。

2000~2011年，西藏城乡居民人均收入年均增长10.64%，人均产值年均增长14.40%，比居民收入年均增幅高出3.76个百分点。11年间，西藏城乡居民人均收入与人均产值比例的最高（最佳）值为2000年53.86%，最低值为2011年37.30%。逐年考察，除了2003年、2007年和2010年出现回升以外，西藏城乡此项比值逐步下降，由2000年53.86%降低至2011年37.30%，

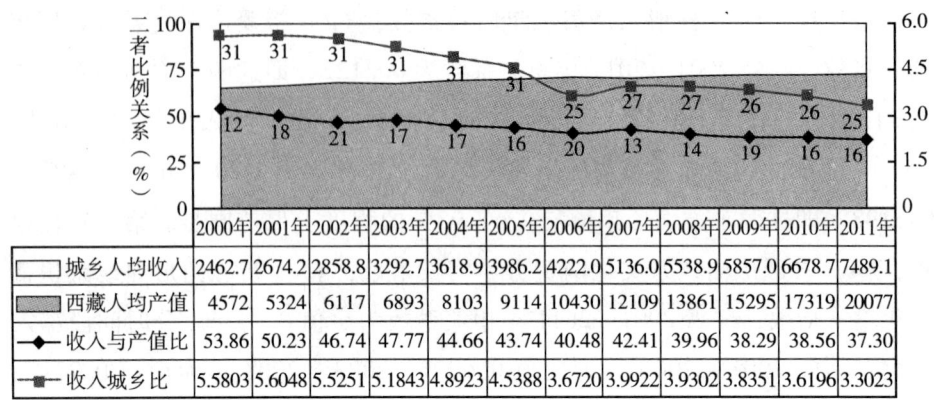

图3 西藏城乡人均收入、产值绝对值、比例值和城乡比变动态势

注：左轴为城乡人均收入、产值（元转换为%），二者变动呈面积比例；相互间历年之比形成民生基础系数（%）曲线；右轴为收入城乡比曲线（乡村=1）。标明历年省域排序。

比例数值处于31个省域里第16位。民生基础系数呈现出减低趋势，意味着在经济增长的同时"人民共享发展成果"程度逐渐降低。

2000~2011年，西藏乡村居民人均收入年均增长12.59%，城镇居民人均收入年均增长7.35%，比乡村低5.24个百分点。作为城乡差距的衡量指标，11年间，西藏人均收入城乡比的最大值为2001年5.6048，最小（最佳）值为2011年3.3023。逐年考察，除了2001年和2007年出现扩增以外，西藏此项城乡比逐步缩减，由2000年5.5803缩小至2011年3.3023，城乡比数值处于31个省域里第25位。居民收入的城乡差距呈现出缩减趋势，意味着在民生基础层面城乡之间"共享发展成果"的程度有所提高。

如果（1）西藏城乡民生基础系数能够保持2000年最佳水平，（2）西藏民生基础层面的城乡差距能够保持2011年最小程度，乃至实现民生基础层面的城乡无差距理想状态，那么在"国民收入再分配"演算和城乡综合重新演算当中，西藏人均收入应有很大增高，这样随后逐步推演的一切测算值都会发生变化。

（二）民生消费系数检测

2000~2011年西藏城乡人均非文消费、收入绝对值、比重值和城乡比变动态势见图4。图中将非文消费、收入绝对值转换为图形面积比例，二者历年之比形成民生消费系数变动曲线，同时附有非文消费城乡比变动曲线。

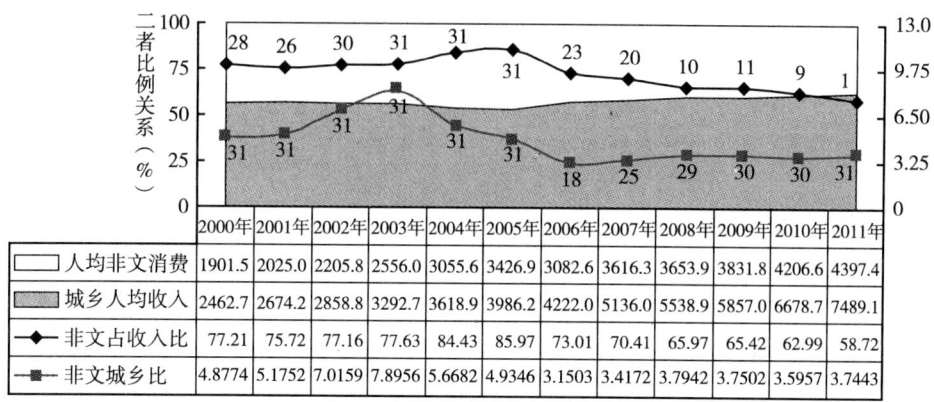

图4 西藏城乡人均非文消费、收入绝对值、比重值和城乡比变动态势

注：左轴为城乡人均非文消费、收入（元转换为%），二者变动呈面积比例；相互间历年之比形成民生消费系数（%）曲线；右轴为非文消费城乡比曲线（乡村=1）。标明历年省域排序。

2000～2011年，西藏城乡居民人均非文消费年均增长7.92%，人均收入年均增长10.64%，比非文消费年均增幅高出2.72个百分点。11年间，西藏城乡居民人均非文消费占人均收入比重的最高值为2005年85.97%，最低（最佳）值为2011年58.72%。逐年考察，除了2002～2005年出现回升以外，西藏城乡此项比值逐步下降，由2000年77.21%降低至2011年58.72%，比重数值处于31个省域里第1位。民生消费系数呈现出减低趋势，亦即"必需消费"之外的余钱占收入比重增高，意味着从"基本小康"到"全面小康"建设的民生效应日益得以显现。

2000～2011年，西藏乡村居民人均非文消费年均增长8.46%，城镇居民人均非文消费年均增长5.88%，比乡村低2.58个百分点。作为城乡差距的衡量指标，11年间，西藏人均非文消费城乡比的最大值为2003年7.8956，最小（最佳）值为2006年3.1503。逐年考察，除了2001～2003年、2007～2008年和2011年出现扩增以外，西藏此项城乡比逐步缩减，由2000年4.8774缩小至2011年3.7443，城乡比数值处于31个省域里第31位。"必需"非文消费的城乡差距呈现出缩减趋势，意味着在民生消费层面城乡之间"共享发展成果"的程度有所提高。

如果（1）西藏城乡民生消费系数能够保持2011年最佳水平，（2）西藏民生消费层面的城乡差距能够保持2006年最小程度，乃至实现民生消费层面的城乡无差距理想状态，那么在"必需消费"占收入比重再度演算和城乡综合重新演算当中，西藏人均非文消费应有较大不同，反转则是人均非文消费剩余应有很大增多，这样随后推演的相关数值也会发生变化。

（三）文化需求系数检测

2000～2011年西藏城乡人均文化消费、非文消费剩余绝对值、比例值和城乡比变动态势见图5。图中将文化消费、非文消费剩余绝对值转换为图形面积比例，二者历年之比形成文化需求系数变动曲线，同时附有文化消费城乡比变动曲线。

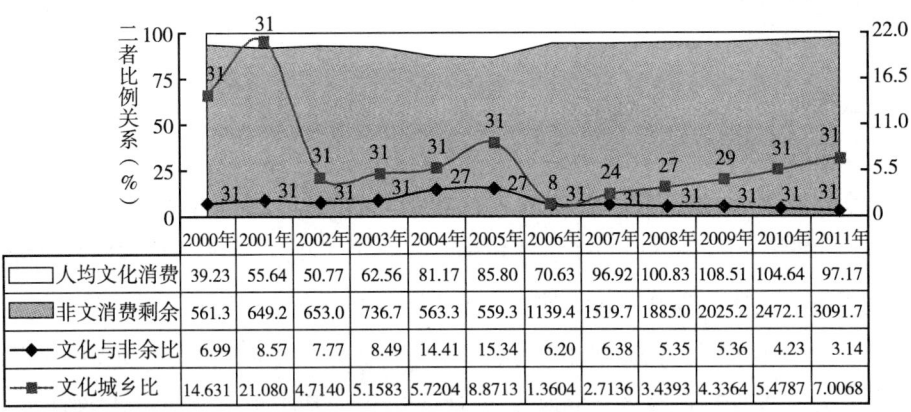

图5 西藏城乡人均文化消费、非文消费剩余绝对值、比例值和城乡比变动态势

注：左轴为城乡人均文化消费、非文消费剩余（元转换为%），二者变动呈面积比例；相互间历年之比形成文化需求系数（%）曲线；右轴为文化消费城乡比曲线（乡村＝1）。标明历年省域排序。

2000～2011年，西藏城乡居民人均文化消费年均增长8.60%，人均非文消费剩余年均增长16.78%，比文化消费年均增幅高出8.18个百分点。11年间，西藏城乡居民人均文化消费与人均非文消费剩余比例的最高（最佳）值为2005年15.34%，最低值为2011年3.14%。逐年考察，除了2001年、2003～2005年、2007年和2009年出现回升以外，西藏城乡此项比值逐步下降，由

2000年6.99%降低至2011年3.14%，比例数值处于31个省域里第31位。文化需求系数呈现出减低趋势，意味着"非必需"的文化消费需求增长依然受到"积蓄增长负相关效应"的反向牵制。

2000~2011年，西藏乡村居民人均文化消费年均增长12.58%，城镇居民人均文化消费年均增长5.29%，比乡村低7.29个百分点。作为城乡差距的衡量指标，11年间，西藏人均文化消费城乡比的最大值为2001年21.080，最小（最佳）值为2006年1.3604。逐年考察，除了2001年、2003~2005年和2007~2011年出现扩增以外，西藏此项城乡比显著缩减，由2000年14.631缩小至2011年7.0068，城乡比数值处于31个省域里第31位。文化消费需求的城乡差距呈现出缩减趋势，意味着在文化消费需求层面城乡之间"共享发展成果"的程度有所提高。

如果（1）西藏城乡文化需求系数能够保持2005年最佳水平，（2）西藏文化需求层面的城乡差距能够保持2006年最小程度，乃至实现文化需求层面的城乡无差距理想状态，那么在"非必需"文化消费占余钱比重再度演算和城乡综合重新演算当中，西藏人均文化消费应有很大增长。

三 文化需求增长目标暨文化产业发展空间测算

2011~2020年西藏城乡人均文化消费需求增长测算见图6，图中提供了文化产业供需协调增长目标的七类测算结果。

（1）历年均增值测算：以西藏城乡人均文化消费2000年以来年均增长率测算增长目标，可以得出概率最高的或然增长结果。如果2011~2020年西藏城乡保持与2000~2011年相同的年均增长率8.59%（省域间实际增长第28位），那么到2020年城乡人均文化消费将达到204.06元。在相关各方面增长均依此推算的情况下，由于西藏城乡文化消费与产值的比例在2000~2011年呈现下降态势，2020年文化消费增长与产值增长测算值之比将继续降低至0.30%。

（2）消除负相关测算：以西藏城乡文化需求系数2000年以来最佳比例测算增长目标，即假设文化消费增长与积蓄增长之间排除负相关关系。如果到

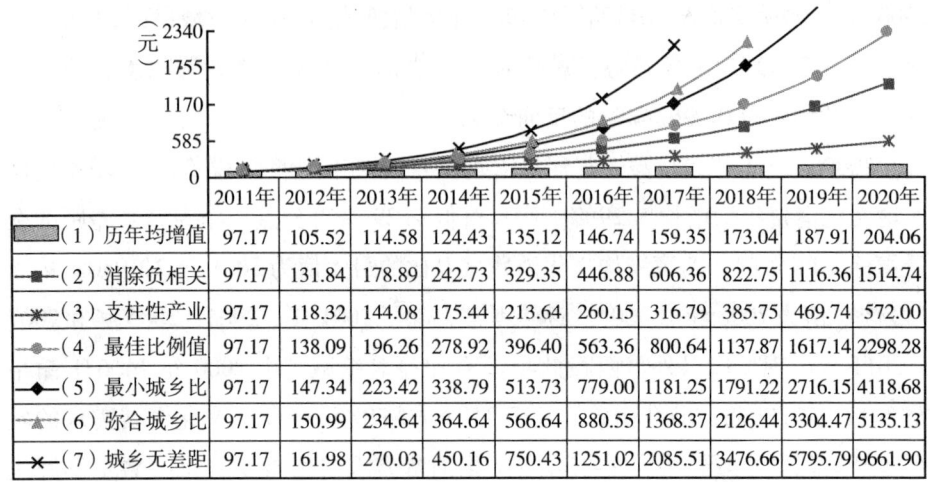

图6 2011～2020年西藏城乡人均文化消费需求增长测算

注：作为背景因素，2011～2020年人均产值按2000～2011年实际年均增长率推算。2011年文化消费与产值比实际值0.48%；2020年测算值：（1）0.30%；（2）2.25%；（3）0.85%；（4）3.41%；（5）6.11%；（6）7.62%；（7）14.34%。2011～2020年文化消费年均增长：（1）8.59%（即2000～2011年实际值，以下为测算值）；（2）35.69%；（3）21.77%；（4）42.12%；（5）51.64%；（6）55.40%；（7）66.71%。若产值按年均增长率7%推算，则2020年文化消费与产值比（增量、增幅不变）：（1）0.55%；（2）4.10%。2020年文化消费（与产值比不变）：（3）313.39元，年增13.90%；（4）1259.21元，年增32.93%；（5）2256.60元，年增41.83%；（6）2813.50元，年增45.35%；（7）5293.70元，年增55.93%。

2020年西藏城乡此项比例实现2000～2011年最佳状态，那么城乡人均文化消费应达到1514.74元，年均增长幅度需达到35.69%，为以往11年实际年均增长率的4.15倍（省域间目标距离第31位），文化消费增长与产值增长测算值之比将上升至2.25%。

（3）支柱性产业测算：摈弃单纯的"文化GDP追逐"，通过文化消费增长空间反推，以生产满足需求测算增长目标，即假设消费需求增长推动生产发展，实现文化产业供需协调增长，达到支柱产业所需占产值比重。各地至2020年城乡文化消费与产值之比的测算值各有不同，西藏测算值为0.85%。据此反推，到2020年西藏城乡人均文化消费应达到572.00元，年均增长幅度需达到21.77%，为以往11年实际年均增长率的2.53倍（省域间目标距离第28位）。

（4）最佳比例值测算：以西藏城乡民生基础系数、民生消费系数、文化需求系数2000年以来3项最佳比例测算增长目标，即假设"回复"曾有的3项比例关系最佳值。如果到2020年西藏城乡3项比例同步实现2000～2011年最佳状态，那么城乡人均文化消费应达到2298.28元，年均增长幅度需达到42.12%，为以往11年实际年均增长率的4.90倍（省域间目标距离第31位），文化消费增长与产值增长测算值之比将上升至3.41%。

（5）最小城乡比测算：在3项最佳比例值测算基础上，以西藏人均文化消费城乡比2000年以来最小值测算增长目标，即假设"回复"原有的文化消费城乡比最小状态，作为缩小以至消除城乡差距的基础。如果到2020年西藏城乡同时实现2000～2011年3项最佳比例和文化消费最小城乡比，那么城乡人均文化消费应达到4118.68元，年均增长幅度需达到51.64%，为以往11年实际年均增长率的6.01倍（省域间目标距离第31位），文化消费增长与产值增长测算值之比将上升至6.11%。

（6）弥合城乡比测算：在3项最佳比例值测算基础上，以西藏人均文化消费城乡比的无差距理想值测算增长目标，即假设文化需求层面的城乡差距得以消除演算校正数值。如果到2020年西藏城乡同时实现2000～2011年3项最佳比例和乡村人均文化消费绝对值与城镇水平持平，那么城乡人均文化消费应达到5135.13元，年均增长幅度需达到55.40%，为以往11年实际年均增长率的6.45倍（省域间目标距离第31位），文化消费增长与产值增长测算值之比将上升至7.62%。

（7）城乡无差距测算：在民生基础层面、民生消费层面、文化需求层面3项城乡比的无差距理想状态下实现2000年以来最佳比例值测算增长目标，即假设西藏乡村相关方面加速增长并与城镇水平持平，同时取城镇标准的3项最佳比例关系进行演算。如果到2020年西藏城乡之间在此3个层面已无差距，统一实现按城镇标准衡量的2000～2011年3项最佳比例，那么城乡人均文化消费应达到9661.90元，年均增长幅度需达到66.71%，为以往11年实际年均增长率的7.77倍（省域间目标距离第31位），文化消费增长与产值增长测算值之比将上升至14.34%。

如果按照国家"十二五"规划转变发展方式的要求，在"十二五"期间把西藏产值年均增长率控制在7%，并一直延续至2020年，那么在图6中，前两类测算因与产值增长演算间接相关,文化消费人均值增长测算的绝对值不变,其与产值比将分别增高至0.55%和4.10%;后五类测算因与产值增长演算直接相关,文化消费人均值增长测算的绝对值相应减少,其所需年均增长幅度(亦即目标差距)将分别减低至13.90%、32.93%、41.83%、45.35%和55.93%(见图6注),显然更加容易实现。

Tibet: Majority of the Measure Distance of Growth Targets Locate Last

Abstract: The evaluated growth targets of cultural consumption and development space of cultural industry in Tibet are as follows: Ranking of the actual growth among various provinces from 2000 to 2011 is the 28th in the valued average added value over the years; Ranking of the targets distance among various provinces from 2011 to 2020 are the 31st in the valued avoiding negative correlation, the 28th in the valued pillar industry, the 31st in the valued optimal proportion, the 31st in the valued lowest urban-rural ratio, the 31st in the valued closed urban-rural ratio, and the 31st in the valued without urban-rural gap.

Key Words: Tibet's Cultural Industry; Expand Cultural Consumption; Demand and Sharing; Growth Target

权威报告　热点资讯　海量资源

当代中国与世界发展的高端智库平台

皮书数据库 www.pishu.com.cn

皮书数据库是专业的人文社会科学综合学术资源总库，以大型连续性图书——皮书系列为基础，整合国内外相关资讯构建而成。包含七大子库，涵盖两百多个主题，囊括了近十几年间中国与世界经济社会发展报告，覆盖经济、社会、政治、文化、教育、国际问题等多个领域。

皮书数据库以篇章为基本单位，方便用户对皮书内容的阅读需求。用户可进行全文检索，也可对文献题目、内容提要、作者名称、作者单位、关键字等基本信息进行检索，还可对检索到的篇章再作二次筛选，进行在线阅读或下载阅读。智能多维度导航，可使用户根据自己熟知的分类标准进行分类导航筛选，使查找和检索更高效、便捷。

权威的研究报告，独特的调研数据，前沿的热点资讯，皮书数据库已发展成为国内最具影响力的关于中国与世界现实问题研究的成果库和资讯库。

皮书俱乐部会员服务指南

1. 谁能成为皮书俱乐部会员？

● 皮书作者自动成为皮书俱乐部会员；

● 购买皮书产品（纸质图书、电子书、皮书数据库充值卡）的个人用户。

2. 会员可享受的增值服务：

● 免费获赠该纸质图书的电子书；

● 免费获赠皮书数据库100元充值卡；

● 免费定期获赠皮书电子期刊；

● 优先参与各类皮书学术活动；

● 优先享受皮书产品的最新优惠。

（本卡为图书内容的一部分，不购书刮卡，视为盗书）

3. 如何享受皮书俱乐部会员服务？

（1）如何免费获得整本电子书？

购买纸质图书后，将购书信息特别是书后附赠的卡号和密码通过邮件形式发送到pishu@188.com，我们将验证您的信息，通过验证并成功注册后即可获得该本皮书的电子书。

（2）如何获赠皮书数据库100元充值卡？

第1步：刮开附赠卡的密码涂层（左下）；

第2步：登录皮书数据库网站（www.pishu.com.cn），注册成为皮书数据库用户，注册时请提供您的真实信息，以便您获得皮书俱乐部会员服务；

第3步：注册成功后登录，点击进入"会员中心"；

第4步：点击"在线充值"，输入正确的卡号和密码即可使用。

皮书俱乐部会员可享受社会科学文献出版社其他相关免费增值服务

您有任何疑问，均可拨打服务电话：010-59367227　QQ:1924151860

欢迎登录社会科学文献出版社官网（www.ssap.com.cn）和中国皮书网（www.pishu.cn）了解更多信息

法律声明

"皮书系列"（含蓝皮书、绿皮书、黄皮书）由社会科学文献出版社最早使用并对外推广，现已成为中国图书市场上流行的品牌，是社会科学文献出版社的品牌图书。社会科学文献出版社拥有该系列图书的专有出版权和网络传播权，其LOGO（ ）与"经济蓝皮书"、"社会蓝皮书"等皮书名称已在中华人民共和国工商行政管理总局商标局登记注册，社会科学文献出版社合法拥有其商标专用权。

未经社会科学文献出版社的授权和许可，任何复制、模仿或以其他方式侵害"皮书系列"和LOGO（ ）、"经济蓝皮书"、"社会蓝皮书"等皮书名称商标专用权的行为均属于侵权行为，社会科学文献出版社将采取法律手段追究其法律责任，维护合法权益。

欢迎社会各界人士对侵犯社会科学文献出版社上述权利的违法行为进行举报。电话：010-59367121，电子邮箱：fawubu@ssap.cn。

社会科学文献出版社

社长致辞

我们是图书出版者,更是人文社会科学内容资源供应商;

我们背靠中国社会科学院,面向中国与世界人文社会科学界,坚持为人文社会科学的繁荣与发展服务;

我们精心打造权威信息资源整合平台,坚持为中国经济与社会的繁荣与发展提供决策咨询服务;

我们以读者定位自身,立志让爱书人读到好书,让求知者获得知识;

我们精心编辑、设计每一本好书以形成品牌张力,以优秀的品牌形象服务读者,开拓市场;

我们始终坚持"创社科经典,出传世文献"的经营理念,坚持"权威、前沿、原创"的产品特色;

我们"以人为本",提倡阳光下创业,员工与企业共享发展之成果;

我们立足于现实,认真对待我们的优势、劣势,我们更着眼于未来,以不断的学习与创新适应不断变化的世界,以不断的努力提升自己的实力;

我们愿与社会各界友好合作,共享人文社会科学发展之成果,共同推动中国学术出版乃至内容产业的繁荣与发展。

社会科学文献出版社社长
中国社会学会秘书长

2013 年 1 月

社会科学文献出版社 皮书系列

"皮书"起源于十七、十八世纪的英国,主要指官方或社会组织正式发表的重要文件或报告,多以"白皮书"命名。在中国,"皮书"这一概念被社会广泛接受,并被成功运作、发展成为一种全新的出版形态,则源于中国社会科学院社会科学文献出版社。

皮书是对中国与世界发展状况和热点问题进行年度监测,以专家和学术的视角,针对某一领域或区域现状与发展态势展开分析和预测,具备权威性、前沿性、原创性、实证性、时效性等特点的连续性公开出版物,由一系列权威研究报告组成。皮书系列是社会科学文献出版社编辑出版的蓝皮书、绿皮书、黄皮书等的统称。

皮书系列的作者以中国社会科学院、著名高校、地方社会科学院的研究人员为主,多为国内一流研究机构的权威专家学者,他们的看法和观点代表了学界对中国与世界的现实和未来最高水平的解读与分析。

自20世纪90年代末推出以经济蓝皮书为开端的皮书系列以来,至今已出版皮书近800部,内容涵盖经济、社会、政法、文化传媒、行业、地方发展、国际形势等领域。皮书系列已成为社会科学文献出版社的著名图书品牌和中国社会科学院的知名学术品牌。

皮书系列在数字出版和国际出版方面成就斐然。皮书数据库被评为"2008~2009年度数字出版知名品牌";经济蓝皮书、社会蓝皮书等十几种皮书每年还由国外知名学术出版机构出版英文版、俄文版、韩文版和日文版,面向全球发行。

2011年,皮书系列正式列入"十二五"国家重点出版规划项目,一年一度的皮书年会升格由中国社会科学院主办;2012年,部分重点皮书列入中国社会科学院承担的国家哲学社会科学创新工程项目。

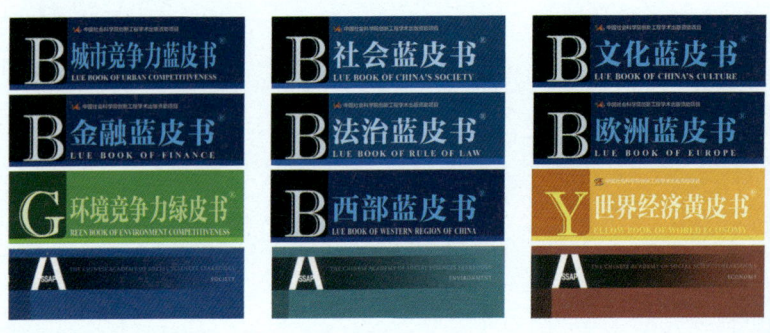

经济类

经 济 类

经济类皮书涵盖宏观经济、城市经济、大区域经济，提供权威、前沿的分析与预测

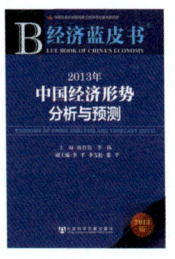

经济蓝皮书
2013年中国经济形势分析与预测（赠阅读卡）

陈佳贵 李 扬/主编　2012年12月出版　估价：59.00元

◆ 本书课题为"总理基金项目"，由著名经济学家陈佳贵、李扬领衔，联合数十家科研机构、国家部委和高等院校的专家共同撰写，其内容涉及宏观决策、财政金融、证券投资、工业调整、就业分配、对外贸易等一系列热点问题。本报告权威把脉中国经济2012年运行特征及2013年发展趋势。

世界经济黄皮书
2013年世界经济形势分析与预测（赠阅读卡）

王洛林 张宇燕/主编　2013年1月出版　估价：59.00元

◆ 2012年全球经济复苏步伐明显放缓，发达国家复苏动力不足，主权债务危机的升级以及长期的低利率也大大压缩了财政与货币政策调控的空间。本书围绕因此而来的国际金融市场震荡频发、国际贸易与投资增长乏力等经济问题对世界经济进行了分析展望。

国家竞争力蓝皮书
中国国家竞争力报告No.2（赠阅读卡）

倪鹏飞/主编　2013年4月出版　估价：69.00元

◆ 本书运用有关竞争力的最新经济学理论，选取全球100个主要国家，在理论研究和计量分析的基础上，对全球国家竞争力进行了比较分析，并以这100个国家为参照系，指明了中国的位置和竞争环境，为研究中国的国家竞争力地位、制定全球竞争战略提供参考。

经济类

城市竞争力蓝皮书
中国城市竞争力报告 No.11（赠阅读卡）

倪鹏飞/主编　　2013年5月出版　　估价：69.00元

◆ 本书由中国社会科学院城市与竞争力中心主任倪鹏飞主编写，汇集了众多研究城市经济问题的专家学者关于城市竞争力研究的最新成果。本报告构建了一套科学的城市竞争力评价指标体系，采用第一手数据材料，对国内重点城市年度竞争力格局变化进行客观分析和综合比较、排名，对研究城市经济及城市竞争力极具参考价值。

城市蓝皮书
中国城市发展报告 No.6（赠阅读卡）

潘家华　魏后凯/主编　　2013年8月出版　　估价:59.00元

◆ 本书由中国社会科学院城市发展与环境研究所主编，以聚焦新时期中国城市发展中的民生问题为主题，紧密联系现阶段中国城镇化发展的客观要求，回顾总结中国城镇化进程中城市民生改善的主要成效，并对城市发展中的各种民生问题进行全面剖析，在此基础上提出了民生优先的城市发展思路，以及改善城市民生的对策建议。

农村绿皮书
中国农村经济形势分析与预测(2012~2013)（赠阅读卡）

中国社会科学院农村发展研究所　国家统计局农村社会经济调查司/著
2013年4月出版　　估价：59.00元

◆ 本书对2012年中国农业和农村经济运行情况进行了系统的分析和评价，对2013年中国农业和农村经济发展趋势进行了预测，并提出相应的政策建议，专题部分将围绕某个重大的理论和现实问题进行多维、深入、细致的分析和探讨。

西部蓝皮书
中国西部经济发展报告(2013)（赠阅读卡）

姚慧琴　徐璋勇/主编　　2013年7月出版　　估价：69.00元

◆ 本书由西北大学中国西部经济发展研究中心主编，汇集了源自西部本土以及国内研究西部问题的权威专家的第一手资料，对国家实施西部大开发战略进行年度动态跟踪，并对2013年西部经济、社会发展态势进行预测和展望。

经济类 皮书系列重点推荐

宏观经济蓝皮书

中国经济增长报告（2012~2013）（赠阅读卡）

张 平 刘霞辉 / 主编　　2013年7月出版　　估价：69.00元

◆ 本书由中国社会科学院经济研究所组织编写，独创了中国各省（区、市）发展前景评价体系，通过产出效率、经济结构、经济稳定、产出消耗、增长潜力等近60个指标对中国各省（区、市）发展前景进行客观评价，并就"十二五"时期中国经济面临的主要问题进行全面分析。

经济蓝皮书春季号

中国经济前景分析——2013年春季报告（赠阅读卡）

陈佳贵 李 扬 / 主编　　2013年5月出版　　估价：59.00元

◆ 本书是经济蓝皮书的姊妹篇，是中国社会科学院"中国经济形势分析与预测"课题组推出的又一重磅作品，在模型模拟与实证分析的基础上，从我国面临的国内外环境入手，对2013年春季及全年经济全局及工业、农业、财政、金融、外贸、就业等热点问题进行多角度考察与研究，并提出政策建议，具有较强的实用性、科学性和前瞻性。

就业蓝皮书

2013年中国大学生就业报告（赠阅读卡）

麦可思研究院 / 主编　王伯庆 / 主审　2013年6月出版　估价：98.00元

◆ 大学生就业是社会关注的热点和难点，本书是在麦可思研究院"中国2010届大学毕业生求职与工作能力调查"数据的基础上，由麦可思公司与西南财经大学共同完成的2013年度大学毕业生就业及重点产业人才分析报告。

国际城市蓝皮书

国际城市发展报告（2013）（赠阅读卡）

屠启宇 / 主编　　2013年1月出版　　估价：69.00元

◆ 国际城市蓝皮书是由上海社会科学院城市与区域研究中心主办、世界经济研究所国际政治经济学研究室协办的关于国际城市发展动态的年度报告，力求为中国城市发展的决策者、操作者、研究者和关注者把握与借鉴国际城市发展动态、规律和实践，提供及时、全面、权威的解读。

皮书系列
重点推荐

社会政法类

社会政法类

社会政法类皮书聚焦社会发展领域的热点、难点问题，提供权威、原创的资讯与视点

社会蓝皮书
2013年中国社会形势分析与预测（赠阅读卡）

汝信　陆学艺　李培林/主编　2012年12月出版　估价：59.00元

◆ 本书为中国社会科学院核心学术品牌之一，荟萃中国社会科学院等众多学术单位的原创成果。本年度报告结合中央"十八大"会议精神，深入探讨中国迈向更加公平、公正的全面小康社会的路径。

法治蓝皮书
中国法治发展报告No.11(2013)（赠阅读卡）

李林/主编　2013年3月出版　估价：85.00元

◆ 本书是中国社会科学院法学研究所精心打造的年度报告。在多篇法治国情调研报告中，着力分析中国在立法、依法行政、预防与惩治腐败等方面的进展，并提出原创性箴言。

教育蓝皮书
中国教育发展报告(2013)（赠阅读卡）

杨东平/主编　2013年3月出版　估价：59.00元

◆ 本书由著名教育学家杨东平担任主编，直面当前教育改革中出现的教育公平、高校教育结构调整、义务教育均衡发展、学校布局调整与校车系统建设等热点、难点问题，提出极具价值的学者建言。

权威　前沿　原创

皮书系列 重点推荐

社会政法类

社会建设蓝皮书
2013年北京社会建设分析报告（赠阅读卡）

陆学艺　唐军　张荆/主编　2013年5月出版　估价:69.00元

◆ 本书由著名社会学家陆学艺领衔主编，依据社会学理论框架和分析方法，对北京市的人口、就业、分配、社会阶层以及城乡关系等社会学基本问题进行了广泛调研与分析，对广受社会关注的住房、教育、医疗、养老、交通等社会热点问题做了深刻了解与剖析，对日益显现的征地搬迁、外籍人口管理、群体性心理障碍等进行了有益探讨。

政治参与蓝皮书
中国政治参与报告(2013)（赠阅读卡）

房宁/主编　2013年7月出版　估价:58.00元

◆ 本书是国内第一本运用社会科学数据对"中国公民政策参考"进行持续研究的年度报告，依据全国性问卷调查数据，对中国公民的政策参与客观状况和政策参与主观状况作了总体说明，并对不同性别、不同年龄、不同学历、不同政治面貌、不同职业、不同区域、不同收入的公民群体的政策参与客观状况和主观状况作了具体说明。

社会心态蓝皮书
中国社会心态研究报告(2012~2013)（赠阅读卡）

王俊秀　杨宜音/主编　2012年12月出版　估价:59.00元

◆ 本书由中国社会科学院社会学研究所社会心理研究中心编撰，从社会感受、价值观念、行为倾向等方面对于生活压力感、社会支持感、经济变动感受、微博使用行为、心理危机干预等问题，用社会心理学、社会学、经济学、传播学等多种学科的方法角度进行了调查和研究，深入揭示了我国社会心态状况。

城乡统筹蓝皮书
中国城乡统筹发展报告(2013)（赠阅读卡）

程志强　潘晨光/主编　2013年3月出版　估价:59.00元

◆ 全书客观地总结了各地城乡统筹发展进程中的经验，详细论述了统筹城乡经济社会发展的理论基础，从多个角度对新时期加快我国城乡统筹发展进程进行了深入的研究与探讨。

社会政法类

环境绿皮书
中国环境发展报告 (2013)（赠阅读卡）

杨东平/主编　　2013 年 4 月出版　　估价：69.00 元

◆ 本书由民间环保组织"自然之友"组织编写，由特别关[注]、生态保护、宜居城市、可持续消费以及政策与治理等版块[组]成，以公共利益的视角记录、审视和思考中国环境状况，呈[现]2013 年中国环境与可持续发展领域的全局态势，用深刻的思[考]、科学的数据分析 2012 年的环境热点事件。

环境竞争力绿皮书
中国省域环境竞争力发展报告(2010～2012)（赠阅读卡）

李建平　李闽榕　王金南/主编　　2013 年 3 月出版　　估价:148.00 元

◆ 本报告融马克思主义经济学、环境科学、生态学、统计学、计量经济学和人文地理学等理论和方法为一体，充分运用数[学]分析、空间分析以及规范分析与实证分析相结合的方法，构[建]了比较科学完善、符合中国国情的环境竞争力指标评价体系，对中国内地 31 个省级区域的环境竞争力进行全面、深入的[比]较分析和评价。

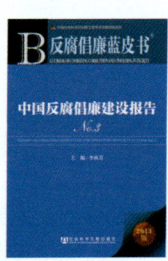

反腐倡廉蓝皮书
中国反腐倡廉建设报告 No.3（赠阅读卡）

李秋芳/主编　　2013 年 8 月出版　　估价：59.00 元

◆ 本书从"惩治与专项治理、多主体综合监督、公共权力规制、公共资金资源资产监管、公职人员诚信管理、社会廉洁文化建设"六个方面对全国反腐倡廉建设进程与效果进行了综述，结合实地调研和问卷调查，反映了社会公众关注的难点焦点问题，并从理念和举措上提出建议。

行业报告类

行业报告类皮书立足重点行业、新兴行业领域，提供及时、前瞻的数据与信息

金融蓝皮书

中国金融发展报告（2013）（赠阅读卡）

李扬　王国刚/主编　　2012年12月出版　　估价：59.00元

◆ 本书由中国社会科学院金融研究所主编，对2012年中国金融业总体发展状况进行回顾和分析，聚焦国际及国内金融形势的新变化，解析中国货币政策、银行业、保险业和证券期货业的发展状况，预测中国金融发展的最新动态，包括投资基金、保险业发展和金融监管等。

房地产蓝皮书

中国房地产发展报告No.10（赠阅读卡）

潘家华　李景国/主编　　2013年5月出版　　估价：69.00元

◆ 本书由中国社会科学院城市发展与环境研究所组织编写，秉承客观公正、科学中立的原则，深度解析2012年中国房地产发展的形势和存在的主要矛盾，并预测2013年中国房价走势及房地产市场发展大势。观点精辟，数据翔实，对关注房地产市场的各阶层人士极具参考价值。

住房绿皮书

中国住房发展报告（2012~2013）（赠阅读卡）

倪鹏飞/主编　　2012年12月出版　　估价：69.00元

◆ 本书从宏观背景、市场体系和公共政策等方面，对中国住房市场作全面系统的分析、预测与评价。在评述2012年住房市场走势的基础上，预测2013年中国住房市场的发展变化；通过构建中国住房指数体系，量化评估住房市场各关键领域的发展状况；剖析中国住房市场发展所面临的主要问题与挑战，并给出政策建议。

行业报告类

旅游绿皮书
2013年中国旅游发展分析与预测（赠阅读卡）

张广瑞　刘德谦　宋瑞/主编　　2013年5月出版　　估价:69.00元

◆ 本书由中国社会科学院旅游研究中心组织编写，从2012年国内外发展环境入手，深度剖析20112年我国旅游业的跌宕起伏以及背后错综复杂的影响因素，聚焦旅游相关行业的运行特征以及相关政策实施，对旅游发展的热点问题给出颇具见地的分析，并提出促进我国旅游业发展的对策建议。

产业蓝皮书
中国产业竞争力报告(2013) No.3（赠阅读卡）

张其仔/主编　　2013年12月出版　　估价:79.00元

◆ 本书对中国产业竞争力的最新变化进行了系统分析，对2012年中国产业竞争力的走势进行了展望，对各省、56个地区和44个园区的产业国际竞争力进行了评估，是了解中国产业竞争力、各地产业竞争力最新变化的支撑平台。

能源蓝皮书
中国能源发展报告(2013)（赠阅读卡）

崔民选/主编　　2013年7月出版　　估价:79.00元

◆ 本书结合中国经济面临转型的新形势，着眼于构建安全稳定、经济清洁的现代能源产业体系，盘点2012年中国能源行业的运行和发展走势，对2012年我国能源产业和各行业的运行特征、热点问题进行了深度剖析，并提出了未来趋势预测和对策建议。

文化传媒类

文化传媒类皮书透视文化领域、文化产业，探索文化大繁荣、大发展的路径

文化蓝皮书

中国文化产业发展报告(2012~2013)（赠阅读卡）

张晓明　胡惠林　章建刚/主编　2013年1月出版　估价:59.00元

◆ 本书是由中国社会科学院文化研究中心和文化部、上海交通大学共同编写的第10本中国文化产业年度报告。内容涵盖了我国文化产业分析及政策分析，既有对2012年文化产业发展形势的评估，又有对2013年发展趋势的预测；既有对全国文化产业宏观形势的评估，又有对文化产业内各行业的权威年度报告。

传媒蓝皮书

2013年：中国传媒产业发展报告（赠阅读卡）

崔保国/主编　2013年4月出版　估价:69.00元

◆ 本书云集了清华大学、人民大学等众多权威机构的知名学者，对2012年中国传媒产业发展进行全面分析。剖析传统媒体转型过程中，中国传媒界的思索与实践；立足全球传媒产业发展现状，探索我国传媒产业向支柱产业发展面临的路径；并为提升国际传播能力提供前瞻性研究与观点。

新媒体蓝皮书

中国新媒体发展报告No.4(2013)（赠阅读卡）

尹韵公/主编　2013年5月出版　估价:69.00元

◆ 本书由中国社会科学院新闻与传播研究所和上海大学合作编写，在构建新媒体发展研究基本框架的基础上，全面梳理2012年中国新媒体发展现状，发表最前沿的网络媒体深度调查数据和研究成果，并对新媒体发展的未来趋势做出预测。

皮书系列
重点推荐

国别与地区类

国别与地区类

国别与地区类皮书关注全球重点国家与地区，提供全面、独特的解读与研究

国际形势黄皮书

全球政治与安全报告(2013)（赠阅读卡）

李慎明　张宇燕/主编　2012年12月出版　估价:59.00元

◆ 本书是由中国社会科学院世界经济与政治研究所精心打造的又一品牌皮书，关注时下国际关系发展动向里隐藏的中长期趋势，剖析全球政治与安全格局下的国际形势最新动向以及国际关系发展的热点问题，并对2013年国际社会重大动态作出前瞻性的分析与预测。

美国蓝皮书

美国问题研究报告(2013)（赠阅读卡）

黄　平　倪　峰/主编　2013年6月出版　估价:69.00元

◆ 本书由中华美国学会和中国社会科学院美国研究所组织编写，从美国内政、外交、中美关系等角度系统论述2013年美国政治经济发展情况，既有对美国当今实力、地位的宏观分析，也有对美国近年来内政、外交政策的微观考察，对观察和研究美国及中美关系具有较强的参考作用。

欧洲蓝皮书

欧洲发展报告(2012~2013)（赠阅读卡）

周　弘/主编　2013年3月出版　估价:79.00元

◆ 欧洲长期积累的财政和债务问题，终于在世界金融危机的冲击下转变成主权债务危机。在采取紧急应对危机举措的同时欧盟还提出一系列经济治理方案。正当欧盟内部为保卫欧元而苦苦奋战之时，欧盟却在对外战线上成功地完成对利比亚的一场战争。关注欧洲蓝皮书，关注欧盟局势。

地方发展类

地方发展类皮书关注大陆各省份、经济区域，提供科学、多元的预判与咨政信息

北京蓝皮书

北京经济发展报告(2012~2013)（赠阅读卡）

赵 弘/主编　2013年5月出版　估价：59.00元

◆ 本书是北京蓝皮书系列之一种，研创团队北京市社会科学院紧紧围绕北京市年度经济社会发展的目标，突出对北京市经济社会发展中全局性、战略性、倾向性的重点、热点、难点问题进行分析和预测的综合研究成果。

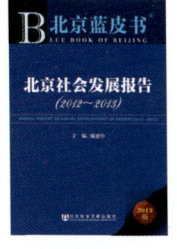

北京蓝皮书

北京社会发展报告(2012~2013)（赠阅读卡）

戴建中/主编　2013年6月出版　估价：59.00元

◆ 本书是北京蓝皮书系列之一种，研创团队以北京市社会科学院研究人员为主，同时邀请北京市党政机关和大学的专家学者参加。本书为北京市政策制定和执行提供了依据和思路，为了解中国首都的社会现状贡献了丰富的资料和解读，具有一定的影响力，因持续追踪社会热点问题而引起广泛的关注。

上海蓝皮书

上海经济发展报告(2013)（赠阅读卡）

沈开艳/主编　2013年1月出版　估价:59.00元

◆ 本书是上海蓝皮书系列之一种，围绕上海如何实现经济转型问题展开，通过对复苏缓慢的国际经济大环境、趋于紧缩的国内宏观经济背景的深入分析，认为上海迫切需要解决而又密切相关的现实问题是"增长动力转型"与"产业发展转型"两大核心。

皮书系列 重点推荐 地方发展类

上海蓝皮书
上海社会发展报告 (2013)（赠阅读卡）

卢汉龙　周海旺/主编　2013年1月出版　估价：59.00元

◆ 本书是上海蓝皮书系列之一种，围绕机制创新、社会政策、社会组织等方面，对上海近年来的社会热点问题进行了调研，在总结现有状况及成因的基础上，提出了一些建议与对策，关注了上海的主要社会问题，可为决策层制订相关政策提供借鉴。

河南蓝皮书
河南经济发展报告 (2013)（赠阅读卡）

喻新安/主编　2013年1月出版　估价：59.00元

◆ 本书是河南蓝皮书系列之一种，由河南省社会科学院主持编撰，以中原经济区"三化"协调科学发展为主题，深入全面地分析了当前河南经济发展的主要特点以及2012年的走势，全方位、多角度研究和探讨了河南探索"三化"协调发展的举措及成效，并对河南积极构建中原经济区建设提出了对策建议。

甘肃蓝皮书
甘肃省经济发展分析与预测 (2013)（赠阅读卡）

朱智文　罗　哲/主编　2012年12月出版　估价：69.00元

◆ 本书是甘肃蓝皮书系列之一种，近年来甘肃经济社会发展的年度综合性研究成果之一，是对不同时期甘肃省实现区域创新和改革开放的年度总结。全书以特有的方式将经济运行情况、预测分析、政策建议三者结合起来，在科学分析经济发展形势的基础上为甘肃未来经济发展做出了科学预测及提出政策建议。

经济类

城市竞争力蓝皮书
中国城市竞争力报告No.11
著(编)者：倪鹏飞　2013年5月出版 / 估价：69.00元

城市蓝皮书
中国城市发展报告NO.6
著(编)者：潘家华　魏后凯　2013年8月出版 / 估价：59.00元

城乡一体化蓝皮书
中国城乡一体化发展报告(2013)
著(编)者：汝信　付崇兰　2013年8月出版 / 估价：59.00元

低碳发展蓝皮书
中国低碳发展报告(2012~2013)
著(编)者：齐晔　2013年7月出版 / 估价：69.00元

低碳经济蓝皮书
中国低碳经济发展报告(2013)
著(编)者：薛进军　赵忠秀　2013年7月出版 / 估价：98.00元

东北蓝皮书
中国东北地区发展报告(2013)
著(编)者：张新颖　2013年8月出版 / 估价：79.00元

发展和改革蓝皮书
中国经济发展和体制改革报告No.6
著(编)者：邹东涛　2013年7月出版 / 估价：75.00元

国际城市蓝皮书
国际城市发展报告(2013)
著(编)者：屠启宇　2013年1月出版 / 估价：69.00元

国家竞争力蓝皮书
中国国家竞争力报告No.2
著(编)者：倪鹏飞　2013年4月出版 / 估价：69.00元

宏观经济蓝皮书
中国经济增长报告(2012~2013)
著(编)者：张平　刘霞辉　2013年7月出版 / 估价：69.00元

减贫蓝皮书
中国减贫与社会发展报告
著(编)者：黄承伟　2013年7月出版 / 估价：59.00元

金融蓝皮书
中国金融发展报告(2013)
著(编)者：李扬　王国刚　2012年12月出版 / 估价：59.00元

经济蓝皮书
2013年中国经济形势分析与预测
著(编)者：陈佳贵　李扬　2012年12月出版 / 估价：59.00元

经济蓝皮书春季号
中国经济前景分析——2013年春季报告
著(编)者：陈佳贵　李扬　2013年5月出版 / 估价：59.00元

经济信息绿皮书
中国与世界经济发展报告(2013)
著(编)者：王长胜　2012年12月出版 / 估价：69.00元

就业蓝皮书
2013年中国大学生就业报告
著(编)者：麦可思研究院　王伯庆　2013年6月出版 / 估价：98.00元

民营经济蓝皮书
中国民营经济发展报告No.10（2012~2013）
著(编)者：黄孟复　2013年9月出版 / 估价：69.00元

农村绿皮书
中国农村经济形势分析与预测(2012~2013)
著(编)者：中国社会科学院农村发展研究所
国家统计局农村社会经济调查司
2013年4月出版 / 估价：59.00元

企业公民蓝皮书
中国企业公民报告NO.3
著(编)者：邹东涛　2013年7月出版 / 估价：59.00元

企业社会责任蓝皮书
中国企业社会责任研究报告(2013)
著(编)者：陈佳贵　黄群慧　彭华岗　钟宏武
2012年11月出版 / 估价：59.00元

区域蓝皮书
中国区域经济发展报告(2012~2013)
著(编)者：戚本超　景体华　2013年4月出版 / 估价：69.00元

人口与劳动绿皮书
中国人口与劳动问题报告No.14
著(编)者：蔡昉　2013年6月出版 / 估价：69.00元

生态城市绿皮书
中国生态城市建设发展报告(2013)
著(编)者：李景源　孙伟平　刘举科　2013年3月出版 / 估价：128.00元

西北蓝皮书
中国西北发展报告(2013)
著(编)者：杨尚勤　石英　王建康　2013年3月出版 / 估价：65.00元

西部蓝皮书
中国西部发展报告(2013)
著(编)者：姚慧琴　徐璋勇　2013年7月出版 / 估价：69.00元

长三角蓝皮书
全球格局变化中的长三角
著(编)者：王战　2013年6月出版 / 估价：69.00元

中部竞争力蓝皮书
中国中部经济社会竞争力报告(2013)
著(编)者：教育部人文社会科学重点研究基地
南昌大学中国中部经济社会发展研究中心
2013年10月出版 / 估价：59.00元

中部蓝皮书
中国中部地区发展报告（2013~2014）
著(编)者：喻新安　2013年10月出版 / 估价：59.00元

中国省域竞争力蓝皮书
中国省域经济综合竞争力发展报告(2012~2013)
著(编)者：李建平　李闽榕　高燕京
2013年3月出版 / 估价：198.00元

中小城市绿皮书
中国中小城市发展报告(2013)
著(编)者:中国城市经济学会中小城市经济发展委员会
《中国中小城市发展报告》编纂委员会
2013年8月出版 / 估价:98.00元

珠三角流通蓝皮书
珠三角流通业发展报告(2013)
著(编)者:王先庆 林至颖 2013年8月出版 / 估价:69.00元

社会政法类

殡葬绿皮书
中国殡葬事业发展报告(2013)
著(编)者:朱 勇 李伯森 2013年3月出版 / 估价:59.00元

城市生活质量蓝皮书
中国城市生活质量指数报告(2013)
著(编)者:张 平 2013年7月出版 / 估价:59.00元

城乡统筹蓝皮书
中国城乡统筹发展报告(2013)
著(编)者:程志强、潘晨光 2013年3月出版 / 估价:59.00元

创新蓝皮书
创新型国家建设报告(2012~2013)
著(编)者:詹正茂 2013年7月出版 / 估价:69.00元

慈善蓝皮书
中国慈善发展报告(2013)
著(编)者:杨 团 2013年7月出版 / 估价:69.00元

法治蓝皮书
中国法治发展报告No.11(2013)
著(编)者:李 林 2013年3月出版 / 估价:85.00元

反腐倡廉蓝皮书
中国反腐倡廉建设报告No.3
著(编)者:李秋芳 2013年8月出版 / 估价:59.00元

非传统安全蓝皮书
中国非传统安全研究报告(2012~2013)
著(编)者:余潇枫 2013年7月出版 / 估价:69.00元

妇女发展蓝皮书
福建省妇女发展报告(2013)
著(编)者:刘群英 2013年10月出版 / 估价:58.00元

妇女发展蓝皮书
中国妇女发展报告No.5
著(编)者:王金玲 高小贤 2013年5月出版 / 估价:65.00元

妇女教育蓝皮书
中国妇女教育发展报告No.3
著(编)者:张李玺 2013年10月出版 / 估价:69.00元

公共服务蓝皮书
中国城市基本公共服务力评价(2012~2013)
著(编)者:侯惠勤 辛向阳 易定宏 2013年3月出版 / 估价:55.00元

公益蓝皮书
中国公益发展报告(2013)
著(编)者:朱健刚 2013年5月出版 / 估价:78.00元

国际人才蓝皮书
中国海归创业发展报告(2013)No.2
著(编)者:王辉耀 路江涌 2013年6月出版 / 估价:69.00元

国际人才蓝皮书
中国留学发展报告(2013) No.2
著(编)者:王辉耀 2013年8月出版 / 估价:59.00元

行政改革蓝皮书
中国行政体制改革报告(2013)No.3
著(编)者:魏礼群 2013年3月出版 / 估价:69.00元

华侨华人蓝皮书
华侨华人研究报告(2013)
著(编)者:丘 进 2013年5月出版 / 估价:128.00元

环境竞争力绿皮书
中国省域环境竞争力发展报告(2010~2012)
著(编)者:李建平 李闽榕 王金南
2013年3月出版 / 估价:148.00元

环境绿皮书
中国环境发展报告(2013)
著(编)者:杨东平 2013年4月出版 / 估价:69.00元

教师蓝皮书
中国中小学教师发展报告(2013)
著(编)者:曾晓东 2013年3月出版 / 估价:59.00元

教育蓝皮书
中国教育发展报告(2013)
著(编)者:杨东平 2013年2月出版 / 估价:59.00元

金融监管蓝皮书
中国金融监管报告2013
著(编)者:胡 滨 2013年5月出版 / 估价:59.00元

科普蓝皮书
中国科普基础设施发展报告(2013)
著(编)者:任福君 2013年4月出版 / 估价:79.00元

口腔健康蓝皮书
中国口腔健康发展报告(2013)
著(编)者:胡德渝 2013年12月出版 / 估价:59.00元

社会政法类

老龄蓝皮书
中国老龄事业发展报告(2013)
著(编)者:吴玉韶　2013年4月出版 / 估价:59.00元

民间组织蓝皮书
中国民间组织报告(2012~2013)
著(编)者:黄晓勇　2013年4月出版 / 估价:69.00元

民族蓝皮书
中国民族区域自治发展报告(2013)
著(编)者:郝时远　2013年7月出版 / 估价:98.00元

女性生活蓝皮书
中国女性生活状况报告No.7(2013)
著(编)者:韩湘景　2013年10月出版 / 估价:78.00元

气候变化绿皮书
应对气候变化报告(2013)
著(编)者:王伟光　郑国光　2013年11月出版 / 估价:59.00元

汽车社会蓝皮书
中国汽车社会发展报告(2013)
著(编)者:王俊秀　2013年6月出版 / 估价:59.00元

青少年蓝皮书
中国未成年人新媒体运用报告(2012~2013)
著(编)者:李文革　沈　杰　季为民
2013年7月出版 / 估价:69.00元

人才竞争力蓝皮书
中国区域人才竞争力报告(2013)
著(编)者:桂昭明　王辉耀　2013年2月出版 / 估价:69.00元

人才蓝皮书
中国人才发展报告(2013)
著(编)者:潘晨光　2013年8月出版 / 估价:79.00元

人权蓝皮书
中国人权事业发展报告No.3(2013)
著(编)者:李君如　2013年11月出版 / 估价:98.00元

社会保障绿皮书
中国社会保障发展报告(2013)No.6
著(编)者:王延中　2013年4月出版 / 估价:69.00元

社会工作蓝皮书
中国社会工作发展报告(2012~2013)
著(编)者:蒋昆生　戚学森　2013年7月出版 / 估价:59.00元

社会管理蓝皮书
中国社会管理创新报告No.2
著(编)者:连玉明　2013年9月出版 / 估价:79.00元

社会建设蓝皮书
2013年北京社会建设分析报告
著(编)者:陆学艺　唐　军　张　荆
2013年5月出版 / 估价:69.00元

社会科学蓝皮书
中国社会科学学术前沿(2012~2013)
著(编)者:高　翔　2013年9月出版 / 估价:69.00元

社会蓝皮书
2013年中国社会形势分析与预测
著(编)者:汝　信　陆学艺　李培林
2012年12月出版 / 估价:59.00元

社会心态蓝皮书
中国社会心态研究报告(2012~2013)
著(编)者:王俊秀　杨宜音　2012年12出版 / 估价:59.00元

生态文明绿皮书
中国省域生态文明建设评价报告(2013)
著(编)者:严　耕　2013年10月出版 / 估价:98.00元

食品药品蓝皮书
食品药品安全与监管政策研究报告(2013)
著(编)者:唐民皓　2013年6月出版 / 估价:69.00元

世界创新竞争力黄皮书
世界创新竞争力发展报告(2012~2013)
著(编)者:李建平　李闽榕　赵新力
2013年11月出版 / 估价:79.00元

世界社会主义黄皮书
世界社会主义跟踪研究报告(2012~2013)
著(编)者:李慎明　2013年3月出版 / 估价:99.00元

危机管理蓝皮书
中国危机管理报告(2013)
著(编)者:文学国　范正青　2013年12月出版 / 估价:79.00元

小康蓝皮书
中国全面建设小康社会监测报告(2013)
著(编)者:潘　璠　2013年11月出版 / 估价:59.00元

形象危机应对蓝皮书
形象危机应对研究报告(2013)
著(编)者:唐　钧　2013年9月出版 / 估价:118.00元

舆情蓝皮书
中国社会舆情与危机管理报告(2013)
著(编)者:谢耘耕　2013年8月出版 / 估价:78.00元

政治参与蓝皮书
中国政治参与报告(2013)
著(编)者:房　宁　2013年7月出版 / 估价:58.00元

宗教蓝皮书
中国宗教报告(2013)
著(编)者:金　泽　邱永辉　2013年7月出版 / 估价:59.00元

行业报告类

保健蓝皮书
中国保健服务产业发展报告No.2
著(编)者:中国保健协会　中共中央党校
2013年7月出版 / 估价:198.00元

保健蓝皮书
中国保健食品产业发展报告No.2
著(编)者:中国保健协会
　　　　中国社会科学院食品药品产业发展与监管研究中心
2013年3月出版 / 估价:198.00元

保健蓝皮书
中国保健用品产业发展报告No.2
著(编)者:中国保健协会　2013年3月出版 / 估价:198.00元

保险蓝皮书
中国保险业竞争力报告(2013)
著(编)者:罗忠敏　2013年7月出版 / 估价:89.00元

餐饮产业蓝皮书
中国餐饮产业发展报告(2013)
著(编)者:中国烹饪协会　中国社会科学院财经战略研究院
2013年5月出版 / 估价:60.00元

测绘地理信息蓝皮书
中国地理信息产业发展报告(2013)
著(编)者:徐德明　2013年12月出版 / 估价:98.00元

茶业蓝皮书
中国茶产业发展报告(2013)
著(编)者:李闽榕　杨江帆　2013年11月出版 / 估价:79.00元

产权市场蓝皮书
中国产权市场发展报告(2012~2013)
著(编)者:曹和平　2013年12月出版 / 估价:69.00元

产业安全蓝皮书
中国保险产业安全报告(2013)
著(编)者:李孟刚　2013年10月出版 / 估价:59.00元

产业安全蓝皮书
中国产业外资控制报告(2012~2013)
著(编)者:李孟刚　2013年10月出版 / 估价:69.00元

产业安全蓝皮书
中国金融产业安全报告(2013)
著(编)者:李孟刚　2013年10月出版 / 估价:69.00元

产业安全蓝皮书
中国轻工业发展与安全报告(2013)
著(编)者:李孟刚　2013年10月出版 / 估价:69.00元

产业安全蓝皮书
中国私募股权产业安全与发展报告(2013)
著(编)者:李孟刚　2013年10月出版 / 估价:59.00元

产业安全蓝皮书
中国新能源产业发展与安全报告(2013)
著(编)者:北京交通大学中国产业安全研究中心
2013年3月出版 / 估价:69.00元

产业安全蓝皮书
中国能源产业安全报告(2013)
著(编)者:北京交通大学中国产业安全研究中心
2013年3月出版 / 估价:69.00元

产业安全蓝皮书
中国海洋产业安全报告(2012~2013)
著(编)者:北京交通大学中国产业安全研究中心
2013年3月出版 / 估价:59.00元

产业蓝皮书
中国产业竞争力报告(2013) NO.3
著(编)者:张其仔　2013年12月出版 / 估价:79.00元

电子商务蓝皮书
中国城市电子商务影响力报告(2013)
著(编)者:荆林波　2013年5月出版 / 估价:69.00元

电子政务蓝皮书
中国电子政务发展报告(2013)
著(编)者:洪毅　王长胜　2013年9月出版 / 估价:59.00元

杜仲产业绿皮书
中国杜仲种植与产业发展报告(2013)
著(编)者:胡文臻　杜红岩　2013年8月出版 / 估价:78.00元

房地产蓝皮书
中国房地产发展报告No.10
著(编)者:魏后凯　李景国　2013年5月出版 / 估价:69.00元

服务外包蓝皮书
中国服务外包发展报告(2012~2013)
著(编)者:王力　刘春生　黄育华
2013年9月出版 / 估价:89.00元

工业设计蓝皮书
中国工业设计发展报告(2013)
著(编)者:王晓红　2013年7月出版 / 估价: 69.00元

会展经济蓝皮书
中国会展经济发展报告(2013)
著(编)者:过聚荣　2013年4月出版 / 估价:65.00元

行业报告类

会展蓝皮书
中外会展业动态评估年度报告(2013)
著(编)者：张 敏 2013年8月出版 / 估价：68.00元

基金会蓝皮书
中国基金会发展报告(2013)
著(编)者：刘忠祥 2013年7月出版 / 估价：79.00元

基金会绿皮书
中国基金会发展独立研究报告(2013)
著(编)者：基金会中心网 2013年11月出版 / 估价：49.00元

交通运输蓝皮书
中国交通运输业发展报告(2013)
著(编)者：崔民选 王军生 2013年6月出版 / 估价：69.00元

金融蓝皮书
中国金融发展报告(2013)
著(编)者：李 扬 王国刚 2012年12月出版 / 估价：59.00元

金融蓝皮书
中国金融中心发展报告(2012~2013)
著(编)者：王 力 黄育华 2013年10出版 / 估价：59.00元

金融蓝皮书
中国商业银行竞争力报告(2013)
著(编)者：王松奇 2013年10月出版 / 估价：79.00元

金融监管蓝皮书
中国金融监管发展报告(2013)
著(编)者：胡 滨 2013年5月出版 / 估价：59.00元

科学传播蓝皮书
中国科学传播报告(2013)
著(编)者：詹正茂 2013年6月出版 / 估价：69.00元

口岸生态绿皮书
中国口岸地区生态文化发展报告No.1(2013)
著(编)者：胡文臻 刘 静 2013年8月出版 / 估价：78.00元

"老字号"蓝皮书
中国"老字号"企业发展报告No.3(2013)
著(编)者：张继焦 丁惠敏 黄忠彩
2013年10月出版 / 估价：69.00元

"两化"融合蓝皮书
中国"两化"融合发展报告(2013)
著(编)者：曹淑敏 工业和信息化部电信研究院
2013年8月出版 / 估价：98.00元

流通蓝皮书
湖南省商贸流通产业发展报告No.2
著(编)者：柳思维 2013年10月出版 / 估价：75.00元

流通蓝皮书
中国商业发展报告(2012~2013)
著(编)者：荆林波 2013年4月出版 / 估价：89.00元

旅游安全蓝皮书
中国旅游安全报告(2013)
著(编)者：郑向敏 谢朝武 2013年5月出版 / 估价：78.00元

旅游绿皮书
2013年中国旅游发展分析与预测
著(编)者：张广瑞 刘德谦 宋 瑞
2013年5月出版 / 估价：69.00元

贸易蓝皮书
中国贸易发展报告(2013)
著(编)者：荆林波 2013年5月出版 / 估价：49.00元

煤炭蓝皮书
中国煤炭工业发展报告No.5(2013)
著(编)者：岳福斌 2012年12月出版 / 估价：69.00元

煤炭市场蓝皮书
中国煤炭市场发展报告(2013)
著(编)者：曲剑午 2013年8月出版 / 估价：79.00元

民营医院蓝皮书
中国民营医院发展报告(2013)
著(编)者：陈绍福 王培舟 2013年9月出版 / 估价：89.00元

闽商蓝皮书
闽商发展报告(2013)
著(编)者：李闽榕 王日根 林 琛
2013年3月出版 / 估价：69.00元

能源蓝皮书
中国能源发展报告(2013)
著(编)者：崔民选 2013年7月出版 / 估价：79.00元

农产品流通蓝皮书
中国农产品流通产业发展报告(2013)
著(编)者：贾敬敦 王炳南 张玉玺 张鹏毅 陈丽华
2013年7月出版 / 估价：98.00元

期货蓝皮书
中国期货市场发展报告(2013)
著(编)者：荆林波 2013年7月出版 / 估价：69.00元

企业蓝皮书
中国企业竞争力报告(2013)
著(编)者：金 碚 2013年11月出版 / 估价：79.00元

汽车蓝皮书
中国汽车产业发展报告(2013)
著(编)者：国务院发展研究中心产业经济研究部
中国汽车工程学会 大众汽车集团（中国）
2013年7月出版 / 估价：79.00元

人力资源蓝皮书
中国人力资源发展报告(2012~2013)
著(编)者：吴 江 田小宝 2013年6月出版 / 估价：69.00元

软件和信息服务业蓝皮书
中国软件和信息服务业发展报告(2013)
著(编)者:洪京一 工业和信息化部电子科学技术情报研究所
2013年6月出版 / 估价:98.00元

商会蓝皮书
中国商会发展报告 No.5 (2013)
著(编)者:黄孟复 2013年8月出版 / 估价:59.00元

商品市场蓝皮书
中国商品市场发展报告(2013)
著(编)者:荆林波 2013年7月出版 / 估价:59.00元

私募市场蓝皮书
中国私募股权市场发展报告(2013)
著(编)者:曹和平 2013年10月出版 / 估价:69.00元

体育蓝皮书
中国体育产业发展报告(2012~2013)
著(编)者:江和平 张海潮 2013年5月出版 / 估价:69.00元

投资蓝皮书
中国投资发展报告(2013)
著(编)者:杨庆蔚 2013年3月出版 / 估价:79.00元

物联网蓝皮书
中国物联网发展报告(2013)
著(编)者:黄桂田 张全升 2013年10月出版 / 估价:80.00元

西部工业蓝皮书
中国西部工业发展报告(2013)
著(编)者:方行明 刘方健 姜 凌 等
2013年7月出版 / 估价:69.00元

西部金融蓝皮书
中国西部金融发展报告(2013)
著(编)者:李忠民 2013年10月出版 / 估价:69.00元

信息化蓝皮书
中国信息化形势分析与预测(2013)
著(编)者:周宏仁 2013年7月出版 / 估价:98.00元

休闲绿皮书
2013年中国休闲发展报告
著(编)者:刘德谦 唐 兵 宋 瑞
2013年5月出版 / 估价:59.00元

中国林业竞争力蓝皮书
中国省域林业竞争力发展报告No.3(2012~2013)(上)
著(编)者:郑传芳 李闽榕 张春霞 张会儒
2013年8月出版 / 估价:139.00元

中国农业竞争力蓝皮书
中国省域农业竞争力发展报告No.2 (2010~2012)
著(编)者:郑传芳 宋洪远 李闽榕 张春霞
2013年7月出版 / 估价:128.00元

中国总部经济蓝皮书
中国总部经济发展报告(2013~2014)
著(编)者:赵 弘 2013年9月出版 / 估价:69.00元

住房绿皮书
中国住房发展报告(2012~2013)
著(编)者:倪鹏飞 2012年12月出版 / 估价:69.00元

资本市场蓝皮书
中国场外交易市场发展报告(2012~2013)
著(编)者:高 峦 2013年2月出版 / 估价:79.00元

文化传媒类

传媒蓝皮书
2013年:中国传媒产业发展报告
著(编)者:崔保国 2013年4月出版 / 估价:69.00元

创意城市蓝皮书
北京文化创意产业发展报告(2013)
著(编)者:张京成 王国华 2013年3月出版 / 估价:69.00元

创意城市蓝皮书
青岛文化创意产业发展报告(2013)
著(编)者:马 达 2013年5月出版 / 估价:69.00元

动漫蓝皮书
中国动漫产业发展报告(2013)
著(编)者:卢 斌 郑玉明 牛兴侦
2013年4月出版 / 估价:69.00元

广电蓝皮书
中国广播电影电视发展报告(2013)
著(编)者:庞井君 2013年6月出版 / 估价:88.00元

广告主蓝皮书
中国广告主营销传播趋势报告N0.8
著(编)者:中国传媒大学广告主研究所
　　　　　中国广告主营销传播创新研究课题组
　　　　　黄升民 杜国清 邵华冬
2013年11月出版 / 估价:98.00元

纪录片蓝皮书
中国纪录片发展报告(2013)
著(编)者:何苏六 2013年10月出版 / 估价:78.00元

文化传媒类·国别与地区类

两岸文化蓝皮书
两岸文化产业合作发展报告(2013)
著(编)者:胡惠林 肖夏勇 2013年7月出版 / 估价:59.00元

全球传媒蓝皮书
全球传媒产业发展报告(2013)
著(编)者:胡正荣 2013年1月出版 / 估价:79.00元

视听新媒体蓝皮书
中国视听新媒体发展报告(2013)
著(编)者:庞井君 2013年6月出版 / 估价:69.00元

文化创新蓝皮书
中国文化创新报告(2013)No.4
著(编)者:于 平 傅才武
2013年7月出版 / 估价:79.00元

文化蓝皮书
中国文化产业发展报告(2012~2013)
著(编)者:张晓明 胡惠林 章建刚
2013年1月出版 / 估价:59.00元

文化蓝皮书
中国城镇文化消费需求景气评价报告(2013)
著(编)者:王亚南 2013年5月出版 / 估价:79.00元

文化蓝皮书
中国公共文化服务发展报告(2013)
著(编)者:于群 李国新 2013年10月出版 / 估价:98.00元

文化蓝皮书
中国文化消费需求景气评价报告(2013)
著(编)者:王亚南 2013年6月出版 / 估价:79.00元

文化蓝皮书
中国乡村文化消费需求景气评价报告(2013)
著(编)者:王亚南 2013年6月出版 / 估价:79.00元

文化蓝皮书
中国中心城市文化消费需求景气评价报告(2013)
著(编)者:王亚南 2013年5月出版 / 估价:79.00元

文化品牌蓝皮书
中国文化品牌发展报告(2013)
著(编)者:欧阳友权 2013年6月出版 / 估价:75.00元

文化软实力蓝皮书
中国文化软实力研究报告(2013)
著(编)者:张国祚 2013年7月出版 / 估价:79.00元

文化遗产蓝皮书
中国文化遗产事业发展报告(2013)
著(编)者:刘世锦 2013年9月出版 / 估价:79.00元

文学蓝皮书
中国文情报告(2012~2013)
著(编)者:白烨 2013年1月出版 / 估价:59.00元

新媒体蓝皮书
中国新媒体发展报告No.4(2013)
著(编)者:尹韵公 2013年5月出版 / 估价:69.00元

移动互联网蓝皮书
中国移动互联网发展报告(2013)
著(编)者:官建文 2013年4月出版 / 估价:79.00元

国别与地区类

G20国家创新竞争力黄皮书
二十国集团(G20)国家创新竞争力发展报告(2013)
著(编)者:李建平 李闽榕 赵新力
2013年12月出版 / 估价:118.00元

澳门蓝皮书
澳门经济社会发展报告(2012~2013)
著(编)者:郝雨凡 吴志良 2013年4月出版 / 估价:69.00元

德国蓝皮书
德国发展报告(2013)
著(编)者:李乐曾 郑春荣 2013年5月出版 / 估价:69.00元

东南亚蓝皮书
东南亚地区发展报告(2013)
著(编)者:王勤 2013年11月出版 / 估价:59.00元

东盟蓝皮书
东盟发展报告(2013)
著(编)者:黄兴球 庄国土 2013年11月出版 / 估价:59.00元

俄罗斯黄皮书
俄罗斯发展报告(2013)
著(编)者:李永全 2013年9月出版 / 估价:69.00元

非洲黄皮书
非洲发展报告No.15(2012~2013)
著(编)者:张宏明 2013年7月出版 / 估价:79.00元

港澳珠三角蓝皮书
粤港澳区域合作与发展报告(2012~2013)
著(编)者:梁庆寅 陈广汉 2013年8月出版 / 估价:59.00元

国际形势黄皮书
全球政治与安全报告(2013)
著(编)者:李慎明 张宇燕 2012年12月出版 / 估价:59.00元

韩国蓝皮书
韩国发展报告(2013)
著(编)者:牛林杰 刘宝全 2013年6月出版 / 估价:69.00元

国别与地区类·地方发展类

拉美黄皮书
拉丁美洲和加勒比发展报告(2012~2013)
著(编)者:吴白乙　2013年5月出版　/　估价:79.00元

美国蓝皮书
美国问题研究报告(2013)
著(编)者:黄　平　倪　峰　2013年6月出版　/　估价:69.00元

欧亚大陆桥发展蓝皮书
欧亚大陆桥发展报告(2012~2013)
著(编)者:李忠民　2013年10月出版　/　估价:59.00元

欧洲蓝皮书
欧洲发展报告(2012~2013)
著(编)者:周　弘　2013年3月出版　/　估价:79.00元

日本经济蓝皮书
日本经济与中日经贸关系发展报告(2013)
著(编)者:王洛林　张季风　2013年5月出版　/　估价:79.00元

日本蓝皮书
日本发展报告(2013)
著(编)者:李　薇　2013年5月出版　/　估价:59.00元

上海合作组织黄皮书
上海合作组织发展报告(2013)
著(编)者:李进峰　吴宏伟　2013年7月出版　/　估价:79.00元

世界经济黄皮书
2013年世界经济形势分析与预测
著(编)者:王洛林　张宇燕　2013年1月出版　/　估价:59.00元

香港蓝皮书
香港发展报告(2013)
著(编)者:薛凤旋　2013年6月出版　/　估价:49.00元

新兴经济体蓝皮书
金砖国家发展报告(2013)——合作与崛起
著(编)者:林跃勤　周　文　2013年3月出版　/　估价:69.00元

亚太蓝皮书
亚太地区发展报告(2013)
著(编)者:李向阳　2013年1月出版　/　估价:59.00元

印度蓝皮书
印度国情报告(2012~2013)
著(编)者:吕昭义　2013年9月出版　/　估价:59.00元

越南蓝皮书
越南国情报告(2013)
著(编)者:吕余生　2013年7月出版　/　估价:65.00元

中亚黄皮书
中亚国家发展报告(2013)
著(编)者:孙　力　2013年6月出版　/　估价:79.00元

地方发展类

北部湾蓝皮书
泛北部湾合作发展报告(2013)
著(编)者:吕余生　2013年7月出版　/　估价:79.00元

北京蓝皮书
北京公共服务发展报告(2012~2013)
著(编)者:张耘　2013年3月出版　/　估价:65.00元

北京蓝皮书
北京经济发展报告(2012~2013)
著(编)者:赵弘　2013年5月出版　/　估价:59.00元

北京蓝皮书
北京社会发展报告(2012~2013)
著(编)者:戴建中　2013年6月出版　/　估价:59.00元

北京蓝皮书
北京文化发展报告(2012~2013)
著(编)者:李建盛　2013年4月出版　/　估价:69.00元

北京蓝皮书
中国社区发展报告(2013)
著(编)者:于燕燕　2013年6月出版　/　估价:59.00元

北京旅游绿皮书
北京旅游发展报告(2013)
著(编)者:鲁　勇　2013年10月出版　/　估价:98.00元

北京律师蓝皮书
北京律师发展报告NO.3(2013)
著(编)者:王隽　周塞军　2013年9月出版　/　估价:70.00元

北京人才蓝皮书
北京人才发展报告(2012~2013)
著(编)者:张志伟　2013年5月出版　/　估价:69.00元

城乡一体化蓝皮书
中国城乡一体化发展报告·北京卷(2012~2013)
著(编)者:张宝秀　黄序　2012年7月出版　/　估价:59.00元

大湄公河次区域蓝皮书
大湄公河次区域合作发展报告(2012~2013)
著(编)者:刘　稚　2013年4月出版　/　估价:69.00元

甘肃蓝皮书
甘肃省经济发展分析与预测(2013)
著(编)者:朱智秀　罗　哲　2012年12月出版　/　估价:69.00元

地方发展类

甘肃蓝皮书
甘肃省社会发展分析与预测(2013)
著(编)者:安文华 包晓霞 2012年12月出版 / 估价:69.00元

甘肃蓝皮书
甘肃省舆情发展分析与预测(2013)
著(编)者:陈双梅 郝树声 2012年12月出版 / 估价:69.00元

甘肃蓝皮书
甘肃省县城社会发展分析与预测(2013)
著(编)者:魏胜文 柳 民 曲 玮
2012年12月出版 / 估价:69.00元

甘肃蓝皮书
甘肃省文化发展分析与预测(2013)
著(编)者:刘进军 周晓华 2012年12月出版 / 估价:69.00元

关中天水经济区蓝皮书
中国关中—天水经济区发展报告(2013)
著(编)者:李忠民 2013年7月出版 / 估价:59.00元

广东外经贸蓝皮书
广东对外经济贸易发展研究报告(2012~2013)
著(编)者:陈万灵 2013年3月出版 / 估价:65.00元

广西北部湾经济区蓝皮书
广西北部湾经济区开放开发报告(2013)
著(编)者:广西北部湾经济区规划建设管理委员会办公室
 广西社会科学院 广西北部湾发展研究院
2013年7月出版 / 估价:69.00元

广州蓝皮书
2013年中国广州经济形势分析与预测
著(编)者:庾建设 郭志勇 沈 奎
2013年6月出版 / 估价:69.00元

广州蓝皮书
2013年中国广州社会形势分析与预测
著(编)者:易佐永 杨 秦 顾涧清
2013年7月出版 / 估价:69.00元

广州蓝皮书
广州城市国际化发展报告(2013)
著(编)者:朱名宏 2013年4月出版 / 估价:59.00元

广州蓝皮书
广州创新型城市发展报告(2013)
著(编)者:李江涛 2013年4月出版 / 估价:59.00元

广州蓝皮书
广州经济发展报告(2013)
著(编)者:李江涛 刘江华 2013年4月出版 / 估价:69.00元

广州蓝皮书
广州农村发展报告(2013)
著(编)者:李江涛 汤锦华 2013年4月出版 / 估价:59.00元

广州蓝皮书
广州汽车产业发展报告(2013)
著(编)者:李江涛 杨再高 2013年4月出版 / 估价:59.00元

广州蓝皮书
广州商贸业发展报告(2013)
著(编)者:陈家成 王旭东 荀振英
2013年4月出版 / 估价:69.00元

广州蓝皮书
广州文化创意产业发展报告(2013)
著(编)者:甘 新 2013年3月出版 / 估价:59.00元

广州蓝皮书
中国广州城市建设发展报告(2013)
著(编)者:董 皞 冼伟雄 李俊夫
2013年8月出版 / 估价:69.00元

广州蓝皮书
中国广州科技与信息化发展报告(2013)
著(编)者:庾建设 谢学宁 2013年8月出版 / 估价:59.00元

广州蓝皮书
中国广州文化创意产业发展报告(2013)
著(编)者:王晓玲 2013年8月出版 / 估价:59.00元

广州蓝皮书
中国广州文化发展报告(2013)
著(编)者:徐俊忠 汤应武 陆志强
2013年8月出版 / 估价:69.00元

贵州蓝皮书
贵州法治发展报告(2013)
著(编)者:吴大华 2013年4月出版 / 估价:69.00元

贵州蓝皮书
贵州社会发展报告(2013)
著(编)者:王兴骥 2013年4月出版 / 估价:59.00元

海峡经济区蓝皮书
海峡经济区发展报告(2013)
著(编)者:李闽榕 王秉安 谢明辉(台湾)
2013年10月出版 / 估价:78.00元

海峡西岸蓝皮书
海峡西岸经济区发展报告(2013)
著(编)者:福建省人民政府发展研究中心
2013年7月出版 / 估价:85.00元

杭州都市圈蓝皮书
杭州都市圈经济社会发展报告(2013)
著(编)者:辛 薇 2013年7月出版 / 估价:59.00元

河南经济蓝皮书
2013年河南经济形势分析与预测
著(编)者:刘永奇 2013年2月出版 / 估价:65.00元

河南蓝皮书
2013年河南社会形势分析与预测
著(编)者:刘道兴 牛苏林 2013年1月出版 / 估价:59.00元

河南蓝皮书
河南城市发展报告(2013)
著(编)者:谷建全 王建国 2013年1月出版 / 估价:69.00元

地方发展类

河南蓝皮书
河南经济发展报告(2013)
著(编)者:喻新安 2013年1月出版 / 估价:59.00元

河南蓝皮书
河南文化发展报告(2013)
著(编)者:谷建全 卫绍生 2013年3月出版 / 估价:69.00元

黑龙江产业蓝皮书
黑龙江产业发展报告(2013)
著(编)者:于 渤 2013年5月出版 / 估价:69.00元

黑龙江蓝皮书
黑龙江经济发展报告(2013)
著(编)者:曲 伟 2013年5月出版 / 估价:69.00元

黑龙江蓝皮书
黑龙江社会发展报告(2013)
著(编)者:艾书琴 2013年1月出版 / 估价:65.00元

湖南城市蓝皮书
城市社会管理
著(编)者:罗海藩 2013年5月出版 / 估价:59.00元

湖南蓝皮书
2013年湖南产业发展报告
著(编)者:梁志峰 2013年5月出版 / 估价:89.00元

湖南蓝皮书
2013年湖南法治发展报告
著(编)者:梁志峰 2013年5月出版 / 估价:79.00元

湖南蓝皮书
2013年湖南经济展望
著(编)者:梁志峰 2013年5月出版 / 估价:79.00元

湖南蓝皮书
2013年湖南两型社会发展报告
著(编)者:梁志峰 2013年5月出版 / 估价:79.00元

湖南县域绿皮书
湖南县域发展报告No.2
著(编)者:朱有志 袁 准 周小毛
2013年7月出版 / 估价:69.00元

江苏法治蓝皮书
江苏法治发展报告No.2(2013)
著(编)者:李 力 龚廷泰 严海良
2013年7月出版 / 估价:88.00元

京津冀蓝皮书
京津冀区域一体化发展报告(2013)
著(编)者:文 魁 祝尔娟 2013年3月出版 / 估价:89.00元

经济特区蓝皮书
中国经济特区发展报告(2013)
著(编)者:陶一桃 钟 坚 2013年3月出版 / 估价:89.00元

辽宁蓝皮书
2013年辽宁经济社会形势分析与预测
著(编)者:曹晓峰 张 晶 张卓民
2013年1月出版 / 估价:69.00元

内蒙古蓝皮书
内蒙古经济发展蓝皮书(2012~2013)
著(编)者:黄育华 2013年7月出版 / 估价:69.00元

浦东新区蓝皮书
上海浦东经济发展报告(2013)
著(编)者:左学金 陆沪根 2012年12月出版 / 估价:59.00元

青海蓝皮书
2013年青海经济社会形势分析与预测
著(编)者:赵宗福 2013年3月出版 / 估价:69.00元

人口与健康蓝皮书
深圳人口与健康发展报告(2013)
著(编)者:陆杰华 江捍平 2013年10月出版 / 估价:98.00元

山西蓝皮书
山西资源型经济转型发展报告(2013)
著(编)者:李志强 容和平 2013年3月出版 / 估价:79.00元

陕西蓝皮书
陕西经济发展报告(2013)
著(编)者:杨尚勤 石 英 裴成荣
2013年3月出版 / 估价:65.00元

陕西蓝皮书
陕西社会发展报告(2013)
著(编)者:杨尚勤 石 英 江 波
2013年3月出版 / 估价:65.00元

陕西蓝皮书
陕西文化发展报告(2013)
著(编)者:杨尚勤 石 英 王长寿
2013年3月出版 / 估价:59.00元

上海蓝皮书
上海传媒发展报告(2013)
著(编)者:强 荧 焦雨虹 2013年1月出版 / 估价:59.00元

上海蓝皮书
上海法治发展报告(2013)
著(编)者:潘世伟 叶 青 2012年12月出版 / 定价:69.00元

上海蓝皮书
上海经济发展报告(2013)
著(编)者:沈开艳 2013年1月出版 / 估价:59.00元

上海蓝皮书
上海社会发展报告(2013)
著(编)者:卢汉龙 周海旺 2013年1月出版 / 估价:59.00元

上海蓝皮书
上海文化发展报告(2013)
著(编)者:蒯大申 2013年1月出版 / 估价:59.00元

地方发展类

上海蓝皮书
上海文学发展报告(2013)
著(编)者:陈圣来 2013年1月出版 / 估价:59.00元

上海蓝皮书
上海资源环境发展报告(2013)
著(编)者:张仲礼 周冯琦 2013年1月出版 / 估价:59.00元

上海社会保障绿皮书
上海社会保障改革与发展报告(2012~2013)
著(编)者:汪泓 2013年1月出版 / 估价:65.00元

深圳蓝皮书
深圳经济发展报告(2013)
著(编)者:吴忠 2013年5月出版 / 估价:69.00元

深圳蓝皮书
深圳劳动关系发展报告(2013)
著(编)者:汤庭芬 2013年5月出版 / 估价:69.00元

深圳蓝皮书
深圳社会发展报告(2013)
著(编)者:吴忠 余智晟 2013年11月出版 / 估价:69.00元

温州蓝皮书
2013年温州经济社会形势分析与预测
著(编)者:胡瑞怀 王春光 2013年1月出版 / 估价:69.00元

武汉城市圈蓝皮书
武汉城市圈经济社会发展报告(2012~2013)
著(编)者:肖安民 2013年5月出版 / 估价:59.00元

武汉蓝皮书
武汉经济社会发展报告(2013)
著(编)者:刘志辉 2013年5月出版 / 估价:59.00元

扬州蓝皮书
扬州经济社会发展报告(2013)
著(编)者:张爱军 2013年1月出版 / 估价:78.00元

长株潭城市群蓝皮书
长株潭城市群发展报告(2013)
著(编)者:张萍 2013年6月出版 / 估价:69.00元

浙江蓝皮书
浙江金融业发展报告(2013)
著(编)者:刘仁伍 2013年4月出版 / 估价:69.00元

浙江蓝皮书
浙江民营经济发展报告(2013)
著(编)者:刘仁伍 2013年4月出版 / 估价:59.00元

浙江蓝皮书
浙江区域金融中心发展报告(2013)
著(编)者:刘仁伍 2013年4月出版 / 估价:79.00元

浙江蓝皮书
浙江市场经济发展报告(2013)
著(编)者:刘仁伍 2013年4月出版 / 估价:79.00元

郑州蓝皮书
2012~2013年郑州文化发展报告
著(编)者:王哲 2013年5月出版 / 估价:69.00元

中国省会经济圈蓝皮书
合肥经济圈经济社会发展报告No.4(2012~2013)
著(编)者:王开玉 等 2013年7月出版 / 估价:79.00元

中原蓝皮书
中原经济区发展报告(2013)
著(编)者:刘怀廉 2013年3月出版 / 估价:68.00元

社会科学文献出版社
SOCIAL SCIENCES ACADEMIC PRESS (CHINA)

社会科学文献出版社成立于1985年,是直属于中国社会科学院的人文社会科学专业学术出版机构。

成立以来,特别是1998年实施第二次创业以来,依托于中国社会科学院丰厚的学术出版和专家学者两大资源,坚持"创社科经典,出传世文献"的出版理念和"权威、前沿、原创"的产品定位,走学术产品的系列化、规模化、数字化、国际化、市场化经营道路,社会科学文献出版社先后策划出版了著名的图书品牌和学术品牌"皮书"系列、《列国志》、"社科文献精品译库"、"全球化译丛"、"气候变化与人类发展译丛"、"近世中国"等一大批既有学术影响又有市场价值的图书。

在国内原创著作、国外名家经典著作大量出版的同时,社会科学文献出版社长期致力于中国学术出版走出去,先后与荷兰博睿出版社合作面向海外推出了《经济蓝皮书》、《社会蓝皮书》等十余种皮书的英文版;此外,《从苦行者社会到消费者社会》、《二十世纪中国史纲》、《中华人民共和国法制史》等11种著作入选新闻出版总署"经典中国国际出版工程"。

面对数字化浪潮的冲击,社会科学文献出版社力图从内容资源和数字平台两个方面实现传统出版的再造,并先后推出了皮书数据库、列国志数据库、中国田野调查数据库等一系列数字产品。

在新的发展时期,社会科学文献出版社结合社会的需求、自身的条件以及行业的发展,提出了新的创业目标:精心打造人文社会科学成果推广平台,发展成为一家集图书、期刊、声像电子和数字出版物为一体,面向海内外高端读者和客户,具备独特竞争力的人文社会科学内容资源经营商和海内外知名的专业学术出版机构。

中国皮书网

发布皮书研创资讯，传播皮书精彩内容
引领皮书出版潮流，打造皮书服务平台

栏目设置：

- □ 资讯：皮书动态、皮书观点、皮书数据、皮书报道、皮书新书发布会、电子期刊
- □ 标准：皮书评价、皮书研究、皮书规范、皮书专家、编撰团队
- □ 服务：最新皮书、皮书书目、重点推荐、在线购书
- □ 链接：皮书数据库、皮书博客、皮书微博、出版社首页、在线书城
- □ 搜索：资讯、图书、研究动态
- □ 互动：皮书论坛

www.pishu.cn

中国皮书网依托皮书系列"权威、前沿、原创"的优质内容资源，通过文字、图片、音频、视频等多种元素，在皮书研创者、使用者之间搭建了一个成果展示、资源共享的互动平台。

自2005年12月正式上线以来，中国皮书网的IP访问量、PV浏览量与日俱增，受到海内外研究者、公务人员、商务人士以及专业读者的广泛关注。

2008年10月，中国皮书网获得"最具商业价值网站"称号。

2011年全国新闻出版网站年会上，中国皮书网被授予"2011最具商业价值网站"荣誉称号。

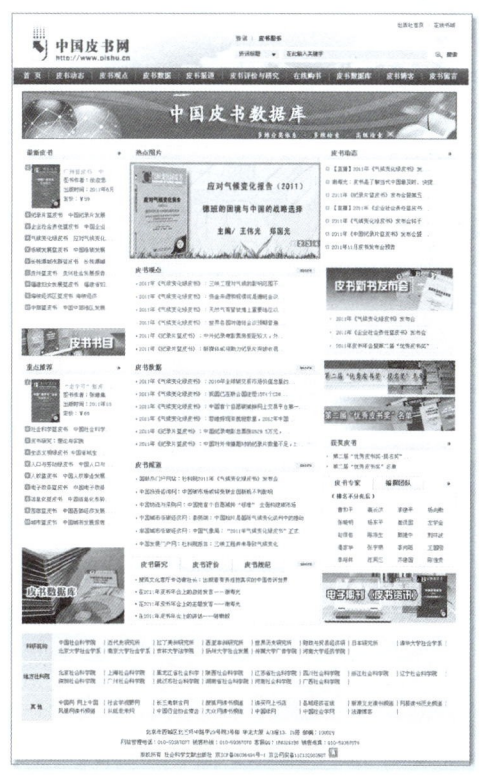

权威报告　热点资讯　海量资源

当代中国与世界发展的高端智库平台

皮书数据库 www.pishu.com.cn

皮书数据库是专业的人文社会科学综合学术资源总库,以大型连续性图书——皮书系列为基础,整合国内外相关资讯构建而成。包含七大子库,涵盖两百多个主题,囊括了近十几年间中国与世界经济社会发展报告,覆盖经济、社会、政治、文化、教育、国际问题等多个领域。

皮书数据库以篇章为基本单位,方便用户对皮书内容的阅读需求。用户可进行全文检索,也可对文献题目、内容提要、作者名称、作者单位、关键字等基本信息进行检索,还可对检索到的篇章再作二次筛选,进行在线阅读或下载阅读。智能多维度导航,可使用户根据自己熟知的分类标准进行分类导航筛选,使查找和检索更高效、便捷。

权威的研究报告,独特的调研数据,前沿的热点资讯,皮书数据库已发展成为国内最具影响力的关于中国与世界现实问题研究的成果库和资讯库。

皮书俱乐部会员服务指南

1. 谁能成为皮书俱乐部会员?

- 皮书作者自动成为皮书俱乐部会员;
- 购买皮书产品(纸质图书、电子书、皮书数据库充值卡)的个人用户。

2. 会员可享受的增值服务:

- 免费获赠该纸质图书的电子书;
- 免费获赠皮书数据库100元充值卡;
- 免费定期获赠皮书电子期刊;
- 优先参与各类皮书学术活动;
- 优先享受皮书产品的最新优惠。

阅 读 卡

3. 如何享受皮书俱乐部会员服务?

(1) 如何免费获得整本电子书?

购买纸质图书后,将购书信息特别是书后附赠的卡号和密码通过邮件形式发送到pishu@188.com,我们将验证您的信息,通过验证并成功注册后即可获得该本皮书的电子书。

(2) 如何获赠皮书数据库100元充值卡?

第1步:刮开附赠卡的密码涂层(左下);

第2步:登录皮书数据库网站(www.pishu.com.cn),注册成为皮书数据库用户,注册时请提供您的真实信息,以便您获得皮书俱乐部会员服务;

第3步:注册成功后登录,点击进入"会员中心";

第4步:点击"在线充值",输入正确的卡号和密码即可使用。

皮书俱乐部会员可享受社会科学文献出版社其他相关免费增值服务
您有任何疑问,均可拨打服务电话:010-59367227　QQ:1924151860
欢迎登录社会科学文献出版社官网(www.ssap.com.cn)和中国皮书网(www.pishu.cn)了解更多信息